설탕, 근대의 혁명

-한국 설탕산업과 소비의 역사-

이 은 희

설탕, 근대의 혁명
-한국 설탕산업과 소비의 역사-

초판 1쇄 발행   2018년 4월 16일
초판 3쇄 발행   2019년 11월 25일

지은이   이은희
기획편집   김연주
책임편집   맹다솜
총무 · 제작 김양헌
영업 · 관리 문영준
경영총괄   강숙자

펴낸이 김경희

펴낸곳 지식산업사
등록   1969년 5월 8일, 1-363
본사   10881, 경기도 파주시 광인사길 55(문발동)
        전화 (031) 955-4226~7   **팩스** (031) 955-4228
서울사무소 03044, 서울시 종로구 자하문로6길 18-7(통의동)
        전화 (02)734-1978, 1958   **팩스** (02)720-7900
누리집 www.jisik.co.kr
전자우편 jsp@jisik.co.kr

ⓒ이은희, 2018
ISBN 978-89-423-9043-4 (93910)

책값은 뒤표지에 있습니다.
이 책에 대한 문의는 지식산업사로 해 주시길 바랍니다.

설탕, 근대의 혁명

-한국 설탕산업과 소비의 역사-

이 은 희

지식산업사

설탕과 근대 한국

2010년 한국인의 음식 섭취에 관한 흥미로운 통계가 발표되었다. 한 해 동안 쌀을 1인당 평균 72.8킬로그램 소비했고[001], 설탕[002]은 27.38킬로그램 섭취했다는 것이다.[003] 한국인이 설탕을 주식인 쌀의 1/3 이상 먹고 있는 셈으로, 설탕이 우리 식생활에서 차지하는 비중이 얼마나 큰지 잘 보여 주고 있다.

120년 전만 해도 한국인의 설탕 소비량은 아주 미미한 수준이었다. 개항 직후인 1885년 설탕의 국내 총 소비량은 약 1,070피쿨 picul[004], 약 64.2톤에 지나지 않았다. 그 뒤 소비량이 비약적으로 늘어

---

001 통계청, "양곡소비량조사보고서", 〈http://kostat.go.kr〉국내통계〉주제별통계〉농림어업〉양곡소비량조사〉.

002 과거에는 설탕을 사탕砂糖, 당糖, 설당으로 썼으나 오늘날 '사탕'은 드롭스 drops를 가리키는 단어로 뜻이 변했고 설탕을 슈거sugar 뜻으로 쓰고 있다. 이에 이 책에서는 혼동을 피하고자 '사탕'이라는 단어 대신 설탕을 슈거sugar 뜻으로 쓰겠다. 다만 '사탕소비세砂糖消費稅'와 같이 헷갈릴 우려가 없는 때에는 '사탕'이라는 단어를 썼다.

003 International Sugar Organization(ISO), Korea Sugar Production, Import, Export, Consumption and Stocks, 《Sugar Year Book》, 2011, p.142 ; 국가통계포털, 〈http://kosis.kr〉국내통계〉주제별통계〉인구·가구〉총조사인구 (2010)〉.

004 1884·1885, 《朝鮮海關年報》 ; 臺灣總督府 殖産局特産課, 《臺灣糖業統計》, 臺北. 1884년 부산항에서 332피쿨(약 19.92톤)만 기재되었다. 2차 세계대전까지 아

나 2009년 133만 톤으로 증가한 것이다. 설탕은 지난 백여 년 동안 우리 식생활에서 사회적 위상이 가장 획기적으로 높아진 상품이라고 할 수 있다.

설탕 소비 증가는 한국에만 국한된 것이 아니라 근대 이후 전 세계적으로 나타난 현상이다. 사람은 살기 위해서도 음식을 먹지만, 즐기기 위해서도 먹는다. 이 가운데 단맛은 사람들이 가장 갈구하는 맛이다.

문제는 사람이 본능적으로 단맛을 좋아한다고 해도, 얼마나 쉽게 구할 수 있는지로 소비량이나 소비 방식이 달라진다는 점이다. 전근대에는 운송 수단이 발달하지 못했기 때문에, 자연환경과 무역 조건에 따라 각 지역마다 단맛을 내는 식재료가 달랐다. 벌집에서 꿀을 채집하거나, 단풍나무에서 수액을 채취하거나, 곡물로 엿을 만들거나, 사탕수수로 설탕을 만들어 단맛을 냈다. 따라서 19세기까지는 사탕수수 재배지인 아열대 지역이나 이곳과 자주 교역하는 지역에서만 설탕으로 단맛을 내는 음식문화가 발달했다. 나머지 지역에서 설탕은 극히 희소해서, 사회 최상류층만이 사용할 수 있었던 사치스러운 약재이자 장식품이었다.[005]

근대 들어서 세계적인 무역체제로 전환되면서 설탕이 각 지역으로 퍼지며 단맛에 대한 인류의 보편적 욕구가 광범한 지역에서 구현되었다. 설탕 소비는 근대 이전과는 양적·질적으로 전혀 다른 차원으로 변모하였다. 설탕은 세계적 무역 상품에 적합한 요건을 모두

시아에서 설탕 거래단위는 1피쿨=1담擔=100근斤늑1표俵늑60킬로그램이었다. 이 책에서는 해방되기 전까지 피쿨과 근을 쓰고 해방된 뒤에는 톤과 킬로그램을 쓰겠다.

005   시드니 민츠, 김문호 옮김, 《설탕과 권력》, 지호, 1998, 201~215쪽(이후 시드니 민츠, 1998a).

갖추고 있었다. 꿀, 엿, 메이플 시럽처럼 단맛을 내는 경쟁상품에 견주어 운반이 용이하고, 유통기한이 길며, 대량생산이 가능했다. 또한 설탕 가운데 정제당의 경우 다양한 음식과 잘 어울려서 현지화하기 쉬웠다. 이러한 장점 덕택에 설탕은 세계 각지에서 생산·유통·소비되었다.

더구나 제당업은 국가가 산업·조세·노동 및 국민 건강과 관련하여 정책적으로 장려한 '기간산업'이었다. 근대국가의 제당업 육성책과 서구 자본의 제당업 투자에 힘입어 설탕 생산지가 전 세계로 확대되었다. 아열대 지역의 식민지에 사탕수수 플랜테이션이 널리 확산되었고, 온대 지역인 중부 유럽에서도 사탕무에서 설탕을 추출하는 방법이 개발되었다. 사탕수수와 사탕무가 경쟁하면서 설탕 생산량이 급격하게 증가하였다. 산업혁명으로 증기선이 개발되고, 수에즈 운하가 개통되면서 유통비용과 시간이 크게 줄어들자, 여러 지역에서 생산된 설탕이 세계 각지로 운반되며 소비 시장이 넓어졌다. 설탕은 근대 이후 대량 생산되면서 소비의 대중화[006]가 이루어진 가장 대표적인 세계적 상품이라고 할 수 있다.

설탕 생산 및 유통구조의 변화는 자연스럽게 세계인의 식생활 양식에 지대한 영향을 미쳤다. 이전까지 설탕이 희소했던 지역에서도 희귀한 약재나 장식품이 아니라 음식재료로 사용하기 시작했다. 설탕이 이미 유통·소비되고 있던 지역에서는 재래당舍密糖이 축출되고 정제당精製糖 중심으로 바뀌었다. 설탕 소비량이 증가하면서 식품산

---

006 그랜트 매크래켄, 이상률 옮김, 《문화와 소비》, 문예출판사, 1996, 29쪽(Grant McCraken, *Culture and Consumption*, Indiana University Press, 1988). 매크래켄은 소비란 구매행위만이 아니라 구매에 선행하는 제품개발product development과 구매 뒤에 일어나는 제품이용product use을 포함한 과정을 의미한다고 말했다. 그는 소비를 문화적 현상으로 보았다.

업, 음식에 대한 기호와 종류, 음식을 만들고 즐기는 방식에 이르기까지 삶의 양식이 다양하게 변화했다. 설탕의 세계화와 현지화가 진행되면서 세계인의 음식 기호와 식습관이 달라졌고 체형까지 바뀌었다.[007]

설탕은 근대사가 응축된 상품이기에 전 세계 연구자들이 크게 관심을 가졌다. 세계 무역구조 속에서 설탕 문제를 선구적으로 다룬 연구자는 시드니 민츠Sidney W. Mintz였다. 그는 유럽, 아프리카, 아메리카 3개 대륙에 걸친 설탕 생산과 소비 분업구조를 조망하였다. 16세기 이래 유럽에서 생산한 제품이 아프리카에서 판매되고, 아프리카 노예들이 중남미 설탕 플랜테이션으로 팔려 가고, 노예들이 중남미에서 생산한 설탕이 다시 유럽으로 수출되는 설탕 삼각무역을 탐구했다. 민츠는 19세기 영국 정부와 자본가들이 결탁하여 의도적으로 설탕 자유무역을 채택했다고 보았다. 자본가가 설탕값을 낮추어 노동 시간을 증가시키고 노동 강도를 강화할 수 있었다는 것이다. 그의 연구는 세계적인 무역구조의 변화가 개인의 생활양식에 어떤 영향을 미쳤는지에 대해 많은 시사점을 주었다. 하지만 유럽과 식민지의 관계에 초점을 맞추었기 때문에 비유럽 지역에서 설탕 시장이 확대되는 현상을 다루지 않았다.

아시아 지역에서는 근대 이전부터 사탕수수를 재배한 중국, 대만, 그리고 자바를 중심으로 설탕 연구가 진행되었다.

먼저 중국 제당업 연구는 근대 제국주의적 제당업과 전통 제당업의 경쟁을 중심으로 진행되었다. 중국에서는 전통적으로 제당업이 매우 발달했다가 19세기 말 서구 제당자본에 의해 몰락했다. 포

---

007 시드니 민츠, 1998a, 351~370쪽.

메란츠Pomeranz는 전근대 중국에서 설탕을 비롯한 사치품 소비량이 유럽에 필적하거나 능가할 정도로 높았다는 점에 관심을 가졌다. 이를 근거로 18세기까지 중국인이 높은 생활수준을 영위했고, 유럽뿐 아니라 중국, 일본, 인도 같은 여러 중심지역이 존재했다고 주장했다.[008] 수체타 마줌다Sucheta Mazumdar는 전통적으로 발달했던 중국 제당업이 19세기 후반 서구 제당자본과의 경쟁에서 패배하면서 쇠퇴했다는 점에 주목했다.[009] 그에 따르면 중국의 사탕수수 재배 및 제당기술은 전통적인 생산방식 가운데 상당히 생산성이 높은 편이었다. 하지만 19세기 후반 대량 생산된 네덜란드의 자바 분밀당과 기계화된 영국의 홍콩 정제당에 밀려 가격 및 품질에서 열세를 보이며 사양 산업으로 전락할 수 밖에 없었다. 스기야마 신야杉山伸也는 20세기 초 정부 후원 아래 성장한 일본 제당자본이 1차 세계대전을 계기로 홍콩 정제당을 몰아내고 중국에서 우위를 차지했다는 사실을 강조했다.[010] 강진아는 과거에 번창했던 제당업을 부흥시키려는 중국의 제당업 정책에 관심을 기울였다.[011] 1930년대 중국의 지방정부

008 케네스 포메란츠, 스티븐 토픽 지음, 박광식 옮김, 《설탕, 커피 그리고 폭력》, 서울: 심산, 2003(Kenneth Pomeranz, *The Great Divergence: China, Europe, and the Making of the Modern World Economy*, NJ: Prinsceton University Press, 2000).

009 Sucheta Mazumdar, *Sugar and Society in China: Peasants, Technology, and the World Market*, Cambridge, MA: Harvard University Press, 1998. 수체타 마줌다 이전에 크리스찬 다니엘스가 19세기 후반 중국제당업에 주목한 연구인 クリスチャン・ダニエルス, 〈中國砂糖の國際的地位〉, 《社會經濟史學》 50-4, 1985가 있다.

010 杉山伸也, 〈十九世紀後半期における東アジア精糖市場の構造─香港精糖業の發展と日本市場〉, 速水融・齊藤修・杉山伸也 編, 《德川社會からの展望─發展・構造・國際關係》, 同文館, 1989 ; 〈スワイア商會の販賣ネットワーク〉, 《近代アジアの流通ネットワーク》, 創文社, 1999.

011 강진아, 〈1930년대 경제건설에서 나타나는 省과 中央─'廣東糖'의 上海진출과 남경정부─〉, 서울대학교 동양사학연구실 편, 《중국근현대사의 재조명》 1, 지

인 광둥성廣東省이 중앙정부와의 긴장 관계 속에서 '자바에서 생산된 설탕'(이후 자바당)과 연계하여 제당업 진흥정책을 추진했다는 점을 밝혔다.

대만 제당업 연구는 일제의 대만 식민정책 가운데 하나로 진행되었다.[012] 이로 말미암아 학계에서는 일제가 제당업 정책을 마치 대만에서만 전개했다고 잘못 인식하게 되었다. 대만에서는 전통 제당업이 발달했다가 일제가 지배하며 근대 제당업으로 전환되었다. 일제는 대만을 강점한 뒤 전통적인 당곽糖廍을 소멸시키고, 일본 제당자본이 설탕을 독점생산하도록 재편했다. 대만으로 진출했던 일본 제당회사들의 당업연합회糖業聯合會가 1920년대 중반 세계적인 설탕 과잉생산에 대응한 과정을 다룬 연구가 최근 발표된 바 있다.[013] 또한 타케노 가쿠竹野學는 일제가 제당업 정책을 1900년대 내수용에서 1차 세계대전을 거치며 수출용으로 전환했음을 규명했다.[014] 1차 대전 뒤 일본 제당자본이 대만뿐 아니라 조선 및 만주를 포함한 제국

식산업사, 1999 ; 〈20세기 초 동아시아 시장과 중국 제당업〉, 서중석·김경호 편, 《새로운 질서를 향한 제국질서의 해체》, 청어람미디어, 2004.

012 Chih-Ming Ka, Japanese Colonialism in Taiwan: Land Tenure, development, and dependency 1895~1945, Boulder, Colo.: Westview Press, 1995 ; 황사오 형, 〈근대 일본 제당업의 성립과 대만경제의 변모〉, 호리 가즈오 외 지음, 박섭·장지용 옮김, 《일본자본주의와 한국·대만: 제국주의 하의 경제변동》, 전통과현대, 2007 ; 커즈밍 지음, 문명기 옮김, 《식민지 시대 대만은 발전했는가: 쌀과 설탕의 상극, 1895-1945》, 일조각, 2008.

013 久保文克 編著, 糖業協會 監修, 《近代製糖業の發展と糖業聯合會》, 東京: 日本經濟評論社, 2009. 이밖에도 대만 제당업이 동아시아 무역구조에서 대응한 것에 대해 다음의 연구가 있다. 平井健介, 〈1900～1920年代東アジアにおける砂糖貿易と臺灣糖〉, 《社會經濟史學》 73-1, 2007 ; 大澤 篤, 〈日本における精製糖生産の展開と日本帝國〉, 《東アジア資本主義史論 II(構造と性質)》, ミネルヴァ書房, 2008.

014 竹野 學, 〈戰時期樺太における製糖業の展開 － 日本製糖業の〈地域的發展〉と農業移民の關連について〉, 《歷史と經濟》 189, 2005.

전역에서 제당업을 일으켰다고 주장했다. 이 책도 그의 성과를 계승하여 일제 아래 조선 제당업의 위상을 일본제국 전체적인 설탕 생산 및 유통 속에서 바라보았다.

자바 제당업 연구는 이 지역 사탕수수 플랜테이션이 20세기 중반 세계 무역 동향에 따라 급격하게 쇠퇴했다는 점에 주목했다. 자바는 전통적인 사탕수수 재배지로서 17세기 네덜란드 식민지가 되면서 사탕수수 플랜테이션이 발달했다. 카노 히로요시加納啓良는 자바당이 19세기 세계 자유무역체제 아래 성장하다가 1920년대 중반 설탕 가격 폭락과 1930년대 블록경제 진전으로 몰락하는 과정을 추적했다.[015] 한말부터 일제강점기까지 한국에서 사용한 정제당 원료는 자바당이었다. 자바 제당업 연구는 국제적인 설탕 분업구조 속에서 한국의 위상을 이해하는 데 중요하다.

이렇듯 기존 동·서양사 제당업 및 설탕 연구는 전통적인 재배지나 새로 편입된 재배지역의 근대 이후 사회구조 변화를 고찰했다. 설탕은 근대적인 세계 무역구조 및 국가와 자본의 관계 속에서 개인의 식생활양식이 변화되는 현상을 조망할 수 있는 다차원적인 연구주제다.

---

015 加納啓良, 〈ジャワ糖業史研究序論〉, 《アジア經濟》 22-5, 1981 ; 〈オランダ植民支配下の〈ジャワ糖業〉, 《社會經濟史學》 51-6, 1986 ; 〈國際貿易から見た二十世紀の東南アジア植民地經濟〉, 《歷史評論》 539, 1995 ; 〈インドネシアの砂糖, 米, コーヒー, 茶〉, 〈20世紀アジアにおける砂糖, 米, コーヒー〉, 《東洋文化》 88, 2008. 이 밖에도 19세기 말부터 20세기 전반기까지 다음과 같은 자바에 대한 연구가 있다. 植村泰夫, 〈糖業プランテーションとジャワ農村社會〉, 《史林》 61-3, 1978 ; 内藤, 能ヴ房, 〈一九二〇 一三〇年代のインドネシアの国際収支 : 植民地的流出とその政治経済的背景〉, 《一橋論叢》, 98-6, 1987.12 ; 宮本謙介, 〈オランダ植民地支配とジャワ農村の労働力編成:強制栽培期の砂糖生産地帯を中心に〉, 《經濟學研究》 39-1, 1989.6 ; 〈諸外国におけるインドネシア経済史研究:植民地社會の成立と構造〉, 《經濟學研究》 42-2, 1992.9.

한국 또한 개항 이후 세계 자본주의 무역체제와 불가분의 관계를 맺는 과정에서 설탕 유통과 소비 급증을 경험하였다. 한국이 문호를 개방하면서 서구제국의 상품시장으로 포섭되었다. 이 과정에서 면직물, 쌀 등 이미 형성되어 있던 상품시장만 잠식되는 것이 아니라 설탕과 같은 새로운 상품 시장이 형성되고 확대되었다.[016] 즉 한국에서 설탕의 현지화 과정은 근대화, 세계화, 자본주의화 과정 속에서 이해해야 한다.

종래 동·서양사 연구에서는 한국처럼 사탕수수 생산지가 아닌 지역에 거의 주목하지 않았다. 개항한 지 겨우 130여 년 만에 한국이 어떻게 주요 설탕 소비지[017]가 되었는지도 밝혀내지 못했다. 한국사학계에서도 설탕과 관련된 주제는 관심 밖이었다. 한국이 사탕수수 생산지도 아니었을 뿐더러 전근대에는 설탕을 거의 소비하지 않았기 때문이다. 근대사 연구에서도 설탕은 낯선 주제였다. 설탕을 본격적으로 다룬 연구는 거의 없고, 그나마 제당업이나 설탕을 부분적으로 다룬 연구들도 생산·유통·소비를 따로따로 다루었다. 한국사에서 설탕을 다룬 기존 연구를 살펴보면 다음과 같다.

첫째, 생산 면에서 제당업을 다룬 연구다. 1950년대 삼백三白산업의 하나로 제분업, 방직업과 함께 제당업을 다루었다.[018] 삼백산업의

016   김용섭, 《한국근현대농업사연구》, 지식산업사, 1992 ; 김도형, 《대한제국기의 정치사상연구》, 지식산업사, 1994.

017   2009년 한국 원료당 수입량은 세계 4위였다. International Sugar Organization, op. cit., p.142 ; "FAO Statistical Databases 2009", ⟨http://faostat.fao.org/⟩ ; FAO Statistical Yearbook 2009.

018   박현채, 〈미 잉여농산물 원조의 경제적 귀결〉, 《정경연구》, 1970.10.(고 박현채 10주기 추모집·전집 발간위원회 저, 《박현채전집》 6권, 해밀, 2006에 다시 실림) ; 〈원조경제−한국현대사 인식에 있어서의 원조〉, 《한국경제론》, 일월서각, 1986(고 박현채 10주기 추모집·전집 발간위원회 저, 《박현채전집》 3권에 다시 실림) ;

원료가 모두 미국의 잉여농산물이라고 여겼다. 이로 말미암아 한국 농산물 가격이 폭락하고 농·공업 사이 연결이 단절되어 국내 경제가 뒤틀어졌다고 보았다. 최근 여러 학자들이 미국 원조에 의한 대미 예속성을 강조하는 연구에 문제를 제기하고 있다.[019] 정진아는 이승만 정권이 원조 자금으로 경공업과 기간산업 위주의 경제 부흥을 도모했고 수입을 대체하고자 공업화를 추진했다는 점을 강조했다. 하지만 개별 산업인 제당업 정책에 대해서는 아직 관련 연구가 없다.

사실 설탕은 밀가루, 면화와 달리 미국 내 잉여농산물이 아니었다. 대공황 이후 설탕 쿼터제를 실시하던 미국에서는 자국 원료당[020]

김종덕, 〈미국의 대한 농산물 원조와 그 정치적 결과에 관한 연구〉, 《한국 근현대의 민족문제》, 문학과지성사, 1990 ; 김양화, 〈1950년대 제조업대자본의 자본축적에 대한 일고찰〉, 《경제와 사회》 봄호, 비판사회학회, 1991 ; 공제욱, 〈한국전쟁과 재벌의 형성〉, 《경제와 사회》 여름호, 비판사회학회, 2000 ; 이대근, 《해방후~1950년대의 경제: 공업화의 史的 배경 연구》, 삼성경제연구소, 2002.

019 박태균, 〈미국의 대한경제부흥정책의 성격(1948~1950)〉, 《역사와 현실》 27, 한국역사연구회, 1998 ; 차철욱, 《李承晚政權期 貿易政策과 對日 民間貿易構造》, 부산대학교 박사학위논문, 2002.8. ; 이상철, 〈수입대체공업화정책의 전개, 1953-1961〉, 《한국경제성장사》, 서울대학교출판부, 2001 ; 이상철, 〈1950년대의 산업정책과 경제발전〉, 문정인·김세중 편, 《1950년대 한국사의 재조명》, 선인, 2004 ; 김일영, 〈이승만정부의 수입대체산업화 정책과 렌트추구 및 부패, 그리고 경제발전〉, 문정인·김세중 편, 위의 책 ; 김점숙, 〈대한민국정부의 ECA 대한원조물자 수급정책〉, 《이화사학연구》 33, 이화사학연구소, 2006 ; 정진아, 〈6.25전쟁 후 이승만 정권의 경제재건론〉, 《한국 근현대사 연구》 42, 한국근현대사학회, 2007.6. ; 〈이승만 정권의 자립경제론, 그 지향과 현실〉, 《역사비평》 83, 역사문제연구소, 2008.5. ; 이현진, 《미국의 대한경제원조정책 1948~1960》, 혜안, 2009. 정진아(2008, 98쪽)는 이승만 정권이 지향하는 자주경제는 내수지향의 수입대체산업화나 일본에 대한 방어적 산업화를 뜻하는 것이 아니라 경제 실무진인 원용석 표현을 빌어 "국제적인 유·무상 통상주의에 입각한 자립경제"를 뜻한다고 보았다.

020 정제당의 원료로 쓰는 분밀당을 이 책에서는 원료당[租糖, Muscovado Sugar]

수요의 절반 가량을 국내 생산자가 조달하고, 나머지를 쿠바, 필리핀 등지에서 수입했다.[021] 따라서 1950년대 이승만 정부의 제당업 정책은 잉여농산물 처리라는 미국 정부의 입장보다 수입대체화라는 한국 정부 입장에서 바라보아야 한다. 근대국가의 산업정책은 생산이라는 공급 측면만이 아니라 소비라는 수요 측면도 함께 고려해야 한다. 그러려면 한국인의 설탕 수요가 어떻게 형성되었고 해방 뒤 무역수지 적자를 일으키는 주요인이 되었는지를 밝혀야 한다.

둘째, 유통 면에서 설탕무역을 다룬 연구다. 물동량에 초점을 맞추느라 생산과 소비 현상을 포괄적으로 살피지 않았다. 1920년대 설탕은 조선의 최대 대중국 수출품이었다. 하지만, 무역사가 무역품 전체를 다루면서 개별 상품에 주의를 기울이지 않았다. 송규진은 조선 안의 소비시장을 고려하지 않고, 설탕이 일본에서 조선을 거쳐 중국으로 수출되는 단순한 통과상품이라고 보았다.[022] 차철욱은 1920년부터 조선에 제당회사가 있었다는 사실을 간과하고, 조선의 설탕 수요는 일본으로부터 완제품 이입에 의존한다고 보았다.[023] 조선 내 설탕 생산 및 소비시장에 대한 총체적인 이해 속에서 유통물량을 파악해야 하는데 이를 별개로 분리시켰다.

이라고 부르겠다.

021   Vladimir P. Timoshenko & Boris C. Swerling, *The Worlds Sugar: Progress and Policy*, Stanford: Stanford University Press, 1957, pp.187~188 ; Anne O. Krueger, *The Political Economy of Controls: American Sugar*, National Bureau of Economic Research Working Paper Series No. 2504, 1988.2, p.18. 1956년 미국 내 생산자가 소비에 필요한 설탕을 조달하는 비율은 55퍼센트였고 나머지 45퍼센트는 쿠바, 필리핀 등에서 수입했다.

022   송규진, 〈일제하의 조선의 무역정책과 식민지 무역구조〉, 고려대학교 박사학위논문, 1998 ; 〈근대 조선과 중국의 무역〉, 《근대 중국 대외무역을 통해 본 동아시아》, 동북아재단, 2008, 74~75쪽.

023   차철욱, 앞의 논문, 2002, 123~124쪽.

셋째, 소비 면에서 생활사 연구다. 이 분야의 연구자들은 설탕을 잉여농산물로 여겼고, 설탕이 식생활의 서구화에 미친 역할만 언급했다. 김영미, 김행선은 미국 원조를 계기로 설탕 소비가 급증하며 한국인의 식생활이 급속히 서구화되었다고 주장했다.[024] 하지만 설탕을 넣는 요리법을 누가, 왜, 어떻게 개발했고 확산시켰는지, 설탕 소비시장이 언제 형성되었는지 등을 고려하지 않았다. 미국 원조와 더불어 식생활변화를 박정희 정권의 '혼·분식 장려운동'과 연관시킨 최희진, 송인주, 공제욱의 연구가 있다.[025] 이들은 정부가 국민의 일상생활에 개입해 미 잉여농산물인 밀가루와 관련된 가공식품이 발달하고 식생활이 서구화되었다고 주장했다. 이러한 연구는 식생활의 변화를 잉여농산물이나 국가 통제라는 외적 요인으로만 설명하고 있다. 그러나 입맛은 물적 조건이나 권력에 의한 강제만으로 변하지 않는다. 수용자의 자발적 동의가 있어야 음식 취향이 바뀔 수 있다는 중요한 사실을 간과하였다.

이렇듯 지금까지 연구가 생산·유통·소비를 따로 진행하다 보니 개인의 생활양식 변화를 산업화, 근대화라는 역사 흐름과 동떨어져 피상적으로 파악하는 문제가 있었다. 이 책에서는 선행연구의 성과와 한계를 염두에 두고, 한국인의 생활양식 변화를 기존 연구와는

---

024 김영미 〈외식문화의 자화상〉, 한국역사연구회, 《우리는 지난 100년 동안 어떻게 살았을까》 1권, 역사비평사, 1998 ; 김행선, 《6.25전쟁과 한국사회 문화 변동》, 선인, 2009, 65~85, 111~122쪽.

025 최희진, 〈한국인의 식생활에 영향을 미치는 요인분석에 관한 연구: 1960년대 경제개발 이후부터 1980년대까지〉, 이화여자대학교 석사학위논문, 1994.2 ; 송인주, 〈1960~70년대 국민식생활에 대한 국가개입의 양상과 특징: '혼분식 장려운동'을 중심으로〉, 서울대학교 석사학위논문, 1999 ; 공제욱, 〈국가동원체제 시기 '혼분식 장려운동과 식생활의 변화〉, 《경제와 사회》 77, 비판사회학회, 2008.

다르게 총체적으로 파악하고자 한다. 특히 설탕을 통해 근대 한국의 식생활양식이 근대화, 산업화 과정에서 어떻게 변모하였는지를 살펴보려고 한다. 설탕의 생산·유통·소비를 포괄하는 통합적 접근방법은 개항 전후 무역구조의 변화 속에서 생활양식의 변화를 밝히려는 연구 목적에 적합하다. 설탕은 근대 이후 세계적인 무역상품일 뿐 아니라 일상적인 식생활에 막대한 영향을 미치는 상품이기 때문이다. 식품산업의 원료인 동시에 가정에서 직접 사용하는 소비재이기 때문에 근대적 제조업 발전과 일상적인 식생활의 변화에 모두 관련되어 있다.

이 책에서는 다음을 중점적으로 밝히고자 한다. 첫째, 세계적인 설탕무역구조 속에서 설탕무역, 제당업, 설탕 가격 동향을 보겠다. 세계 경기가 한국 제당업을 비롯한 각국 설탕산업 전반에 미친 영향 아래 설탕 가격이 어떻게 형성되는지 분석해 보겠다. 특히 국가 정책과 제당자본의 대응방식 등에 집중하겠다.

둘째, 설탕 가공식품이 산업화된 과정을 추적해 보겠다. 한국에서는 전통적으로 설탕 소비문화가 발달하지 않았다. 개항 이후 외래 가공식품이 어떻게 유입되어 근대 식품산업으로 성장했는지 조사하겠다. 이 과정에서 일본 제과업체, 재조在朝 일본인 및 한인 제과점이 어떻게 편제되면서 성장하는지 알아보겠다.

셋째, 설탕이 전통음식과 결합하여 현지화되는 과정을 조사하겠다. 전통음식에 설탕을 넣는 음식문화를 주도한 계층이 누구였는지, 설탕 소비가 사회적으로 상징하는 바가 무엇이었는지 설탕 소비문화를 둘러싼 근대화 담론을 살펴보겠다. 특히 설탕의 사회적 의미를 빈부격차, 도시화, 민족 정체성, 근대 주부에 초점을 맞춰 고찰하겠다.

이 책에서는 이 세 가지 연구방향에 맞춰 각 장의 순서를 1절 생산(제당업), 2절 가공업(제과업), 3절 소비로 배치했다. 그리하여 각 시기의 생산, 설탕 가공산업, 소비가 서로 어떻게 영향을 미치면서 변화하는지 유기적으로 살펴보았다. 1절에서는 원료당 수·이입, 정제당 생산과 수·이출, 사탕무 국내생산 시도들을 다루었다. 다만 국내 제당시설이 없던 Ⅱ장에서는 청일전쟁, 러일전쟁을 거치며 수입·제조지역과 유통주체가 어떻게 바뀌는지 무역 네트워크 위주로 검토하였다. 2절에서는 설탕 가공산업을 주요하게 살폈다. 1960년까지 한국인의 주된 설탕 소비 경로가 가공식품이었기 때문이다.[026] 3절 소비에서는 설탕 가공식품과 가정용 소비를 다룸으로서 식생활 변화를 주도하고 동조하는 주체와 그들의 동기가 무엇인지 밝혔다.

책의 구성은 전체적으로 세 부분으로 나뉜다. Ⅰ장에서 개항 전 상황을, Ⅱ~Ⅴ장에서 한말과 일제 때 조선인의 설탕 수요가 형성되는 배경을, Ⅵ장에서 해방 뒤 한국 정부가 제당업국산화정책을 추진하는 과정을 다루었다. 각 장은 설탕 공급이 크게 변화한 시기를 기준으로 분류하였다.

먼저 개항 전후의 변화를 비교하고자 개항을 기준으로 Ⅰ장과 Ⅱ장으로 나누었다. Ⅰ장에서는 개항 전 중국, 일본, 류큐琉球에서 재래당(함밀당)을 극소량 수입하던 시기를 살폈다. Ⅱ장은 개항 이후 재래당이 아닌 정제당을 완제품으로 수입했던 시기를 다루었다.

Ⅲ장은 1914년 제1차 세계대전이 일어난 때부터 다루었다. 1차 세계대전의 호황으로 대일본제당회사大日本製糖會社(이후 일당)가 조선

---

026 《殖銀調査月報》 26, 1940.7.1., 116쪽. 1938년 서울의 설탕 소비량의 75퍼센트가 산업용이었다. 서울이 가정용 최대 소비지였음을 감안하면 다른 지역에서는 산업용 비율이 훨씬 높았다고 판단된다.

으로 진출했다. 일당 조선지점이 평양공장을 준공하고 설탕을 생산하기 시작한 1920년을 기준으로 삼았다.

Ⅲ장과 Ⅳ장은 1920년대 중반 인류 역사에서 처음으로 공급과잉을 겪은 1929년 대공황을 기준으로 나누었다. 카르텔 통제가 강화되고 제당 카르텔이 설탕 가격과 유통물량을 통제하는 시기였다.

Ⅴ장은 1937년 중일전쟁 발발부터다. 일제가 조선 정제당 생산에 필요한 원료당을 엔 블록 외부에서 수입하는 것을 금지하여, 조선 내 설탕 생산이 세계와 고립된 채 생산과 소비를 억제당한 시기였다.

Ⅵ장은 1945년 해방부터 1960년까지다. 제2차 세계대전에서 패한 일본제국이 해체된 뒤, 미국의 원료당 원조를 받으며 이승만 정권이 제당업 국산화정책을 취하는 시기였다.

연구 자료는 크게 정책, 무역, 산업, 소비 네 분야로 나뉜다. 첫째, 각 시기별 경제정책에 대해서 기본적으로 대한제국, 일본 정부, 조선총독부, 한국 정부에서 발행한 관보官報, 법령집, 공문서를 보았다. 일제의 제당업 정책과 관련된 자료는 일본 당업협회糖業協會에서 1900년대부터 발간한 단행본, 대일본제당大日本製糖, 메이지明治제당, 메이지明治제과의 사사社史 같은 자료를 참고했다. 조선의 사탕무 생산과 관련해서 조선총독부 권업모범장, 조선농회에서 발간한 간행물을 자료로 했다. 해방된 뒤 자료로는 미군정에서 발간한 《농민주보農民週報》, 《국회속기록》(1대~3대), 미국이 한국에 원조한 설탕 관련 공문서, 상공부·한국산업은행·한국은행 조사부의 《상공행정연보》, 《한국산업경제십년사》, 《경제연감》과 같은 공공 간행물을 검토했다. 이밖에 제일제당, 해태제과, 오리온제과(동양제과 후신) 같은 제당회사와 설탕 가공식품회사의 사사社史를 참고했다.

둘째, 국제무역과 원료당 수·이입 동향은 통계연보, 무역연감 등을 기본 자료로 삼았다. 개항기 설탕무역에 대해서는 대한제국의

《구한국외교문서舊韓國外交文書》(英案 1, 2), 중국해관의 《중국구해관사료中國舊海關史料》, 《조선해관연보朝鮮海關年報: 1885~1893》, 일본 외무성통상국의 《통상휘찬通商彙纂》 같은 자료를 조사했다. 일제하 국제 설탕무역 동향, 조선에서 사탕무 생산에 대해서 대만총독부에서 발간한 《대만당업통계臺灣糖業統計》를 비롯한 대만 자료들을 참고했다. 만주나 자바와의 수출입에 대해서는 대만총독부, 조선총독부, 그리고 만주국에서 발간한 통계자료와 무역연감을 참고했다. 조선의 정제당 생산과 수출입에 대해서는 대일본제당 조선공장이 있던 평양상공회의소에서 발간한 《평양상공회의소보平壤商工會議所報》를 비롯한 정기간행물을 조사했다.

셋째, 자본규모, 민족별 자본가, 소재지와 관련된 자료는 《조선은행회사요록朝鮮銀行會社要錄》과 각 도시 상공회의소에서 간행한 여러 상공인명록商工人名錄을 조사하고, 조선총독부에서 펴낸 《조선공장명부朝鮮工場名簿》나 상품거래편람 등을 검토했다. 해방된 뒤 자료는 국가기록원에 소장된 귀속기업체 불하 서류, 국세청의 기업체 청산 서류 등을 살펴보았다. 그 시대에 나온 신문, 잡지도 참고했다.

넷째, 가정용 음식과 설탕과의 관계를 밝히기 위해 기존 역사학계에서 관심을 두지 않던 요리서를 사료로 썼다. 개항을 경계로 전통음식이 어떻게 변화했는지 알아내기 위한 대조군으로 전근대 음식을 조사했다. 전근대 요리서 가운데 《음식디미방》, 《음식방문》, 《듀식방》, 《규합총서閨閤叢書》 같은 한글 요리서를 살폈다. 한글 조리서는 여성들이 몸소 겪은 경험을 적은 것이라서 그때 음식 실상을 알 수 있지만, 한문 요리서는 중국 서적에 있는 요리법을 베낀 것이 섞여 있어 조사대상에서 뺐다. 개항되기 전 설탕에 대한 용도를 확인하고자 《조선왕조실록朝鮮王朝實錄》, 《승정원일기承政院日記》도 참고했다. 중국과 일본을 다녀온 사신들이 설탕에 대한 견문을 실은 《연행기燕行記》, 《일본기행기日本紀行記》 등을 살폈다. 마찬가지 이유로 개항된 뒤 나온 한글 요리서 《규곤요람閨壼要覽》, 《시의전서是議全書》, 《부인필지夫人必知》를 조사했다. 일제 요리서로는 근대 한국 요리서의 효시로 일컫는 방신영의 《조선요리제법朝鮮料理製法》을 검토했다. 1917년 초판을 찍은 이래 1942년까지 10판을 찍었고, 해방된 뒤에도 《우리나라 음식 만드는 법》(1954)이라는 이름으로 간행된 대표적인 요리서다. 이 책은 쇄를 거듭할 때마다 증보하여 시기별로 요리법과 재료가 달랐기 때문에 현존하는 판을 중심으로 조사했다. 이 밖에 1920년대부터 이용기, 이석만, 조자호, 손정규, 스즈키상점鈴木商店[027]이 펴낸 조선 음식 단행본과 잡지, 신문에 실린 요리법을 검토했다. 해방된 뒤에는 한국 정부가 지향하는 여성교육과 요리법에 초점을 맞추었다. 공교육 현장에서 가르치던 가사와 실과 교과서를 비롯해 정부에서 발간한 《새살림》, 《새마을》 같은 잡지를 살폈다. 식생활 전반의 변화에 대해서는 그 시대 신문과 여성지를 함께 검토했다.

이 책은 한국이 세계 설탕시장으로 편입되는 역사를 다루었다. 이 과정에서 세계적으로 보편화된 설탕이 한국인의 식생활을 어떻게 변하게 했는지 알 수 있다. 아울러 수요가 공급을 이끄는 과정을 고찰했다. 이로써 식생활 변화가 민족차별, 계급차이, 도시·농촌 사이 격차, 가족 안 여성차별과 같은 근대화 과정에서 일어난 사회문제와 연동되었음을 이해하는 데 이바지할 것이다. 세계적 무역구조, 국가의 산업 정책, 소비자의 요구가 서로 유기적으로 연관되면서 개인의

---

027   스즈키상점은 조선 내에서 인공조미료인 아지노모도味の素 판매를 담당했던 회사다.

단맛이라는 쾌락적 요소가 근대 이후 증대되는 현상을 밝혔다는 점에서 의미가 있다. 이 책이 한국에서 설탕 소비가 광범하게 확산되는 과정을 역사적으로 조망하는 데 기여하기를 기대한다.

책이 나오기까지 많은 분의 도움을 받았다. 먼저 큰 학은을 베풀어 주신 김도형 교수님께 감사드린다. 교수님께서는 숨겨진 문제의식을 일깨워 주시고 '궁리'하는 즐거움을 가르쳐 주셨다. 또 때때로 사료더미에 갇혀 있을 때 고개를 들어 광활한 시대과제를 볼 수 있도록 길을 밝혀 주셨다. 아울러 만학의 길을 내딛을 수 있게 따뜻하게 북돋아 주신 천화숙 교수님께 진심으로 감사드린다. 홍성찬, 김성보 교수님은 자칫 묻힐 수 있는 작은 문제의식을 논문으로 확장시키게끔 이끌어 주시고 격려해 주셨다. 최윤오, 왕현종, 하일식, 설혜심 교수님이 설익은 초고를 다듬어 주셔서 지금과 같은 체계를 갖출 수 있게 되었다. 정문상 교수님의 배려 덕분에 안정된 공간에서 책을 마무리할 수 있었다.

연세대학교 사학과에서 시대의 아픔과 공부의 즐거움을 익혔다. 대학교 1학년 때부터 올바른 역사인식을 갖도록 큰 가르침을 주신 김용섭 교수님, 넉넉한 마음으로 제자를 아껴주신 故 이종영, 하현강 교수님과 세계사적 보편성의 중요성을 일러주신 故 방기중 교수님의 은혜가 깊다. 일본에서 자료 수집에 애써 준 장미현 학형과 교정을 도와준 김재은 학형의 노고가 크다. 논문에 대해 함께 고민하고 조언해 준 도현철, 윤덕영, 이상의, 정호훈, 황동연 등 동기와 임성모, 김순자, 안유림, 김태호, 고영, 고태우, 권기하, 이현희 등 여러 선후배님께 감사드린다. 역사문제연구소, 산업사연구회, 그리고 가천대 냉전포럼에서 함께 공부하는 교수님과 학형들에게도 고마운 마음 전한다.

뒤늦은 공부를 지지해 주신 부모님과 시어머니께도 감사드린다. 동생 종화, 태경, 종민, 그리고 누구보다 남편 이진용과 장연, 장우 두 아들에게 고맙다. 공부에 전념할 수 있도록 일상을 배려해 주고, 글을 다듬어 주었다. 가족의 헌신적인 도움 덕택으로 이 책을 완성할 수 있었다.

마지막으로 부족한 글을 선뜻 출판해 주신 지식산업사 김경희 사장님과 거친 글을 하나하나 다듬느라 애써 주신 맹다솜 님께 진심으로 감사드린다.

내 곁에 과거와 현재가 있었다. 내 손길, 눈길, 발길이 닿는 하나하나가 세계사이며 한국사이고 근대사라는 것을 깨닫기까지 반세기가 걸렸다. 책을 내면서 비로소 80년대의 나를 보듬는다.

2018년 2월
이은희

차 례

표 차 례

그 림 차 례

I 장

전근대 설탕과 음식

조선은 온대 지역에 있는 데다 자급자족경제를 지향하여 해금海禁
정책을 취했기에 설탕을 얻기가 매우 어려웠다. 설탕은 왕실에서나
쓰는 비상구급약이었다. 왕실이나 고위 관료가 음식에 쓰는 단맛은
곡물로 만든 엿으로 구현했다. 따라서 설탕은 음식에 넣는 식재료가
아니라 보기 드문 약재였다.

이와 달리, 같은 동아시아에서도 중국은 사탕수수 재배지였고, 일
본은 은銀 해상교역지여서 음식에 설탕을 넣는 문화가 발달했다. 중
국이나 일본에 간 조선인들은 대부분 설탕이 들어간 음식을 보고 몹
시 기뻐하며 기록으로 남겼다. 하지만 이를 문화의 차이로 느낄 뿐
문명의 높낮이로 생각하지는 않았다.

1. 열대 해상무역품 설탕

전근대 음식은 자연환경과 무역조건으로 규정되었다. 사는 곳에
따라 단맛의 소비량 차이가 매우 컸다. 단맛을 내는 여러 작물 가운
데 가장 오래되고 대량 경작할 수 있는 것은 열대작물 사탕수수였
다.[001] 19세기까지 아시아 사탕수수 재배지는 필리핀, 인도, 중국 광

---

001   (朝鮮)鐵道省運輸局, 《鹽砂糖醬油味噌ニ關スル調査》, 京城, 1926, 4쪽 ; Vladimir
P. Timoshenko & Boris C. Swerling, 山口哲夫 譯, 《世界の甜菜糖問題》, 東京: 日
本甜菜糖業協會, 1958, 51쪽. 세계적으로 설탕의 원료로 많이 쓰이는 것은 사
탕수수와 사탕무다. 이 가운데 사탕무는 온대에서 자란다. 19세기부터 열대
식민지가 없는 중부 유럽에서 사탕무에서 설탕을 추출하는 방법을 개발했
다. 이밖에도 수수로 만든 노속당蘆粟糖, 단풍나무 수액에서 추출한 풍당楓

둥廣東, 푸젠福建 그리고 자바, 대만, 류큐琉球 같은 지역이었다. 이들 지역에서 설탕은 일상적인 생활필수품이었다.

사진 1 사탕수수 농장

출전 Henry King, about 1900, "Sugarcane", Object No.85/1285-1138, 2017 Museum of Applied Arts & Sciences, 〈https://ma.as/30615〉, (2018.1.17.)

이와 달리 온대 지역이나 해상무역이 드문 지역에서 설탕은 매우 구하기 힘들었다. 유럽에서도 신항로를 개척하기 전까지 설탕은 귀한 의약품이자 장식품이고 아주 사치스러운 식료품이었다.[002] 조선, 중국, 일본 삼국은 서로 이웃했지만 자연환경과 무역조건이 달라 설

糖(Maple Sugar), 야자나무에서 뽑아낸 야자당椰子糖(Palm Sugar)이 있다. 사탕 수수와 사탕무를 제외한 다른 작물은 재배기간, 함당량, 품질 등을 고려할 때 경제성이 크게 떨어진다.

002   시드니 민츠, 김문호 옮김, 《설탕과 권력》, 지호, 1998, 265, 316~317쪽.

탕 소비량도 크게 달랐다.

중국에서는 3세기 무렵 사탕수수가 전래되었다. 13세기 초 송나라 때가 되면 제당기술이 급속하게 발달하여 남부 광둥廣東, 푸젠福建 지방에서 대량으로 사탕수수 농사를 지었다.[003] 18세기 후반에는 중국 내 연안무역이 발달해 설탕이 중국 둥베이東北 지역까지 널리 유통되었다. 각 지역 특산물이 분업을 이루어, 광둥福建·푸젠廣東의 설탕, 장난江南의 면화, 둥베이·산둥의 콩이 지역 특산물로 서로 활발하게 거래되었다. 콩깻묵이 사탕수수와 면화의 비료로, 설탕과 콩기름이 음식으로, 면화가 옷으로 쓰였다. 그 결과 중국에서는 서민도 설탕이 들어간 음식을 먹었고 설탕 소비문화가 매우 발달하였다.[004]

생산성이 매우 높아 19세기 초까지 중국의 대표적인 수출품 가운데 하나가 바로 설탕이었다. 설탕이 비단, 차 다음으로 3위였다. 중국 설탕은 마카오를 비롯한 남부 무역항을 거쳐 무역중계지인 말라카 해협으로 수출되었고, 말라카 해협에서 다시 인도와 아랍으로 팔렸다. 또 일본으로도 설탕을 수출했다.[005]

일본은 은銀 교역으로 아시아 해상무역 체제에 포함되었다. 전국시대인 15~16세기부터 은과 동銅을 수출하고 비단, 설탕, 인삼과 같은 사치품을 수입하였다. 일본의 은 수출량은 17세기 초 전 세계 생산량의 1/3을 차지할 정도로 엄청난 양이었다. 포르투갈이나 네덜란드 상인이 중국이나 자바의 설탕을 수입해서 나가사키長崎에서 팔았다. 1711년 무렵 일본은 중국에서 448만 근, 268만 8천 킬로그램이

---

003 Sucheta Mazumdar, *Sugar and Society in China: Peasants, Technology, and the World Market,* Cambridge, MA: Harvard University Press, 1998, pp.28~48. 송대宋代 이래 전통적인 제당기술이 세계적인 수준이었다.

004 宮田道昭, 《中國の開港と沿岸市場》, 東京: 東方書店, 2006, 15~22쪽.

005 Sucheta Mazumdar, op. cit., pp.85~90, 100~106.

나 되는 설탕을 수입했다.[006] 이 밖에도 류큐에서도 조공으로 설탕을
바치게 했다.

18세기 초 막부의 8대 장군 도쿠가와 요시무네德川吉宗가 은·동
수출금지령을 내렸다. 설탕, 인삼과 같은 사치품 수입을 줄이고 자
급하려는 정책이었다.[007] 이러한 조치 뒤 일본에서도 사탕수수를 재
배하기 시작했으나, 생산량이 매우 적었다. 일본에서 설탕은 대부분
수입품이었기에 최상류층이나 먹는 매우 사치스러운 음식재료로
쓰였다.[008]

조선은 온대 지역이므로 사탕수수 재배에 적합하지 않았다. 뿐만
아니라 정책적으로 전근대 아시아 해상무역망에 직접 참여하지 않
았다. 전근대 동아시아 교역체제의 근간은 중국 중심의 조공무역 체
제였고, 조공무역 체제의 중심은 육로를 통한 교역이었다. 중국과 접
한 조선도 육로 조공무역 위주였다. 더욱이 조선은 자급자족적 농업
을 근간으로 하는 봉건체제였기에 해금海禁정책을 시행했다. 명·청
교체기 조선이 중국과 일본 사이에서 인삼, 비단, 은을 거래하며 삼
각무역을 활발하게 주도한 때가 있었지만 이것도 육로 조공무역을
토대로 했다.

---

006 糖業協會 編, 《近代日本糖業史》 上卷, 東京: 勁草書房, 1962, 3~9, 30~31쪽.
중국이나 자바 말고도 일본 사쓰마薩摩에서는 17세기 중엽 이래 류큐琉球로
부터 공미貢米 대신 설탕[黑糖, molasses]을 받았다. 1근=0.6킬로그램으로 환
산했다.

007 정성일, 《조선후기 대일무역》, 신서원, 2000, 236~238쪽. 일본은 조선과 인
삼 무역도 줄이고 자급하려고 노력했다.

008 糖業協會 編, 앞의 책, 12~19, 67쪽 ; 와타나베 미노루 著, 윤서석 외 8명
譯, 《일본 식생활사》, 신광출판사, 1998, 347~348쪽. 사쓰마에서 흑당黑糖
(molasses), 사누키讚岐에서 백당白糖을 생산했으나 나가사키를 통해 수입한
설탕이 일본 수요의 대분을 충당하고 있었다.

조선에서 설탕을 수입하는 통로는 주로 중국과의 조공무역이었
다. 조선 초 중국 황실이 조공 답례품으로 하사하거나, 중국 사신이
조선 왕실에 주는 선물이었다. 1417년 7월 태종 때 명 황제 칙서를
가지고 온 사신이 왕과 왕비에게 설탕 한 대야(盤)를 바쳤다. 같은
해 12월 공녀로 명에 끌려가 명 황제의 후궁이 된 조선 여인 황씨가
자신의 가족에게 금, 은과 함께 백당白糖 80근을 보낸 바 있다. 또한
1452년, 명의 사신 김흥金興이 단종에게 백사탕白砂糖 1통桶을 선물
한 바 있다.[009]

16세기가 되면 조선에 온 중국 사신이 더 이상 설탕을 가져오
지 않았다. 이 무렵이 되면 중국에서 설탕은 아주 대중화되었다. 간
혹 설탕을 가져올 때가 있지만 이는 조공 답례품이 아니었다. 1539
년 중종 34년 명에서 온 사신이 "우리들이 길에서 먹는 음식으로 변
변찮은 물건"[010]이지만 왕이 제사忌齊를 지낸다기에 설탕을 보낸다고
말한 바 있다. 중국 사신의 말 안에 그 무렵 중국과 조선 양국 사이
의 설탕에 대한 인식 차이가 잘 나타난다. 설탕이 중국인에게는 하
찮은 일상품이었지만 조선에서는 왕실 제사에 쓰는 귀중품이었다.

조선 전기 왕실은 중국에 보낸 사신이나 역관을 시켜 설탕을 수입
했으나 양이 매우 적었다. 아주 사치한 물건으로 여겨 수입을 적극
적으로 금했기 때문이다. 1409년 명에 다녀온 진헌사進獻使가 설탕
다섯 말(缸)을 가져온 바 있고[011] 1425년 정사正使가 설탕을 가져올

---

009 《端宗實錄》단종 즉위년 10월 13일.

010 《中宗實錄》중종 34년 4월 14일.

011 《太宗實錄》태종 9년 윤4월 23일. 재래당舍密糖은 여름에는 용해되어 액체로
     되어 병에 담았다. 따라서 담는 그릇이 항아리와 같은 것이어서 단위도 근과
     함께 항缸, 호壺를 썼다. 항缸은 한 말짜리 항아리다.

정도로 드물었다.[012] 중종반정 뒤 연산군이 사치하다는 증거로 1496 년 연산군이 성절사聖節使에게 설탕을 사 오라고 지시한 것을 거론 할 정도였다.

임진왜란 뒤에는 조선 왕실에서 중국을 왕래하는 역관을 시켜 설 탕을 수입했다. 1632년 인조 10년 역관이 왕실용 약재로 들여왔다.[013] 1768년 영조 44년, 의주 수검소 수입품 목록인 《용만지龍灣志》에도 잡당雜糖이 포함되어 있다. 수세량이 15냥인 것으로 미루어 수입액 이 5백 냥 정도인 듯하다.[014] 같은 자료에 후추胡椒 수세량이 30냥(수 입액 1천 냥)인 것으로 미루어 보아 수량을 알 수 없지만 후추의 절반 액수만큼 수입했다.

중국 말고도 류큐와 일본에서도 수입했으나 수량이 중국보다 훨 씬 적었고 일정치 않았다. 15세기 말까지 류큐가 조공품으로 조선 왕실에 설탕을 보냈다. 1392년부터 1589년까지 류큐에서 조선에 사 신을 파견했는데 1461년부터 설탕이 조공품에 포함되어 있었다.[015] 이 가운데 수량을 알 수 있는 것은 1477년 백 근, 1480년 백 근, 1494 년 후추와 설탕이 든 작은 항아리[小壺] 1개다.[016] 임진왜란 뒤 류큐 와 교역이 끊어지면서 설탕 수입도 중단되었다.

일본에서의 수입량도 매우 불규칙했다. 임진왜란 뒤에는 주로 쓰 시마 섬對馬島을 거쳐 설탕이 들어왔다. 1421년과 1423년 일본 치쿠

012　《世宗實錄》세종 7년 2월 13일.

013　《承政院日記》인조 10년 6월 10일.

014　《龍灣志》, 영조 44년(유승주·이철성, 《조선후기 중국과의 무역사》, 경인문화사, 2002, 154쪽에서 재인용).

015　《世祖實錄》세조 7년 12월 12일 ; 《世祖實錄》세조 8년 2월 28일.

016　《世祖實錄》세조 8년 2월 2일 ; 《成宗實錄》성종 8년 6월 6일 ; 《成宗實錄》성 종 11년 6월 7일 ; 《成宗實錄》성종 25년 5월 11일.

슈筑州府(오늘날 큐슈)에서 설탕 1백 근과 50근을 바쳤다는 기록이 있다.[017] 하지만 2백여 년 넘게 중단되었다가 임진왜란이 일어난 뒤인 1642~1662년 사이 대마도주對馬島主가 예물로 설탕이나 설탕으로 만든 과자류를 보냈다. 1642년 당과糖果, 1661년 빙사탕氷沙糖 20근 1항아리壺, 오화당五花糖 3근, 밀과蜜果 2항아리壺, 백설탕白沙糖 3근, 1662년 빙사탕氷沙糖 20근이었다.[018] 대부분 20근 안팎의 소량이었다.

2. 왕실 약재로서의 설탕

조선은 설탕 수입을 금기시하는 분위기 속에서 수입량이 아주 적었다. 따라서 용도가 매우 제한적이었다. 왕실에서나 쓰는 희귀한 약재였다. 왕실가족이 노쇠하거나 자양이 부족하고 허약할 때 원기를 돋우기 위해 복용했다.[019] 왕 자신이 복용하거나 왕자나 원손이 아플 때 먹었으나 워낙 구하기 어려워서 왕후가 병들었을 때조차 쉽게 먹을 수 없었다.[020] 이를테면 세종의 비인 소현왕후가 병환이 났을 때

---

017 《世宗實錄》세종 3년 11월 6일 ; 《世宗實錄》세종 5년 5월 25일.

018 《各司謄錄》, 東萊府, 인조 20년 ; 《各司謄錄》, 현종 2년 11월 24일(음) ; 《各司謄錄》, 현종 2년 11월 25일(음), 현종 3년 3월 19일(음) ; 糖業協會 編, 앞의 책, 4~7, 12~14쪽. 일본에서 사탕수수를 재배하기 전이므로 조선에 예물로 바치는 설탕은 일본이 류큐琉球, 포르투갈 또는 네덜란드에서 수입한 것으로 추측된다.

019 《宣祖實錄》, 선조 8년 2월 25일 ; 《宣祖實錄》, 선조 40년 12월 3일 ; 《承政院日記》, 인조 4년 8월 5일 ; 《承政院日記》, 인조 11년 6월 18일 ; 《承政院日記》, 순조 34년 11월 13일 ; 《承政院日記》, 순조 34년 11월 13일(음).

020 《承政院日記》인조 12년 11월 22일 ; 《承政院日記》, 인조 18년 윤1월 26일 ; 《承政院日記》, 인조 18년 10월 17일.

설탕을 몹시 먹고 싶어했으나 설탕이 없어 먹지 못했다. 1452년 문종이 설탕을 얻자 어머니인 소헌왕후 혼전魂殿에 바치며 눈물을 흘렸다고 할 정도로 귀했다.[021]

때로는 왕이 신하에게 주는 남다른 선물이었다. 왕이 병든 신하에게 설탕을 하사한 일은 수백 년 동안 사람들 입에 오르내렸다. 1494년 우의정 허종이 위독하자 성종은 설탕과 감귤을 하사했다. 이 일은 1600년 이정형李廷馨의 《동각잡기東閣雜記》와 1800년 이긍익李肯翊의 《연려실기술燃藜室記述》 제6권에 각각 실려 후대에 두고두고 기억되었다.[022] 인조가 늙고 병든 영중추부사 이원익李元翼과 영의정 윤방尹昉에게 설탕을 보냈던 것도 마찬가지로 칭송받았다.[023]

왕이 병든 신하만이 아니라 조선에 온 명나라 사신을 후대하는 표시로도 설탕을 주었다. 인조 7년(1629년) 설탕 네 봉封을 명나라 사신에게 선물했다.[024] 그러나 조선에서야 설탕이 왕실 권위를 상징하는 귀중품이었지만 명나라 사신에게는 설탕이 대중 식품이었기에 대수롭지 않게 느꼈을 것이다.

조선 후기, 설탕은 왕실만이 아니라 중국에 사신으로 다녀온 고위 관료들 사이에서 귀한 구급약으로 쓰였다. 허균은 아는 사람에게 어머니 병환에 쓰라고 설탕 한 덩이를 보낸 일이 있다.[025] 1609년 혹은 1614년에 사은사로 명에 다녀오면서 사온 듯하다. 《풍산김씨 영

021　《文宗實錄》 문종 2년 5월 14일.

022　李廷馨, 〈本朝璿源寶錄〉, 《東閣雜記》 上卷, 1600 ; 李肯翊, 〈成宗朝故事本末〉, 《燃藜室記述》 6권, 1800.

023　《承政院日記》 인조 11년 10월 21일, 인조 12년 12월 27일, 인조 13년 1월 3일.

024　《承政院日記》 인조 7년 3월 21일.

025　許筠, 《惺所覆瓿藁》 21권, 文部 18. 허균(1569~1618)은 1609년(광해군 1년)과 1614~1615년 두 차례에 걸쳐 사은사謝恩使의 서상관書狀官으로 명에 다녀왔다.

감댁 물목단자豊山金氏令監宅物目單子》에도 설탕 두 봉이 들어 있는데 이 또한 귀중한 약재로 쓰인 듯싶다.[026]

《산림경제山林經濟》(1700)에는 파두巴豆와 석약石藥 같은 약재의 독을 해독할 때, 잘못하여 물건을 삼켰을 때, 천연두에 걸렸을 때 다른 약재와 함께 설탕을 복용하라고 쓰여 있다.[027] 조선 정부에서 반포한 홍역 처방전(1786)에도 설탕이 들어 있었다.[028] 설탕을 넣은 차도 보이는데, 설탕가루를 여러 약재와 함께 환으로 만들어 인삼이나 감귤, 용안육, 도라지 등을 달인 찻물에 넣어 마셨다.[029] 이러한 차는 기호품인 동시에 몸을 보양하려고 먹는 약이었다.

한편 사신, 역관 또는 포로로 중국이나 일본에 다녀온 조선인은 설탕이 음식에 널리 쓰이는 것을 보고 매우 인상 깊어했다. 이들은 문집이나 기행문에 사탕수수나 설탕이 들어간 음식을 먹은 경험을 신기해하며 기록해 놓았다. 1548년 최연崔演은 중국에서 차[周茶]에 설탕을 타서 마시는 것을, 1575년 홍성민洪聖民은 밤중에 설탕 사라고 돌아다니는 장사꾼을 이국적인 풍경으로 묘사했다.[030] 정유재란 때 일본에 잡혀갔다가 탈출한 노인魯認은 중국 푸젠에서 사탕초砂糖草(사탕수수)를 넓은 들판에 재배하고 있고, 이를 먹어 보니 "맑은 진

---

026   《豊山金氏令監宅物目單子》16, 한국국학진흥원, 유교기록관, 名家古文書 번호 10420.

027   洪萬選,《山林經濟》3권.

028   《日省錄》정조 10년 5월 29일.

029   《承政院日記》인조 4년 8월 5일 ;《承政院日記》인조 11년 10월 21일 ;《承政院日記》인조 13년 1월 3일 ;《承政院日記》순조 34년 11월 13일(음).

030   崔演,〈食沙糖〉,《艮齋集》, 권10, 명종 3년 ; 洪聖民, 七言絶句詩〈夜聞賣糖人聲〉,《拙翁集》권3, 인조 9년 문집 간행. 홍성민은 선조 5년(1572)과 선조 8년(1575)에 중국에 사신으로 다녀왔다. 한국고전번역원,〈http://db.itkc.or.kr/〉참조.

액이 줄줄 나며 달기가 꿀과 같았다"[031]고 적었다.

임진왜란 뒤에는 외국에서 설탕과 설탕 넣은 음식을 먹은 기록이 더 많아졌다. 그만큼 중국과 일본에서 설탕 소비문화가 발달했고 동시에 사신들에게는 새로운 미각 체험이었다. 중국으로 사행을 간 사신들은 《연행일기燕行日記》(1712), 《열하일기熱河日記》(1783), 《무오연행록戊午燕行錄》(1798~1799), 《계산기정薊山記程》(1804), 《부연일기赴燕日記》(1828), 《연원직지燕轅直指》(1832)에서 설탕 넣은 음식인 과자[糖菓]나 떡[糖餅]을 먹은 일을 상세히 서술했다.[032]

홍대용洪大容은 베이징의 시장에서 손바닥만한 설탕[砂糖] 한 덩어리가 은전으로 겨우 1푼이라면서 남방에서 사탕수수가 얼마나 많이 생산되는지 알겠다고 감탄했다. 그는 중국에서 단것을 취할 때 벌꿀이 거의 드물고 오로지 설탕을 넣는다며 설탕이 들어간 여러 종류의 떡과 과자를 열거했다. 박지원朴趾源도 베이징에서 가는 곳마다 푸젠이나 저장浙江에서 나는 귤떡[橘餅], 매당梅糖, 국화차[菊茶]를 대접받는다고 매우 흡족해했다. 서유문徐有聞도 설탕 가루를 넣은 떡이나 용안빙당龍眼氷糖과 같은 과자류가 후식으로 나오니 후하게 대접받았다고 즐거워했다.

일본에 간 조선 사신도 설탕으로 만든 과자로 대접받는 것을 몹시

031   魯認, 《錦溪日記》, 선조 32년 4월 8일. 한국고전번역원 참조.

032   金昌業, 《燕行日記》 권1, 숙종 38년 11월 28일 ; 《燕行日記》 권2, 숙종 38년 12월 4일 ; 《燕行日記》 권3, 숙종 38년 12월 29일 ; 《燕行日記》 권6, 숙종 39년 2월 13일 ; 《燕行日記》 권9, 숙종 39년 3월 3월 7일 ; 洪大容, 《湛軒書》 외집 권10, 영조 42년 1월~3월 10일, 〈燕記 飮食〉; 朴趾源, 《熱河日記》, 정조 7년, 〈銅蘭涉筆〉, ; 徐有聞, 《戊午燕行錄》 권3, 정조 22년 12월 30일 ; 《戊午燕行錄》 권4, 정조 23년 2월 7일 ; 《戊午燕行錄》 권6, 동년 2월 10일 ; 《薊山記程》 권4, 순조 4년 3월 13일 ; 《赴燕日記》, 순조 28년 ; 《燕轅直指》 권3, 순조 32년 12월 30일. 한국고전번역원 참조.

기뻐했다. 기행문에 맛있는 과자를 먹은 경험을 흐뭇하게 써 놓았다.[033] 사신들은 빙당氷糖을 비롯해 설탕으로 만든 병과류餠菓類인 오화당五花糖, 당병糖餠, 화당花糖을 접대받았다. 조선의 사신들이 일본에서 설탕을 많이 먹다 보니 1643년《해유록海遊錄》의 신유한申維翰은 일본 음식에 모두 설탕을 탄다고 착각할 정도였다.[034] 그러나 그무렵 일본에서도 설탕은 사치스러운 수입 식품이었다. 일본에 간 조선 사신이 설탕 과자를 자주 먹었다는 것은 일본이 조선 사신을 깍듯하게 대접했다는 증거였다.

중요한 점은 조선인이 설탕 소비문화의 발달 정도와 문명 수준을 별개로 보았다는 점이다. 사신과 역관들이 설탕이 들어간 음식을 먹으며 기뻐하고 놀라워했지만 이를 문화 차이로 느낄 뿐 문명의 우열로 받아들이지 않았다. 조선에서 설탕 소비문화가 덜 발달했다고 열등감을 느끼지 않았고 자신들이 귀한 손님으로 극진하게 대접받았다고 좋아할 뿐이었다.

---

033 吳允謙,《東槎上日錄》, 광해군 9년 7월 12일 ;《東槎上日錄》, 광해군 9년 7월 21일 ; 李景稷,《扶桑錄》, 광해군 9년 7월 10일 ;《扶桑錄》, 광해군 9년 8월 13일 ; 任守幹《東槎日記》광해군 9년 8월 3일 ;《東槎日記》광해군 9년 8월 28일 ;《東槎日記》광해군 9년 10월 8일 ; 金世濂,《海槎錄》, 인조 14년 10월 26일 ; 申濡,《海槎錄》, 인조 21년 ; 柳相弼,《東槎錄》, 숙종 8년 4월 22일 ;《東槎錄》, 숙종 8년 6월 6일 ; 洪禹載,《東槎錄》, 숙종 8년 7월 21일 ;《東槎錄》, 숙종 8년 9월 24일 ; 申維翰,《海遊錄》상권, 숙종 44년 9월 9일 ;《海遊錄》하권, 숙종 45년 12월 26일 ; 曹命采,《奉使日本時聞見錄》영조 24년 2월 24일 ;《奉使日本時聞見錄》, 영조 24년 3월 11일 ;《奉使日本時聞見錄》, 영조 24년 3월 13일 ;《奉使日本時聞見錄》, 영조 24년 3월 14일 ;《奉使日本時聞見錄》, 영조 24년 3월 19일 ;《奉使日本時聞見錄》, 영조 24년 3월 23일 ;《奉使日本時聞見錄》, 영조 24년 4월 2일 ;《奉使日本時聞見錄》, 영조 24년 5월 10일 ; 趙曮,《海槎日記》, 영조 40년 정월 27일 ;《海槎日記》, 영조 40년 2월 1일. 한국고전번역원 참조.

034 申維翰,《海遊錄》하권, 숙종 46년 1월,〈附聞見雜錄〉.

3. 전통음식 속의 단맛

음식문화는 각 지역에서 쉽게 구할 수 있는 재료 중심으로 발달한다. 오늘날 설탕은 음식과 불가분의 관계를 맺고 있지만, 전근대 조선에서 단맛을 내는 식재료는 보통 자연에서 채취하는 꿀과 곡물로 만든 엿이었다. 상류층이 꿀이나 엿을 관혼상제를 비롯해 특별한 날 먹었다.[035]

먼저 전근대 꿀, 엿, 설탕을 일컫는 용어를 살펴보자. 꿀은 밀蜜, 청밀淸蜜이라고 불렀다. 엿은 색이나 제조법 차이에 따라 청淸, 백청白淸, 황청黃淸, 조청造淸, 즙청汁淸, 생청生淸, 황백청黃白淸, 엿, 흰엿, 흑당黑糖(검은 엿), 백당白糖(흰 엿)[036], 유청乳淸이라고 불렀다. 개항되기 전까지 설탕은 대개 사탕砂糖, 당糖, 사당沙糖이라고 썼다.

개항으로 설탕 수입량이 많아지자 한말에는 사당, 사탕, 당糖과 함께 중국에서 설탕을 거래할 때 쓰던 백당白糖으로 불렀다. 따라서 한말에는 백당이 흰 엿일 수도 있고, 설탕일 수도 있다. 개항되기 전에는 설탕이 매우 드물었으므로 백당이 흰 엿이라는 뜻으로 쓰였다. 개항된 뒤 백당은 대개 설탕을 뜻했으나 자료에 따라 흰 엿을 가리킬 수도 있다. 이 책에서는 혼동을 피하고자 엿, 꿀, 설탕이라는 용어로 나누어 부르겠다.

전근대 조선에서 가장 음식이 발달한 곳은 궁중이었다. 궁중연회

035　J. S. 게일, 신복룡 옮김, 《전환기의 조선》, 집문당, 1999, 30쪽. 한말 선교사 게일은 벌꿀도 드물었다고 말했다.

036　《규합총서》(규장각 가람문고본, 1869)에 따르면 흑당은 엿이고 백당은 흑당(엿) 을 여러 번 켜서 비치게 만든 것이다. 《주방문酒方文》에는 빈사과에 흑당을 넣는다고 되어 있는데 이는 엿의 별칭이다.

에서 꿀, 엿, 설탕이 언제부터 어떤 음식에 들어가게 되었는지 살펴보자. 식품영양학자 김상보의 연구[037]에 따라 꿀, 엿, 설탕으로 나눈 것이 〈표 1〉이다.

표 1 조선왕조 궁중연회에 등장하는 감미료 사용 음식

감미료	연도	음식명
I. 꿀, 엿	1719 ~1902	介子, 白淸, 炒豆石耳粘甑餠, 菉豆粘甑餠, 蜜粘甑餠, 石耳粘甑餠, 炒豆粘甑餠, 辛甘草粘甑餠, 盒餠, 厚餠, 石耳蜜雪只, 藥飯, 辛甘草粳甑餠, 石耳粳甑餠, 蒸餠, 石耳蜜雪只, 辛甘草末雪只, 雜果蜜雪只, 蜜雪只, 白雪只, 石耳團子, 靑艾團子, 辛甘草團子, 各色團子, 三色餠, 花煎, 雜果餠, 各色團子雜果餠, 生薑山蔘, 軟山蔘, 甘苔山蔘, 五味子餠, 薯蕷餠, 柏子餠, 菉末餠, 三色菉末餠, 兩色菉末餠, 棗卵, 栗卵, 紅銀丁果, 紅白銀丁果, 兩色叉手果, 煎銀丁果, 黃助只, 甘苔助只, 大棗助岳, 各色助岳, 黃栗茶食, 松花茶食, 黑荏子茶食, 菉末茶食, 薑粉茶食, 靑太茶食, 桂薑茶食, 各色茶食, 三色茶食, 四色茶食, 五色茶食, 乾正果, 蓮根正果, 生薑正果, 皮子正果, 各色正果, 糖屬正果, 蒸大棗, 細麵, 花麵, 水團, 靑麵, 水麵, 水正果, 假蓮水正果, 花菜, 梨熟,
II. 꿀, 엿, 糖(흰 엿)	1719	紅味子, 白味子, 紅細漢果, 紅細漢果
	1827	薑卵, 軟杏仁果, 黃蔘花*, 紅蔘花, 白蔘花, 紅梅花軟絲果, 白梅花軟絲果, 柏子軟絲果, 荏子强精, 紅細乾飯强精, 白梅花强精, 紅梅花强精
	1828	柏子强精
	1829	五色强精
	1848	兩色蔘花*, 三色梅花軟絲果, 兩色細乾飯軟絲果, 三色甘絲果, 三色梅花强精
	1868	四色氷絲果, 三色漢果
	1873	四色甘絲果
III. 꿀, 엿 /白糖 (설탕으로 봄)	1887	兩色細乾飯强精
	1892	紅白梅花軟絲果, 白細乾飯軟絲果, 紅細乾飯軟絲果, 五色中細乾飯軟絲果, 靑黃笠帽氷絲果, 紅白笠帽氷絲果, 四色笠帽氷絲果, 三色方氷絲果, 白細乾飯强精, 桂栢强精, 紅白梅花强精, 五色鈴强精, 各色熟實果
	1901	兩色漢果, 五色小軟絲果, 黃細乾飯强精
	1902	熟實果

037　김상보, 《조선왕조궁중의궤음식문화》, 수학사, 1995, 342~436쪽.

감미료	연도	음식명
IV. 꿀, 엿/설탕	1827	藥果, 饅頭果
	1828	杏仁果, 梅葉果, 軟藥果, 大藥果, 小藥果, 茶食果
	1829	白銀丁果, 小茶食果
	1848	小饅頭果
	1873	大茶食果
	1892	方藥果
	1901	大饅頭果, 霜雪膏
V. 설탕	1827	砂糖
	1877	大砂糖
VI. 각색당	1892	兩面果, 各色倭糖 - 玉春糖, 水玉糖, 御菓子 各色唐糖 - 蜜棗, 八寶糖, 金箋糖, 推耳糖, 梨脯, 樣子糖, 靑梅糖, 人蔘糖, 五花糖, 氷糖, 雪糖, 乾葡萄

참고 1719《進宴儀軌》, 1765《受爵儀軌》, 1827《慈慶殿進爵整理儀軌》, 1828《進爵儀軌》, 1829《進饌儀軌》, 1848《進饌儀軌》, 1868《進饌儀軌》, 1873《進爵儀軌》, 1877《進饌儀軌》, 1887《進饌儀軌》, 1892《進饌儀軌》, 1901《進宴儀軌》, 1902《進宴儀軌》(김상보, 《조선왕조궁중의궤음식문화》, 수학사, 1995, 342~436쪽에서 재인용).

비고 ① I은 꿀과 엿, IV는 꿀, 엿, 설탕, V는 설탕만 들어간 것이다. II와 III은 용어가 헷갈릴 우려가 있는 백당을 넣은 것이다. 이 가운데 II는 개항되기 전에 백당을 넣은 음식이므로 흰 엿이라고 보았다. III은 개항된 뒤에 백당을 넣은 음식이다. 흰 엿일 수도 있지만 설탕을 정백당精白糖의 뜻으로 백당이라고 썼을 수도 있다. VI은 1892년 각색당各色糖이라 하여 중국 과자〔各色唐糖〕와 일본 과자〔各色倭糖〕[038]를 뜻한다. 이 경우 당은 과자라는 뜻으로 썼다.

② *표시한 黃蓼花와 兩色蓼花는 백당만 넣었고 나머지는 모두 엿〔淸〕과 꿀을 함께 넣었다.

〈표 1〉처럼 궁중에서 연회나 잔치 음식에 설탕이 나타나기 시작한 것은 1828년부터다. 1900년대 초까지 설탕을 넣은 음식 종류는 약과와 만두과饅頭菓, 행인과杏仁果, 매엽과梅葉果, 백은정과白銀丁果, 상설고霜雪膏밖에 없다. 그나마 거의 꿀, 엿과 함께 넣었다. 오로지 설탕만 들어간 음식은 〈표 1〉 IV의 사탕砂糖, 대사탕大砂糖이 전부였

---

038 김상보, 위의 책, 449쪽.

다. 한말까지 왕실에서 떡과 같은 병과류와 기호성 음료인 음청飮淸류에 주로 꿀, 엿을 썼고 아주 가끔 설탕을 넣었다.

1900년대까지 상류층 음식에 들어간 감미료를 조사한 것이 〈표 2〉다. 조사대상을 한글 요리책으로 한정했다. 《산림경제山林經濟》, 《증보산림경제增補山林經濟》, 《임원십육지林園十六志》, 《오주연문장전산고五州衍文長箋散稿》[039] 같이 한문으로 쓰인 요리책은 중국 서적의 요리법을 그대로 베낀 것이 섞여 있어 조선의 음식 요리법을 온전하게 보여 주지 않는다. 이와 달리 한글 요리책은 여성들이 몸소 경험한 바를 적었으므로 당대 음식문화를 잘 보여 주고 있다.

〈표 2〉에서 17세기 《음식디미방》, 《주방문酒方文》과 18세기 《음식보飮食譜》, 시기미상의 《음식방문》에는 설탕 들어간 음식이 아예 없다.[040] 병과餅菓류, 음청飮淸류에 단맛을 내는 감미료로 꿀과 엿을 넣었다. 19세기 요리책으로 1815년경 빙허각憑虛閣 이씨가 저술한 《규합총서閨閤叢書》, 《주방酒方》(19세기 중엽), 《듀식방》(19세기 초중엽), 1869년 간본刊本 《규합총서》(규장각 가람문고본), 《술 빚는 법》(19세기 말), 《규곤요람閨壼要覽》(연세대 소장본, 1896년), 《시의전서是議全書》(19세기 말)가 있다.

《규합총서》는 필사본과 목판본으로 전해졌는데 1869년 판본 《규합총서》(규장각 가람문고본)에는 석탄병에만 설탕이나 꿀을 넣었다. 1815년에 저술되었다고 알려진 정양완 소장본 《규합총서》에는 권전병, 도행병, 백설고, 원소병, 석탄병, 녹말다식, 용안다식에 설탕을 넣었다. 그러나 정양완 소장본보다 훨씬 뒤에 쓰여진 《규곤요람》(연

---

039 洪萬選, 《山林經濟》 2권, 〈治膳〉 ; 柳重臨, 《增補山林經濟》 2권, 〈治膳〉 ; 徐有矩, 《林園十六志》 제8지, 〈鼎俎志〉 ; 李圭景, 《五州衍文長箋散稿》 人事篇, 服食類, 〈諸膳〉.

040 〈飮食方文〉(동국대소장본), 《閨壼要覽 外》, 농촌진흥청, 2010.

세대 소장본), 《술 빚는 법》에는 설탕을 넣은 음식이 없다. 뿐만 아니라 〈표 1〉에서 보듯 왕실에서도 병과류에 설탕을 넣기 시작한 것이 1828년부터다. 정양완 소장본 《규합총서》가 1815년에 쓴 것이라면 왕실보다 먼저 민가에서 설탕을 넣었다는 것인데 그 무렵 무역 상황을 고려할 때 받아들이기 어렵다. 이런 점에서 정양완 소장본이 1815년에 제작된 것인지 의문이 든다.[041]

정양완 소장본 《규합총서》를 제외하면 음식의 단맛을 낼 때 거의 꿀이나 엿을 썼다. 아주 적은 수의 병과류와 음청류에 설탕을 넣었다. 19세기 말 요리책인 《시의전서》에는 적복령赤茯苓편 하나만 설탕을 넣었다. 1915년 규합총서 필사본인 《부인필지夫人必知》에서야 비로소 복숭아살구떡, 녹말다식, 원소병, 유자단자, 용안육 다식, 흑임다식에 설탕을 넣었다. 개항된 뒤에도 한동안 음식에 설탕을 거의 넣지 않았던 것이다.

표 2 전통요리서의 감미료 사용 음식

I. 꿀·엿	A	1670년경	상화, 화전, 빈자, 잡과편, 밤설기, 앵도편, 다식, 섭산삼, 연약과, 박산, 약과, 중박계(중박계), 빈사과
	B	1600년대 말	약과, 연약과, 산자, 강정, 빈사과, 중박계, 우근겨
	C	1700년대 초	유화전, 생강정과, 동화정과, 모과정과
			갈분의이, 약포, 장볶이, 동치미, 동가김치
	D	1815년경	건시단자, 승검단자, 유자단자, 벗편, 복분자딸기편, 산사편, 살구편, 송편, 앵도편, 잡과편, 증편, 석이병, 두텁떡, 서여향병, 송기병, 혼돈병, 상화, 병자, 밤조악, 약식, 황률다식, 흑임자다식, 감자정과, 계강과, 동과정과, 모과정과, 모과쪽정과, 생강과, 생강정과, 연근정과, 왜감자정과, 유자정과, 천문동정과, 유밀과, 강정, 감사과, 연사, 연사라교, 매화산자, 메밀산자, 묘화산자, 밥풀산자, 귀계장, 향설고, 매화차, 포도차, 국화차

041 빙허각 이씨, 이민수 역, 《閨閤叢書》, 기린원, 1988. 《閨閤叢書》는 목판본 1책 29장인 가람문고본(1869)과 필사본 2권 1책인 《부인필지》(1915), 1권 1책인 국립중앙도서관본, 필사본 6권으로 된 정양완 소장본이 있다.

	E	1800년대 초·중반	주악, 홍백산자, 빈사과, 잣박산, 약과
	F	1800년대 중	토란편, 보도전과, 죽순전과, 순전과, 생강전과, 강정, 약과
	G	1869년	약포, 고추장, 즙장, 동치미
			신과병, 혼돈병, 잡과편, 증편, 석이병, 빙자떡, 두텁떡, 송편, 앵도편, 건시단자, 토란병, 약식, 계강과, 빈사과, 강정, 매화산자, 밥풀산자, 묘화산자, 약과, 중계법, 백당, 흑당, 향설고, 식혜
	H	1896년	전복숙장아찌
			곱창떡, 백설기, 약밥, 모과정과, 산사정과, 생강정과, 연근정과, 살구씨정과, 청매당정과, 생강편
	I	1800년대 말	승검초단자, 석이병, 건시단자, 밤주악, 산사편, 앵두전, 복분자전, 버찌전, 살구편, 강정, 메밀산자, 다식과, 계강과, 생강과
I. 꿀·엿			난면, 장조림, 각색 장조림, 전복숙, 북어회, 무생채, 갓채, 호박선, 생치구이, 생선구이, 더덕구이, 약포, 콩자반, 천리찬, 만나지법, 육회, 윤즙, 장볶이, 동치미
	J	1800년대 말	산사편, 앵도편, 복분자편, 살구편, 벗편, 녹말편, 들쭉편, 꿀찰편, 꿀편, 승검초편, 귤병단자, 밤단자, 밤주악, 건시단자, 석이단자, 승검초단자, 잡과편, 계강과, 두텁떡, 생강편, 송편, 쑥송편, 증편, 약식, 흑임자다식, 송화다식, 갈분다식, 녹말다식, 강분다식, 매화산자, 밤숙, 쪽정과, 모과정과, 모과편, 쪽정과, 생강정과, 유자정과, 감자(柑子)정과, 연근정과, 배정과, 길경정과, 인삼정과, 행인정과, 청매정과, 들쭉정과, 메밀산자, 연사약과, 중계(中桂), 산자, 율란, 조란, 장미화채, 두견화채, 순채화채, 배화채, 앵도화채, 복분자화채, 복숭화화채, 수정과, 배숙, 식혜, 수단
	K	1915년	동화선, 게젓, 동치미
			잡과편, 밤주악, 상화, 쪽정과, 생강정과, 유밀과, 향설고, 매자차, 국화차, 포도차
II. 꿀/ 설탕	D	1815년경	권전병, 도행병
	G	1869년	석탄병
	J	1800년대 말	적복령편
	K	1915년	복송화, 살구떡, 녹말다식
III. 설탕	D	1815년경	백설고, 원소병, 석탄병, 녹말다식, 용안다식
	K	1915년	유자단자, 용안육다식, 흑임다식, 원소병

출전 A《음식디미방》, B《酒方文》, C《飮食譜》, D《술만드는 법》, D《閨閤叢書》, E《듀식방》, F《酒方》, G 刊本《閨閤叢書》(규장각 가람문고본, 1869), H《閨壺要覽》延世大, 1896), I《술 빚는 법》, J《是議全書》, K《夫人必知》(1915)

중요한 점은 한말까지 나온 요리책의 저자가 모두 상류층이라는 점이다. 요리책에 나온 음식 종류도 상류층 가정에서 일상적으로 먹는 음식이 아니었다. 관혼상제冠婚喪祭, 명절, 손님접대 때 만드는 별난 음식으로 봉제사 접빈객奉祭祀 接賓客용이었다. 요리책에는 술·초(식초)·엿·장(된장, 고추장)·김장과 같이 연중행사로 담그는 음식에 대한 요리법이 들어 있다.

이렇게 상류층도 특별한 날 먹는 음식에 설탕을 거의 넣지 않았다. 조선 전통음식은 설탕과 무관하고, 꿀과 엿을 감미료·조미료로 넣었다. 조선의 설탕 수입량이 극소량임을 감안할 때 당연한 결과였다. 음식에 설탕을 넣는 것은 개항된 뒤에야 대중화되었다. 그래서 이 책에서는 설탕을 전통음식의 변화를 나타내는 지표로 삼았다.

II장

개항 후 정제당의 내습

1. 동아시아의 자바당과 홍콩당

19세기 후반 서구의 산업혁명과 운송혁명, 그리고 금본위제가 확산되면서 아시아 설탕 시장이 급변했다. 서구자본이 아시아 설탕산업에 본격적으로 뛰어들어 자바 원료당과 홍콩 정제당이 재래 함밀당 시장을 잠식했다. 개항 뒤 조선에서 수입한 설탕은 재래당에서 자바 원료당을 정제한 홍콩 정제당으로 바뀌었다. 설탕 중개 무역상인은 동북아시아 정세 변화에 따라 화교에서 영국 상인, 영국 상인에서 일본 상인으로 교체되었다.

개항 이래 조선의 설탕 수입량이 1885년부터 1914년 사이 2백 배가 늘었다. 설탕을 수입한 것은 주로 한국으로 이주한 중국인과 일본인이었다. 이들은 설탕을 넣어 만든 음식점과 과자점을 열어 조선인 최상류층에게 팔았다. 이런 외래음식이 문명화와 부를 과시하는 상징물이 되면서 왕실을 비롯한 조선인 최상류층이 최종 소비자가 되었다.

1) 전통 함밀당 쇠락과 근대 정제당 발흥

전통 제법으로 만든 설탕은 함밀당含蜜糖이다. 함밀당은 사탕수수를 절구로 찧어 누른 뒤에 당즙糖汁을 짜고 굴을 태운 재[牡蠣灰]로 정화해서 만들었다. 이렇게 만든 함밀당은 정화과정을 거쳤어도 당밀만이 아니라 사탕수수의 줄기, 흙, 뿌리와 같은 불순물이 들어갔다.

흙빛에 따라 붉거나 검은 색을 띠었고 고유의 냄새와 맛을 지녔다.[001] 또 걸쭉한 액체여서 운반·보관·저장이 불편했다.[002]

19세기 초 영국에서 산업혁명이 진행되면서 정제당 가공법이 개발되었다. 함밀당에 포함된 불순물을 제거하는 기계를 고안해 냈다.[003] 이 기계는 원심분리기로 당즙에서 당밀을 분리시키고, 진공탈수기로 농축액을 짙게 졸여 분밀당分蜜糖을 만들었다. 분밀당에서 다시 불순물을 제거하고 골탄骨炭(코크스)으로 탈색하여 만든 것이 하얀 정제당이다.[004]

기계로 만든 정제당은 서구문명과 근대화의 상징물이 되었다. 정제당은 불순물을 없애 단맛만 남고 함밀당 특유의 빛깔·냄새·맛이 사라졌다. 다른 음식의 맛과 냄새를 해치지 않고 단맛만 나게 되었다. 서구는 하얀 정제당이 산업화·청결·순수함·기계문명을 상징하고, 함밀당이 구식·비위생·낙후·저개발을 뜻한다고 주장했다.[005]

아시아에서 가장 먼저 근대적인 대량생산체제로 바꾼 곳은 자바였다. 1869년 수에즈 운하가 개통되자, 자바의 네덜란드 식민정부는 1830년대부터 시행하던 사탕수수 강제재배를 폐지했다. 아울러 민간자본이 대규모 플랜테이션을 경영하기 쉽게 식민지 법을 바꾸었다.[006] 식민권력의 보호로 네덜란드 민간자본이 자바로 유입되었다.

001 鈴木梅太郎,《食料工業》(3판), 丸善出版株式會社, 1949, 155쪽.

002 (朝鮮)鐵道省運輸局,《鹽砂糖醬油味噌ニ關スル調査》, 京城, 1926, 7~8쪽.

003 クリスチャン·ダニエルス, 〈中國砂糖の國際的地位〉,《社會經濟史學》 50-4, 1985, 23쪽.

004 鈴木梅太郎, 앞의 책, 140~154쪽.

005 시드니 민츠, 김문호 옮김,《설탕과 권력》, 지호, 1998, 150~151쪽.

006 加納啓良, 〈ジャワ糖業史研究序論〉,《アジア經濟》 22-5, 1981, 73~77쪽 ; 〈インドネシアの砂糖, 米, コーヒー, 茶〉,《東洋文化》 88, 東京大學東洋文化研究所, 2008, 124쪽.

자바 고유의 공동체 토지 경영방식으로 대규모 플랜테이션이 확장되었다. 네덜란드 자본은 제당업 연구소 조합을 조직해서 품종개량·병충해 구제·제당기술 개선을 도모했다.[007] 정제당 원료가 되는 분밀당의 품질과 생산성을 향상시켜 유럽시장으로 수출할 목적이었다.

한편 1873년 이래 유럽은 장기 공황에 빠졌다. 증기선이나 철도로 운송이 편리해지며 미국, 캐나다, 아르헨티나, 인도, 러시아 같은 지역에서 생산된 싸고 질 좋은 농산물이 유럽으로 잔뜩 들어왔다. 그 결과 농산물 가격이 폭락하여 농업지대인 중부 유럽이 위기에 빠졌다.

각국 정부는 공황을 타개하고자 농민에게 밀 대신 사탕무를 재배하게 했다. 사탕무가 수출농산품이었기 때문이다. 그 무렵 설탕 최대 소비국이던 영국이 설탕 무관세 정책을 펴고 있었다. 노동자, 군인이 싸게 설탕을 사 먹을 수 있도록 해서 영국의 자본가는 노동시간을 연장할 수 있었고 국가는 군대 보급식량을 간편하게 공급할 수 있었다. 영국이 설탕 자유무역제를 시행하자, 중부 유럽 국가는 영국과 가깝다는 지리적 이점을 가장 잘 살릴 수 있는 온대 작물 사탕무에 관심을 가졌다. 농민에게 수출보조금을 주며 값이 폭락한 밀 대신 사탕무를 재배하라고 적극 권장했다.[008] 이렇게 유럽 농업국에서 생산한 사탕무 분밀당[009]이 대거 출회하며 국제 설탕 시세가 하락했

---

007   土井季太郎, 〈瓜蛙の糖業政策と糖業機關〉, 《南支那と南洋調査》 147, 臺灣總督官房調査課, 1928.3, 33~36쪽. ; 加納啓良, 앞의 논문, 1981, 73쪽.

008   Vladimir P. Timoshenko & Boris C. Swerling, 山口哲夫 譯, 《世界の甛菜糖問題》, 東京: 日本甛菜糖業協會, 1958, 54~55쪽. 영국은 1845년 이래 설탕 수입관세를 차츰 낮추다가 1874년~1901년까지 무관세 정책을 폈다.

009   사탕무를 한자로 첨채甛菜라고 하고 사탕무 분밀당을 첨채당이라고 한다. 이 책에서는 첨채당 대신 사탕무 분밀당이라고 풀어 쓰되, 꼭 필요한 경우에는 괄호 안에 사탕무 분밀당이라고 쓰겠다.

다. 자바 원료당(이후 자바당)은 유럽 시장에서 수익성이 떨어지자 아시아 시장으로 돌아왔다.

한편 1870년대 이래 독일, 네덜란드, 미국 등 서구 국가들이 금본위제로 전환하며 세계 은 시세가 하락했다.[010] 그러자 유럽 자본이 은본위제를 실시하는 중국으로 많이 진출했는데, 그 가운데 하나가 정제당 회사를 설립하는 것이었다.

일반적으로 정제당 회사는 원료당을 공급받기 쉬운 교통요지나 소비지에 가까운 유통 중심지에 설립된다. 영국계 자본은 아시아 무역허브인 홍콩에 정제당 회사를 세웠다. 대표적으로 아편무역으로 자본을 축적한 이화양행怡和洋行(Jardine Matheson & Co.)은 중화화차당국中華火車糖局을 사들여서 1878년 중화당국中華糖局을 만들었다. 1881년 또 다른 영국계 자본인 태고양행太古洋行(Butterfield & Swire)은 태고당방太古糖房을 만들었다.

기계제 대량생산체제를 갖춘 홍콩의 두 정제당 회사는(이후 홍콩 정제당) 서로 협조하며 전통적인 함밀당 시장을 잠식해 들어갔다. 홍콩 정제당은 생산이 수요를 따라가지 못할 정도로 급성장했다.[011] 중국의 전통적인 함밀당은 홍콩 정제당에게 완제품시장을 빼앗겼다. 하지만 홍콩 정제당의 원료로 사탕수수를 납품하면서 1870~1880년대 일시적으로 사탕수수 판매량이 늘어났다. 1880년대 초가 되면 사탕수수 재배지역이 광둥 북동부 지역까지 확대될 정도였다.

---

010 밀턴 프리드먼, 김병주 옮김, 《화폐경제학》, 한국경제신문, 2009, 89~91쪽.

011 杉山伸也, 〈十九世紀後半期における東アジア精糖市場の構造-香港精糖業の發展と日本市場〉, 速水融·齊藤修·杉山伸也 編, 《德川社會からの展望-發展·構造·國際關係》, 同文館, 1989, 330~334, 342쪽 ; Sucheta Mazumdar, *Sugar and Society in China: Peasants, Technology, and the World Market*, Cambridge, MA: Harvard University Press, 1998, p.351.

홍콩 정제당이 날로 번창하는 가운데 중국 원료당(이후 중국당)의 품질이 문제가 되었다. 중국당은 전통적인 소농생산방식으로 경작했기에 품질을 통제하기 어려웠고 공급량이 일정치 않았다. 이와 달리 자바당은 대규모 플랜테이션과 제당업 연구소 운영으로 품질이 균질했고 공급량도 안정적이었다. 가격은 운송비를 포함해 1880년대까지 자바당이 중국당보다 비쌌지만 지속적으로 연구 개발하여 1900년대에는 중국당보다 싸졌다.

홍콩 정제당은 차츰 중국당 대신 품질 좋고 저렴한 자바당을 구입했다. 중국의 소농 경작자가 자바 플랜테이션과 경쟁하게 되었다. 1890년대가 되자 중국 농민들이 더 이상 분밀당 가격을 낮출 수 없어 사탕수수 대신 다른 작물을 재배하게 되었다.[012] 중국당이 자바당보다 홍콩 정제당 회사가 원료당으로 요구하는 수준에 뒤쳐지며 도태된 것이다. 중국의 사탕수수 농업은 급격하게 기울어졌다. 19세기 중반까지 아시아 최대 설탕 수출국이던 중국은 1890년대 중반부터 순수입국으로 전락하고 말았다.[013] 중국 전통적인 함밀당은 고유의 향과 맛이 꼭 필요한 최소한의 시장만 남고 대부분의 시장을 자바당과 홍콩 정제당에게 넘겨주었다.

이렇듯 19세기 후반 전통적인 동아시아 설탕무역체제가 네덜란드와 영국 자본이 주도하는 무역체제로 재편되는 가운데 조선이 개항되었다. 개항 뒤 조선에서 설탕 수입은 〈그림 1〉과 같이 증가했다. 〈그림 1〉은 1885년부터 1914년까지 조선의 설탕 수입량이다. 조선에 제당회사를 설립해서 생산을 개시한 것이 1920년이다. 따라서

---

012 杉山伸也, 앞의 논문, 1989, 341~342쪽 ; Sucheta Mazumdar, op. cit., pp. 353~358. 1896년 1월 Butterfield & Swire 회사 원료당으로 자바당 59만 8천 피쿨, 필리핀당 7만 4천 피쿨, 페낭당 1만 1천 피쿨을 썼다.

013 クリスチャン·ダニエルス, 앞의 논문, 21쪽.

1920년 전까지 수입량이 곧 소비량이었다.

조선에서 설탕 수입량은 〈그림 1〉처럼 1885년 1,070피쿨에서 1914년 21만 피쿨로 약 2백 배나 급증했다. 개항 전까지 조선에서 수입한 설탕은 전통적인 함밀당이지만 개항 뒤 수입한 설탕은 홍콩 정제당이었다. 1895년 일본 도쿠시마 현德島縣 지사가 원산 일본영사관에 조선에서 수입하는 설탕 종류에 대해 문의한 바 있다. 원산의 일본 영사는 "수입한 설탕 가운데 십중팔구는 외국당外國糖이고 그 한둘이 일본당日本糖이다. 그 외국당은 사온당四溫糖[014]이 많다. 일본당은 속칭 백하당白下糖(함밀당의 한 종류)[015]이 많다"[016]고 답했다.

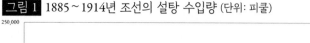

그림 1 1885~1914년 조선의 설탕 수입량 (단위: 피쿨)

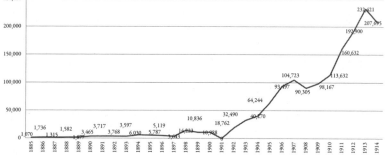

출전 1884~1893년 《朝鮮海關年報》, 1894~1901년 《通商彙纂》(한국편)[017], 1902~1914년

---

014 鈴木梅太郎, 앞의 책, 116쪽 ; (朝鮮)鐵道省運輸局, 앞의 책, 7쪽. 중국과 일본에서 설탕의 하얀 정도에 따라 '온溫'을 붙였다. 보통 삼온당三溫糖, 사온당四溫糖, 오온당五溫糖을 많이 쓰는데 흔히 사온당과 오온당을 백당White Sugar이라고 하고 삼온당은 Brown Sugar로 불렀다.

015 (朝鮮)鐵道省運輸局, 위의 책, 7~9쪽. 백하당은 오키나와沖繩에서 생산되는 함밀당으로 붉은 색을 띠는 밀분蜜粉이 많다.

016 釜山領事館報告, 〈明治二十八年 二月中 釜山港商況〉, 《通商彙纂》(한국편) 2권, 1895.3.28., 259~260쪽.

017 《通商彙纂》은 (日本)外務省通商局 編纂, 《通商彙纂》, 東京: 不二出版, 1988~1997

《朝鮮總督府統計年報》.

비고 ① 설탕 수입량은 재수출량을 뺀 순수입량이다.

② 1897년 조선 총 수입량은 8,643피쿨로 보았다. 〈표4〉의 비고 1 참조.

조선의 수입 통계에서도 설탕 종류를 확인할 수 있다. 〈표 3〉은 중국의 《조선해관연보朝鮮海關年報》와 일본 외무성의 《통상휘찬通商彙纂》에 수록된 1885~1901년까지 인천항에서 수입한 설탕 종류다. 〈표 4〉와 같이 19세기 후반 조선 개항장 가운데 전체 설탕 수입량의 2/3를 인천에서 수입했다. 부산이 20~30퍼센트지만 자료에서 설탕 종류를 확인할 수 없고, 원산은 겨우 10퍼센트 미만이었다. 따라서 〈표 3〉의 인천항에 들어오는 설탕으로 그때 수입한 설탕 종류를 추정하겠다.

〈표 3〉의 90퍼센트가 사온당四溫糖이라고 부르는 백당白糖이었다. 전통적으로 중국에서 설탕을 거래할 때 색깔에 따라 백당, 적당赤糖, 흑당黑糖으로 구분했다. 불순물을 완전히 정제하기 전까지 설탕은 흙 색깔을 반영하여 붉거나 검은 빛을 띠었기에 붙여진 명칭이다.[018] 백당은 정제당이나 경지백당耕地白糖(Plantation White Sugar)[019] 모두 일

년에 복간되었다. 이 가운데 한국 관련된 것만 실은 것이 金敬泰 編, 《通商彙纂》(한국편), 서울: 여강출판사, 1987이다. 이 책에서는 혼동을 피하고자 《通商彙纂》(한국편)과 《通商彙纂》를 구분했다.

018 鈴木梅太郎, 앞의 책, 140~154쪽. 함밀당만이 아니라 분밀당도 불순물을 많이 포함할수록 색깔이 짙으므로, 엄밀하게는 일률적으로 적당이나 흑당을 밀당이나 분밀당이라고 할 수 없다. 하지만 이 책에서는 1920년 진까지 조선이 자바나 대만에서 설탕을 수입할 때 분밀당인 경지백당이나 원료당을 수입한 바 없으므로 적당이나 흑당을 함밀당으로 보았다.

019 (朝鮮)鐵道省運輸局, 앞의 책, 7~8쪽 ; 鈴木梅太郎, 위의 책, 146쪽. 분밀당은 당밀만 제거하기 때문에 색소 같은 불순물을 포함하여 특유의 냄새와 맛이 있다. 이 가운데 조당粗糖(Muscovado Sugar)은 정제당의 원료로 쓰인다. 경지백당은 분밀당을 정제과정을 거치지 않고 생산지에서 가공해서 직접 소비할

컬을 수 있다. 하지만 이 책에서는 1888년 무렵 이미 중국당이 사양
화되고 있었고, 1895년 원산의 일본영사 답신을 고려하여 백당이 홍
콩 정제당이라고 보았다.

표 3 1885~1901년 인천항 설탕 종류별 수입량 (단위: 피쿨)

	인천 계(A)	백당白糖(B) (White Sugar)	백당白糖 차지율(B/A)	적당赤糖 또는 흑당黑糖 (Red Sugar, Brown Sugar)	빙당氷糖 (Rock Sugar)
1885	–	638	–	–	–
1886	1,326	–	–	–	–
1887	874	–	–	–	–
1888	1,032	943	91퍼센트	70	19
1889	1,196	1,119	94퍼센트	64	13
1890	2,119	2,006	95퍼센트	109	4
1891	2,304	2,028	88퍼센트	269	7
1892	2,377	2,147	90퍼센트	220	10
1893	2,381	2,118	89퍼센트	248	15
1894	4,206	–	–	–	–
1895	–	–	–	–	–
1896	3,387	3,222	95퍼센트	–	165
1897	6,018	5,652	94퍼센트	349	17
1898	11,274	10,220	91퍼센트	1,038	16
1899	7,128	–	–	–	–
1900	8,415	6,157	73퍼센트	2,258	–
1901	12,178	8,469	70퍼센트	3,709	–

출전 1884~1893년 《朝鮮海關年報》, 1894~1901년 《通商彙纂》(한국편).
비고 빙당氷糖은 결정이 큰 설탕을 말한다.

수 있게 만든 설탕이다. 경지백당은 분밀당 제조과정 중 청징淸澄 과정에 탄
산炭酸을 넣어, 원료인 사탕수수나 사탕무에 붙은 줄기, 뿌리, 흙 따위 협잡
물을 제거했다. 이 뒤 여과과정에서 농축액에 아황산을 넣어 표백하고 청징
했다. 생산비가 저렴하지만 보통 정제당보다 품질이 낮다. 〈부표 1〉 참조.

표 4 1884~1901년 개항장별 수입량 (단위: 피쿨)

구분 / 연도	조선 총 수입량 (A)	인천(B)	인천 차지율 (B/A)	부산 (C)	부산 차지율 (C/A)	원산 (D)	원산 차지율 (D/A)
1884	–	–	–	332	–	–	
1885	1070	–	–	357	33퍼센트	75	7퍼센트
1886	1,736	1,326	76퍼센트	340	20퍼센트	62	4퍼센트
1887	1,315	874	66퍼센트	378	29퍼센트	63	5퍼센트
1888	1,582	1,032	65퍼센트	468	30퍼센트	82	5퍼센트
1889	1,877	1,196	64퍼센트	576	31퍼센트	105	6퍼센트
1890	3,465	2,119	61퍼센트	1,171	34퍼센트	209	6퍼센트
1891	3,717	2,304	62퍼센트	1,255	34퍼센트	158	4퍼센트
1892	3,768	2,377	63퍼센트	1,244	33퍼센트	146	4퍼센트
1893	3,597	2,381	66퍼센트	1,003	28퍼센트	209	6퍼센트
1894	6,030	4,206	70퍼센트	1,339	22퍼센트	–	–
1895	5,787	–	–	1,209	21퍼센트	–	–
1896	5,119	3,387	66퍼센트	1,291	25퍼센트	445	9퍼센트
1897	3,643 (8,643)	6,018	(70퍼센트)	2,038	24퍼센트	587	7퍼센트
1898	14,223	11,274	79퍼센트	1,399	10퍼센트	–	–
1899	10,836	7,128	66퍼센트	–	–	1,868	17퍼센트
1900	10,988	8,415	77퍼센트	–	–	924	–
1901	–	12,178	–	–	–	–	–

출전 1884~1893년《朝鮮海關年報》, 1894~1901년《通商彙纂》(한국편).

비고 ① 1897년 조선 총 수입량은 京城領事館報告, 〈韓國外國貿易槪況〉,《通商彙纂》(한국편) 8권, 1900.6.16., 328쪽에는 3,643피쿨을 수입했다고 했다. 그러나 仁川日本領事館報告, 〈仁川 明治三十一年貿易年報〉,《通商彙纂》(한국편) 7권, 1899.10.5., 640쪽과 〈明治三十年仁川商況〉, 같은 책 6권, 1898.8.6., 404쪽을 보면 인천에서만 백당 5,652피쿨과 적당 349피쿨을 수입해서 6,018피쿨을 수입했다. 이는 조선 총 수입량 3,643피쿨을 훨씬 초과한 수치다. 예년의 조선 총 수입량에서 인천 차지율을 고려하건대 아마 8,643피쿨을 3,643피쿨로 잘못 표기한 듯하다. 표에서는 3,643피쿨 옆에 8,643 피쿨을 따로 표시했다.

② 총 수입량(A)은 재수출량을 뺀 순수입량이다.

2) 급변하는 설탕무역상 : 중국·영국·일본 상인

■ 개항~청일전쟁 : 화교 ■

개항 전 조선이 중국에서 설탕을 수입하는 경로는 육로였다. 개항 뒤 해로海路인 개항장으로 들어왔는데, 인천으로 총 수입량의 2/3가 들어왔다. 누가 어떻게 조선으로 홍콩 정제당을 들여왔는지 무역 주체와 무역로 변화를 추적해 보겠다. 서구 근대 상품이 일선소비자에게 유통되는 경로와 유통 과정에서 부를 축적하는 상업자본을 확인하고, 전통적인 무역로와 무역 주체가 개항 후 어떤 변화를 겪으며 세계무역망 속으로 편입되는지 살펴보기 위해서다.

〈표 5〉를 보면, 러일전쟁 무렵까지 홍콩 정제당은 주로 중국에서 들어왔다. 대체로 1904년까지는 중국 80퍼센트, 일본 20퍼센트로 중국에서 압도적으로 많이 수입했다. 다만 1900~1901년 사이에는 일본으로부터 수입이 급증했다. 산둥반도에서 일어난 의화단 운동으로 말미암은 일시적인 현상이었다.[020] 하지만 1905년부터는 일본에서만 수입하는 것으로 바뀌었다. 러일전쟁을 계기로 주 수입국이 중국에서 일본으로 교체되었음을 알 수 있다.

중국에서 인천으로 오는 무역로는 크게 두 갈래였다. 하나는 상하이에서 산둥반도를 거쳐 인천으로 들어오는 길이고, 다른 하나는 상하이에서 바로 인천으로 들어오는 길이다.

---

[020]　〈仁川明治三十三年貿易年報〉,《通商彙纂》(한국편) 9권, 1901.7.30., 190쪽. 의화단 운동으로 인천–상해 사이 직접항로가 폐쇄되었다.

표 5 1896～1914년 조선 수입국별 수입량 (단위: 피쿨)

1896~1901년 인천과 1902~1914년 조선 수입량(A)	일본 (B)	일본 차지율 (B/A)	중국 (C)	중국 차지율 (C/A)	홍콩 (D)	홍콩 차지율 (D/A)
1896	3,387	760	24퍼센트	2,462	76퍼센트	–	–
1897	6,018	962	17퍼센트	4,690	83퍼센트	–	–
1898	11,274	145	1퍼센트	10,075	99퍼센트	–	–
1899	7,128	–	–	–	–	–	–
1900	8,415	2,528	41퍼센트	3,629	59퍼센트	–	–
1901	12,178	6,026	71퍼센트	2,443	29퍼센트	–	–
1902	18,762	3,447	18퍼센트	–	–	–	–
1903	32,490	5,448	17퍼센트	–	–	–	–
1904	40,270	14,441	36퍼센트	–	–	–	–
1905	64,244	63,685	99퍼센트	–	–	–	–
1906	93,497	71,194	76퍼센트	–	–	–	–
1907	104,723	85,372	82퍼센트	–	–	–	–
1908	90,305	–	–	–	–	–	–
1909	98,167	–	–	–	–	–	–
1910	113,632	107,284	94퍼센트	202	0퍼센트	1,392	1퍼센트
1911	160,632	149,861	93퍼센트	330	0퍼센트	2,891	2퍼센트
1912	192,900	161,502	84퍼센트	540	0퍼센트	25,467	13퍼센트
1913	232,421	211,815	91퍼센트	2,210	1퍼센트	4,991	2퍼센트
1914	207,695	197,854	95퍼센트	326	0퍼센트	649	0퍼센트

출전 1894～1901년《通商彙纂》(한국편), 1902~1914년《朝鮮總督府統計年報》.

비고 ① 1896~1901년은 인천항의 수입국별 수입량이고 1902~1914년은 조선 전체의 수입
국별 수입량이다.

② 총 수입량(A)은 재수출량을 제외한 순수입량이다.

먼저 〈표 6〉은 《중국구해관사료中國舊海關史料》 가운데 산둥반도
옌타이煙臺의 개항장 즈푸芝罘에서 재수출하거나 수출한 설탕량이
다. 《중국구해관사료》는 홍콩을 비중국으로 분류했다. 이 자료는 비
중국품인 '홍콩 정제당'과 중국품인 '중국당', 그리고 수출량과 재수

출량을 구분할 뿐 수출국을 구체적으로 명시하지 않았다. 따라서 이 자료에서 '외국 또는 홍콩으로 재수출하거나 수출한 설탕'이라는 항목을 조선에 수출한 설탕으로 볼 수 없다.

하지만 〈표 7〉로 〈표 6〉을 보완하면 그때 즈푸에서 수출 또는 재수출한 설탕이 주로 인천으로 갔다는 사실을 확인할 수 있다. 〈표 7〉은 재즈푸 일본영사가 1892년 10월부터 1894년 5월까지 즈푸에서 인천으로 설탕 수출량을 기록한 자료다. 원 자료에는 즈푸에서 수입한 설탕 단가와 수입량 그리고 수출가액만 나와 있다. 이에 상인들의 이윤을 계산하지 않고 수입단가를 수출단가와 동일하게 적용하여 〈표 7〉과 같이 수출량을 추정했다. 그 결과 12개월 동안 백당 2,017피쿨, 적당 201피쿨로 총 2,218피쿨을 수출했다는 수치가 나왔다. 〈표 6〉에서 1891~1893년까지 인천에서 해마다 수입한 설탕 2,300피쿨의 96퍼센트에 달한다. 이러한 추정치는 지나치게 많은데, 상인들의 이윤을 계산하지 않았기 때문이다. 이를 감안한다면 〈표 7〉의 추정치가 훨씬 낮아질 것이다.

추측하건대 즈푸에서 수출 또는 재수출한 설탕이 인천 수입량의 1/3~2/3(30~68퍼센트)일 것이다. 〈표 6〉에서 (A)가 거의 인천으로 재수출되었다면 (A/D)가 인천 수입량의 7~47퍼센트로 평균 30퍼센트(1/3)이고, (A)·(B)·(C) 모두 인천으로 수출되었다면 48~96퍼센트([A+B+C]/D)로 평균 68퍼센트(2/3)이기 때문이다. 1892년 즈푸의 일본 영사대리 나마히사 미츠로生久水三郞도 설탕이 즈푸에서 인천으로 가는 주요 수출품이었다고 본부에 보고한 바 있다.[021] 잊지 말아야 할 점은 〈표 6〉에서 즈푸에서 수출한 설탕 종류를 보면 중국

021　在芝罘領事代理書記 生久水三郞 報告, 〈二十五年中芝罘貿易景況〉, 《通商彙纂》 16권, 1893.2.22., 253쪽.

품(중국당)이 비중국품(홍콩 정제당)과 경쟁하다가 1892년부터 사라
져 버렸다는 점이다. 중국당이 홍콩 정제당과 자바당에게 밀려 쇠락
한 동아시아 설탕무역 정세를 반영한 것이다.

표 6 중국 산둥성 옌타이 즈푸의 설탕 수출량과 인천 수입량 비교 (단위: 피쿨)

연도	非중국품 (홍콩) 외국 재수출 수량(A)	중국품 외국과 홍콩 재수출(B)	중국품 외국 수출 (C)	非중국품과 중국품의 수출과 재수출 계 (A+B+C)	인천 수입량 (D)	(A+B+C) /D	A/D
1885	–	73	94	167	–	–	
1886	153	414	64	631	1,326	48퍼센트	12퍼센트
1887	341	269	15	625	874	72퍼센트	39퍼센트
1888	487	404	96	987	1,032	96퍼센트	47퍼센트
1889	322	354	63	739	1,196	62퍼센트	27퍼센트
1890	156	924	–	1,080	2,119	51퍼센트	7퍼센트
1891	1,100	509	–	1,609	2,304	70퍼센트	48퍼센트
1892	1,848	–	–	1,848	2,377	78퍼센트	78퍼센트
1893	1,623	1	–	1,624	2,381	68퍼센트	68퍼센트
1894	705	–	–	705	4,206	17퍼센트	17퍼센트
1895	–	–	–	–	–	–	
1896	1,523	–	–	1,523	3,387	45퍼센트	45퍼센트
1897	1,487	36	–	1,523	6,018	25퍼센트	25퍼센트
1898	1,518	86	–	1,604	11,274	14퍼센트	13퍼센트
1899	1,045	–	–	1,045	7,128	15퍼센트	15퍼센트
1900	55	–	13	68	8,415	1퍼센트	1퍼센트
1901		–	13	13	12,178	0퍼센트	0퍼센트

출전 ① 즈푸의 설탕 수출량_ 中國舊海關史料 編輯委員會 編,《中國舊海關史料》, 京華出版
社, 2001.

② 인천의 설탕 수입량_ 1884~1893년《朝鮮海關年報》, 1894~1901년《通商彙纂》(한
국편).

비고 ①《中國舊海關史料》에서 홍콩을 비중국非中國 또는 외국으로 분류했다.

②《中國舊海關史料》의 즈푸의 해관 수출입 분류에서 1889년까지는 조선을 외국으로
분류하다가 1890년부터 1895년까지는 중국항에 포함시켰고, 1896년부터 다시 조
선을 외국으로 분류했다. 표는 1890~1895년 조선을 중국항으로 포함시킨 것을 바

로잡아 정정했다. 1890~1895년 '비중국품 외국 재수출 수량'에 '외국산 (또는 중국산) 중국항과 홍콩 재수출' 항목에 있는 수치를 넣었고, 1896년부터 '외국산 외국과 홍콩 재수출' 항목에 있는 수치를 썼다.

표 7 1892~1894년 중국 산둥성 옌타이 즈푸에서 인천으로 수출한 설탕량

| 기간 | 백당(白糖) | | | | 적당赤糖(함밀당含密糖) | | | |
	海關兩	추정량(斤)	추정량(피쿨)	1냥당수량(斤)	海關兩	추정량(斤)	추정량(피쿨)	1냥당수량(斤)
1892.10	15	317	3	21	–	22	677	7	31
1892.11	617	12,695	127	21	–	33	1,098	11	33
1893.3	884	17,804	178	20	–	87	2,592	26	30
1893.4	1,748	38,380	383	22	외	152	4,340	43	29
1893.8	1,621	30,754	308	19	외	110	2,807	28	26
1893.9	799	13,174	132	16	외	–	–	–	–
1893.12	195	3,465	35	18	중	–	–	–	–
1894.1	148	2,664	27	–	–	8	187	2	23
1894.2	575	10,534	105	18	중	64	1,981	20	31
1894.3	432	7,681	77	18	외	146	4,060	41	28
1894.4	1,154	20,757	208	18	외	42	1,036	10	25
1894.5	1,274	43,387	434	34	외	46	1,251	13	27
총계	9,462	201,612	2,017	–	–	710	20,029	201	–

출전 在芝罘領事代理書記 生久水三郎 報告, 〈昨年十月中芝罘商況〉, 《通商彙纂》16권, 1892.12.27., 26~27쪽 ; 在芝罘領事代理書記 生久水三郎 報告, 〈昨年十一月中芝罘商況〉, 같은 책 16권, 1893.1.20., 60쪽 ; 在芝罘領事代理書記 生久水三郎 報告, 〈二十六年三月芝罘商況〉, 같은 책 16권, 1893.5.9., 244쪽 ; 在芝罘領事代理書記 生久水三郎 報告, 〈二十六年四月芝罘商況〉, 같은 책 16권, 1893.5.31., 279~280쪽 ; 在芝罘領事代理書記 生久水三郎 報告, 〈二十六年八月芝罘商況〉, 같은 책 16권, 1893.9.26., 485쪽 ; 在芝罘領事代理書記 生久水三郎 報告, 〈二十六年九月芝罘商況〉, 같은 책 16권, 1893.10.26., 503쪽 ; 在芝罘領事館報告, 〈二十六年九月中芝罘商況〉, 같은 책 17권, 1893.11.10., 27~29쪽 ; 在芝罘領事館報告, 〈二十六年十二月中芝罘商況〉, 같은 책 18권, 1894.1.22., 242~244쪽 ; 在芝罘領事館報告, 〈二十七年一月中芝罘商況〉, 같은 책 19권, 1894.3.15., 249~250쪽 ; 在芝罘領事館報告, 〈二十七年二月中芝罘商況〉, 같은 책 19권, 1894.3.23., 423~425쪽 ; 在芝罘領事館報告, 〈二十七年三月中芝罘商況〉, 같은 책 20권, 1894.5.18., 138쪽 ; 在芝罘領事館報告, 〈二十七年三月中芝罘商況〉, 같은 책 20권, 1894.5.18., 138쪽 ; 在芝罘領事館報告, 〈二十七年四月中芝罘商況〉, 같은 책 20권, 1894.5.30., 380~383쪽 ; 在芝罘領事館報告, 〈二十七年五月芝罘商況〉, 같은 책 21권, 1894.7.5., 58~59쪽.

추정량=해당 월 수입량÷해당 월 수입가액×해당 월 수출가액.

《通商彙纂》에는 수출가액과 해당 월에 수입한 백당과 적당의 수량과 가액이 기재되었다. 이 표는 해당 월에 수입한 설탕을 그 달에 재수출했다고 전제하고 해당 월 수입량을 해당 월 수입가액으로 나누어 1냥당 수량을 구해 이를 수출한 가액에 곱해서 산출했다. 자료는 수입지에 따라 중국산(중)과 외국산(외)을 나누었다. 홍콩은 외국산이다. 1893년 3월까지 자료에 구분되어 있지 않아서 표시하지 않았다. 〈표 7〉의 《中國舊海關史料》즈푸항 무역자료에 따르면 1892년부터 거의 중국산을 수출하지 않았으므로 외국산을 기준으로 계산했다. 다만 1893년 12월은 외국산 수입량이 없어서(자료에 수입액이 천 냥을 넘는 것만 기재하는데 해당 월에 이를 넘지 못했다) 국산을 기준으로 했다. 1894년 1월분은 백당 수입량과 가액이 없어서 편의상 1894년 2월과 같이 1냥당 18근으로 보았다.

산둥반도를 경유한 설탕이 인천 설탕 수입량의 1/3~2/3나 차지한 것은 이 항로가 개항 전부터 주된 밀무역로였기 때문이다. 조선 정부가 개항 전까지 공식적으로 해금정책을 취했지만 18세기가 되면 정부의 감시를 피해 서해상에서 밀무역이 공공연히 이루어졌다. 19세기 들어서면 훨씬 활발해졌다. 산둥반도의 옌타이와 덩저우登州, 톈진天津이 인천·황해도 옹진반도와 함께 밀무역의 거점이었다.[022]

개항 뒤에도 비개항장인 평안도, 황해도 일대에서 중국 범선과 자주 교역했다.[023] 중국 상인만 조선 측 서해 연안에서 활동한 것이 아니었다. 조선 상인도 중국 측 서해 연안을 왕래하며 무역활동을 벌였다.[024] 서해안에서 활약한 중국과 조선 상인의 운송수단은 바람으로 움직이는 범선으로, 정크선이라고도 불렀다. 범선은 기선보다 훨

---

022   이철성, 앞의 논문, 217쪽.

023   石川亮太, 앞의 논문, 2008(B), 247쪽.

024   〈吉林將軍希元文稱 准琿春副都統依克唐阿咨報〉, 光緒十年(1884년)二月初七日, 中央研究院近代史研究所 編, 《淸季中日韓關係史料》臺北: 中央研究院近代史研究所, 1972, 1336쪽(이후 《淸季中日韓關係史料》); 〈北洋大臣李鴻章文稱 據東海關道盛宣懷 駐紮朝鮮總理交涉通商事宜道員袁世凱稟稱〉, 光緒十二年(1886년) 十一月 十五日, 같은 책, 2857쪽; 〈北洋大臣李鴻章文稱 據朝鮮總理交涉通商事宜正任浙江溫處道袁世凱申稱〉, 光緒十九年(1893년) 三月 十一日, 같은 책, 3248쪽.

씬 운임이 저렴하여 개항 뒤에도 여전히 전통 항로에서 활약했다.[025]

인천으로 오는 범선은 대개 산둥반도에서 왔다. 1884년 인천의 진구세進口稅 대상 범선 가운데 산둥반도의 옌타이가 인천 총 무역화물 12,824피쿨 가운데 80퍼센트인 10,320피쿨이나 차지했다.[026] 옌타이보다 조선에 더 가까운 산둥반도의 리다오俚島, 스다오石島까지 포함하면 94퍼센트인 12,210피쿨이었다.[027] 1880년대 후반 중국과 일본이 경쟁적으로 즈푸나 톈진에서 인천을 오가는 기선 항로를 개설했다.[028] 하지만 범선이 기선에 비해 가격경쟁력이 있었다.

한편 상하이에서 인천 사이 무역로를 살펴보자. 개항기 조선에서 활동했던 유수한 화상華商 탄제성譚傑生은 광둥廣東에 연고를 두고 회사 동순태호同順太號를 세웠다. 동순태호 장부에 설탕이 등장하기 시작한 것은 1889년부터로, 5~6포包의 설탕이 기재되었다. 강진아 연구에 따라 1포를 140근으로 보아 피쿨로 환산하면 설탕 5~6포는 7~8피쿨이다.[029] 〈표 8〉에서와 같이 청일전쟁과 동학농민전쟁으로 혼란스러운 1894년과 1895년에도 각각 84피쿨, 252피쿨씩을 거래했다. 그러다 1897년이 되면 71피쿨, 1898년 21피쿨, 1899년 28피쿨로 급격히 줄어들었고, 1907년이 되면 설탕이 거래품목에서 아예 사라져 버렸다.[030]

025　(日本)外務省通商局,《淸國事情》, 外務省通商局, 1907, 21쪽 ; 나애자,《한국근대 해운업사연구》, 국학자료원, 1998, 160~161쪽.

026　中央硏究院近代史硏究所 編,〈北洋大臣李鴻章文稱 光緒十一年三月二十九日 據辨朝鮮 商務委員分省補用道陳樹棠申稱〉, 1985.3.29. ;《淸季中日韓關係史料》, 中央硏究院近 代史硏究所, 1972, 1770~1775쪽.

027　현 주소는 中華人民共和國 山東省 威海市 榮成市 石島鎭와 俚島鎭이다.

028　古田和子, 위의 책, 100~104쪽.

029　강진아, 앞의 논문, 2011, 133~135쪽에 따라 1포包를 140근으로 환산했다.

030　위의 논문, 143쪽.

표 8 1894~1899년 동순태호 설탕 발송계산서

발신일	발송장연번	설탕종류	수량(包)	수량(피쿨)
1894년 1월 12일	上海 同泰號發元帮	車糖 (Soft Sugar)	10包	
1894년 4월 11일	上海 同泰號第8帮	車糖	20包	
1894년 10월 24일	上海 同泰號第12帮	車糖	30包	
1894년 소계			60包	84피쿨
1895년 1월 9일	上海 同泰號發元帮	車糖	50包	
1895년 3월 1일	上海 同泰號發第5帮	車糖	50包	
1895년 3월 12일	上海 同泰號發第6帮	車糖	50包	
1895년 윤5월 17일	上海 同泰號發第12帮	車糖	30包	
1895년 소계			180包	252피쿨
1897년 2월 8일	香港 安和泰發第2帮	?砂?糖	28包	
1897년 3월 6일	上海 同泰號發第5帮	車糖	30包	
1897년 소계			58包	71피쿨
1898년 6월 ?	上海 同泰號第9帮	車糖	15包	21피쿨
1899년 5월 30일	上海 同泰號第11帮	車糖	20包	28피쿨

출전 《甲午年各準來貨置本單》,《乙未來貨置本》,《進口各貨艙口單》,《同順泰寶號記》(강진아, 〈근대전환기 동아시아 砂糖의 유통 구조와 변동〉,《중국근현대사연구》52, 중국근현대사학회, 2011.12., 133쪽 표 1, 137쪽 표 2에서 재인용).

비고 ① 1포包는 130~150근 사이인데 140근으로 보았다. 이를 다시 100근=1피쿨(擔)로 환산했다.

② 차당車糖은 중국에서 '車'(기계)로 만든 설탕이라는 뜻으로 정제당이나 백당과 같은 분밀당을 일컫는다. 鈴木梅太郎, 앞의 책, 52쪽 ; 久保文克, 〈近代製糖業界の對立構圖と糖業聯合會〉, 앞의 책, 62쪽.

③ 읽을 수 없는 글자는 물음표(?)로 표시했다.

추측컨대 1880년대까지 주로 산둥반도를 거쳐 수입하던 설탕을 1890년 무렵부터 상하이와 산둥반도 양쪽에서 수입하기 시작한 것으로 보인다. 1886년 일본우선주식회사日本郵船株式會社가 상하이와 인천 사이를 오가는 기선 항로를 개설한 뒤부터 상하이에서 수입

하기 시작했다.[031] 이것이 1889년부터 동순태호가 다루는 물품 가운데 설탕이 보이기 시작한 배경이다. 동순태호가 설탕을 구입한 것은 〈표 8〉과 같이 상하이에 있는 동업회사인 동태호同泰號였다.

상하이에서 인천으로 바로 오는 설탕이 증가하면서 〈표 3〉과 같이 1890년 수입량이 두 배로 늘어났다. 상하이에서 수입했다고 산둥반도를 경유한 수입량이 줄어든 것은 아니었다. 〈표 3〉과 같이 즈푸에서도 안정적으로 1891~1899년 사이 1천 피쿨 이상을 조선으로 재수출하고 있었다. 눈여겨볼 점은 1898년 전후해서 산둥반도의 수출량과 동순태호 물량이 급격하게 줄어드는데, 인천항 수입량은 오히려 6천~1만 2천 피쿨로 급증하고 있다는 점이다. 1898년 무렵이 되면 산둥 상인이나 광둥 상인이 아닌 제삼의 무역상에게서 설탕을 수입하고 있었다.

■ 청일전쟁~러일전쟁 : 영국 상인 ■

일본이 청일전쟁에서 승리하자 서구 열강은 동아시아 침략을 본격화했다. 그전까지 서구는 중국과 불평등조약을 맺었지만 그래도 교역상대로 여기고 있었다. 하지만 청일전쟁에서 패배하며 중국은 서구의 침략분할 대상으로 전락해 버렸다. 독일은 1895년 삼국간섭으로 일본의 중국 침략을 억제한 뒤 1897년 11월 자오저우만膠州灣을 차지했다. 러시아는 같은 해 12월 요동반도의 뤼순旅順, 다롄大連을 점령했다. 이를 계기로 열강 사이에 중국을 조차租借하려는 경쟁이 일어났다. 영국이 주룽九龍반도(1898.6.)와 웨이하이웨이威海衛를 조차했고(1898.7.), 프랑스가 광저우만廣州灣을 조차했다(1898.4.). 미

---

031 古田和子, 앞의 책, 96~97쪽.

국도 미서전쟁(1898) 중 마닐라만을 침공해(1898.5.) 필리핀을 영유하며 중국에서의 이권경쟁에 뛰어들었다.[032] 열강은 조선에서도 철도부설권, 금·은광 채굴권, 삼림채벌권 같은 여러 이권을 탈취했다.

열강이 동아시아에서 각축을 벌이며 중국, 일본, 조선, 블라디보스토크를 잇는 동북아시아 화물량이 급증했다. 이에 따라 서구 대자본의 대리점을 하는 홈 링거 양행Holme, Ringer & Co.(咸陵加洋行) 같은 서양 무역상이 급성장했다.[033]

본래 홈 링거 양행은 1868년 영국인 프레드릭 링거Frederick Ringer와 에드워드 홈Edward Zohrab Holme이 나가사키長崎에 세운 상사였다. 둘 다 글로버 양행Glover & Co.에서 근무한 바 있다.[034] 이들이 다닌 글로버 양행은 토마스 글로버Thomas Blake Glover[035]가 1859년부터 홍콩 이화양행 나가사키지점에서 근무하며 차茶 무역에 종사하다가 1861년 독립해서 세운 상사였다. 이화양행 대리점[036]에서 출발했으나 점차 활동영역을 넓혀 선박판매, 홍콩-상하이 은행The Hongkong and Shanghai Banking Co.과 오리엔탈 은행The Oriental Bank의 보험 대리, 로이드 선급회사Lloyd's Register of Shipping 대리 따위를 맡았다. 그러나

---

032 최문형, 《한국을 둘러싼 제국주의 열강의 각축》, 지식산업사, 2001, 88, 142~143, 255~256쪽.

033 Harold S. Williams, *The Story of Holme Ringer & Co., LTD. in Western Japan*, 1st Ed., Charles E. Tuttle Company, Tokyo, Japan, 1968, pp.35~37 ; Brian Burke-Gaffney, *Nagasaki: the British Experience, 1854-1945*, North Yorkshire, UK: Global Oriental, 2009, pp.151~152. 홈 링거 양행 나가사키 본점에 대해 따로 주를 붙이지 않은 것은 모두 Brian Burke-Gaffney의 책을 참조했다.

034 Harold S. Williams, ibid., pp.20~21 ; Brian Burke-Gaffney, ibid., p.90.

035 Brian Burke-Gaffney, ibid., 112~135.

036 杉山伸也, 앞의 논문, 1989, 339~341쪽.

토마스 글로버가 일본 광산개발에 뛰어들었다가 1870년 파산했다. 그 뒤 그는 미쓰비시 회사三菱會社 자문으로 활동하면서 회사 직원이었던 프레드릭 링거와 에드워드 홈이 세운 홈 링거 양행을 도와주었다. 토마스 클로버와 그의 부인 츠루ツル(鶴) 이야기는 오페라 〈나비 부인〉의 소재가 될 정도로 서구인의 관심을 모았다.

토마스 글로버가 후원하는 가운데 홈 링거 양행은 글로버 양행의 계승자로서 여러 서양 회사의 대리점을 맡아 화물을 중개했다. 이화양행, 홍콩·상하이 은행, 왕립보험회사The Royal Insurance Co.를 비롯한 수십 개의 외국 보험회사와, 태평양 우선회사Pacific Mail Steamship Co., 동서양기선회사Occidental & Oriental Steamship Co., 동양기선회사東洋汽船會社, 캐나다 태평양 철도회사Canadian Pacific Railway Co., 러시아우선회사Russian Steamship Navigation Co., 캐나다 태평양 왕립우선회사Canadian Pacific Royal Mail Steamship Co. 등 영국, 미국, 프랑스의 대형 기선회사 열 곳의 대리점으로서 운송업무와 지역대리인을 맡았다. 이 밖에 노벨 회사Nobel Company의 다이너마이트 독점 대리인으로도 활동했다.[037] 또한 1889년 12월 독자적으로 밀가루 회사를 세우는 것을 비롯해 어업, 석유, 포경업까지 관여하며 급성장했다.

청일전쟁 뒤 동아시아 무역량이 증가하자 홈 링거 양행은 1896년 10월 인천지점을 세웠고, 뒤이어 부산지점을 열었다.[038] 월터 베넷Walter Bennett이 홈 링거 인천지점장을 맡았다. 그는 이듬해 토마스

---

037   Brian Burke-Gaffney, op. cit., p.151 ; 加瀨和三郎, 《仁川開港25年史》, 1908(인천광역시 역사자료관 역사문화연구실, 《역주 인천개항25년사》, 인천시, 2004, 208~209쪽).

038   〈日露戰役關係外国船舶拿捕抑留關係雑件/露国船ノ部　第一卷〉, 《外務省記録》, (日本)外務省外交史料館, 28쪽, 참고번호 B07090663700 ; 〈發西村長崎要塞司令官宛大本營参謀　縣知事報告書の送付に関する件〉, 《陸軍省大日記》, (日本)防衛省防衛研究所, 3쪽, 참고번호 C06040418500.

사진 2 1897년 월터 베넷과 토마스 글로버의 딸 한나 글로버의 결혼식

출전 Brian Burke-Gaffney, *Nagasaki: the British Experience, 1854-1945*, North Yorkshire, UK: Global Oriental, 2009, photo 41.

비고 Brian Burke-Gaffney에 따르면 신랑 바로 뒤 모자 쓴 영국 남성과 그 왼쪽 일본 여성이 토마스 글로버와 츠루 글로버 부부다.

글로버의 딸 한나 글로버와 결혼하여 토마스 글로버와 홈 링거 양행이 얼마나 가까웠는지 잘 보여 주었다.[039] 홈 링거 양행 인천과 부산 지점은 '서양화물 ⇔ 중국(상해·홍콩) ⇔ 조선(인천·부산) ⇔ 블라디보스토크'를 잇는 무역기지이자 조선 유통망에 침투하는 거점이었다.

　홈 링거 양행 인천지점은 영업부, 선박부, 은행부, 보험부 네 개 부서가 있었다.[040] 영업부는 조선에 면포, 설탕, 총포, 백동, 다이너마

039　Brian Burke-Gaffney, op cit.., photo 41 ;《統監府文書》憲機570號, 1909.3.18. 월터 베넷은 1902년 홈 링거 양행에서 독립해 광창양행廣昌洋行을 세웠다.

040　加瀨和三郎, 앞의 책, 208~209쪽.

이트, 양회〔시멘트〕, 서양못, 밀가루를 팔았고, 조선산 미곡을 블라디보스토크로 수출하며 이익을 취했다.[041] 또 일본인과 조선인 브로커를 고용하여 평양과 같은 미개항장 유통망으로 침투했다.[042] 만일 조선인 브로커와 문제가 생기거나, 다이너마이트·총포·양회 같은 상품을 판매할 때 무역마찰이 생기면 영국 변리공사를 앞세워 해결했다. 영국 변리공사는 홈 링거 양행을 대리해 조선 정부에 항의하고 정치적으로 압박했다.

홈 링거 양행 인천지점이 다루는 여러 물품 가운데 설탕이 있었다. 홍콩 정제당 회사인 이화양행 조선 대리점으로 지정되어 설탕 수입을 주도했기 때문이다. 바야흐로 산동 상인이나 광동 상인 같은 화교를 대신해 서양 상인이 조선 유통망에 바로 침투한 것이다. 홈 링거 양행은 1896년 12월부터《독립신문》에 여러 차례 설탕, 양회 광고를 실었다.[043] 1899년 인천의 일본영사 보고에 따르면 "수입한 맥분麥粉(밀가루)은 나가사키제製이거나 미국제이고 설탕〔砂糖〕은

---

041 發 外部大臣 朴齊純, 受 英辨理公使 朱邇典(John N. Jordan),〈英商 雇傭人 洋布價의 追還경과 통보〉, 아세아문제연구소,《舊韓國外交文書》14권(英案 2), 고려대학교출판부, 1968, 70쪽 ; 發 英辨理公使 朱邇典 朱邇典, 受 外部大臣 朴齊純,〈咸陵 加洋行 輸入 총포의 견본용 회답〉, 1899.11.29., 같은 책, 140쪽 ; 發 外部大臣 朴齊純, 受 英代理公使 高斌士(John H. Gubbins),〈咸陵 加洋行 銃砲 等物 進口日時 및 船明 示明요청사〉, 1900.7.27., 같은 책, 237쪽 ; 發 英代理公使 高斌士, 受 外部大臣 朴齊純,〈咸陵加洋行 包辨 白銅價의 합동 의거 변리 촉구〉, 1901.10.12., 같은 책, 363~364쪽 ; 發 英辨理公使 朱邇典, 受 外部大臣 서리 최하영,〈洋灰 賣買禁止 告示의 撤回 要請事〉, 1902.10.10., 같은 책, 506~507쪽.

042 發 外部大臣 朴齊純, 受 英辨理公使 朱邇典(John N. Jordan),〈英商雇傭人 洋布價의 追還경과보고〉, 위의 책, 70쪽. 양포洋布를 판매하려고 홈 링거 양행이 조선인 김춘옥金春玉을 고용해 평양에서 평양 객주와 접촉하여 양포를 넘겨주었다. 그런데 김춘옥이 이들에게 대금을 받지 못해 도망가자 영국변리공사 Jordan 이 조선 외부대신에게 항의했다.

043《독립신문》, 1896.12.22.~31.

홍콩 정당精糖제품인데 이 두 상품 수입은 목하目下 거의 영국 상인 홈 링거 상회 독점에 속하는 모양"[044]이라고 말했다. 같은 해 서울의 일본영사도 "백설탕白砂糖은 종래 청상淸商이 많이 판매했으나 근래 인천의 홈 링거에서 수입하는 것이 매우 많다"[045]고 했다.

사진 3 홈 링거 광고

HOLME, RINGER & CO.
Chemulpo, Korea.

Authorized Agents of the Russian Steamship Navigation Co. in the East; Agents for the Canadian Pacific Royal Mail Steamship Co.; and Agents for Nagasaki Roller Flour Mills. We have a large stock of American flour (Starrs & Orient Brands).

Through passage to America by the Canadian line will be furnished upon application.

10-30.

출전 《독립신문》 1896.12.22.

설탕무역상이 화교에서 홈 링거 양행으로 바뀌어도 제품은 여전히 홍콩 정제당이었다.[046] 홈 링거 양행의 본사가 나가사키에 있다고 해서 설탕을 수입할 때 굳이 나가사키를 거치지는 않았고 중국에서 바로 운송했다. 그 결과 화교 상인의 설탕 거래가 위축되었지만 〈표 5〉처럼 1896~1899년 사이 중국에서 수입량이 급증했다.

---

044 仁川領事館報告, 〈仁川港明治三十二年三月商況〉, 《通商彙纂》(한국편) 7권, 1899.6.22., 359쪽.

045 京城領事館報告, 〈京城明治三十二年八月商況〉, 위의 책 7권, 1899.9.22., 554쪽.

046 〈京城明治三十四年貿易年報〉, 위의 책 9권, 1902.5.12., 700쪽.

■ 러일전쟁 이후 : 일본 상인 ■

러일전쟁을 계기로 한국 설탕무역 주도권이 홈 링거 양행에서 일본 상인으로 바뀌었다. 전쟁이 벌어지자 중국, 일본, 한국, 러시아 블라디보스토크를 잇는 무역로가 급격하게 위축되었다. 더불어 나가사키 무역 붐도 꺼졌다. 홈 링거 양행의 나가사키 본점은 가지고 있던 나가사키 호텔을 경매에 넘길 정도로 어려워졌다.[047]

이와 달리 일본 상인들은 일본 정부의 정치적 지원을 받아 한국 시장을 독점했다. 〈표 5〉와 같이 1902~1903년까지 일본에서 수입된 설탕은 전체 수입량의 17~18퍼센트밖에 되지 않았다. 1904년 러일전쟁이 일어나자 36퍼센트로 증가했고, 그 뒤 90퍼센트를 넘었다. 바야흐로 일본 상인이 한국 시장을 독차지하게 되었다.

무역로와 무역상만 바뀐 것이 아니라 제품도 바뀌었다. 개항 이래 한국에서 수입한 설탕은 홍콩 정제당이었다. 그런데 1900년대부터 일본 상인이 들여온 설탕은 일본 회사가 만든 일본 정제당이었다. 일본 정부는 설탕 수입 급증으로 인한 무역수지를 개선하고자 19세기 말 이래 제당업 육성정책을 펴서 수입대체산업으로 육성했다.

일본에서 무역적자의 주요 원인이 될 정도로 설탕 소비가 늘어난 데는 크게 두 가지 요소가 작용했다. 하나는 수요 측면으로 문명개화론과 결합한 소비 권장이었고, 다른 하나는 공급 측면으로 서구와 맺은 불평등조약으로 말미암은 저관세低關稅 수입 물량 증가였다.

일본에서 설탕 소비가 늘어난 것은 과거 상류층의 사치품이었다는 것 말고도, 일본 정부가 메이지明治 유신 이래 추진한 서구적 문명개화정책 가운데 하나였기 때문이다. 유럽 상인은 설탕을 문명개화론과 결부시켰다. 하얗게 정제된 설탕이 '문명'의 상징이므로 많

047　Brian Burke-Gaffney, op. cit., pp.168~169.

이 먹을수록 문명인이라며 소비를 부추겼다.[048] 문명개화파는 메이지 유신으로 사회 전반에 걸쳐 대변혁을 추진하면서 전통 음식문화도 변화시켜야 한다고 주장했다. 대표적인 문명개화론자인 후쿠자와 유키치福澤諭吉는 서구 식단에서 육식과 설탕을 눈여겨보았다.[049] 그는 1867년 《서양의식주》를 펴내며 일본인이 체력을 기르려면 서구인이 즐겨 먹는 음식물로 바꿔야 한다면서 육식과 설탕 섭취를 권장했다.[050] 1천 2백 년 동안 "육고기를 먹으면 몸과 마음이 부정 탄다"며 일본에서 금기시하던 육식에 대한 인식을 "육식을 먹지 않는 자는 문명인이 아니다"로 뒤집었다.[051]

잇달아 비슷한 서적들이 출판되었다. 천황을 비롯한 문명개화파가 솔선수범하며 육식을 하고 설탕이 들어간 과자, 음료를 먹으며 육식이 급속도로 유행하기 시작했다. 대표 음식이 소고기에 간장과 설탕으로 국물 맛을 내는 스키야키すき焼き風(일본소고기전골)다. 스키야키는 문명개화의 상징이 되어 선풍적 인기를 얻었다.[052] 문명개화의 열기 속에 설탕을 넣은 빙수, 커피, 박하사탕이나 콘페이토金米糖, 레모네이드와 카레라이스, 돈가스, 오므라이스처럼 일본화한 서

048 三澤 麗, 池田貫道, 《朝鮮の甛菜糖業》, 1911, 23쪽 ; 야나기타 구니오, 《일본의 명치 대정시대의 생활문화사》, 소명출판, 2006, 89쪽 ; 杉山伸也, 앞의 논문, 328~329쪽.

049 會田倉吉, 앞의 책, pp.192~193.

050 片山淳之助 著 刊寫者未詳 《西洋衣食住》 1867, 21쪽 ; 會田倉吉, 《福澤諭吉》, 吉川弘文館, 2005, 161쪽. 국립중앙도서관본에 카다야마 준키치片山淳之助의 낙인이 찍혀져 있다. 후쿠자와 유키치에 대한 평전을 쓴 아이다 쿠라키치會田倉吉에 따르면 이는 후쿠자와 유키치의 필명이다.

051 오카다 데스 지음, 정순분 옮김, 《돈가스의 탄생─튀김옷을 입은 일본근대사》, 뿌리와 이파리, 2006, 25~108쪽.

052 야나기타 구니오, 앞의 책, 91~92쪽.

양 요리, 캐러멜, 초콜릿, 비스킷 같은 양과자가 많이 팔렸다.[053]

개항으로 일본에 설탕이 이전보다 훨씬 저렴하게 대량 유입되었다. 일본이 1866년 서구와 맺은 불평등 통상조약으로 설탕에 붙는 관세는 종가終價의 5퍼센트밖에 되지 않았다.[054] 사치품 이미지, 문명개화론, 저관세에 힘입어 날이 갈수록 늘어난 설탕 수입은 일본 무역적자의 한 요인이 되었다.[055]

일본 정부는 하루빨리 무역적자를 개선하면서도, 문명화의 기준인 설탕 소비를 늘리고자 수입대체산업에 정제당업을 포함시켰다. 그 일환으로 1902년 10월 원료당을 수입해야 하는 일본 정제당업계에게 유리한 관세환급조치收入原料砂糖戾稅法를 단행했다.[056] 그 무렵 일본 정제당 회사는 자바에서 화란표본和蘭標本[057] 15호 미만을 원료당으로 수입하고 있었다. 1899년 협정관세로 정제당업자가 부담하는 화란표본 15호 미만 원료당에 대한 관세가 겉으로는 1피쿨당 2.25엔이지만 실제로는 0.3엔만 부담했다. 정부가 관세환급조치로 정제당업자에게 1.95엔을 돌려준 덕분이다.

---

053 유모토 고이치, 《일본 근대의 풍경》, 그린비, 2004, 310~323쪽.

054 糖業協會 編, 앞의 책, 67~68쪽.

055 미와 료이치 지음, 권혁기 옮김, 《일본경제사》, 보고사, 2004, 145쪽. 1인당 소비량은 1885~1889년 5근, 1890~1894년 7.2근, 1895년~1899년 6.95근, 1900~1904년 11.54근으로 증가했다. 1900년까지 설탕은 거의 수입에 의존했다. 설탕으로 인한 수지 적자가 1890~1894년 5천만 엔, 1895~1899년 9천 1백만 엔, 1900~1904년에는 1억 1천 8백만 엔이었다. 설탕문명화 담론은 Ⅲ장 3절 참조.

056 大澤 篤, 〈日本における精製糖生産の展開と日本帝國〉, 《東アジア資本主義史論Ⅱ.構造と性質》, ミネルヴァ書房, 2008, 56~57쪽.

057 (朝鮮)鐵道省運輸局, 앞의 책, 4~12쪽. 국제설탕무역거래 기준은 네덜란드(이후 화란) 색상표본이었다. 화란표본은 1호부터 25호까지 있는데 숫자가 높을수록 더 희고 고품질이다.

일본 정부의 파격적인 후원에 힘입어 민간자본이 너도나도 정제당업계에 뛰어들었다. 1895년 도쿄東京의 일본정제당日本精製糖주식회사, 1896년 오사카大阪의 일본정당日本精糖주식회사, 1903년 후쿠오카福岡의 오사토大里제당소, 1904년 요코하마橫濱의 요코하마제당橫濱製糖주식회사, 1908년 고베神戶의 유아사湯淺제당소가 그것이다. 이들 상당수는 원래 설탕 중개상이었다. 1870년대 중반 이래 홍콩 정제당 대리점의 일괄인수인一括引受人으로 활동하고 있었다. 이들이 일본 정부의 정제당업 육성책에 힘입어 제조업인 정제당업으로 진출했다.[058] 설탕 상업자본이 제당 산업자본으로 전환되는 과정이었다.

정제당 회사가 난립하자 경쟁이 치열해지며 대대적으로 합병이 진행되었다. 1906년 도쿄의 일본정제당과 오사카의 일본정당이 합병하여 대일본제당大日本製糖(이후 일당으로 약칭)이 발족되었다. 일당은 이듬해 1907년 스즈키상점에게서 후쿠오카의 오사토제당소를 매수했다. 세 회사가 합쳐진 일당은 일본 정제당업계에서 압도적 지위에 서게 되었다.[059]

1900년대 초 한국으로 진출한 일본 정제당 회사는 둘이었다. 하나는 오사카의 일본정당이다. 1902년 무렵 한국으로 건너와[060] 부산, 서울, 인천 같은 각 도시에 지점을 둔 타카세高瀬상점 당분부糖分部가 일본정당 대리점으로 활동했다.[061] 타카세상점은 본업이 그림용

058 糖業協會 編, 앞의 책, 87~91, 194~198, 335~339쪽. 스즈키상점이 후쿠오카 오사토제당소, 마스다 조조增田增藏와 아베 고베安部幸兵衛가 요코하마제당 주식회사, 고베의 유아사 타케노스케湯淺竹之助가 유아사제당소를 세웠다.

059 糖業協會 編, 위의 책, 337~338쪽.

060 〈木浦 明治三十五年第二季貿易〉, 《通商彙纂》(한국편) 10권, 1902.12.12., 488쪽 ; 《황성신문》 1902.5.13., 1902.5.19.

061 〈광고〉, 《朝鮮之實業》 7, 1905.11., 5쪽(단국대학교부설 동양학연구소 편, 《개화기 재한일본인 잡지자료집: 朝鮮之實業》 1, 국학자료원, 2003, 539쪽에서 재인용, 이

염료 판매였으나 면포綿布와 설탕도 팔았다.[062]

또 하나는 후쿠오카의 오사토제당소였다. 오사토제당소를 세운 스즈키상점이 자기네 특약점인 나가사키에 본점이 있는 마쓰모토松本석유부 부산지점에서 팔게 했다.[063] 주로 후쿠오카와 가까운 부산과 목포 지역에서 팔았다.

1907년 두 회사가 모두 일당으로 통합된 뒤 일당이 한국시장을 독점하게 되었다. 1920년대 중반까지 일당 제품이 조선 전체 설탕 소비량의 90퍼센트 이상을 차지했다.[064] 일당 제품을 파는 데는 유명한 설탕중개상인[糖商]이 앞장섰다. 이를테면 미쓰이三井물산과 특약을 맺은 토모에巴상회가 1905년 남대문에서 설탕을 포함한 여러 가지 잡화를 판매했다.[065] 또한 시모노세키下關의 설탕 도매상인인 츄토라中寅상점이 서울(1909년), 부산(1911년 이전), 인천에 지점과 출장소인 도쿠나가德永상점을 열었다.[066] 시모노세키의 설탕 도매상인 나카지마中島상점도 1910년 서울에 나카지마상점 지점을 냈다.[067] 오사토제당소 설립 때부터 판매망을 가지고 있던 고베의 스즈키상점도

후《개화기 재한일본인 잡지자료집: 朝鮮之實業》) ;〈광고〉,《朝鮮之實業》15, 1906.9., 5쪽(《개화기 재한일본인 잡지자료집: 朝鮮之實業》2, 645쪽에서 재인용).

062 內田竹三郎,〈大阪方面漫遊錄〉,《朝鮮之實業》20, 1907.2., 31쪽(《개화기 재한일본인 잡지자료집: 朝鮮之實業》2, 국학자료원, 2003, 495쪽에서 재인용).

063 〈광고〉,《朝鮮之實業》11, 1906.5.(《개화기 재한일본인 잡지자료집: 朝鮮之實業》2, 299쪽에서 재인용).

064 《매일신보》1925.9.22.

065 〈광고〉,《황성신문》1905.6.24~10.10.

066 《재조선내지인 신사명감》266쪽 ;《경성시민명감》85쪽 ;《조선인사흥신록》442쪽, 국사편찬위원회 한국사데이터베이스.

067 〈大森薰治〉,《경성시민명감》, 84쪽, 국사편찬위원회 한국사데이터베이스.

1915년 서울에 지점을 설치했다.[068]

1905년 토모에상회의 설탕 판매 광고

출전 《황성신문》 1905.7.7.

조선에 진출한 일본 고위 관료가 이들이 정착하도록 도왔다. 1905
년 화폐정리 사업을 주도했던 탁지부 고문 메가다 다네타로目賀田種
太郎는 오사카 세관장에게 요청해 오사카의 전통적 식품도매상인 쓰
지모토 카조우로辻本嘉三郎를 소개받았다. 메가다 다네타로는 쓰지모

---

068 〈小山庄三〉,《경성시민명감》, 257쪽, 국사편찬위원회 한국사데이터베이스 ;
　　《동아일보》 1927.4.9.에는 스즈키상점이 파산할 무렵 조선 설탕 수요의 약
　　절반이나 다루었다고 보도했다.

토 카조우로가 오늘날 남대문시장인 선혜청 지역〔南米倉町, 북창동〕에 식료품상을 열도록 도와주었다. 쓰지모토辻本상점은 1906년 1월부터 각설탕, 대일본大日本 맥주, 아지노모도味の素 등을 판매했다. 일본 고위 관료의 후원으로 1910년 9월 서울에 들어선 일본인 설탕·밀가루 판매점은 5호(종사자 22명)였다.[069]

이렇듯 개항으로 한국은 국제 설탕 시장으로 편입되었다. 정제당 완제품 측면으로는 영국 자본계에 속하는 홍콩 정제당 시장이었다가 러일전쟁 뒤 일본 정제당 시장으로 예속되었다. 정제당의 원료 측면으로 보면 네덜란드 자본계 자바당 시장이었다. 홍콩 정제당이나 일본 정제당 모두 네덜란드 자본이 생산하는 자바 원료당을 썼기 때문이다. 러일전쟁 뒤 완제품은 일본 정제당 시장으로 바뀌었지만 원료는 여전히 네덜란드 자본의 영향권 아래였다.

2. 이민과 외래과자

개항으로 설탕 수입량이 줄곧 늘어났다. 1885년 1,070피쿨에서 1914년 21만 피쿨(약 1만 2천 6백 톤)로 30여 년 동안 약 2백 배 늘었다.[070] 설탕 수입자는 한국인이 아니라 개항 뒤 한국으로 이주한 중국인, 일본인이었다. 이 수입 설탕은 자가소비용이 아니라 상업용이었다. 중국과 일본 정부는 정치적 영향력을 발휘해 자국민의 한국 이민을 장려했다.[071] 한국을 자국의 상품시장으로 끌어들이려는 목적

---

069 川端源太郎 編,《京城と內地人》, 日韓書房, 1910, 66쪽.

070 〈그림 1〉 참조.

071 木村健二,《在朝日本人の社會史》, 東京: 未來社, 1989, 24~25쪽.

이었다. 본국 정부의 후원을 받아 한국에 온 화교나 일본인은 대부분 낯설고 '미개척지'인 한국에서 일확천금을 벌고자 했다.[072]

영세한 이민자가 손쉽게 적은 비용으로 고수익을 올릴 수 있는 업종은 '먹는 장사'였다. 한국이 전통적으로 설탕 음식문화가 발달하지 않았다는 점에 착안해 자신들의 전통음식을 상품화한 음식점과 과자점을 열었다. 개항 뒤 한국에 상품뿐만 아니라 외래 음식문화가 상류층을 대상으로 물밀듯이 들어왔다.

1) 화교와 호떡

중국 송나라 때부터 남쪽 광둥, 푸젠 지역을 중심으로 사탕수수 농업기술이 발달하기 시작했다. 16세기 청나라 때가 되면 설탕은 더 이상 부유층들의 사치품이 아닐 정도로 대중화되었다. 중류층 이상이 일상적으로 먹는 음식에 설탕을 두루 넣었다.[073] 더욱이 18세기 후반이 되면 설탕이 남부만이 아니라 중국 둥베이 지방까지 널리 퍼졌다. 중국 연안무역의 발달로 남부의 광둥, 푸젠에서 생산된 설탕과 북부의 둥베이, 산둥의 콩기름이 중국 전역으로 보급되었다. 자연히 중국에 설탕과 콩기름을 넣는 음식 종류가 많아졌다.[074]

단맛을 내는 감미료만이 아니라, 일반 음식의 짜거나 신맛을 부드럽게 하거나 절이는 조미료(양념)로 설탕을 널리 활용했다. 중추절에 먹는 월병月餠을 비롯한 여러 가지 병과류에 넣고, 과일과 채소류를 설탕에 절인 음식인 사탕지砂糖漬를 만들어 간식이나 손님을 접대할

---

072   권숙인, 〈渡韓의 권유〉, 《사회와 역사》 69, 한국사회사학회, 2006, 208쪽.

073   Sucheta Mazumdar, op. cit., pp.28~48.

074   宮田道昭, 앞의 책, 15~22쪽.

때 내놓았다. 중류층 이상의 가정에서는 간식으로 점차點茶라고 일컫는 만쥬饅頭와 차를 먹는 풍습이 정착되며 설탕을 상용했다.[075]

1882년 조선은 청 군대를 끌어들여 임오군란을 진압한 뒤 청나라와 조청상민수륙무역장정朝淸商民水陸貿易章程을 맺었다. 장정에 따라 서울의 시장이 개방되면서 중국 상인이 합법적으로 한국에서 장사할 수 있게 되었다. 그 뒤 화교들이 본격적으로 이주했다. 1883년에는 162명[076]밖에 되지 않았으나 1893년 서울 1,254명, 인천 711명을 비롯해 총 2,182명으로 늘어났다.[077]

화교가 종사한 직종을 보면 1906년 총 3,661명 가운데 1,468명, 1910년 총 11,818명 가운데 5,387명이 상업에 종사했다. 양소전楊昭全, 손옥매孫玉梅의 연구에 따르면 이 시기 화교들이 종사한 업종은 주로 무역, 비단綢緞가게, 약방〔中藥房〕, 피혁점, 음식점〔飯店〕, 사채업〔錢莊〕, 잡화점, 이발소, 옷가게, 행상 같은 것이었다.[078] 이들 말고도 짧은 기간 머무르며 막노동에 종사하는 쿨리Coolie〔苦力, 하층 중국·인도인 노동자〕도 많아졌다.

화교 수가 늘어나자 인천항 부두에서 고향음식을 그리워하는 쿨리를 상대로 음식을 만들어 파는 음식점이 생겨났다. 중국 대중음식점과 호떡집은 자본을 많이 들이지 않아 점포규모가 작았다. 주로 만두, 호떡〔燒餅, 사오빙〕[079], 계란떡, 찐빵, 교자만두, 자장면〔炸醬面〕

---

075 木村增太郎,《支那の砂糖貿易》, 糖業硏究會, 1914, 25~28쪽.

076 楊昭全, 孫玉梅 著,《朝鮮華僑史》, 中國華僑出版公司, 1991, 132쪽.

077 中央硏究院 近代史硏究所 編,〈總署收 北洋大臣李鴻章文 朝鮮總理交涉通商事 袁世凱 稟稱〉, 1894.4.16.,《淸季 中日韓 關係史料》6권, 北京: 中央硏究院 近代史硏究所, 1972, 3276~3277쪽.

078 楊昭全, 孫玉梅 著, 앞의 책, 141쪽.

079 밀가루를 반죽하여 원형이나 평평한 모양으로 만들어 겉에 참깨를 뿌려 구운 빵의 일종이다.

따위를 팔았다. 가격이 저렴해 쿨리만이 아니라 한국인 부두노동자
도 즐겨 먹었다.

사진 5 한말 인천 부두노동자가 짜장면 먹는 모습

출전 인천관광공사, "짜장면박물관17", 〈http://www.travelicn.or.kr/open_content/gallery/gallList.
do?gall_seq=1426&gall_div=1&gall_lang=kor&pgno=13〉, (2018.1.4.)

대중적인 중국 음식점이 선풍적인 인기를 끌자, 중대형 요리점이
세워졌다. 중국 자본가가 주식회사 형태로 자본을 모아 중대형 요리
점을 열었다. 대표적으로 1900년 산둥성 출신 서광빈徐廣彬을 비롯
해 20명의 주주가 창업한 아서원雅叙園이 있다. 그 뒤를 이어 대관원
大觀園, 금곡원金谷園, 사해루四海樓 등이 개업해 고급 청요리를 팔았
다.[080] 중국 음식은 출신지에 따라 북방계(산둥·허베이 음식), 남방계

---

[080] 박은경, 《한국 화교의 종족성》, 한국연구원, 1986, 87쪽.

(쓰촨 음식), 광둥계(광둥 음식) 세 종류로 나눌 수 있지만 모두 현지인인 조선인 입맛에 맞춰 변용되었다.[081]

중국 음식은 설탕과 기름을 다양하게 구사했으나 그때 한국에서 판매한 중국 요리법을 확인할 길이 없다. "중국 사람이 절대로 보급하기를 싫어하여 조선에서 정통 중국 요리를 배우기는 대단히 어려운 것"[082]이었다. 비록 1930년대 자료이지만 설탕이 들어간 중국 요리는 다음과 같다. 샤오뒈샤燒對蝦, 량페이더우자凉培豆莢(냉채류), 량반황꽈凉拌黃瓜(오이무침), 량반지시凉拌鷄絲(닭무침), 편정단까오紛蒸蛋糕(찹쌀가루와 계란찜), 반싼셴拌三鮮(해삼·전복·죽순무침), 탕샤오위나이糖燒芋芀(토란설탕지짐), 홍샤오리위紅燒鯉魚(잉어찜이나 도미찜), 렁셰런冷蟹仁(찬 게와 야채 요리), 추툰酢豚(튀긴 돼지고기에 초 장국을 친 것), 류위피엔溜魚片(생선 덧씌운 요리), 차오몐양시炒綿羊絲(당면볶음), 동포러우東坡肉(돼지고기간장지짐), 주로우위안煮肉圓(고기완자), 챠오셰펀炒蟹粉(게볶음), 하이셰피페이뤄푸시海蟹皮培羅腶絲(해파리냉채), 자위안샤오炸元宵(찹쌀경단) 자로우피안炸肉片(돼지고기튀김), 진샤오지錦燒鷄(닭고기튀김) 같은 음식들이다.[083] 간이식당에서 파는 자장면[炸醬面]이나 호떡에 넣는 소[084]에도 검은 빛이 도는 함밀당이나 누런

---

081 楊昭全, 孫玉梅 著, 앞의 책, 149~150쪽.

082 《동아일보》 1939.5.13.

083 《동아일보》 1934.9.25., 1934.12.27., 1935.11.29., 1936.3.5., 1936.8.14., 1937.8.10., 1937.8.24., 1938.11.1., 1939.5.13., 1939.5.15., 1939.5.16., 1939.5.17. ; 《조선일보》 1934.5.17., 1935.6.1., 1935.6.9., 1935.6.13., 1935.6.29., 1936.2.14., 1937.11.12.~11.27. ; 《조선중앙일보》 1935.1.29. ; 《매일신보》 1939.9.19. ; 鄭順媛, 〈중국 요리〉, 《우리집》 16, 1936.6., 29~30쪽 ; 〈中國料理製法〉, 《新家庭》, 1935.9. ; 〈鷄卵料理十二種〉, 《新家庭》 4-4, 1936.4., 172쪽 ; 〈요새철에맞는中國料理몇가지〉, 《女性》 2-11, 1937.11., 429쪽.

084 孫貞圭 選, 〈農村料理〉, 《家庭之友》 1-3, 1937.3, 37쪽 ; 어효선, 《내가 자란 서울》, 대원사, 2000, 45쪽.

황색 설탕이 들어갔다.

달고 기름진 중국 음식과 과자가 조선인에게 인기를 끌면서 중국 음식점을 경영하는 화교가 점점 더 증가했다. 1922년 전국 주요 도시 11개 지역의 화교 직업을 보면 화교 총 2,224가구 가운데 332가구가 음식업, 337가구가 빵집(호떡집)이었다. 1920년대 초 전체 화교 가구의 30퍼센트가 음식업종에 종사했다.[085]

중국 음식점이 번창하자 관련 업종에서 화교 네트워크가 만들어졌다. 출신지역 인맥을 따라 음식재료가 공급되었다. 중국 음식에 필요한 제분업, 주류 제조업, 기름 제조업〔製油業〕, 간장 제조업, 잡화상, 야채 재배농업에 이르는 중국 음식 연결고리가 만들어졌다. 화교들은 중국 요리법이 밖으로 퍼지지 않게 철저히 단속했다. 음식점을 매개로 자신들끼리 폐쇄적인 공생관계를 굳게 지키며 번창했다.[086]

2) 일본 과자상과 왜떡

일본에서는 전근대 해상교역으로 중국이나 자바에서 설탕을 수입했다. 14~15세기부터 은이나 동을 수출하고 그 대신 비단, 인삼, 설탕과 같은 사치품을 수입했다. 초기 설탕의 주된 쓰임새는 약재였지만[087] 1459년 설탕을 넣은 과자인 양갱羊羹[088]과 만쥬まんじゅう(饅頭)[089]

---

085 小田內通敏, 〈朝鮮に於ける支那人の經濟的勢力〉, 東洋硏究會, 1925(박은경, 앞의 책, 86쪽에서 재인용).

086 박은경, 앞의 책, 81쪽.

087 糖業協會 編, 앞의 책, 4쪽.

088 양갱羊羹은 일본어로 요깡이라고 부르지만 현재 한국에서 '양갱'으로 상품화되어 통용되고 있어서 양갱으로 표기했다.

089 饅頭는 한국 음식 가운데 만두와 혼동할 우려가 있고 현재 '만주'로 상품화되고 있어서 만쥬まんじゅう(饅頭)로 표기했다.

를 만들었다는 기록도 보이기 시작했다. 설탕이 고가의 수입품이었기에 궁중, 에도江戶 성에 헌상하거나, 명절, 의식, 관혼상제, 연회에 부유층이 먹는 남다른 사치품이었다.[090] 18세기 전반 장군 도쿠가와 요시무네德川吉宗가 사치품 수입을 줄이려는 정책을 폈다. 은·동 수출금지 칙령을 내리고 설탕을 자급하기 위해 사탕수수를 재배하게 했다.[091] 그 결과 18세기 중엽부터 일본에서 사탕수수를 재배하게 되었지만 양이 워낙 적어서 여전히 대부분 수입해야 했다.

설탕 수입량이 증가하면서 사치한 식재료로 쓰였다. 15세기 무렵 개발된 만쥬, 양갱과 함께 당고團子, 센베이煎餠, 찹쌀떡[燒餠, 모찌], 오코시興し(밥풀과자), 나가사키의 남만南蠻 과자인 카스텔라, 아루헤이당あるへい糖(有平糖) 같은 과자가 나타났다.[092]

개항 뒤 불평등조약으로 일본에 홍콩 정제당을 비롯한 저렴한 정제당이 들어오며 소비량이 급증했다. 차츰 설탕 소비층이 궁중이나 귀족만이 아니라 도시 상류층으로 확대되었다. 일본 상류층의 전통 과자 요리법도 함께 확산되었다.

---

090 와타나베 미노루 著, 윤서석 외 8명 譯, 앞의 책, 350~353쪽 ; 杉山伸也, 앞의 논문, 1989, 328쪽.

091 정성일,《조선후기 대일무역》, 신서원, 2000, 236~238쪽. 일본은 조선과 인삼무역도 줄이고 자급하려고 노력했다.

092 와타나베 미노루 著, 윤서석 외 8명 譯, 앞의 책, 350~353쪽 ; 杉山伸也, 앞의 논문, 1989, 328쪽. 당고, 센베이는 한국 전통적인 단자, 밀전병과 혼동할 우려가 있어 당고團子, 센베이煎餠로 표기했다. 오코시의 경우 밥풀과자라고 순화하여 부르기도 하지만 다른 과자와 헷갈릴 우려가 있어 그대로 오코시(밥풀과자)라고 표기했다. 찹쌀떡[燒餠, 모찌]의 경우 모찌라고 많이 통용되지만 찹쌀떡으로 순화시킨 용어가 현재 한국에서 통용되어 헷갈릴 우려가 없기 때문에 찹쌀떡(모찌)이라고 표시했다. 나가사키의 남만 과자 카스텔라, 아루헤이당あるへい糖은 한국 전통 병과류와 혼동 우려는 없으나 일본어 그대로 통용하는 경우가 많아 원어대로 표기하고, 낯선 과자인 아루헤이당은 이해하기 쉽도록 괄호 안에 일본어를 표시했다.

청일전쟁 무렵부터 일본인의 조선 이주가 시작되어 러일전쟁 때 본격화되었다. 일본 정부가 보조금을 지급하며 무역 이민을 장려하고, 각 지역 실업단체가 도한渡韓을 권유한 덕분이었다.[093]

과자상은 일본 정부와 경제단체가 이민자에게 추천하는 업종이었다. 1899년 인천 일본영사는 "음식 기호는 한번 나아가면 용이하게 바꿀 수 없기 때문에 두 상품(설탕과 밀가루)의 장래는 유망하다"면서 한국인 음식 기호를 바꾸는 직업을 소개했다. 1905년 교토京都상업회의소에서 《청·한 시찰보고서清韓視察報告書》로 조선인들이 좋아하는 상품과 기호를 조사했다. 이에 따르면 조선인들은 엿, 아루헤이당あるへい糖, 과자빵 같은 종류를 좋아했다고 한다.[094]

1907년 인천세관이 일본으로 보내는 보고서에서는 개항 전 조선에 설탕 사용법이 발달하지 않은 점을 노리자고 제안했다. 조선에서는 전통적으로 음식에 단맛을 내려고 꿀을 썼으나 비싸서 상류층 이상만 썼다고 상황을 보고했다. 개항으로 설탕이 꿀보다 저렴하니 과자를 만들어 팔거나 완제품인 과자를 수출하면 이익이 클 것이라면서, 일본 과자 가운데 조선인 기호에 맞는 막과자[駄菓子, 다카시]를 추천했다. 아울러 조선인이 설탕 용도를 익히면 수요가 늘어날 것이므로 일본의 설탕 시장이 될 것이라고 예상했다.[095] 같은 해 목포 이사청理事廳의 오노우치 요시오大內義雄도 비슷하게 제안했다. 그는 전라도 일대를 시찰한 뒤 과자와 같은 설탕 가공식품만이 아니라 설

---

093 木村健二, 앞의 책, 23쪽.

094 京都商業會議所, 《清韓視察報告書》 1905, 18쪽(단국대학교부설 동양학연구소 편, 《개화기 일본민간인의 조선조사보고자료집》 4, 국학자료원, 2002, 534쪽에서 재인용, 이하 《개화기 일본민간인의 조선조사보고자료집》).

095 仁川稅關, 〈朝鮮向き日本貨物〉, 《朝鮮之實業》 25, 1907.7, 22쪽(《開化期 在韓日本人 雜誌資料集: 朝鮮之實業》 2, 140쪽에서 재인용).

탕 판로를 만들자고 말했다. 조선인에게 일본식 설탕 사용법을 익히게 하여 설탕 소비자로 만들자고 주장한 것이다.[096] 다만 과자가 부패하지 않도록 일본에서 수입하는 것은 유통기간이 길어야 한다고 조언했다.[097]

표 9 한말 재조 일본인 과자상

지역	연도	과자상	과자상 겸업	과자상 합계	일본인 총 인구수	비고
서울	1888	10	–	10	348	
	1896	38	–	38	1,749	과자상18, 빙수20
	1901.9	26	.	26	–	
	1901	27	–	27	–	
	1904	43	–	43	4,229	*1,350호(5,323명)
	1907	117	–	117	13,598	
	1910	88	–	88	34,468	과자77, 찹쌀떡(모찌)11
부산	1898	54	28	82	–	과자54(겸27), 설탕(겸1)
	1901	41	17	58	–	과자40(겸15), 설탕(겸1), 찹쌀떡(모찌)(겸1), 빵집1
	1900	47	24	71	–	과자43(겸21), 설탕(겸2), 찹쌀떡(모찌)2(겸1), 빵집2
	1904	92	–	92	1,438	
인천	1898	31	17	48	–	과자제조12(겸3), 과자소매19(겸14)
	1899	26	5	31	–	과자제조8(겸5), 과자소매18
	1900	26	8	34	–	
	1904	7	–	7	1,029	과자4, 라무네3

---

096 木浦理事廳 大內義雄,〈全羅南道羅州·靈光·海南·康津·長興五郡狀況視察書〉,《朝鮮之實業》26, 1907.8.(《開化期 在韓日本人 雜誌資料集: 朝鮮之實業》4, 240쪽에서 재인용).

097 목포영사관보고,〈木浦ニ石油砂糖及日本菓子ノ景況〉,《通商彙纂》(한국편) 6권, 1898.7.27., 285쪽.

지역	연도	과자상	과자상 겸업	과자상 합계	일본인 총 인구수	비고
목포	1898	14	10	24	–	과자12(겸5), 설탕(겸3), 찹쌀떡(모찌)2(겸2)
	1900	6	–	6	–	
	1902	11	–	11	–	
평양	1898	7	4	11	–	
	1899	10	4	11	–	
	1900	5	–	5	–	
	1901	4	1	5	–	
	1902	4	1	5	–	
	1906	23	–	23	–	과자상 21, 빙수 2
진남포	1898	3	–	3	–	
	1901	3	2	5	–	
군산	1900	6	1	7	–	
마산	1907	34	–	34	–	

출전 ① 서울_ 京城居留民團役所 編《京城發達史》1912, 38, 84~86쪽(1888, 1896년) ; 〈韓國京城貿易一般〉,《通商彙纂》(한국편) 9권, 1901.11.7., 412쪽(1901년 9월) ; 〈在京城本邦人在留民營業一覽表〉,《通商彙纂》(한국편) 9권, 1902.5.12., 705쪽(1901년) ; 度支部理財局 編,《第1次 韓國金融事項參考書》, 1908. 600~605쪽(1907년) ;《京城と內地人》57, 60~69쪽(1910년).

② 인천_ 인천영사관보고, 〈仁川居留營業人營業細別表〉,《通商彙纂》(한국편) 7권, 1899.10.5., 702쪽(1898년) ; 인천영사관보고, 〈韓國仁川港日本人諸營業調査表〉,《通商彙纂》(한국편) 8권, 1900.5.24., 263쪽(1899년) ; 인천영사관보고, 〈本邦居留地營業〉,《通商彙纂》(한국편) 9권, 1901.7.30., 212쪽(1900년) ; 相澤仁助,《韓國二大港實勢》, 1905(인천광역시 역사자료관 역사문화연구실,《譯註 韓國二大港實勢》, 인천광역시, 2006, 106~108, 276쪽에서 재인용)(1904년).

③ 부산_ 부산영사관보고, 〈在留本邦人口戶及行商人營業表〉,《通商彙纂》(한국편) 7권, 1898.12.10., 27쪽(1898년) ; 부산영사관보고, 〈釜山居留民營業表〉,《通商彙纂》(한국편) 10권, 1902.5.15., 352쪽(1901년).

④ 목포_ 목포영사관보고, 〈木浦在留本邦人ノ近況〉,《通商彙纂》(한국편) 6권, 1898.8.25., 544쪽(1898년) ; 목포영사관보고, 〈在留本邦人營業情況及盛衰〉,《通商彙纂》(한국편) 9권, 1901.8.13, 234쪽(1900년); 목포영사관보고, 〈本邦居留民戶口〉,《通商彙纂》(한국편) 10권, 1902.12.12., 489쪽(1902년).

④ 평양_ 진남포영사관보고, 〈在留本邦人口戶及行商人營業表〉,《通商彙纂》(한국편) 7권, 1898.12.7, 24쪽(1898년) ; 평양분관보고, 〈韓國平壤情況〉,《通商彙纂》(한

국편) 8권, 1899.12.13, 37쪽(1899년) ; 〈韓國平壤事情一般〉, 《通商彙纂》(한국편) 9권, 1901.11.18., 449쪽(1900년) ; 〈本邦居留民營業種〉, 《通商彙纂》(한국편) 10권, 1902.9.15., 226쪽(1901년) ; 평양영사관보고, 〈本邦居留民戶口表〉, 《通商彙纂》(한국편) 10권, 1903.1.17, 571쪽(1902년) ; 平壤通信, 《朝鮮之實業》 11, 1906.5, 52~53쪽(《개화기 재한일본인 잡지자료집: 朝鮮之實業》 2, 2003, 356~357쪽에서 재인용·)(1906년).

⑤ 진남포_ 진남포영사관보고, 〈在留本邦人口戶及行商人營業表〉, 《通商彙纂》(한국편) 7권, 1898.12.7, 25쪽(1898년) ; 진남포영사관보고, 〈在留本邦人營業種別表〉, 《通商彙纂》(한국편) 10권, 1902.6.26., 151쪽(1901년).

⑥ 군산_ 군산영사관보고, 〈居留地情況及在留本邦人營業情況〉, 《通商彙纂》(한국편) 9권, 1901.7.9., 158쪽(1900년).

⑦ 마산_ 馬山通信, 《朝鮮之實業》 20, 1907.2, 49쪽(《개화기 재한일본인 잡지자료집: 朝鮮之實業》 2, 국학자료원, 2003, 525쪽에서 재인용)(1907년).

비고 ① 1904년의 과자상 호수와 종사자 수가 달라 비고란에 *로 《第1次 韓國金融事項參考書》의 과자상 호수와 인구를 표시했다.

② 과자에는 떡, 라무네ラムネ(레모네이드), 사탕 모두 포함시켰으며 제조와 판매를 구분하지 않았다.

③ 비고란에 과자 제조나 판매만 하는 상점과 다른 상업을 겸업하는 상점을 구분했으며, 겸업할 경우는 "겸"으로 표시했다.

④ 자료에 호戶인지 사람 단위인지 싣지 않은 경우가 대부분이어서 단위를 쓰지 못했다.

이러한 추천 덕분에 초기 재조在朝 일본인 직업 가운데 과자상이 토목, 작부, 행상, 고리대금업과 함께 가장 많았다.[098] 〈표 9〉와 같이 재조 일본인의 직업 종류는 시간이 갈수록 다양해졌다. 각 지역 일본거류민 단체에서 집계한 통계는 해마다 직업 분류가 바뀌었고, 분류 기준도 달라졌다. 하지만 직업 종류가 늘어나고 기준이 달라졌어도 과자상은 어느 도시에서나 늘 선두였다. 서울의 경우 1888년 일본 거류민 직업 35종류 가운데 과자상이 8위였고,[099] 1896년 직업 53

098   손정목, 《한국 개항기 도시사회경제사 연구》, 일지사, 1982, 223~230쪽 ; 박찬승, 〈서울의 일본인 거류지 형성과정〉, 《사회와 역사》 62, 2002, 한국사회사학회, 72~93쪽 ; 〈러일전쟁 이후 서울의 일본인 거류지 확장 과정〉, 《지방사와 지방문화》 5-2, 역사문화학회, 2002, 122쪽.

099   京城居留民團役所 編, 《京城發達史》 1912, 38쪽.

종류 가운데 과자상(빙수, 과자상 포함)이 6위였다.[100] 1907년 직업 종류 140종에서 과자상이 7위였다.[101] 인천에서 1904년 일본 거류민 직업 28종류 가운데 과자상이 9위였다.[102] 평양에서 1906년 거류민 직업 67종류 가운데 과자상(빙수, 과자상 포함)이 6위였다.[103] 마산에서 1907년 직업 58종류 가운데 과자상이 3위였다.[104]

한국으로 건너온 일본인은 경제력 향상이 가장 큰 목표였으나 이들이 가진 자본금은 아주 적었다.[105] 이런 면에서 과자상은 가장 적합한 업종이었다. "소자본금 영업으로 가장 용이하고 상당히 이익이기 때문"[106]이다. 조선인은 일본 과자를 '왜떡', 일본 과자상인을 '왜떡장사'라고 불렀다.[107]

이주 초기에는 대개 일본에서 과자를 수입하지 않고 즉석에서 만들어 팔았다. 완제품은 부패할 우려가 크고 운반하기가 번거로웠기 때문이다. 설탕과 밀가루 같은 원료를 가지고 한국 각지를 돌아다니며 바로 만들어 파는 것이 수월했다. 일본 구마모토熊本 현 현회縣會 의원이 1895년 4월부터 7월까지 한국을 시찰한《조선내지조사보고서朝鮮內地調査報告書》에 따르면, 원래 한국에 설탕이 없었기 때문

---

100 위의 책, 84~86쪽.

101 度支部理財局 編,《第1次 韓國金融事項參考書》, 1908, 600~605쪽.

102 相澤仁助,《韓國二大港實勢》, 1905(인천광역시 역사자료관 역사문화연구실,《譯註 韓國二大港實勢》, 인천광역시, 2006, 276쪽).

103 〈平壤通信〉,《朝鮮之實業》11, 1906.5., 52~53쪽(《開化期 在韓日本人 雜誌資料集: 朝鮮之實業》2, 356~357쪽에서 재인용).

104 馬山通信,《朝鮮之實業》20, 1907.2., 49쪽(《開化期 在韓日本人 雜誌資料集: 朝鮮之實業》2, 525쪽에서 재인용).

105 손정목, 위의 책, 225, 229쪽.

106 평양분관보고,〈韓國平壤情況〉,《通商彙纂》(한국편) 8권, 1899.12.13., 36쪽.

107 《조선일보》1938.6.1.

에 설탕을 넣은 과자를 사려는 조선인이 많아 비싼 값으로 팔았다고 한다.[108] 1900년 부산영사관보고에 따르면 부산에서 나마카시生菓子(생과자)와 히카시干菓子/乾菓子(마른과자) 고급품의 경우 제조원가가 2,362원 50전인데 판매가가 3,150원이었다. 가장 하급품도 제조원가가 666원인데 988원 12전으로 비싸게 팔았다.[109] 1897년 평양에서 큰 과자가게의 평균 하루 매상이 10원 내지 14~15원이고, 작은 과자가게 매상이 3~6원이어서 투자한 자본에 비해 이익이 매우 높았다.[110] 일본인 행상 스스로도 자신이 파는 상품 가운데 과자가 "자금이 적어도 잘 팔리는"[111]상품이라고 말했다.

하지만 과자상은 투기성이 강했다. 계절에 따라 판매량이 극심하게 차이가 났다. 연말, 설이 있는 음력 1월에서 5월 사이가 가장 잘 팔렸다. 반면 장마철이나 여름에는 보관하고 저장하기가 힘들었다. 과자가 썩을까봐 여름에는 아예 만들지 않는 경우도 많았다.[112] 그 무렵 과자는 과일과 경쟁관계였다. 여름이 되어서 단 과일이 풍성하게 나오면 과자 판매량이 확 떨어졌다.[113] 그에 따라 여름철 설탕 판

---

108 岡崎唯雄, 《朝鮮內地調査報告書》, 19쪽, 1895.10(단국대학교부설 동양학연구소 편, 《개화기 일본민간인의 朝鮮調査報告 자료집》 2, 국학자료원, 2001, 369쪽에서 재인용, 이후 《개화기 일본민간인의 朝鮮調査報告 자료집》).

109 부산영사관보고, 〈釜山ニ本邦人製造業一般〉, 《通商彙纂》(한국편) 8권, 1900.11.16., 477쪽.

110 평양분관보고, 〈韓國平壤情況〉, 《通商彙纂》(한국편) 8권, 1899.12.13, 36쪽.

111 行商日記, 《朝鮮之實業》 8, 1906.1., 35쪽(《開化期 在韓日本人 雜誌資料集: 朝鮮之實業》 2, 61쪽에서 재인용).

112 진남포영사관보고, 〈鎭南浦 明治三十二年六月商況〉, 《通商彙纂》(한국편) 7권, 1899.7.18., 419쪽.

113 仁川稅關, 〈朝鮮向き日本貨物〉, 《朝鮮之實業》 25, 1907.7., 22쪽(《開化期 在韓日本人 雜誌資料集: 朝鮮之實業》 2, 140쪽에서 재인용) ; 《通商彙纂》(한국편) 7권, 405쪽 ; 8권, 36, 660, 662쪽.

매량도 1/3로 줄어들었다.[114]

뿐만 아니라 쌀값 등락과 풍흉에 따라 과자 매출이 크게 달라졌다. 과자 구매층이 개항 이래 일본에 미곡을 수출하여 부를 축적한 조선인 대지주들이었기 때문이다. 쌀값이 하락하면 조선인 대지주가 덜 사 먹어서 과자 매상도 하락하고, 설탕 수입량도 줄었다.[115] 이와 달리 풍년이 되면 과자를 많이 사 먹어 설탕 수입이 "비상하게 호황"이 되었다.[116] "전해에 견주어 세 배 이상 판매되어 설탕 수입을 계획하는 본방〔일본〕 상인들이 적지 않다"[117]고 할 정도로 번창했다.

수요가 너무 불안정했기에 과자상은 다른 업종에 비해 창업하기도 쉽지만 실패하기도 쉬운 직업이었다. 전업轉業과 폐업을 되풀이하는 경우가 많았다.[118] 뿐만 아니라 여름철이면 개점휴업상태가 되기 때문에 〈표 9〉와 같이 잡화상 등 다른 업종을 겸업하기도 했다.[119]

이주 초기에는 주로 행상을 했지만 차츰 상설상점인 과자점을 열어 정착했다. 개항장이나 철도역같이 일본인 상권이 만들어지는 곳마다 과자점이 들어섰다. 1906년 경상도 삼랑진에 들른 일본인은 일본 상가들이 삼랑진역 부근에 몰려 있는데 이 가운데 많은 것이 여

---

114 진남포영사관보고, 〈鎭南浦 明治三十二年七月商況〉, 《通商彙纂》(한국편) 7권, 1899.8.17., 457쪽.

115 인천영사관보고, 〈仁川 明治三十二年貿易年報〉, 《通商彙纂》(한국편) 8권, 1900.5.24., 234쪽.

116 진남포영사관보고, 〈鎭南浦 明治三十四年3貿易年報〉, 《通商彙纂》(한국편) 10권, 1902.6.26., 143쪽.

117 진남포영사관보고, 〈明治三十一年五月中 鎭南浦商況〉, 《通商彙纂》(한국편) 6권, 1898.6.25., 254쪽.

118 위의 자료.

119 평양영사관분관보고, 〈韓國平壤情況〉, 《通商彙纂》(한국편) 8권, 1899.12.13., 36쪽 ; 평양영사관분관보고, 〈平壤 明治三十二年貿易年報〉, 《通商彙纂》(한국편) 8권, 1900.12.1., 620쪽.

관, 음식점, 잡화·과자상이라고 기록한 바 있다.[120]

표 10 1890~1910년까지 설립한 제과점

지역	회사명	대표	설립일	품목
서울	메가와江川 과자포	江川文吉	1895	밤 만쥬, 카스텔라, 양갱
서울	–	李寅植(한)	1903	과자
서울	다치바나야橘屋합자회사	西村豊次郎	1905	귤 양갱, 밤 양갱
서울	야마토켄大和軒	仙波潤一郎	1905	과자
서울	타카사고모찌高砂餅	西村秀次郎	1907	찹쌀떡(모찌), 만쥬
서울	요시카도吉門상회	吉野新平	1907	과자
서울	아이카와相川형제상회	相川彦一/相川彦市	1907	식빵
서울	이치로쿠켄一六軒	金田淸二郎	1907	과자
서울	센리도千利堂	西尾留之丞	1907	밤 만쥬
서울	나가오카永岡과자공장	永岡長右衛門	1908	과자, 빵, 물엿
서울	사와이澤井과자포	澤井兵松	1908	밤 만쥬, 양갱
서울	이와미도石見堂	椋木彦五郎	1909	찹쌀떡(모찌)
서울	하세가와長谷川제과소	長谷川千松	1910	1910년 비스킷, 조선엿 제조·판매, 1916년부터 양갱 전문 제조
부산	부산음료사	–	1910	사이다, 청량음료수 제조·판매
평양	아이카秋鹿제과공장	秋鹿豊次郎	1906	과자

출전 釜山商工會議所 編,《釜山要覽》, 1912;平壤府 編,《平壤府事情要覽》1923;宮本勝行,《朝鮮食料品同業發達誌》, 鮮滿實業調査會, 1922;京城商業會議所 編,《京城工場表》, 1923;朝鮮總督府 殖産局 編,《朝鮮工場名簿》, 1932;京城商業會議所 編,《京城商工名錄》, 1923·1935;朝鮮總督府商工奬勵館 編,《朝鮮商品取引便覽》, 行政學會印刷所, 1935;中村資良 編,《朝鮮銀行會社要錄》, 東亞經濟時報社, 국사편찬위원회 한국사데이터베이스(이후《朝鮮銀行會社要錄》).

비고 조선인 제과점은 (한)으로 표시했고 그 밖에는 모두 일본인이 설립했다.

---

120 日韓農會 旅行 二人,〈行商日記〉,《朝鮮之實業》9, 1906.2., 31쪽(《開化期 在韓日本人 雜誌資料集: 朝鮮之實業》2, 161쪽에서 재인용).

표 11 1910년대 설립한 제과점

지역	제과점명	대표(민족)	설립연도	자본금	상품과 생산액
서울	후쿠야마도福山堂	岡本柳吉 (岡本揚吉)(일)	1912 (1911?)	2,000	1923년 생산액 4,800원 센베이마메, 과자, 물엿
서울	기타가와北川 양과자공장	北川重吉(일)	1912	–	과자, 빵, 물엿
서울	혼죠도本城屋	本吉淸一(일)	1913	10,000	1923년 생산액 32,000원 나마카시, 히카시, 카스텔라, 기타
서울	오카무라岡村제과소	岡村悅藏(일)	1913	2,000	1923년 생산액 8,000원 과자, 물엿
서울	–	岡崎秀雄(일)	1913	259	1923년 생산액 6,360원 센베이
서울	타니노谷野상점	谷野末松(일)	1913	–	1935년 생산액 9,600원 쌀과자, 아라레あられ, 카케 모노과자, 엿
서울	카와바타川端상점	川端藤資(일)	1914	10,000	모나카(26'해산)
서울	도쿄도東京堂	尾田仲吉(일)	1914	300	1923년 생산액 8,000원
서울	위생당衛生堂	和田治平(일)	1914	4,000	1923년 생산액 29,400원 과자
서울	토미오카타이쇼도 富岡大正堂	富岡利作(일)	1914	800	1923년 생산액 5,000원 다이쇼大正크래커
서울	니시다西田과자공장	西田定吉(일)	1914	–	과자, 빵, 물엿
서울	공안호公安號	憑家棋(중)	1915	2,000	1923년 생산액 5,600원 식빵, 과자, 엿
서울	다하라田原제과소	田原眞藏(일)	1915	2,000	1923년 생산액 4,000원 센베이, 과자
서울	기무라야木村屋 경성지점	田中秀一郎(일)	1915	–	단팥빵, 과자, 물엿
서울	함성환咸聖煥 제과상점	咸聖煥(한)	1916	1,500	1923년 생산액 6,000원 유과, 과자
서울	–	森田秀三郎(일)	1916	500	1923년 생산액 5,000원
서울	에비스戎상점	大竹口三郎(일)	1916	–	1935년 생산액 19,000원 오코시, 아라레, 밤 오코시
서울	현미당玄米堂	山口造登(일)	1917	500	1923년 생산액 4,800원 현미 센베이
서울	후지오카藤岡 개진당開進堂	藤岡鬼一郎(일)	1917	–	아라레, 새우 아라레

지역	제과점명	대표(민족)	설립 연도	자본금	상품과 생산액
서울	–	大容均(한)	1918	300	1923년 생산액 30,000원
서울	–	金昶鎭(한)	1919	1,000	1923년 생산액 5,800원 유과
서울	–	洪慶祚(한)	1919	4,000	1923년 생산액 36,000원
서울	경성제이소 京城製飴所	樋口長次郎(일)	1919	–	엿
서울	야토미타이라도 岩永彌平堂	岩永彌平(일)	1919	–	서울역 점포
서울	조선제과朝鮮製菓(株)	本吉淸一(일)	1919	250,000	인삼캐러멜, 서양과자, 초콜 릿 기타 제조
서울	오오니시大西제과	大西悅太郎(일)	1922	35,000	1923년 생산액 79,288원 양과자, 인삼 웨하스, 조선엿, 인삼 드롭스
서울	–	姜泰乙(한)	1920	1,000	1923년 생산액 5,000원
서울	야마모토山本제과소	山本秀二(일)	1920	2,000	1923년 생산액 7,070원
서울	마쓰이아사히도 松井朝日堂	松井定吉(일)	1920	2,000	1923년 생산액 10,000원
서울	–	三谷千代松(일)	1920	500	1923년 생산액 5,000원
서울	오사카미카와야 大阪三河屋과자 (주)조선공장	(일)	(1923)	–	1923년 영업세 400원 비스킷 제조
부산	무라사메야 村雨屋상점	戶江留三郎(일)	1912	2,300	1932년 자본금 2,300원
부산	하시모토橋本 제과공장	橋本猛(일)	1913	–	과자
부산	나니와浪花軒 눈깔사탕공장	根無喜一郎(일)	1918	–	1935년 생산액 100,000원 눈깔사탕 제조·판매
부산	–	寺田安太郎(일)	(1912)	–	설탕상/과자제조·판매상
부산	–	下邑榮三(일)	(1912)	–	과자제조·판매상
부산	–	宮岐辯五郎(일)	(1912)	–	과자제조·판매상
부산	–	富永富平(일)	(1912)	–	과자제조·판매상
부산	–	田口彌三郎(일)	(1912)	–	과자제조·판매상
부산	–	松本吉次郎(일)	(1912)	–	과자제조·판매상
부산	–	塚本利一(일)	(1912)	–	과자제조·판매상
부산	–	塚本ツル(일)	(1912)	–	과자제조·판매상

지역	제과점명	대표(만족)	설립연도	자본금	상품과 생산액
평양	황금당黃金堂	下江福松(일)	1912	5,000	1922년 생산액 7,200원
평양	사쿠라모찌櫻餅 제조공장	山口榮太郎(일)	1914	1,000	1922년 생산액 7,200원 찹쌀떡(모찌)
평양	타미즈田瑞제과소	田瑞保松(일)	1915	7,000	1922년 생산액 7,200원
평양	요시다吉田상점	吉田角治(일)	1917	600	1922년 생산액 8,586원
평양	기무라야木村屋 평양지점	實原哲次郎(일)	1917	12,000	1922년 생산액 21,900원
평양	평양제과(주)	竹中佐治郎(일)	1920	250,000	-
개성	개성제과소	禹相大(한)	1918	-	나마카시 제조

출전 釜山商工會議所 編,《釜山要覽》, 1912 ; 宮本勝行,《朝鮮食料品同業發達誌》, 鮮滿實業調查會, 1922 ; 平壤府 編,《平壤府事情要覽》1923 ; 京城商業會議所 編,《京城工場表》, 1923 ; 朝鮮總督府 殖産局 編,《朝鮮工場名簿》, 1932 ; 京城商業會議所 編,《京城商工名錄》, 1923·1935 ; 朝鮮總督府商工獎勵館 編,《朝鮮商品取引便覽》, 行政學會印刷所, 1935 ;《朝鮮銀行會社要錄》; 平壤商工會議所 編,《西鮮三道商工人名錄》, 1932 ; 上田耕一郎 編,《釜山商工人名錄》, 釜山商工會議所, 1936.

비고 ① 설립연도에 괄호로 표시한 것은 조사연도이므로, 제과점은 그 전에 세워졌다.
② '한'은 조선인, '일'은 일본인, '중'은 중국인을 약칭한 것이다.
③ 기록이 없는 경우는 - 표시를 했다.
④ 후쿠야마야福山堂는 설립연도를 자료마다 1911년과 1912년이라고 다르게 기록해 놓아서 ? 표시를 했다.
⑤ 오사카 미카와야(주) 조선공장은 1920년 전에 세워졌는지 뚜렷하지 않지만 본점이 일본에 있는 木村屋과 비슷한 시기에 세워졌을 것으로 보고 표에 넣었다.
⑥ 아라레あられ는 잘게 썰어 말린 찹쌀떡〔霰燒餅, 모찌〕의 일종인데 한국어로 통용되는 용어가 없어서 그대로 썼다.

상설 과자점에서 어떤 과자를 만들어 팔았는지 조사한 것이 〈표 10〉과 〈표 11〉이다. 그때 과자상은 〈표 9〉와 같이 훨씬 더 많았지만 현재 자료로 확인할 수 있는 것은 〈표 10〉과 〈표 11〉뿐이다.

눈여겨볼 점은 한국 전통과자인 엿이다. 엿은 설탕이 아니라 쌀, 보리와 같은 곡물로 단맛을 낸 과자다. 일본인 과자상이 일본 과자만이 아니라 한국 전통과자인 '조선엿'을 만들어 판매했다. 일반적

으로 엿은 공업용 과자원료인 전분澱粉엿과 엿기름으로 만든 맥아麥
芽엿이 있다.[121] 〈표 10〉과 〈표 11〉에 나온 엿 가운데 '물엿'은 전분
엿이지만 그냥 '엿'이라고 기록된 것이 전분엿인지 맥아엿인지 뚜렷
하지 않다. 하지만 1910년에 설립한 하세가와長谷川제과소와 1920년
오오니시大西제과에서 만든 엿은 뚜렷이 '조선엿'이라고 적혀 있다.
이들 회사가 만든 '조선엿'은 조선 전통 엿을 본떠서 상품화한 맥아
엿이었다. 일본도 전통적으로 엿을 만들었지만, 중요한 것은 이들 회
사가 만든 엿은 일본 엿이 아닌 조선 전통 엿이라는 점이다.

　엿을 상품화하려면 주원료인 쌀이 저렴해야 한다. 이 회사에서 엿
만들 때 쓴 쌀은 인도차이나 반도에서 수입한 태국 쌀[暹羅米] 가운
데 싸라기[碎米]였다.[122] 1915년 수입 싸라기 1등품 1석石의 도매가격
이 10.28엔인데 같은 해 조선의 정미精米 1석 상등품이 12.68엔, 하등
품이 11.67엔이었다.[123] 수입 싸라기로 만든 '조선엿'이 온전한 쌀로
만든 '조선엿'보다 훨씬 저렴했다. 다시 말해 '조선엿'이 가격 경쟁력
이 있으려면 수입쌀 무역업자와 연계되어야 했다. 수입쌀 무역업자
에게 싸라기를 사기 쉬웠던 재조 일본인이 원가를 절감하며 '조선엿'
을 만들 수 있었다. 결국 일제하 조선인에게 '조선엿'은 익숙한 전통

121　鈴木梅太郎, 앞의 책, 169~170쪽. 엿은 캔디를 만들 때 꼭 들어가는 원료다. 캔
　　디류를 만들 때 설탕[蔗糖]은 결정성結晶性이 강하여 부드럽게 엉키지 않고
　　원래대로 까칠까칠한 상태로 되돌아간다. 캔디의 형태를 유지하고 보존·내구
　　력을 강화하려면 설탕과 함께 덱스트린이나 과당 같은 엿 종류가 적당하게
　　배합되어야 한다. 엿은 전분엿[澱粉飴, 글루코오스, 포도당]과 맥아엿[麥芽飴, 쌀
　　로 만든 엿]으로 나눌 수 있다. 전분엿은 감자, 옥수수, 고구마, 쌀, 밀에서 추
　　출한 전분으로 만든 엿으로 무색투명하고 담백한 단맛이 나서 공업용으로
　　썼다. 맥아엿은 쌀, 차조, 수수[高粱], 옥수수에 엿기름을 넣어 만들었다.

122　鈴木梅太郎, 앞의 책, 93~95쪽.

123　《朝鮮總督府統計年報》 1916.

과자였지만, 실제로 이를 만든 것은 조선 회사가 아니라 재조 일본인 제과업체인 하세가와제과소와 오오니시제과였다.

한말 재조 일본인의 과자 제조기술은 단순했다. 평양의 일본영사관 분관보고에 따르면 1899년 평양에 과자점이 2~3호였는데 모두 똑같은 제품이라고 할 정도로 과자기술이 단조로웠다.[124] 고급과자기술자는 일본에서 잘나갔기에 굳이 한국으로 건너올 이유가 없었다. 따라서 한말 재조 일본인 과자상의 기술은 일본에 비해 한참 낮았다. 1910년대까지 밀가루에 설탕을 넣고 반죽해서 굽는 수준이었다.[125]

기술을 요하면서도 운반이나 저장이 쉽고 유통기한이 긴 과자 종류는 아예 일본에서 수입했다. 이를테면 1898년 목포에 과자상이 6~7명이었으나 여름에 녹아내리지 않는 콘페이토金米糖(별사탕), 호라이마메蓬萊豆(졸인 콩에 설탕으로 옷을 입혀 홍색과 백색으로 만든 콩과자) 같은 과자는 오사카에서 수입하는 쪽이 더 편리하고 수익이 높다고 했다.[126]

1890~1900년대 한국에서 판매된 과자는 막과자駄菓子 종류인 호라이마메, 박하당薄荷糖, 옥춘당玉椿糖[127], 빵과자, 콘페이토, 아루헤이당 같은 것들이다.[128] 1910년대가 되면 〈표 11〉과 같이 오코시(밥풀과

---

124 평양분관보고, 〈韓國平壤情況〉, 《通商彙纂》(한국편) 8권, 1899.12.13., 36쪽.

125 《조선일보》 1938.6.1.

126 목포영사관보고, 〈木浦二石油砂糖及日本菓子ノ景況〉, 《通商彙纂》(한국편) 6권, 1898.7.27., 285쪽.

127 박하당과 옥춘당은 한국에서 일본어가 아니라 한자어로 통용되고 있어 그대로 표기했다.

128 岡崎唯雄, 《朝鮮內地調査報告書》, 19쪽, 1895.10.(《개화기 일본민간인의 朝鮮調査報告 자료집》 2, 369쪽) ; 〈木浦 明治三十一年貿易年報(完)〉, 《通商彙纂》(한국편) 7권, 1899.9.5., 598~599쪽 ; 인천영사관보고, 〈仁川 明治三十一年貿易年報〉, 《通商彙纂》(한국편) 7권, 1899.10.5., 640쪽 ; 진남포영사관보고, 〈鎭南浦第二季貿易〉,

자), 센베이, 눈깔사탕, 캐러멜 같은 과자도 선보였다.

사진 6 콘페이토와 센베이

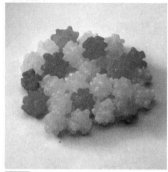 

출전 "金米糖", "煎餠", 〈http://kotobank.jp/word〉, (2018.1.3.)

이러한 일본 과자는 대부분 조선인 보부상 유통망을 거쳐 각지 장시에서 팔렸다. 조선인 부상負商이 한 번에 30~50근을 도매로 사서 소매로 팔았다.[129] 부산에서는 "경상도 전라도 각촌 도처에 팔아서 마른과자[히카시]를 진열하지 않은 상점이 거의 드물다"[130]고 할 정도로 일본 과자는 조선인 보부상의 발길을 따라 퍼져나갔다.

일본 과자상은 조선인 소비자 기호에 맞추고자 했다. 이를테면 1907년 일본으로 보내는 인천세관보고서를 보면 일본 과자와 중국 과자(호떡 종류로 보임)를 비교하면서 일본 과자가 중국 과자에 밀린

《通商彙纂》(한국편) 10권, 1902.10.23., 300쪽.

129 목포영사관보고, 〈木浦二石油砂糖及日本菓子ノ景況〉, 《通商彙纂》(한국편) 6권, 1898.7.27., 285쪽 ; 〈木浦 明治三十一年貿易年報〉, 《通商彙纂》(한국편) 7권, 1899.9.5., 598~599쪽.

130 부산영사관보고, 〈釜山二本邦人製造業一般〉, 《通商彙纂》(한국편) 8권, 1900.11.16., 477쪽.

다고 평가했다. 중국 과자가 기름을 많이 넣어 조선인 기호에 적합하다면서 일본 과자도 화교 요리법을 모방해서 기름과 설탕 맛을 늘리자고 제안했다.[131]

과자는 1907년 경성박람회에서 자랑스럽게 전시되는 유망 상품이었다. 통감부는 한국과 일본 사이의 산업발달이 격차 난다는 사실과 일본이 우월하다는 것을 자랑하고자 1907년 9월 1일부터 11월 15일까지 경성박람회를 개최하였다.[132] 경성박람회라고 하지만 조선인이 출품한 것이 5.69퍼센트, 재조 일본인이 출품한 것이 19.9퍼센트뿐이고 나머지 전시품은 모두 일본에서 수입했다.[133] 과자도 대부분 일본에서 수입했다. 과자는 2부 음식품으로 전시관 2호관에 진열되어 있었는데 두 달 반이나 되는 전시기간 동안 썩어 버렸다.[134]

이렇듯 적은 자본으로 한국에 건너온 일본 과자상은 과자로 고수익을 올렸다. 한편으로 일본 과자문화를 이식하여 설탕 가공식품 시장을 창출하고, 다른 한편으로 한국 전통과자인 엿 시장을 잠식하며 성장했다.

131 仁川稅關, 〈朝鮮向き日本貨物〉, 《朝鮮之實業》 25, 1907.7., 22쪽(《開化期 在韓日本人 雜誌資料集: 朝鮮之實業》 2, 140쪽에서 재인용).

132 한규무, 〈1907년 경성박람회의 개최와 성격〉, 《역사학연구》 38, 호남사학회(구 전남사학회), 2010, 294~295쪽.

133 위의 논문, 307쪽.

134 〈京城博覽會案內〉, 《朝鮮之實業》 27, 1907.9., 47쪽(《開化期 在韓日本人 雜誌資料集: 朝鮮之實業》 4, 375쪽에서 재인용); 〈京城通信〉, 《朝鮮之實業》 30, 1907.12., 51쪽(《개화기 재한일본인 잡지자료집: 朝鮮之實業》 4, 677쪽에서 재인용).

3. 최상류층의 사치품

외래 과자는 조선인에게 새로운 미각 경험이었다. 왕실, 고위 관리, 대지주 같은 조선 최상류층은 이제 설탕을 약재가 아니라 음식과 연결시켜 나갔다. 아울러 외래 과자에 남다른 사회적 의미를 부여했다. 최상류층 조선인은 일본 과자나 중국 음식을 사 먹으며 세계 설탕무역구조의 말단 소비자로 편입되었다.

1) 개명군주의 외교 소품

개항 이래 일본은 전통 동아시아 질서인 조공체제의 해체를 주장하고 한국에 근대적 불평등조약을 강제했다. 청나라도 임오군란을 계기로 한국에 근대적 속방屬邦체제를 강요했다. 조공체제에서는 자주적이던 국내 정치內治와 외교가 근대 조약체제 속에서 침해받게 되었다.

고종은 1896년 아관파천한 뒤 정국을 주도하며 대내적으로 근대 개혁을 추진하고, 대외적으로 주권을 가진 독립국임을 선포했다. 1897년 10월 나라 안팎으로 '대한제국大韓帝國'임을 선포하고 광무개혁을 추진했다.[135] 이와 더불어 대한제국이 만국공법을 지향하고, 이에 의거해 국제표준을 잘 따르는 문명개화국·주권국임을 국제사회에 알렸다.

대한제국이 근대 문명국임을 알리는 홍보활동 가운데 하나가 서

---

135 왕현종, 〈대한제국기 입헌논의와 근대국가론: 황제권과 권력구조의 변화를 중심으로〉, 《韓國文化》 29, 서울대학교 한국문화연구소, 2002, 290쪽.

양 손님 접대였다. 고종은 서구 선교사, 외교관을 비롯해 한국을 방문한 서양인을 자주 궁궐로 불렀다. 이때 설탕 넣은 차, 과자, 사탕(캔디), 초콜릿 같은 다과를 준비해서 깍듯하게 대접했다. 서양식 다과는 고종이 서구문명에 익숙한 왕임을 상징하는 외교적 소품이었다. 그 무렵 한국에 온 서양인이 설탕 소비를 문명 수준의 척도로 보고 있었기에 이러한 장치가 필요했다.

한국에 온 서양인들은 자신의 식생활문화를 표준으로 삼아 한국의 전통음식을 업신여겼다. 오리엔탈리즘 시선으로 한국 음식을 재단했다. 미국 선교사이자 외교관인 알렌Horace N. Allen은 사탕이나 과자를 "문명의 부속물"이라고 불렀다. 서구인에게 설탕이란 생활필수품인데 "비바람에 상한 저 초가지붕 밑에 살고 있는 사람들은 설탕을 친 향긋한 차 맛"[136]을 알지 못한다고 우쭐댔다. 그는 한국인이 꿀이나 쌀 같은 곡식에서나 단맛을 구했고 (자신과 같은) 외국인 의사 덕분에 달콤한 미국제 연유같이 영양가 있는 음식을 먹게 되었다며 생색내었다.[137] 사탕(캔디)이나 과자와 같은 '문명의 부속물'을 향유해 본 적이 없는 한국인을 미개인이라고 생각했다.[138] 캐나다 선교사인 게일James S. Gale은 "네모난 설탕(각설탕)이 이 나라(한국) 어린이들을 유혹해 본 적이 결코 없으며 벌꿀은 드물게 쓴다"[139]고 말했다. 그는 조선인이 자신들처럼 설탕으로 만든 "초콜릿, 크림, 퍼지fudge, 빨대로 먹는 단 소다soda, 아이스크림을 열반涅槃과 연결 지어 꿈꾸어 본 적이 결코 없다"[140]고 측은해했다. 조선에서 설탕 소비문화가 덜

---

136   H. N. 알렌, 신복룡 옮김, 《조선견문기》, 집문당, 1999, 32쪽.

137   위의 책, 113쪽.

138   H. N. 알렌, 신복룡 옮김, 앞의 책, 177쪽.

139   J. S. 게일, 신복룡 옮김, 《전환기의 조선》, 집문당, 1999, 30쪽.

140   J. S. 게일, 앞의 책, 30쪽.

발달한 것이 문명의 격차라고 생각했다.

서구인 시각에서 한국은 문명에서 소외된 미개한 나라였다. 자신들이 설탕을 많이 먹는 것을 매우 자랑스러워하면서, 설탕을 먹어본 적이 없는 사람보다 우월하다고 생각했다. 이들이 말하는 설탕이란 하얗게 정제된 백설탕이었다.

한국 왕실에서는 이러한 서구인의 인식을 알고 있었기에 이들을 궁궐로 부르면 "저녁식사를 서구 스타일로 마련"[141]했다. 식사에는 설탕이 들어간 가공식품도 들어갔다. 설탕에 버무린 호두, 커피, 사탕, 과자, 잎담배, 샴페인, 포도주 같은 음식으로 이들을 융숭하게 대접했다.

한국 왕실에서는 대외적으로 개명군주開明君主로 알리는 선전효과를 기대했다. 하지만 정작 초대받은 서구인들은 여전히 자신들의 잣대로 어설프다고 느꼈다. 알렌은 자신이 왕실에 초대받으면 관리들이 이를 구실로 사탕, 과자, 잎담배를 큰 소맷자락에 넣어 가지고 집에 가져가서 먹는다고 말했다. 자기 덕분에 관리들이 '문명의 부속물'을 소비하게 되었다면서 으스댔다.[142] 영국인 여행가 A. H. 새비지는 대한제국 황실이 서구인 흉내를 낸다고 평했다.[143] 유럽식으로 꾸민 긴 식탁 위에 놓인 포크와 스푼이 주석으로 만든 것이고, 나이프가 녹슬어 깨끗하지 않으며, 컵이 두꺼운데도 왕은 이를 소중하게 여긴다며 흥보았다. 미국 선교사의 아내인 L. H. 언더우드는 왕과 왕

141　I. B. 비숍, 신복룡 옮김, 《조선과 그 이웃나라들》, 집문당, 2000, 246쪽 ; L. H. 언더우드, 신복룡 옮김, 《상투의 나라》, 집문당, 1999, 148쪽 ; A. H. 새비지-랜도어, 신복룡·장우영 역주, 《고요한 아침의 나라 조선》, 집문당, 1999, 183쪽.

142　H. N. 알렌, 앞의 책, 176~177쪽.

143　A. H. 새비지-랜도어, 위의 책, 183쪽.

비가 음식을 강제로 권하는 것을 몹시 거북스러워했다.[144] 알렌은 아예 아시아인은 배가 팽창될 때까지 먹지만 서양인은 영양가 있는 음식을 먹어서 위가 작아 많이 먹을 수 없다고 술회했다.[145] 전형적인 서구 중심의 오리엔탈리즘이었다.

1900년대가 되면 대한제국 황실은 설탕을 넣은 과자를 어린 학생들에게 베푸는 시혜품, 하사품으로 썼다. 서구인을 초대할 때만이 아니라 왕실에서 국내용으로 경축할 때 간식이나 오찬으로 과자를 하사했다. 〈표 1〉에 나타나듯 1892년《진찬의궤進饌儀軌》나 1901년, 1902년《진찬의궤》에 설탕이 들어간 병과류가 많아졌다. 또한 고종은 황실 가례에 온 1907년 보성전문 중·소학교 7백여 명 생도에게 오찬으로 과자 다섯 개씩을 주었고, 고아원을 방문할 때 과자대금으로 20원을 하사했다.[146] 이렇듯 고종은 설탕이 들어간 과자로 문명화를 추진하는 황제 이미지와 어린이를 사랑하는 자애로운 황제 이미지, 두 이미지를 나라 안팎에 선전했다.

2) 대지주의 이국적 호사품

왕실만이 아니라 상류층도 과자를 구매했다. 주된 과자 소비자는 개항 이래 일본에 쌀을 수출하여 부를 축적한 대지주였다. 쌀값 등락과 쌀 수출량이 과자 매상과 설탕 수입량에 절대적으로 영향을 미쳤다.

한국이 일본의 쌀 공급지로 전락할수록 과자가 잘 팔렸다. 쌀값이

---

144 L. H. 언더우드, 위의 책, 집문당, 1999, 148쪽.

145 H. N. 알렌, 앞의 책, 181쪽.

146 《萬歲報》1907.1.26 ;《황성신문》1907.11.19.

하락하면 과자매상이 하락했고, 쌀값이 오르거나 풍년이 되면 과자 매상이 급상승했다. 풍년이 되면 전해에 비해 세 배 이상 판매될 정도였다.[147]

상류층에게 과자는 재력을 과시하는 새롭고 이국적이며 호사스러운 사치품이었다. 이들은 연말 선물로 과자를 많이 샀다.[148] "조선인 사이의 선물은 내국산[일본산] 연초와 같은 것이었지만 근래는 차차 과자를 기호嗜好하는 풍조"[149]가 생겼다. 선물로 찐 과자[蒸菓子] 같은 상등품을 좋아했으나 하등품은 하등품대로 소비되었다.[150]

선물만이 아니라 상류층의 관혼상제 같은 큰 행사 음식도 과일 대신 과자를 썼다. 옥춘당같이 화려한 색상의 과자가 과일을 대체했다. 과일이 나지 않는 봄이나 겨울 같은 계절에 과일 대신 과자를 쓰는 수요가 많아졌다.[151] 설탕이 많이 팔리는 계절도 자연히 과일이 나오기 전인 겨울이나 봄이었다. 선물이 아니라 차와 함께 먹는 과자로는 중국식 빵이 인기였다.[152] 대지주는 소작인에게서 거둔 쌀을 일본

---

147 진남포영사관보고, 〈明治三十一年五月中 鎭南浦商況〉, 1898.6.25., 《通商彙纂》(한국편) 6권, 254쪽 ; 인천영사관보고, 〈仁川 明治三十二年貿易年報〉, 《通商彙纂》(한국편) 8권, 1900.5.24., 234쪽 ; 진남포영사관보고, 〈鎭南浦 明治三十四年3貿易年報〉, 《通商彙纂》(한국편) 10권, 1902.6.26, 143쪽.

148 진남포영사관보고, 〈鎭南浦 明治三十一年十一月商況〉, 《通商彙纂》(한국편) 7권, 1898.12.20., 46쪽 ; 부산영사관보고, 〈釜山第二季貿易〉, 《通商彙纂》(한국편) 10권, 1902.10.11., 264쪽.

149 진남포영사관보고, 〈鎭南浦 明治三十一年十一月商況〉, 《通商彙纂》(한국편) 7권, 1898.12.20., 46쪽.

150 진남포영사관보고, 〈鎭南浦 明治三十一年貿易年報〉, 《通商彙纂》(한국편) 7권, 1899.4.29., 249쪽.

151 仁川稅關, 〈朝鮮向き日本貨物〉, 《朝鮮之實業》 25, 1907.7, 22쪽(《開化期 在韓日本人 雜誌資料集: 朝鮮之實業》 2, 140쪽에서 재인용).

152 仁川稅關, 〈朝鮮向き日本貨物〉, 《朝鮮之實業》 25, 1907.7., 22쪽(《開化期 在韓日本人 雜誌資料集: 朝鮮之實業》 2, 140쪽에서 재인용).

에 판 돈으로 사치품인 과자를 사면서 외래 과자 맛에 길들여졌다.

옥춘당

두산백과 포토커뮤니티, "옥춘당", 〈http://www.doopedia.co.kr/photobox〉, (2018.1.3.)

　조선 상류층은 차츰 설탕을 음식에 넣기 시작했다. 1907년 일본 유학생 김명준 같은 문명개화론자는 갓난아기에게 주는 영양식으로 우유에 백설탕을 넣으라고 권했다. 생후 개월 수에 따라 양을 달리해서 주라고 일러 주었다.[153] 상류층 가정에서 아기에게 주는 최고의 영양식은 화로에 데운 우유에 설탕을 타서 주거나, 삶은 달걀에 설탕과 소금을 찍어 먹이는 것이었다.[154] 아기에게 주는 우유에 설탕을 넣어 먹이는 방식은 해방 뒤까지 이어졌다.[155]

153　金明濬, 〈家政學譯述〉, 《西友》 4, 1907.3.1 ; 李先根(城大 小兒科), 〈어린아기 기르는 법(3)〉, 《新女性》 6-3, 1932.3., 71쪽 ; 〈가정수첩-유아건강법〉, 《新家庭》 1-5, 1933.5., 116, 118쪽 ; 李達男, 〈젊은 어머니 독본〉(3회), 《女性》 3-9, 1938.9., 84~87쪽(이화형 등 共編, 《한국근대여성의 일상문화》 8, 국학자료원, 2004, 241쪽에서 재인용, 이후 《한국근대여성의 일상문화》로 약칭). 1970년대 말까지 아기에게 주는 우유에 설탕을 넣는 것을 권장했다.

154　《우리의 가뎡》 1, 1913.10., 13~15쪽(《한국근대여성의 일상문화》 7, 18~19쪽에서 재인용).

155　《매일경제》 1969.6.18. ; 〈우유의 시즌〉, 《매일경제》 1972.3.6. ; 〈육아분유 사용은 월령에 따라 세심하게 먹이면 좋아〉, 《경향신문》 1972.3.17.

가정요리법에서도 서서히 다과류와 음청류를 중심으로 설탕을 넣은 음식 가짓수가 늘어났다. 〈표 2〉에서 보듯 19세기 말 쓰인 《시의전서》의 음식에는 주로 꿀과 엿을 넣고, 적복령편만 꿀과 설탕을 넣었다. 1896년 《규곤요람》에는 설탕을 넣은 음식이 아예 없다. 그러나 1915년 《부인필지》를 보면 여전히 꿀과 엿을 많이 넣지만 설탕을 넣은 음식이 눈에 띄게 늘어났다. 꿀과 설탕을 섞어 쓰는 복송화, 살구떡, 녹말다식 3종이 있고, 설탕만 넣은 유자단자, 용안육다식, 흑임다식, 원소병 4종이 있다. 1910년 무렵이 되면 상류층 가정에서 차츰 꿀과 엿 대신에 설탕을 쓰기 시작했다.

Ⅲ장

1차 세계대전과
일본 제당자본의
조선 진출

1. 전시 설탕기근과 사탕무

일제가 1917년 조선에 제당회사 설립을 허가하여 1920년 12월부터 제당공장이 가동되었다. 조선에 세워진 제당회사는 기본적으로 사탕무 재배를 전제로 하는 첨채당(사탕무 분밀당) 공장이되, 부차적으로 정제당을 겸업하도록 설계되었다. 조선의 사탕무 분밀당이 자바당에 버금가는 국제적인 상품이 될 것이라는 낙관론과 1차 세계대전이 끝나도 고공 행진하는 국제 설탕시세가 결합하여 일당 조선공장이 만들어졌다.

조선의 사탕무 농업은 대표적으로 실패한 식민농정이었다. 사탕무 농업을 둘러싸고 제당 자본가, 식민권력, 서북지역 조선 농민이 갈등을 빚었다. 1923년부터 일당은 조선공장을 정제당업 위주로 운영하기 시작했고, 사탕무 재배지는 1/4로 줄어들었다. 사탕무 농업은 실패했지만 일당 조선공장은 1925년부터 국제 설탕시세가 폭락하는 틈을 타서 중국·만주시장 판매 전초기지로 급성장했다.

1) 식민권력의 사탕무 시험재배

조선통감부가 1906년 4월 권업모범장을 설치하고 벼, 사탕무, 면화, 양잠을 시험재배했다. 조선을 일본의 식량공급지, 원료공급지로 만들려는 목적이었다. 벼는 생산성을 높여 일본인 기호에 맞는 종자로 개발·보급하려는 것이고, 사탕무·면화·양잠은 제당업, 면방직공업, 견직공업에 필요한 원료를 공급하려는 것이었다.

사진 8 | 사탕무

조선통감부가 사탕무에 관심을 기울인 까닭은 사탕무가 20세기 초 서구에서 가장 각광받는 상품작물이었기 때문이다. 사탕무는 근대 서구과학기술이 낳은 작물이다. 1806년 나폴레옹이 대륙봉쇄령을 내리자 영국의 열대 식민지에서 들어오는 사탕수수 설탕[蔗糖]도 유럽 대륙으로 들어올 수 없게 되었다. 프랑스에서 사탕수수 설탕을 대체하려고 개발한 작물이 바로 사탕무였다. 나폴레옹이 패퇴하자 사탕무 개발도 흐지부지되었다.

다시 사탕무에 대한 관심을 갖게 된 것은 19세기 중반 영국의 자유무역정책 덕분이다. 최대 설탕 소비국이던 영국이 1846년 이래 설탕에 대한 관세를 낮추다가 무관세를 결정했다. 그러자 영국과 가까운 중부 유럽국가에서 사탕무를 눈여겨보게 되었다. 더구나 1873년 이래 유럽에 장기 공황이 닥치자 중부 유럽 각국은 사탕무 개발에 더욱 박차를 가했다. 프랑스, 독일, 오스트리아, 네덜란드, 헝가리, 벨기에, 러시아 같은 나라에서는 국가가 나서서 농민에게 영국에 수출할 수 있는 사탕무를 심게 했다. 자기 나라 농산물이 저가로 밀려드는 비유럽 지역 농산물과 경쟁할 수 없었기 때문이다. 이에 각국 정부는 사탕무에서 설탕 추출률을 높이기 위해 지원하고, 사탕무 수출을 장려하려고 물품세를 환급해 준다든지 수출보조금을 지급하는 정책을 폈다. 그 결과 사탕무 재배지가 북쪽으로 덴마크, 스웨덴, 남쪽으로 이탈리아, 스페인, 루마니아, 세르비아, 불가리아까지 확대되었다. 밀과 사탕무의 가격차가 클수록 사탕무 재배지가 넓어졌다.

기름진 밀 경작지에 사탕무를 재배하면서 사탕무 생산량은 급증했다. 사탕무는 깊이갈이[深耕]와 다량의 거름[施肥]이 필요했다. 따라서 농산물 윤작체계에서 사탕무를 경작하는 것은 다른 작물의 수확량도 증대시켰다. 또한 사탕무를 제당하는 과정에서 나오는 부산물을 가축사료로 써서 축산업을 발달시켰다.

각국 정부는 사탕무 분밀당 수출을 장려하는 자금을 국내 설탕 소비에 세금을 부과해서 충당했다. 다시 말해 유럽 국가에서는 국내 설탕 소비자에게 물품세를 매겼다. 설탕 소비가 증가하며 설탕은 술, 담배 다음으로 중요한 근대국가의 간접세원이 되었다.

정부의 수출보조금, 재배 장려, 연구개발이라는 삼박자가 어우러지면서 유럽의 사탕무 제당업은 급신장했다. 1840년 세계 생산에서 8퍼센트밖에 되지 않던 사탕무 분밀당 비중이 1884년 25.7퍼센트, 1900년 65퍼센트로 증가했다. 1884~1904년 사이 사탕수수 제당업이 연평균 2.6퍼센트 성장한 데 비해 사탕무 제당업은 연평균 9.6퍼센트 성장률을 기록했다.

사탕무 제당기술이 발전하면서 1884년부터 세계 설탕 가격이 줄곧 하락했다. 1차 세계대전 직전인 1913년에는 1884년 가격의 절반도 안 되었다. 19세기 후반 이래 설탕 가격이 하락하며 소비가 대중화되었다.

그럴수록 사탕무 분밀당 생산국끼리 경쟁은 심해졌고, 국가의 재정 부담도 커졌다. 각국은 국내 설탕 소비자에게 무거운 소비세를 매기고, 수입 설탕에 보호관세를 부과하여 사탕무 분밀당 수출 장려책에 따른 재정 부담을 메웠다. 사탕무 분밀당 생산국끼리 수출보조금 경쟁을 벌이면 벌일수록 가장 혜택을 누리는 것은 영국 소비자였다. 영국에서는 설탕값이 싸지며 하층 노동자까지 설탕을 소비하게 되었다. 사탕무 분밀당 생산국의 소비자는 해외 소비자보다 훨씬 비싸게 사 먹었다.

1861년 이래 유럽 각국 정부가 재정 부담이 큰 설탕보조금 정책을 함께 폐지하려고 노력했다. 그러나 사탕무 분밀당 생산국 농민과 영국 소비자 사이에 조율이 잘 이루어지지 못했다. 마침내 사탕무 분밀당 생산국과 영국이 참가한 1902년 3월 5일 브뤼셀 설탕회의 Brussel Sugar Convention에서 결실을 맺었다. 회의에서 각국은 1903년부터 수출보조금 폐지를 결의하고 높게 매기던 보호관세인 수입세를 낮추기로 합의했다. 1902년 브뤼셀 회의로 보호관세를 일제히 내리자 유럽 각국의 국내 소비가 증대했다. 사탕무에 대한 수출보조금이 없어도 각국의 국내 소비가 늘어나면서 사탕무를 증산하게 되었다. 유럽 소비자에게 설탕은 사치품이 아니라 생활필수품으로 자리 잡았다.

한편 사탕수수 설탕 생산국은 비유럽 지역에서 생산성을 활발하게 증대시켰다. 수출보조금을 받는 사탕무와 경쟁하고자 새로운 장비를 도입하고 기술을 향상시켰다. 19세기 초 이래 1차 세계대전 무렵까지 바뀌지 않은 것은 사탕수수 자르기뿐이라고 할 정도로 다 바꿨다.

아울러 사탕수수 설탕 생산국은 판매시장을 비유럽 지역으로 넓혔다. 사탕무의 생산량 증가로 가격이 하락하자 사탕수수는 19세기 말부터 유럽 시장에서 한발 물러났다. 쿠바와 하와이는 미국 시장으로, 자바는 인도·중국·일본 같은 아시아 시장으로 진출하며 성장했다.

중부 유럽 각국의 사탕무 분밀당이 세계 설탕시장을 주도하던 20세기 초에는 동아시아 각국에서도 사탕무가 아주 유망하다고 생각했다. 러일전쟁에서 승리한 일본은 조선과 만주에 각각 사탕무를 시험재배했다. 만주 군벌도 유럽의 대표적 사탕무 생산국이자 후발제국주의 국가인 러시아·독일과 손을 잡고 만주에 첨채당(사탕무 분밀당) 회사 설립을 추진했다.

남만주에서 1906년부터 대만총독을 역임한 고다마 겐타로兒玉源太郎가 제안하여 펑톈성奉天省(瀋陽의 옛 이름)의 농업시험소에서 사탕무를 시험재배했다. 결과가 양호하게 나오자 궁주링公主嶺 농사시험장으로 확대했다. 이곳에서도 사탕무 재배 결과가 매우 좋았지만 그무렵 일본 정부는 "만주시장에서 웅기할 것을 상상하지 못했기 때문에" 선뜻 첨채당 회사 설립을 허가하지 못했다.[001]

러시아와 독일도 만주로 진출했다. 러시아는 북만주 지역에 자본을 투자하고 기술을 제휴하여 첨채당(사탕무 분밀당) 회사를 설립했다. 1909년 하얼빈에 가까운 아션허阿什河역에 폴란드계 러시아 귀

001 　南滿洲鉄道株式會社 産業試驗場編,〈南滿洲ニ於ケル甜菜栽培ノ硏究〉,《産業試驗場彙報》第1号, 1916, 65~66쪽; 南滿洲鉄道株式會社 産業部,〈南滿洲ノ甜菜栽培ニ適セル事情〉(木村增太郎,《開發スベキ支那資源》, 山口高等商業学校東亜経済研究會, 1917, 225~231쪽에 실림).

족이 1백만 루블을 투자하여 세운 아션허阿什河제당이 그것이다.[002]
같은 해 1909년 만주 군벌인 동싼성東三省 지방정부가 자본을 대고
독일과 기술제휴하여 하얼빈 근처의 후란呼蘭제당창을 설립하고자
했다.[003]

조선에서도 통감부가 사탕무를 재배하려는 목적은 중국 수출이
었다. 그러려면 조선에서 재배한 사탕무가 국제적으로 가격경쟁력
이 있는지 확인해야 했다. 1906년 4월 권업모범장을 설립할 때부터
사탕무 시험재배에서 가장 중요한 것은 경제성이었다. 1906년 이래
5~10년 동안 권업모범장의 시험결과는 〈표 12〉와 〈표 13〉에서 보
듯 매우 희망적이었다. 전국에서 시험한 결과 평안남도, 황해도, 함
경도가 재배 적합지로 나왔다. 기후, 강수량, 지질이 사탕무 재배에
알맞아 사탕무 함당률含糖率이 매우 높고 단위면적당 수확량이 많다
고 발표했다.[004]

조선에서 사탕무 재배를 가장 낙관한 인물은 미사와 히쿠마三澤熊
와 이케다 네미치池田貫道였다. 〈표 12〉와 같이 1910년 하와이당이
세계에서 가장 설탕 생산비가 낮아 1피쿨에 4.36엔이고, 자바당이
4.77엔인데 조선은 4.29엔이라고 보았다. 다른 제당 전문가들도 〈표
13〉처럼 조선의 설탕 생산비를 4.29~5.35엔으로 예상했다. 조선 농

002　《滿洲における砂糖事情》, 91~92쪽.

003　木村增太郎, 《開発スベキ支那資源》, 山口高等商業学校東亜経済研究會, 1917, 62,
223~224쪽; 《滿洲における砂糖事情》, 93~94쪽. 자금부족으로 공장을 못 세
우다가 1913년 하얼빈의 독일 상인이 1백만 루블을 투자하여 중·독 합변회
사로 변경해서 후란제당창 공장이 완공되었다. 그러나 곧 1차 세계대전이 터
지며 독일인 기사가 독일로 가 버렸다. 다시 동싼성이 차입금을 분담 상환하
여 1916년이 되어서야 비로소 관영으로 공장을 가동했다.

004　朝鮮總督府勸業模範場 編, 《勸業模範場報告》 1·2·5·7·8호, 1908·1911·1913·
1914(이후 《勸業模範場報告》).

민의 노임이 저렴하고 지가가 낮은 점을 고려한 해석이었다. 조선이 중국과 가까워 운반비가 적게 든다는 이점까지 더하면 조선 사탕무 분밀당 생산비가 자바당에 버금갈 정도로 낮다고 전망했다.[005]

표 12 조선 사탕무 정제당[006]과 각국 정제당의 생산비 비교 (단위: 엔)

	조선	하와이	대만	자바	미국	독일
정제당 1피쿨 생산비	4.29	4.36	4.73	4.77	6.40	6.68

출전 三澤鴈, 池田貫道, 《朝鮮の甛菜糖業》, 1911, 47~51쪽.

비고 조선과 독일은 사탕무 정제당이고, 하와이·대만·자바·미국은 사탕수수 정제당이다. 원 자료에서 하와이와 미국 본토를 구분해서 이 표도 그에 따랐다.

표 13 1910~1915년 조선의 사탕무 정제당 생산비 예상치

	1910A	1910B	1911	1913	1915 (추정)
사탕무 1톤당 매입가(엔)	–	5.50 ~5.60	4.50 ~5.00	2.81	5
함당률(퍼센트)	12.50 ~13.50	17	13	11	12
사탕무 정제당 1피쿨 생산비(엔)	5.35	4.29	4.29	5.11	–

출전 ① 1910년A_ 內閣拓植局, 《甛采糖業ト朝鮮》, 1910, 79, 81, 83쪽.

② 1910년B_ 《매일신보》 1910.12.15.~12.16.

③ 1911년_ 三澤鴈, 池田貫道, 《朝鮮の甛菜糖業》, 1911, 50~51쪽.

④ 1913년_ 堀宗一, 《朝鮮の糖業》, 糖業研究會, 1913, 52쪽.

⑤ 1915(추정)_ 齊藤定篤, 《朝鮮甛菜製糖業に關する調査》, 1915년(추정).

비고 《朝鮮甛菜製糖業に關する調査》의 22~25쪽에서는 1kg=1680근으로 계산했다. 사탕무 소비 총액 5만 4천 톤= 9,072근으로 보았다.

---

005 《매일신보》 1910.12.16. 《매일신보》에서는 권업모범장의 사탕무 시험 결과 조선의 설탕 생산비가 4원 이하밖에 안 될 것이라고 예상했다.

006 사탕수수와 사탕무는 원료만 다를 뿐 경지백당이나 정제당을 만드는 과정은 동일하다. 사탕무는 가을철에 거둬들인 후 싹이 나기 전인 겨울철만 가공할 수 있다.

이러한 시험결과를 바탕으로 동양척식회사(이후 동척)는 조선에 사탕무 제당회사 설립을 추진했다. 척식사업과 연계하여 평양에 제당회사를 설립하고 일본 농민을 이주시켜 '고수익 상품작물'인 사탕무를 재배시킨다는 계획이었다.[007] 동척의 첫 비서역장인 미네 하치로嶺八郎가 앞장섰다. 1910년 11월 전 일당 사장 마코시 쿄헤이馬越恭平, 이와시타 쿄치카岩下淸周를 비롯해 이봉래李鳳來, 백완혁白完爀, 조병택趙秉澤 같은 인물도 동참하여 자본금 6백만 원(불입금 150만 원)의 회사를 설립하고자 했다.[008]

그러나 그때 일본 내 식민 사무를 조율하던 척식국拓植局이 동척의 사탕무 제당회사 설립을 반대하고 나섰다.[009] 척식국은 조선 설탕이 일본으로 유입되어 일본 안에서 과잉공급될 것을 우려했다.[010] 1911년에 대만 제당회사들이 당업연합회를 결성한 이래 자기들끼리 해마다 '산당처분협정産糖處分協定'을 맺어 일본으로 공급하는 설탕 수량을 제한하며 가격을 통제하고 있었다.[011] 이러한 상황에서 조선

---

007 《勝田家文書》, マイクロフィルム R39(竹野 學, 〈戰時期樺太における製糖業の展開 ─ 日本製糖業の〈地域的發展〉と農業移民の關連について〉, 《歷史と經濟》 189, 2005, 2~3쪽에서 재인용) ; 《매일신보》 1910.12.9.~10., 1910.12.15~16.

008 《海洋硏究所報》 1910.11.13 ; 西原雄次郎 編, 《日糖最近二十五年史》, 千倉豊, 1934, 7, 11~12쪽.

009 《매일신보》 1912.4.27. ; 淺見登郎, 《日本植民地統治論》, 巖松堂書店, 1928, 84~90쪽. 척식국은 1910년 6월 조선, 대만, 사할린과 관동주의 식민지 사무를 다루기 위해 일본 내각총리대신 직속기관으로 설립된 기구로, 1913년 폐지되었다. 척식국은 총독부의 상급기관은 아니지만 식민정책을 조율하였다.

010 三澤糶·池田貫道, 《朝鮮の甛菜糖業》, 23~24, 52~60쪽 ; 平壤民團役所 編, 《平壤發展史》, 民友社, 1914, 285쪽.

011 南滿洲鐵道株式會社 庶務部 調査課 編, 《滿洲における砂糖事情》, 1924, 75~79쪽. 일본의 제당회사들은 '산당처분협정'에 따라 대만산 분밀당을 일본 직접소비당[耕地白糖], 일본 정제당용 원료당, 의무수출당으로 나누어 처분했다. 과잉 공급량은 의무수출당으로 정하여 반드시 수출해야 했다. 일본 제당회사들

산 설탕이 일본으로 유입되면 대만 제당업이 위태롭게 된다고 본 것이다. 조선 사탕무 제당업을 추진하는 쪽이나 반대하는 쪽이나 모두 조선 제당업이 국제경쟁력이 있을 거라고 낙관했지만 지향하는 목표가 달랐다.

척식국은 일본의 수입대체화·무역수지 개선을 목적으로 대만 제당업을 육성하려고 했다. 나중에는 설탕 원료까지 자급자족하는 것이 목표였다. 일제가 식민지로 강점하기 전부터 대만에서는 사탕수수를 재배하고 있었다. 일제는 가공과정을 재래당Raw Sugar(함밀당)에서 근대적 분밀당Centrifugal Sugar으로 바꾸었다. 분밀당은 직접 소비하는 경지백당과 정제당에 필요한 원료당[粗糖, Muscovado Sugar]으로 나눠 생산되었다.

대만 제당업이 근대화되기 시작한 것은 1898년 이래 대만총독으로 부임한 고다마 겐타로兒玉源太郎와 민정국장인 고토 신페이後藤新平가 니토베 이나조新渡戶稻造를 영입하면서부터였다. 그리고 1900년 미쓰이三井자본 계열인 대만臺灣제당을 준국책회사準國策會社로 세웠다.[012] 대만총독부는 대만제당 말고도 더 많은 일본 민간자본을 대만 제당업으로 유치하기 위해 안전하고 유리한 투자환경과 기본 이윤을 보장했다.[013] 대만총독부가 적극적으로 후원하자, 1906년부터 엔수이미나토鹽水港제당, 토요東洋제당, 일당, 메이지明治제당과 같은 민간 대자본이 대만으로 진출했다. 이들은 토착 신식 제당공장을 합

은 의무수출당을 중국에 덤핑 판매하여 저가시장을 개척했다.

012 久保文克,《植民地企業經營史論 -'準國策會社'의 實証的研究》, 東京: 日本經濟評論社, 1997, 161~199쪽.

013 커즈밍 지음, 문명기 옮김,《식민지 시대 대만은 발전했는가: 쌀과 설탕의 상극, 1895-1945》, 일조각, 2008, 108~114쪽. 니토베 이나조는 미국 프린스턴 대학을 졸업한 농업경제학자로서 1901년 대만총독부 초빙에 응해 당업진흥 정책을 입안, 실행했다. 당무국糖務局을 신설하여 첫 국장이 되었다.

병하고, 전통 제당공장인 당곽糖廓을 소멸시켰다. 그 결과 대만제당을 비롯한 이들 5개 회사가 1910년 대만 원료당 생산능력의 90.3퍼센트를 차지했다.[014]

그런데 대만당은 가격이나 품질 면에서 자바당보다 훨씬 뒤떨어졌다. 자바가 대만보다 사탕수수 재배에 훨씬 적합한 자연조건이었기 때문이다. 뿐만 아니라 19세기 후반 이래 네덜란드 자본이 자바로 진출하면서 생산성이 크게 향상되었다. 네덜란드 자본가는 자바 특유의 공동체 토지 경작방식을 이용해 기존 사탕수수 플랜테이션 규모를 더 확대했다. 단위면적당 수확량을 늘리고자 1896년 신디케이트를 조직하여 제당업 발달을 도모했다. 또 제당업연구소 조합을 조직해서 신품종 발견, 최적지와 적합한 종자 선정, 제당법 연구와 개선, 세레병sereh病 같은 병충해 구제에 힘을 기울였다. 그 결과 1890년부터 자바당 생산성이 눈에 띄게 높아졌다. 1850년 자바당 산당량은 10만 톤이었으나 1880년 21만 7천 톤, 1890년 40만 톤, 1898년 70만 톤, 1911년 146만 톤으로 늘어났다.[015]

이에 견주어 대만에서는 제당회사가 직접 사탕수수 플랜테이션을 경영하지 않았다. 전통적인 대만 지주제를 온존시켜 지주 소작관계로 소농민이 재배하게 했다.[016] 회사는 대만총독부가 정한 원료 채집구역의 농민에게서 사탕수수를 독점 수매하여 가공했다.[017] 자연환

014   황사오형, 〈근대 일본 제당업의 성립과 대만경제의 변모〉, 호리 가즈오 외 지음, 박섭·장지용 옮김, 《일본자본주의와 한국·대만: 제국주의 하의 경제변동》, 전통과현대, 2007 2007, 181~182쪽.

015   土井季太郎, 〈瓜蛙の糖業政策と糖業機關〉, 《南支那と南洋調査》 147, 臺灣總督官房調査課, 1928.3, 33~36쪽 ; 加納啓良, 앞의 논문, 1981, 73쪽 ; 〈표 22〉 참조.

016   커즈밍 지음, 문명기 옮김, 앞의 책, 40~44쪽.

017   위의 책, 114쪽. 이 제도는 제당회사끼리 경쟁할 필요가 없게 하여 사탕수수 수매가격이 오르지 못하게 막는 장치였다. 제당회사는 저렴하게 원료를 공급

경, 재배기술, 생산방식 차이로 말미암아 대만당은 자바당에 비해 제
조원가가 훨씬 높고 품질이 떨어져 국제경쟁력이 없다는 심각한 문
제를 안고 있었다.[018]

　대만 당업이 문제가 있으나 1900년대 일본 정부는 설탕 원료를
자급자족해서 수입 대체하는 것을 목표로 삼았기에 지속적으로 대
만당업을 보호하는 정책을 폈다. 일본 정부가 편 대표적인 대만 제
당업 육성책은 첫째, 1909년 설탕 소비세를 올려서 그 재원으로 대
만산 원료당에 1백 근당 1엔 95전 이내의 보조금을 준 것이다.[019]

　둘째, 1911년 일본이 관세 자주권을 회복하자 정제당업에 대한 관
세환급조치를 모두 철폐했다. 더 이상 일본 내수용으로 공급하는 원
료당에 대해서 수입관세를 환급하지 않았다. 정부의 재정부담을 덜
고 내수용 원료당을 수입에서 대만산으로 대체하게 유도했다. 다만
수출용은 여전히 관세환급조치를 시행했다.

　셋째, 완제품인 수입 정제당에 높은 관세를 물려 일본 정제당업을
보호했다. 화란표본和蘭標本 21호 이상 백설탕 관세를 0.828엔에서
4.65엔으로 자그마치 5.5배나 올렸다.[020] "이로서 수입설탕〔外糖〕이
홀연히 국내(일본)에서 쫓겨나고 대만당이 국내(일본)에 널리 퍼지게

　받을 수 있었다.

018　久保文克,〈近代製糖業の對立構圖と糖業聯合會〉, 久保文克 編著, 糖業協會 監修,《近
代製糖業の發展と糖業聯合會》, 東京: 日本經濟評論社, 2009, 215쪽 ; 커즈밍 지
음, 문명기 옮김, 위의 책, 54쪽 ; 황사오형, 앞의 논문, 179, 184쪽. 1920년대
에도 대만당이 자바당에 비해 59퍼센트나 비쌌다. 대만당의 1헥타르ha당 사
탕수수 생산량은 자바의 절반에도 못 미쳤다. 1920~30년 생산 원가도 대만
이 자바보다 59퍼센트나 비쌌다.

019　糖業協會 編,《近代日本糖業史》上卷, 東京: 勁草書房, 1962, 355쪽.

020　河野信治,《日本糖業發達史》, 日本糖業發達史編纂事業所, 1930, 487~488쪽 ; 杉
山伸也,〈スワイア商會の販賣ネットワーク〉,《近代アジアの流通ネットワーク》, 創文
社, 1999, 159~160쪽.

되었다."[021]

척식국의 수입대체화 제당업 정책에 대해, 러일전쟁 뒤 일본 정부 내에서 다른 의견이 나오기 시작했다. 중국시장 수출을 목표로 하여 적극적으로 제당업 수출 진흥책을 펼치자는 주장이었다. 이러한 입장에 선 일본인들이 1906년 이래 조선과 남만주의 사탕무 시험재배를 추진한 것이다.

하지만 일본 척식국은 대만 제당업을 위협할 가능성이 있는 조선과 만주의 사탕무 제당업을 지지하지 않았다. 대규모 장치산업인 제당업 특성상 이미 대만에 상당한 자본을 투자한 뒤라서 더욱 그러했다. 일본 척식국이 대만 제당업 장려책을 고수하면서 1910년 조선에서 사탕무 제당회사 설립은 불발되었다.

그럼에도 조선총독부는 사탕무 시험재배를 계속했다. 권업모범장과 제당전문가의 낙관론에 바탕을 두고 조선 사탕무 분밀당의 생산성이 매우 높다고 믿었기 때문이다. 조선총독부는 중국과 조선 시장 진출을 목표로 사탕무 제당업을 육성하겠다는 방침을 밀고 나갔다.[022]

일본 자본가와 재조 일본인들도 조선 사탕무 재배를 낙관했다. 서로 앞다투어 자신들이 투자한 조선 연고지에 사탕무 제당회사를 세우려고 노력했다. 다음 두 지역이 가장 적극적이었다.

한 지역은 황주였다. 1906년 이래 사탕무 시험에 참여한 조선흥업회사는 시부사와 에이치澁澤榮一, 오다카 지로尾高次郎를 비롯해 나카노 부에이中野武營, 오하시 신타로大橋新太郎, 타츠타카 샤로辰高車郎, 오자와 타케오小澤武雄, 무라이 키치베에村井吉兵衛, 사타케 사쿠타로佐

021 西原雄次郎 編,《日糖最近二十五年史》, 千倉豊, 1934, 67쪽.
022 《매일신보》 1913.7.16.

竹作太郎, 오쿠라 키하치大倉喜八郎 같은 일본 내 유수한 자본가가 대주주였다. 이들은 1912년 총독부에 제당회사 설립허가원을 제출했다.[023]

다른 지역은 평양이었다. 평양과 진남포의 재조 일본인과 동척이 주도했다. 이들도 같은 해인 1912년 총독부에 허가원을 냈다.[024] 양쪽은 서로 설립허가를 받으려고 치열하게 경쟁했다. 조선총독부는 말할 것도 없고 일본 정계까지 운동을 벌였다.

그 사이 일본에서 척식국이 폐지되었다. 이제 조선총독부가 회사 허가권을 가졌다. 황주와 평양 세력이 서로 사탕무 제당회사를 설립하려고 경쟁하자 조선총독부는 1913년 30회 일본 제국의회에서 '지도 원조상' 제당업이라는 동일업종의 경쟁을 배제하겠다고 말했다.[025] 1910년 조선총독부는 하나의 업종에 하나의 회사만 허락하겠다는 회사령을 내렸다. 조선총독부가 조선에서 이루어지는 모든 민간투자를 통제하고 장악하려는 의도였다.[026] 조선총독부가 회사령을 고수하고, 황주와 평양이 서로 타협점을 찾지 못하는 가운데 제당회사 설립은 흐지부지되었다.

023 《勸業模範場報告》 1~2, 5, 7~8호 ; 《매일신보》 1912.4.27., 1912.6.21., 1912.7.4., 1912.7.9. ; 하지연, 〈韓末·日帝 强占期 日本人 會社地主의 農業經營 硏究: 澁澤榮一 資本의 朝鮮興業株式會社를 중심으로〉, 이화여자대학교 박사학위논문, 2006, 62~63쪽. 이들은 일본 내 조선 사탕무 제당회사에 대한 여론을 1912년부터 긍정적으로 바꿔 놓았다.

024 平壤民團役所 編, 《平壤發展史》, 1914, 285쪽 ; 平壤商業會議所, 《平壤全誌》, 1927, 604쪽.

025 朝鮮總督府 編, 《朝鮮關係帝國議會議事經過摘錄》, 1915, 112쪽.

026 전우용, 〈19세기 말~20세기 초 韓人 會社 硏究〉, 서울대학교 박사학위논문, 1997, 289~299쪽.

2) 대일본제당 조선공장 설립

1914년 1차 세계대전이 일어나자 세계 설탕 시장이 급변했다. 독일, 오스트리아 같은 사탕무 분밀당 수출국인 중부 유럽과 최대 설탕 수입국인 영국이 서로 적대국이 되어 싸웠다. 전쟁 직전 세계 설탕 시장의 48퍼센트를 차지하던 유럽의 사탕무 분밀당 무역이 중단되었다. 또한 전쟁으로 사탕무 재배지가 황폐해졌다.

유럽인에게 생활필수품이 되어버린 설탕이 부족해지자 각국 전시 식량행정에 비상사태가 일어났다. 특히 최대 설탕 소비국인 영국에서 설탕 부족으로 말미암은 괴로움이 심각했다. 세계적으로 설탕 부족사태가 생기며 가격이 폭등했다.[027] 〈그림 2〉와 같이 전쟁이 일어나기 전인 1913년 가격을 100으로 보고 자바당의 가격지수를 살피면, 1914년 118, 1916년 161, 1917년 174로 급등했다.

그림 2 자바당 설탕 가격지수 (1913년=100)

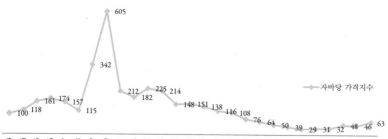

출전 蘭印經濟部中央統計局 編, 大江恒太郎·中原善男 共譯, 《蘭印統計書 1940年版》, 東京: 國際日本協會, 1942, 119쪽.

---

027 Vladimir P. Timoshenko & Boris C. Swerling, 山口哲夫 譯, 《世界の甛菜糖問題》, 東京: 日本甛菜糖業協會, 1958, 2쪽.

일본은 전쟁으로 서구 열강이 빠져나가 텅 빈 아시아로 진출했다. 1차 세계대전을 거치며 일본 경제는 수입대체화 공업단계에서 일약 중화학공업 단계로 도약했다.[028] 일본 제당자본도 중국을 비롯하여 1915년 인도, 1916년 러시아·프랑스까지 설탕을 수출했다. 일당日 糖 스스로도 '전시戰時 이상 현상'이라고 할 정도로 가파르게 성장했 다.[029] 전시 호황에 힘입어 일본 내 설탕 소비량도 전쟁 전보다 2배 늘었다.[030] 제당회사마다 신기록을 세우며 번창했다.[031]

이런 수요 증가에 따라 제당회사들이 생산설비를 확충하고 사업 을 다각화했다. 대만제당은 고베神戶제당을 인수했고, 1915년에는 1백 톤 규모 공장을 증설했다. 메이지제당은 요코하마정당橫濱精糖 을 합병하고, 1916년에는 도바타戶畑에 1백 톤 공장을 준공했다. 아 울러 메이지제과를 세워 과자, 연유와 같은 설탕 가공업으로 진출 했다. 테이코쿠帝國제당은 1916년 6월 고베에 80톤, 니타카新高제당 은 같은 해 오사카에 80톤 정제당 공장을 세웠다.[032] 또 제당회사들 은 안정적이고 저렴하게 원료당을 공급받고자 다른 지역에 자본을 투자하기 시작했다. 대만제당이 자바로, 토요제당이 오키나와沖繩로 사세를 확장했다.

그 가운데 사탕무를 재배하려는 시도도 들어 있었다. 엔수이미나 토塩水港 제당자본이 1916년 자본금 1천만 엔을 들여 펑톈奉天에 사 탕무 제당회사인 남만주제당南滿洲製糖 설립허가를 받았다.[033] 테이코

028 서정익, 《일본근대경제사》, 혜안, 2003, 185~190쪽.

029 西原雄次郎 編, 앞의 책, 74~75쪽.

030 山下久四郎, 《砂糖業の再編成》, 日本砂糖協會, 1940, 14쪽.

031 《大阪時事新報》 1918. 8. 5 ; 《北海タイムス》 1919. 6. 23.

032 西原雄次郎 編, 《日糖最近二十五年史》, 千倉豊, 1934, 85~86쪽.

033 《大阪時事新報》 1918.8.5 ; 《大滿蒙》 1933.4.19. 러일전쟁 이후부터 만철농사

쿠제당帝国製糖도 홋카이도北海道로 진출하여 사탕무 제당회사인 홋카이도北海道제당회사 설립을 준비했다.[034]

일본의 제당회사들은 조선 진출도 모색했다. 먼저 조선총독부와 접촉한 것은 일당이었다. 일당의 후지야마 라이타藤山雷太 사장은 정세가 불안한 중국보다 중국시장과 인접하면서 총독부가 무단통치하는 조선을 눈여겨보았다.[035] 그는 1915년 9월 중국 여행 중 조선에 들러 데라우치 마사타케寺內正毅 총독을 방문해서 전폭적인 후원을 약속받았다.[036] 이듬해 10월 데라우치 총독은 일본 수상으로 영전되자 자신의 후임인 하세가와 요시미치長谷川好道 조선총독과 후지야마 라이타의 만남을 주선할 정도로 유달리 신경을 썼다. 데라우치 마사타케의 배려로 후지야마 라이타는 하세가와 요시미치 총독을 만나 다시 후원을 약속받았고 이를 1916년 12월 주주총회에서 공표하였다.[037]

조선총독부의 지지 속에 후지야마 라이타는 조선에서 제당회사 창립 준비에 들어갔다. 1916년 6월 그가 주주 정기총회에서 증자를 제안하여 1916년 12월 자본금을 1천 8백만 엔으로 증가시켰다.[038]

시험장에서 사탕무 재배를 시험했다. 《大滿蒙》에는 자본금 2천만 원이라고 했으나 《大阪時事新報》에는 자본금 1천만 원으로 나왔다. 《大阪時事新報》에는 다른 회사들 자본금에 대해서도 나왔다. 남만제당을 창립할 때는 1천만 원이었다고 한다.

034 《北海タイムス》 1919.6.23.
035 大日本製糖株式會社, 〈第四十一回株主總會ニ於クル藤山社長ノ演說〉, 《第四十一回營業報告書》, 1916.6., 9~10쪽(이후 《日糖營業報告書》) ; 西原雄次郎 編, 앞의 책, 86~88쪽.
036 《日糖營業報告書》 42회, 1916.12., 11쪽.
037 위의 책.
038 西原雄次郎 編, 앞의 책, 86~88쪽.

증자가 결정된 뒤 후지야마는 1916년 9월 일당 사원 도이마사 이츠土井昌逸를 보내 평양 권업모범장의 미야케三宅 기사를 만나 사탕무 시험경작 결과를 확인했다. 비슷한 시기 1916년 토요제당도 평양 권업모범장에 들러 사탕무 시험경작을 돌아보았으나[039] 일당이 이미 조선총독과 밀담한 뒤였다. 그해 12월 15일 일당 사장인 후지야마 라이타, 전 동척 비서역 미네 하치로嶺八郎, 조선흥업회사 사장 오다카 지로尾高次郎가 주도하여 조선제당주식회사 설립을 총독부에 출원했다.[040]

1917년 2월 2일 조선제당주식회사가 자본금 5백만 원으로 설립 허가를 받았다.[041] 그러나 1차 세계대전이 격화되며 일당은 미국에서 기계 구입과 러시아에서 사탕무 종자 구입을 할 수 없게 되었다. 결국 그해 공장설립을 중단했다.[042]

이듬해 1918년 쌀값이 폭등하며 대만 산당량産糖量이 급격하게 감소했다.[043] 쌀값이 오르는데 사탕수수 재배가 줄어드는 사태가 벌어진 것이다. 이는 대만총독부가 미당비가제米糖比價制를 실시했기 때문이다. 미당비가제란 농민에게 샤탕수수를 수매할 때 설탕값이 아니라 쌀값을 기준으로 가격을 정하는 제도다. 사탕수수 수매가격이 설탕 시세가 아니라 쌀 시세와 직결되었기에 미당상극米糖相剋 현상이 일어났다. 1918년 쌀값이 크게 오르자 대만 농민들이 자연히 수

---

039 《매일신보》 1916.9.23.

040 西原雄次郎 編, 앞의 책, 313쪽 ; 《매일신보》 1916.12.26. 평남도청을 경유하여 총독부에 출원했다.

041 西原雄次郎 編, 위의 책, 90쪽.

042 위의 책, 90~91쪽.

043 《日糖營業報告書》 46회, 1918.12., 3쪽 ; 커즈밍 지음, 문명기 옮김, 앞의 책, 160~161쪽.

익성이 높은 쌀을 재배하며 산당량이 줄어들었다.[044]

전쟁 후 쌀값이 폭등했지만 설탕값도 고공행진을 계속했다. 전후 다른 상품은 불황에 빠졌지만 설탕값은 내릴 줄 몰랐다. "전시 중 (설탕기근으로) 극도로 억눌렀던 의식주에 대한 사람의 욕망이 전쟁이 끝나자 되살아났다. 단맛에 대한 욕구를 제어할 수 없게 되면서 설탕수요가 급증했다."[045]

여기에 1920년부터 발효된 미국의 금주법禁酒法이 세계 설탕수요를 증가시키는 데 일조했다. 일당 사장인 후지야마 라이타는 미국인이 금주로 인한 금단현상으로 설탕을 찾는다고 보았다. "술과 설탕이 같은 성분을 가지고 있기 때문에 술을 멀리하면 단것을 섭취"하고 싶어하기 때문이라고 말했다. 술을 만드는 원료인 주정酒精이 사탕수수에서 나온 부산물이라는 점을 강조한 해석이었다.

금단현상 때문이 아니라도 가정에서 술을 담글 때 쓰고자 설탕을 찾는 수요가 많았다. 미국 금주령이 공장의 술 제조와 시장에서 술 거래를 금지했지만 가정에서 전통적인 방법으로 술 담그는 것까지 금지하지는 않았다. 그 틈에 미국 농촌만이 아니라 도시의 이민자 가정에서 술 담그는 것이 크게 유행했다. 가정에서 설탕으로 자연적인 주정酒精을 만들어 과일주와 증류주 같은 술을 만들었다. 이러한 술을 욕조에서 만들었기에 "욕조 진bathtub gin"이라고 불렀다.[046]

044 　커즈밍 지음, 문명기 옮김, 위의 책, 40쪽 ; 황사오형, 앞의 논문, 192~195쪽.

045 　《日糖營業報告書》 49회, 1920.6., 4쪽.

046 　David E. Kyvig, *Daily Life in the United States, 1920-1939: Decades of Promise and Pain*, Greenwood Publishing Group, 2002, p.17.

사진 9 | 술을 버리는 미국의 금주법 집행관

출전 | KAmerican Post, "금주법은 왜 사회·정치적 재앙이 되었나?", 2013.8.1., ⟨http://www.
kamerican.com/GNC/new/secondary_contents.php?article_no=1&no=2525⟩, (2017.11.17.)

이렇게 전후 세계적으로 설탕수요가 늘어났으나 공급은 바로 회
복되지 못했다. 전쟁 전 세계 설탕원료의 48퍼센트를 차지하던 사
탕무 재배면적이 전쟁이 끝나자 전쟁 전의 3/5으로 줄었기 때문이
다.[047] 공급은 줄었는데 수요가 급증하며 국제설탕 시세는 높게 유지
되었다. 아시아 설탕시세를 주도하는 자바당 가격도 ⟨그림 2⟩처럼
일시적으로 하락한 1918년을 빼고 대체로 높았다.

여기에 조선제당회사 설립을 기다리는 일당 투자자의 불만도 컸다.

047　Vladimir P. Timoshenko & Boris C. Swerling, 山口哲夫 譯, 앞의 책, 59쪽

1916년 증자 때 자본금을 투자했으나 공장을 착공도 하지 못했기 때문이다. 2년 이상 자금이 묶인 투자자는 못마땅해했다.

일당은 다시 조선 사탕무 제당업으로 눈을 돌렸다. 안정적으로 저렴하게 원료당을 공급받아 조선과 중국에 수출하겠다는 목적이었다. 1918년 10월 조선제당주식회사 주식 2주를 일당 1주로 할당하여 일당과 조선제당을 합병했다. 이제 조선제당은 일당 조선공장(평양)이 되었다.[048] 1919년 8월부터 평양에 조선공장을 짓기 시작해 1920년 10월 준공하고 12월 10일부터 설탕을 제조하기 시작했다.[049] 사탕무도 1920년부터 재배하기 시작했다.

그러나 사탕무 재배 결과는 형편없었다. 〈표 14〉가 1920년부터 조선에서 재배한 사탕무 수확 성적이다. 시험재배 때 함당률含糖率이 17~12퍼센트였고, 일당이 1917년 조선에 회사허가를 냈을 때 함당률 기대치가 12퍼센트였다.[050] 그러나 1920~1922년 3년 동안 함당률 평균치는 겨우 4.83퍼센트였다. 1920~1931년 12년 동안 함당률 평균치도 7.81퍼센트였다.

기대와 달리 사탕무 함당률이 나쁘게 나오며 사탕무 재배지가 급격하게 줄어들었다. 애초 사탕무 재배를 계획한 면적이 3천 정보[051] 가량이었다. 실제 경작지는 재배 1년차인 1920년 2,400정보, 2년차인 1921년 2,800여 정보로 계획면적에 수렴했다. 그러나 수확 결과

048　西原雄次郎 編, 위의 책, 87쪽.

049　위의 책, 107~109쪽.

050　《京城日報》1917.4.23.

051　《京城日報》1917.4.23. ; 《매일신보》1917.5.3. ; 《매일신보》1919.7.4. 1917년 4월 23일 《京城日報》에서 岡村左右松은 3천 5백 정보를 계획한다고 했으나, 1917년 5월 3일에는 후지야마 라이타가 3천 정보라고 말했다. 이 책에서는 후지야마 라이타의 말에 따랐다.

가 실망스럽게 나오자 재배 3년차인 1922년부터 1,500여 정보로 줄었다. 4년차인 1923년이 되면 또 다시 절반인 8백여 정보로 줄어 계획면적의 1/4이 되었다. 사탕무를 재배한 총 12년 동안 평균 경작 면적이 1,143정보였다. 하지만 〈표 14〉와 같이 1920년~1922년까지 3년을 제외한 나머지 기간 평균 경작 면적은 773정보였다.

표 14 조선의 사탕무 수확 성적

연도	재배면적 (町)	수확량 (천 근)	수확량 (톤)	反步당 수확량 (천 근)	산당량 (피쿨)	함당률 (퍼센트)
1920	2,405.30	34,613	20,768	1,439	15,630	4.52
1921	2,824.30	38,339	23,003	1,357	15,463	4.03
1922	1,534.30	16,820	10,092	1,096	10,623	5.96
1923	825.60	9,250	5,550	1,120	6,053	6.54
1924	820.30	8,537	5,122	1,040	6,301	7.38
1925	666.16	10,968	6,581	1,646	9,378	9.54
1926	557.09	7,448	4,469	1,335	5,320	7.89
1927	690.07	9,923	5,954	1,438	9,793	11.25
1928	600.70	11,243	6,749	1,871	10,721	10.10
1929	900.00	11,226	6,736	1,471	11,000	9.66
1930	900.00	17,685	10,611	1,965	15,000	9.39
1931	1,000.00	35,240	21,145	3,524	25,000	7.47
평균	1,143.65	17,781	10,565	1,609	11,645	7.81

출전 《臺灣糖業統計》.
비고 연도는 그해 10월까지 수확량과 그해 11월부터 이듬해 2월까지 생산한 산당량을 표기했다.

수확량도 적었다. 1917년 기대한 사탕무 수확량은 6만 톤이었는데, 재배 1년차인 1920년 사탕무 수확량은 기대치의 1/3인 2만여 톤이었다. 게다가 함당률이 낮아 실제 산당량은 더 낮았다. 사탕무 산당량 기대치가 15만 피쿨인데 실제 산당량은 1/10인 1만 5천 피쿨이었다.

사탕무 재배 결과가 예상과 다르게 나온 것은 일본의 정치가, 자본가, 전문가가 모두 사탕무에 대한 이해가 매우 부족했기 때문이다. 유럽에서 사탕무 농업이 성장한 것은 유럽의 각국 정부가 수출장려금 같은 재정지원을 하고, 사탕무를 재배하다가 일어난 손실을 메꿔주었으며, 사탕무 함당률과 수확량을 높이도록 연구개발을 지속한 결과였다. 19세기 후반 자국민이 농업 공황으로 몰락하지 않게 하려는 근대국가의 농업정책이었다.

이와 달리 통감부, 조선총독부, 일본자본가는 사탕무 재배를 식민지 농업정책의 하나로 운용했다. 별다른 지원책 없이 사탕무를 심기만 하면 인삼에 버금가는 중요한 상품작물이 될 것이라고 믿었다.[052] 독일이 사탕무 수출로 막대한 이익을 벌어들이고 폴란드가 연간 5백만 엔의 이익을 보는 것처럼 일본도 쉽게 수익을 올릴 수 있다고 생각했다.[053]

구체적으로 사탕무 재배 입지, 재배 농민과의 계약조건, 기술·기후조건을 살펴보자. 첫째, 재배지가 사탕무를 재배하기에 최적지가 아니었다. 일당이 공장부지 및 재배지 선정을 주도했는데, 가장 중시한 것은 중국과의 접근성이었다. 사탕무를 재배할 수 있으면서도 중국 수출에 가장 유리한 지역이어야 했다. 그래서 일당은 평양을 선택했다. 제당공장 부지를 평양으로 선정했다는 것은 제당 공정상 사탕무 재배지역이 평양에 가까워야 한다는 것을 뜻한다. 용적이 큰 사탕무 운반비를 최소화하고, 사탕무의 함당분이 발효하기 전에 경

---

052 《매일신보》 1913.7.16.
053 《매일신보》 1910.12.9. ; 《해양연구》 1910.12.27.

작지에서 제당공장으로 재빨리 옮겨야 하기 때문이다. 총독부는 일당 조선공장이 원하는 대로 사탕무 재배지를 공장 주변인 평양과 경의선 철도 연변으로 지정했다. 자연히 사탕무 재배지가 평양 가까운 평안남도 강동군, 대동군, 중화군과 황해도 황주군과 봉산군 일대가 되었다. 특히 대동군에 집중되었다. 1921년의 경우 대동군의 사탕무 경작지가 1,630정보, 경작 농민이 3천 5백여 명이었다.[054] 이 밖에 1921년 황해도의 사탕무 경작지가 전체 1/3을 차지했다.[055] 황해도 지역 경작지는 1910년대 제당회사 설립을 추진했던 조선흥업회사 황주지점이었을 것으로 추정된다.[056]

둘째, 재배농법을 안이하게 생각했다. 사탕무는 동양에서 전연 생소한 작물인데, 조선인이 무를 재배했으므로 사탕무도 쉽게 재배할 것이라고 보았다.[057] 권업모범장의 연구능력도 실험실에서 재배할 수 있는 정도의 초보 수준이었으나 일본 정치가와 자본가가 시험재배 결과를 맹신했다. 사탕무는 본래 깊이갈이〔深耕〕와 다량의 거름〔施肥〕을 요하는 손이 많이 가는 노동집약적 작물이다.[058] 깊이갈이를

---

054 《동아일보》 1922.12.14.

055 黃海道, 《黃海道要覽》, 1922, 54~55쪽.

056 하지연, 앞의 논문, 82~83쪽 ; 이 책 3장 1절 참조. 조선흥업회사 황주지점은 1906년부터 권업모범장이 시행한 사탕무 시험재배에 참여했다. 사장 오다카 지로가 1912년부터 제당회사 설립을 추진했고 1917년 조선제당 창립 발기자로 참여해 취체역까지 맡았다는 점을 고려할 때, 일당의 황해도 사탕무 경작지는 조선흥업회사 황주지점이었을 것이다. 황주지점의 청룡, 황주, 흑교, 사리원은 대동강 지류인 황주천, 매상천과 재령강을 끼고, 경의선 연변에 황주 창고(관계지역 청룡), 흑교 창고, 사리원 창고와 같은 대형 황주지점 창고가 있어 사탕무 운반에 편리했을 것이다.

057 《경성일보》 1917.4.23.

058 Vladimir P. Timoshenko & Boris C. Swerling, 山口哲夫 譯, 앞의 책, 52쪽 ; 船越光雄, 〈朝鮮の甛菜業は製造によって勃興すべし〉, 《朝鮮農會報》 5-10, 1931, 34쪽.

하려면 소가 필요했다. 쟁기, 사탕무 운반용 짐수레 같은 농기구도 필요했고, 칠레 초석(질산염 광물) 같은 질소비료와 석회칼륨 같은 비료를 써야 했다.[059] 조선흥업회사 황주지점 농민을 포함한 사탕무 경작농민의 60퍼센트가 소작농이었고 40퍼센트가 자작농이었다.[060] 사탕무 재배농가의 6할이 소작인인 상황에서 소를 가진 농가는 드물었다. 그 무렵 평안·황해 지역 농가는 네 가구당 소 한 마리를 보유하던 실정이었다.[061] 게다가 소작농은 소작료 말고 비료대, 농기구대, 소 대여 비용을 부담해야 했다.[062] 조선인에게 아주 낯선 작물을 재배케 하면서 경작에 필요한 농기구나 비료 같은 비품에 대한 지원이 전혀 없었다.

셋째, 사탕무 재배계약 조건이 회사 측에 일방적으로 유리했다. 농민이 제당회사와 경작 직전해에 계약을 하고, 회사가 독점 수매하게 했다.[063] 사탕무가 가정에서 소비하는 작물이 아니므로 제당회사가 수매해야 상품화할 수 있었다. 일당이 사탕무를 수매할 때 가격 기준은 조粟값으로 속당비가제粟糖比價制를 적용했다. 일당으로서는 사탕수수 수매가 기준이 쌀값인 대만에서 1918년 쌀값이 오를 때 사탕수수 재배지가 감소하여 곤란해진 바 있다. 그 경험을 바탕으로 일당은 쌀보다 저렴하고 만주에서 대량 수입할 수 있는 조를 조선의 사탕무 수매 기준으로 삼았다. 폭등 우려가 없어 안정적으로 낮게 독점 수매할 수 있는 제도였다. 대만과 마찬가지로 설탕 원료를 국제 설탕시세와 무관하게 하고, 곡물값을 기준으로 하되 대만보다 더

059   船越光雄, 앞의 글, 35쪽.
060   西原雄次郎 編, 앞의 책, 111쪽.
061   위의 책, 110~111쪽.
062   하지연, 앞의 논문, 146~147쪽.
063   西原雄次郎 編, 앞의 책, 109~110쪽.

싸게 확보하려는 계약조건이었다.[064]

일당이 재배 초기에는 할증금, 보상금, 함당률 할증금제도로 농민의 수익을 보전해 줄 것처럼 선전했다. 할증금 제도란 전년도 조 가격을 기준가격으로 해서 사탕무를 거둬들일 때 기준가격보다 오르면 그에 걸맞은 할증금을 보조하는 제도다. 하지만 만주에서 조를 대량 수입했기에 조 값이 앙등할 일은 거의 없었다. 또한 일당은 뚜렷하게 사탕무 작황이 불량할 경우 보상금을 지급하고, 함당률 증가치에 따라 추가로 할증 보상금을 지급하겠다고 약속했다. 그러나 실제 보상금의 액수는 매우 미미했던 것 같다. 1921년까지 사탕무 수확량과 함당률이 크게 낮아지자 〈표 14〉와 같이 경작지가 반으로 줄었다. 사탕무 재배를 포기하는 농가가 크게 늘어난 것이다. 그러자 일당이 자진해서 1922년부터 매수가격과 할증금을 인상했다. 이는 애초에 사탕무 매수가격과 할증금이 야박했다는 것을 방증한다.[065]

넷째, 기술이 뒤졌다. 권업모범장 기술력이 떨어져 사탕무 종자를 자급할 수 없었다.[066] 종자를 모두 독일, 프랑스, 덴마크에서 수입했는데 1반보反步에 3원 30전~4원으로 매우 비쌌다.[067] 조선총독부가 사탕무 재배 장려책으로 종자보조금 6만~7만 5천 원가량을 지원해서 농민이 종자 값을 부담하지 않았지만, 불량 종자가 많아 이로 인한 피해가 컸다.[068] 더욱이 수입에만 의존했기에 피해에 대한

---

064 커즈밍 지음, 문명기 옮김, 앞의 책, 160~161쪽. 사탕수수와 사탕무가 설탕 원료이지만 설탕 가격과 무관하게 기준작물 가격에 비례해 지불했다.

065 西原雄次郎 編, 앞의 책, 110쪽 ;《동아일보》1922.12.14.

066 《중외일보》1927.8.11.

067 西原雄次郎 編, 위의 책.

068 朝鮮總督府殖産局 編,《朝鮮の農業》, 1921, 53쪽 ;《朝鮮の農業》, 1924, 69~70쪽 ; 西原雄次郎 編, 앞의 책, 110쪽 ; 1927년 3월 12일《동아일보》에는 6만 5천 원 보조금을 주었다고 하고《京城日報》1929년 1월 17일에는 1년에 6만

대처 방안도 없었다.[069] 권업모범장 기술 수준으로는 병충해를 예방하거나 치료하지 못했다. 대규모로 사탕무를 재배하면서 갈반병褐斑病이 급속도로 창궐했다. 갈반병이란 6월부터 8월 사이에 사탕무 잎이 누렇게 되면서 줄기가 마르는 병이다. 이 병으로 사탕무 수확량이 급감하고 함당량이 형편없이 낮아졌다. 권업모범장이 시험재배할 때 이미 사탕무가 갈반병에 잘 걸린다는 것을 알고 있었지만 예방조치로 종자를 소독하면 된다고 지도했다. 그러나 이러한 방법은 실제 갈반병을 예방하는 데 도움이 되지 못했고 갈반병이 걸려도 별다른 조치를 내리지 못했다.[070] 권업모범장의 사탕무 시험재배 결과는 실험실 성적에 지나지 않았다.[071]

이밖에도 수해와 가뭄으로 인한 피해가 심각했다. 파종할 때 가뭄이 들거나, 7~8월에 홍수 또는 폭우로 인한 피해가 잇달았다. 가장 심한 때는 1923년 8월이었다. 일찍이 겪어 보지 못한 대홍수로 평양 일대의 제방 여러 곳이 무너져 버렸다. 일당 평양공장이 물에 잠기고 사탕무 경작지가 커다랗게 피해를 입었지만 회사와 총독부는 아무런 보상을 하지 않았다.[072] 농민들은 사탕무 종자를 무상으로 주고, 사탕무 농사를 하면 상당한 수입이 되며, 회사가 수익을 보전해 준다는 선전을 믿고 재배했다. 그러나 일당은 종자나 사탕무에 생기는 병에 대처할 수 있는 기술력도 없었고 아무런 보상도 하지 않았

원을 보조했고 3만 3천 5백 원을 증액할 계획이었다고 한다. 1927년 7월 26일 《동아일보》에서는 7~8만 원이라고 했다.

069   船越光雄, 앞의 글.

070   西原雄次郎 編, 앞의 책, 226쪽 ; 朝鮮總督府農林局 編, 《道農事試驗場事業要覽》, 朝鮮總督府農林局, 1935, 199~207쪽.

071   船越光雄, 앞의 글.

072   《매일신보》 1923.8.10., 1923.8.27.

다. 결국 사탕무 재배 농가는 다른 농작물을 재배했을 때보다 수입이 절반으로 줄어들었다.

사탕무 재배가 시작된 지 3년째 되는 1922년부터 농민들은 사탕무 재배를 기피했다.[073] 총 재배면적이 1921년 2,824정보, 1922년 1,534정보, 1923년 825정보로 급감했다. 1923년 무렵부터 황해도에서는 사탕무 재배가 중단되었다.[074]

이렇게 사탕무 농업은 대표적으로 실패한 식민농정 사례다. 조선총독부의 사탕무 정책은 재배농민이 아니라 일본 제당자본의 수익을 보장하는 데 집중되었다. 대만처럼 식민지화 전부터 재배하던 작물이 아닌 아주 낯선 작물을 경작시키면서 보상책과 지원책이 없던 사탕무 농업은 실패했다.

3) 제당회사와 식민권력의 사탕무 갈등

일당과 조선총독부가 기대에 부풀어 공동으로 추진한 것이 사탕무 농업이다. 조선에 오로지 하나의 제당회사를 만들고 사탕무 재배를 강제했으나 예상 밖으로 사탕무 농업 결과가 형편없게 나오자 양측은 아주 다르게 대응했다.

사탕무에 대한 방침을 먼저 바꾼 쪽은 일당이었다. 사탕무를 재배한 지 3년도 채 안 된 1922년 여름부터 돌변했다. 1922년 8월부터 사

---

073 《동아일보》 1925.11.23.

074 《동아일보》 1924.2.23. 1924년 총 사탕무 재배면적의 820정보 가운데 760정보가 평안남도인 점으로 미루어 보아 황해도 조선흥업회사 황주지점은 재배를 중단했다. 평남의 사탕무 재배지 760정보 가운데 대동군 450정보, 중화군 100정보, 평원군 150정보, 강서군 30정보, 강동군 30정보였다.

탕무 대신 "원료를 밖에서 들여와 백설탕으로 만드는"[075] 정제당 작업을 시작했다. 조선에서 사탕무 전망을 비관하고 조선공장의 주력을 첨채당(사탕무 분밀당)에서 정제당으로 바꾸어 버린 것이다. 1922년 12월 주주총회에서 후지야마 라이타 일당 사장은 조선에서 "사탕무가 도저히 벌이가 되지 않고 손해를 보고 있으며 앞으로도 첨채당(사탕무 분밀당)으로 잘될 수 없다"고 말했다.

조선공장이 첨채당(사탕무 분밀당)에서 정제당으로 바꿀 수 있던 것은 기계가 분밀당과 정제당을 둘 다 생산할 수 있었기 때문이다.[076] 1917년 조선제당회사가 총독부에 설립허가서를 제출했을 때는 사탕무만 다루는 첨채당(사탕무 분밀당) 회사를 구상했다.[077] 그런데 사탕무 특성상 싹이 나기 전에 제당을 마쳐야 하기에 사탕무를 거둬들인 가을부터 겨울철까지 1백여 일만 기계를 가동하고 나머지는 기계를 방치해야 했다. 회사로서는 그만큼 손해였다.

이러한 첨채당(사탕무 분밀당)의 단점을 지적한 사람이 제당전문가 사이토 세이지齊藤定儁였다. 1915년 무렵부터 그는 《조선 첨채제당업에 관한 조사朝鮮甜菜製糖業に關する調査》에서 첨채당(사탕무 분밀당)과 정제당 겸영을 강력히 주장했다.[078] 사이토 세이지는 "제당 작업을 잘 알지 못하는 사람은 분밀당과 정제당 기계를 아주 다른 것으로 생각하지만, 처음부터 겸용하도록 설계하면 쓰는 데 조금도 걸림돌이 없다."고 말했다.[079] 아예 공장을 지을 때부터 기계와 공장 건축비에서 10~15퍼센트의 비용을 더 추가하여 겸영할 것을 권했다.

075 《日糖營業報告書》 54회, 1922.12., 11쪽.
076 앞의 책.
077 《朝鮮總督府官報》 1917.2.8.
078 齊藤定儁, 앞의 책, 14~16쪽.
079 위의 책, 14쪽.

아울러 사탕무를 정제당 원료당인 분밀당으로 가공하기보다 탈취법을 시행해 직접 소비하는 경지백당으로 만들 것도 제안했다. 일당 조선공장은 사이토 세이지의 조언을 받아들여 사탕무 분밀당과 정제당 겸영으로 변경한 듯하다.

국제 설탕 시장이 호황이라는 점도 일당 조선공장이 정제당업으로 전환하는 데 중요하게 작용했다. 설탕은 그냥 비싼 것이 아니라 가격등락폭이 매우 큰 상품이었다. 〈표 15〉와 같이 세계 설탕 가격을 주도하는 자바당과 쿠바당은 짧은 기간 안에 가격 차이가 매우 컸다. 이를테면 1919~1920년에는 1913년 가격지수 대비 3.5~6배로 오르내렸다. 얼마나 극심한지 '백만 달러 파동Dance of the Millions'[080]이라고 부를 정도였다. 설탕은 기본적으로 거래량이 매우 크다. 일당의 조선공장만 해도 거래 단위가 수십만에서 수백만 피쿨이었다. 1피쿨에 1엔이 오르면 한 번 거래에 몇십만 엔에서 몇백만 엔이 오르락내리락하는 셈이었다. 수천만 파운드씩 거래되는 뉴욕 시장에서 1파운드당 1센트가 오르거나 내리면 수십만에서 수백만 달러가 춤추듯이 오르내렸다.

표 15 1920~1930년대 세계의 설탕 가격 동향

연도	뉴욕 쿠바당 가격 (단위: 1파운드당 cent)		자바 백쌍白双 가격 (단위: 1피쿨당 Dutch Guilder(NLG))	
	최고	최저	최고	최저
1916	5.625	3.500	16.667	11.250
1917	6.500	3.812	14.792	10.500
1918	5.880	4.985	13.458	5.000
1919	12.500	5.880	36.000	14.231
1920	22.500	3.625	65.750	20.033

[080] 시드니 민츠, 1998a, 19쪽 ; 〈표 15〉 참조.

연도	뉴욕 쿠바당 가격 (단위: 1파운드당 cent)		자바 백쌍白双 가격 (단위: 1피쿨당 Dutch Guilder(NLG))	
	최고	최저	최고	최저
1921	5.250	1.813	20.000	12.000
1922	4.000	1.813	19.500	12.250
1923	6.625	3.250	25.000	13.500
1924	5.625	3.000	22.375	12.938
1925	3.600	1.940	15.000	8.000
1926	3.375	2.183	14.125	10.250
1927	3.500	2.688	18.125	14.500
1928	2.875	2.000	17.250	13.000
1929	2.313	1.688	17.000	11.625
1930	2.063	1.040	11.750	7.875
1931	1.550	1.090	8.125	6.500
1932	1.200	0.570	6.625	5.700
1933	1.650	0.950	6.050	5.200
1934	2.185	0.700	5.700	5.350
1935	2.750	1.820	4.300	3.050

출전 《ダイヤモンド経済統計年鑑》, ダイヤモンド社, 1940.

비고 ① 자바 백쌍白双은 화란표본 18호 이상의 백당으로 직접소비당인 경지백당이나 원료당으로 쓸 수 있다. 자료에는 쿠바당의 종류에 대해 뚜렷하게 나와 있지 않지만 자바 백쌍과 같은 수준의 분밀당 제품으로 경지백당이나 원료당으로 썼을 것으로 추정된다.

② 자바당 거래단위인 피쿨과 쿠바당 거래단위인 파운드의 관계를 살피면 1피쿨은 얼추 100근=60킬로그램이고, 1파운드=0.453592킬로그램이다. 1피쿨을 쿠바당 거래단위인 파운드로 환산하면 1피쿨=100근=132.277357파운드 ≒ 60킬로그램, 1파운드 ≒ 0.0076피쿨이다.

일본 내 설탕 가격도 매우 불안정했다. 1919년 36.68엔, 1920년 44.38엔으로 가파르게 오르다가 1921년 29.91엔, 1922년 25.67엔, 1923년 29.38엔, 1924년 27.41엔으로 푹 떨어졌다.[081]이 틈을 타서 세

---

081 《臺灣糖業統計》.

계적인 설탕 선물先物 투기세력이 가세했다.

자바당에도 투기 광풍이 불었다. 19세기 말 이래 자바당의 주요 수출지역이 유럽에서 아시아로 바뀌었다. 1차 세계대전이 터지자 수요가 많아진 유럽으로 많이 수출했다가, 전쟁이 끝나자 도로 아시아로 돌아왔다. 자바당의 유럽 수출은 1914~1918년 총 수출량의 34퍼센트에서 전쟁 직후인 1919~1923년 20퍼센트, 1922~1926년 사이에 12퍼센트로 낮아졌다.[082] 그 대신 1920년대 인도, 중국을 비롯한 아시아 수출이 자바당 총 수출량의 60~75퍼센트로 높아졌다.

수출시장 변화에 따라 자바당을 거래하는 무역상인도 유럽 상인에서 일본 상인으로 바뀌었다. 자바당을 거래하는 유럽 상인이 1920년 50퍼센트에서 1927년 27퍼센트로 줄었고, 그 대신 일본 상인이 1920년 30퍼센트에서 1927년 48퍼센트로 늘어났다.[083]

1차 세계대전 전에도 일본 설탕무역상인이 활동했지만 그 무렵에는 중개상 역할에 지나지 않았다. 설탕무역상인은 일본 정제당 회사가 필요한 원료당을 자바에서 구매하고 수수료를 받았다.[084]

전쟁을 거치며 일본 무역상인은 설탕 선물先物거래에 뛰어들었다. 대표적인 큰손이 아베코安部幸, 마쓰다야增田屋, 스즈키鈴木상점, 미쓰이三井물산, 미쓰비시三菱상사, 유아사湯淺무역, 일본설탕日本砂糖무역, 일란日蘭무역, 자바무역, 아리마有馬양행 같은 무역상이다. 이들은 설탕이 반년에서 1년까지 선물거래되는 점을 노려 매매차익을

082 加納啓良, 〈オランダ植民支配下の〈ジャワ糖業〉〉, 《社會經濟史學》 51-6, 1986, 154쪽 표 참조.

083 위의 논문, 155쪽 표 참조.

084 平井健介, 〈1900~1920年代東アジアにおける砂糖貿易と臺灣糖〉, 《社會經濟史學》 73-1, 2007, 33~40쪽.

챙겼다.[085] 일본의 정제당 업자들이나 도매상에게 위탁받은 것 이상으로 사들여 중국, 홍콩, 인도 같은 제삼국으로 전매轉賣했다.

문제는 현물화 시점에 가격이 폭락할 때였다. 1920년 일본의 반동공황으로 그해 말 설탕 가격이 폭락했다. 그때 대형 설탕 상인인 아베코安部幸, 마쓰다야增田屋 같은 회사가 자바당 선물거래에 참여했다가 망했다.

1922년부터 다시 세계 설탕시세가 급등했다.[086] 일본 설탕 상인은 2년 전 동업자가 파산한 것을 보았지만 자바당 선물거래에 열중했다. 일당도 설탕무역상에게 자바당 매입을 위탁했다.[087] 일당으로서는 조선에서 전망 없는 사탕무에 투자하기보다 자바당을 저렴하게 사서 가공하는 편이 훨씬 이익이라고 판단했다. 1922년 시점에서 줄곧 설탕값이 오르리라 예상하고 내린 결정이었다.[088]

일당 경영진은 조선공장 정제당(이후 조선당)의 중국 시장 진출을 매우 낙관했다. 1920년대 초 중국은 반식민지 상태였기에 제국주의 열강은 상품을 거의 규제 없이 중국으로 수출하여 자국 시장으로 만들었다. 1842년 난징 조약과 1858년 톈진 조약을 맺은 뒤, 중국 정부는 수출입품에 종가從價 5퍼센트라는 아주 낮은 관세만 부과할 수 있었다. 물품 종류나 물가와 무관하게 자유무역을 강제당했다. 수입품에 빗장 없이 시장을 열어놓아야 했기 때문에 현지 제당회사를 보호할 수도, '설탕소비세' 같은 물품세를 물릴 수도 없었다.[089]

085 彬々子, 〈內地砂糖市場視察記〉 10, 《台湾日日新報》, 1924.7.27. ; (朝鮮)鐵道省運輸局, 《鹽砂糖醬油味噌ニ關スル調查》, 京城, 1926, 37~38쪽.

086 〈표 15〉 참조.

087 平井健介, 앞의 논문, 33~43쪽.

088 《日糖營業報告書》 54회, 1922.12., 10~12쪽.

089 木村增太郎, 앞의 책, 210쪽.

게다가 제국주의 열강은 중국에 육경관세경감특례陸境關稅輕減特例 조약을 강제하고 있었다. 중국과 육지로 국경이 닿은 국가에게 관세를 1/3로 깎는 내용이었다. 영국(미얀마), 프랑스(베트남), 러시아(만주), 일본이 수혜국이었다.[090] 일본은 중국과 1913년 5월 29일 경부선과 경의선으로 중국에 운반하는 수출입화물 관세를 1/3로 내리는 조약을 맺었다.[091]

제국주의 열강에게 애로사항이라면 중국 각 지방에서 부과하는 이금釐金이었다. 이금은 각 성에서 부과하는 지방세로, 국경을 넘는 관세와 다른 내지內地 통과세였다. 영국은 톈진 조약(1858)에서 자구반세子口半稅를 내는 것으로 이금을 비롯한 모든 내지세內地稅를 면제하라고 강요했다. 자구반세子口半稅는 수출입세의 절반이었다. 그 뒤 서구열강과 일본은 이 규정에 따라 혜택을 보았다.

그러나 중국 정부는 정작 중국인이 이금을 자구반세로 대체하는 것을 허락하지 않았다. 중국인은 각 지역마다 이금을 부담해야 해서 외국인보다 불리했다. 그러자 외국 제당회사도 차츰 이금을 걸림돌로 느꼈다. 제품을 말단 소비자까지 유통하려면 중국 상인의 손을 거쳐야 하는데, 중국 정부가 중국 상인에게는 이금을 과세하니까 자

---

090 南滿洲鐵道株式會社 庶務部 調査課, 《支那關稅制度綱要》, 1929, 13~14쪽 ; 南滿洲鐵道株式會社 庶務部 調査課, 《最近に於ける支那關稅問題》, 1929, 4쪽. 1905년과 1918년 두 차례 개정했으나 종가 5퍼센트 세율은 지켰다. 다만 물가를 고려해 종량세從量稅 세율을 현실 5퍼센트[現實5分]로 바꾼 최소한의 개정이었다. 그나마 수출세는 1858년 이래 그대로였고 수입세에 한정되었다.

091 北岡伸一, 《日本陸軍と大陸政策》, 東京大學出版會, 1978, 36~38, 104~109쪽. 조약 명칭은 '조만국경통과철도화물관세경감취극朝滿國境通過鐵道貨物關稅輕減取極'이다. 일본 육군으로서는 일본에서 만주로 가는 병참 간선로로 조선 종관철도가 중요했기 때문에 이를 활성화시키려는 화물 유인책이었다.

연히 외국 제당회사 판매 실적에도 영향을 미쳤기 때문이다.[092]

20세기 초 중국의 설탕시장 규모는 컸다. 당시 중국 인구는 4억 명이었으며,[093] 16세기 이래 중류 이상의 가정에서 설탕을 생활필수품으로 상용하고 있었기에 시장 규모가 방대했다.[094]

자유무역시장을 강요당하는 반식민지 상태의 중국에서 열강끼리 치열하게 경쟁했다. 19세기 말 이래 우세한 홍콩 정제당, 1913년부터 급성장한 일본 정제당, 1차 대전 후 아시아 시장으로 돌아온 자바 경지백당(직접소비당)이 각축을 벌였다.[095]

1920년대 중반까지 조선당은 서구 열강과 자유경쟁하기에는 가격과 품질이 뒤떨어졌다. 투기적인 자바 원료당에 의존해서 생산량이 일정치 않아 공급량도 불안정했다. 1926년에는 품질이 낮은 싼 원료당을 써서 조악한 제품을 만들어 말썽을 일으키기도 했다.[096]

조선당은 중국에서 경의선과 이어진 안봉선安奉線(安東-奉天) 육로를 따라 상권을 넓혔다. 단둥安東은 바다와 잇닿았지만 압록강의 토사로 수심이 얕고 간만의 차가 심해 대형기선이 출입하기 어려웠기 때문에 바다항구로 거의 기능하지 못했다.[097] 조선당은 1924년부

092 木村增太郎, 《支那の砂糖貿易》, 糖業研究會, 1914, 77~79쪽. 저대세抵代稅를 지불할 때는 통례로 그것을 증명하는 삼연단三聯單이라고 칭하는 증서를 발급했다. 이 증서를 받아서 내지로 발송할 수 있는 기한은 12개월이었다.

093 三澤糶·池田貫道, 《朝鮮の甛菜糖業》, 1911, 27쪽.

094 《日糖營業報告書》, 54회, 1922.12, 10~11쪽.

095 クリスチャン·ダニエルス, 〈中國砂糖の國際的地位〉, 《社會經濟史學》 50-4, 1985, 30~31쪽.

096 京城商業會議所, 《朝鮮經濟雜誌》 140호, 1927.8., 14쪽. 일당 평양공장 원료당으로 거의 자바 원료당을 썼지만 1926년에는 가격 관계로 쿠바당을 수입했는데 품질이 조악해 제조에 어려움을 겪었다고 한다.

097 小平圭馬, 《新義州商工案內》, 新義州商工會議所, 1938, 152쪽 ; 阿部光次 編, 《工業地として安東》, 安東商工會議所, 1936, 36~37쪽.

터 단둥으로 설탕 수출을 늘렸다. 〈그림 3〉과 같이 1921~1922년 5천~1만 피쿨로 미미했던 조선당 수출량이 1924~1926년 약 7만여 피쿨로 급증했다. 이 뒤에도 1927년 11만 피쿨, 1928년 23만 피쿨, 1929년 27만 피쿨로 더욱 가파르게 상승했다. 이와 달리 홍콩 정제당 수출량은 1918~1920년 약 1만 7천 피쿨에서 1921~1922년 4만 ~5만 피쿨로 늘어났다가 그 뒤 급격하게 줄어 1927년부터 자취를 감추었다. 1922년까지 단둥 일대를 주도하던 홍콩 정제당이 1924년 부터 조선당에게 밀리기 시작한 것이다.

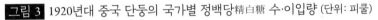 **그림 3** 1920년대 중국 단둥의 국가별 정백당精白糖 수·이입량 (단위: 피쿨)

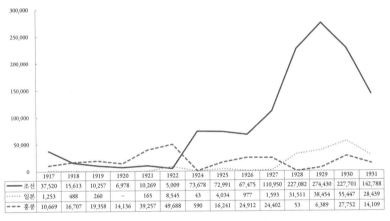

	1917	1918	1919	1920	1921	1922	1924	1925	1926	1927	1928	1929	1930	1931
조선	37,520	15,613	10,257	6,978	10,269	5,009	73,678	72,991	67,475	110,950	227,082	274,430	227,701	142,788
일본	1,253	488	260	–	165	8,545	43	4,034	977	1,593	31,511	38,454	55,447	28,439
홍콩	10,669	16,707	19,358	14,136	39,257	49,688	590	16,241	24,912	24,402	53	6,389	27,752	14,109

출전 南滿洲鐵道 編, 《滿洲貿易詳細統計》, 1926~1932 ; 安東商工會議所, 安東商工會議所, 《安東經濟事情》, 1936, 23쪽.

한편 1920년대 중엽까지 일당 조선공장이 가장 안정적으로 수익을 확보한 지역은 조선이었다. 한말부터 일당 유통망이 잘 구축되어 있었기 때문이다. 일본 회사 가운데 가장 먼저 조선에 진출한 정제당 회사인 오사카의 일본정당주식회사와 오사토제당소가 각각 1906

년과 1907년 일당으로 합병 또는 흡수된 덕분이다.[098] 더욱이 조선총독부가 전폭적으로 후원했다. 1915년 일당 사장 후지야마 라이타가 데라우치 마사타케 조선총독을 방문한 이래,[099] 조선총독부는 일당 조선공장의 생산과 판매에 특혜를 주었다.

구체적으로 살펴보면, 우선 사탕소비세砂糖消費稅가 있다. 근대국가 재정에서 사탕소비세는 술, 담배와 함께 대표적인 간접세다. 조선총독부는 일당 조선공장에서 예비로 사탕무를 재배하기 시작할 무렵 사탕소비세를 신설했다. 1919년 3월 24일 제령 4호로 사탕소비세를 공포하여 그해 4월 1일부터 실시하였다.[100] 조선의 사탕소비세는 일본의 사탕소비세법(1910)을 따랐지만, 세율은 모두 일본 세율의 절반이었다.[101] 〈표 16〉은 일본과 조선의 1919년과 1922년 사탕소비세를 비교한 것이다. 세율을 낮춘 명분은 "(세) 부담의 급격한 증가를 피하고 제당업과 제당을 원료로 하는 여러 가지 공업의 발달을 조성하고자 그 세율을 경감한 것"[102]이었다. 총독부가 조선에서 설탕 소비를 장려하여 일당의 수익을 보전해 주려고 일본보다 절반이나 낮게 세금을 매겼다.

098 Ⅱ장 1절 참고.

099 《日糖營業報告書》 41회, 1916.6., 9~10쪽 ; 《日糖營業報告書》 42회, 1916.12., 10~12쪽 ; 西原雄次郞 編, 앞의 책, 89, 74~75쪽.

100 《官報》 1919.3.24.

101 《本邦經濟統計》. 일본 정부는 1901년 간접세인 '사탕소비세'를 신설했다. 설탕 소비증가에 따라 조세수입에서 사탕소비세는 간접세 가운데 주세 다음으로 비중이 컸다. 조세수입에서 사탕소비세 비중은 1910년대 7퍼센트, 1920년대 8.3퍼센트, 1930년대 9퍼센트로 증가했다.

102 大藏省 編, 《明治大正財政史》, 財政經濟學會, 1925, 547쪽(이후 《明治大正財政史》).

표 16 일본과 조선의 1919, 1922년 사탕소비세 비교 (단위: 1피쿨당 엔)

	1종 11호 미만	2종 15호 미만	3종 18호 미만	4종 21호 미만	5종 21호 이상	6종 빙당, 각당, 봉당	당밀 1종 갑	당밀 1종 을		당밀 2종 갑	당밀 2종 을
1911~1927년 일본	3.00	5.00	7.00	8.00	9.00	10.00	3.00	9.00		2.00	3.00
1919년 조선	1.50	2.50	3.50	4.00	4.50	5.00	1.50	4.50		1.00	1.50
1922년 조선	3.00	5.00	7.00	8.00	9.00	10.00	1종 갑 3.00	1종 을 9.00	2종 갑 1.00 / 을 1.50	3종 갑 2.00	3종 을 3.00

출전 河野信治,《日本糖業發達史》, 日本糖業發達史編纂事業所, 1930, 489~490쪽 ; 大藏省 編,《明治大正財政史》, 1925, 財政經濟學會, 536~555쪽.

비고 1922년 조선의 당밀 2종은 사탕무를 원료로 제조할 때 생기는 당밀로 조선에만 있는 규정이다. 1922년 일본의 당밀 규정 2종은 조선 당밀 규정 3종과 같다.

둘째, 일본보다 사탕소비세 납부 유예기간이 짧았다. 제조장이나 보세지역에서 인수인이 설탕, 당밀, 당수糖水를 받으면 사탕소비세를 납부해야 한다. 인수인이 소비세액어치의 담보를 맡기면 3개월 동안 납부를 유예할 수 있었다. 일본의 유예기간이 6개월인데 조선은 절반밖에 되지 않았다. 인수인으로서는 3개월만큼의 이자를 더 부담해야 했다. 조선 설탕가공식품 산업이 아직 발달하지 않은 상태라서 총독부가 일본처럼 설탕가공식품 산업을 배려할 필요를 느끼지 못한 것이다.

셋째, 사탕소비세 면제 규정을 두었다. ① 수출 또는 이출하는 경우, ② 조선총독이 지정하는 물품 제조용, ③ 음식에 쓰지 않는 당밀, ④ 소비세를 낸 설탕으로 제조한 당수에는 세금을 부과하지 않았다.[103]

---

103 大藏省 編, 앞의 책, 547~548쪽.

다만 일본으로 이출할 때를 고려해 출항세를 적용했다.[104]

이 밖에도 1921년 12월 일당 평양공장 안의 사설 보세창고를 특별히 허가하여 보세화물 운송통로로 쓰게 하는 등 여러 면으로 일당 조선공장을 배려했다.[105]

조선총독부가 특혜를 주었어도 〈그림 4〉와 같이 1919~1921년 사이에 조선의 총 설탕 소비량은 크게 늘지 않았다. 1918년 소비량이 27만 피쿨이었고, 1919년 17만 피쿨, 1920년 14만 피쿨, 1921년 29만 피쿨, 1922년 17만 5천 피쿨에 지나지 않았다.

조선에 사는 인구의 1인당 설탕 소비량도 〈그림 5〉와 같이 1918년 0.96킬로그램에 견주어 1919년 0.60킬로그램과 1920년 0.52킬로그램으로 오히려 줄어들었다. 1921년에 소비량이 일시적으로 늘어난 것은 1922년 사탕소비세율 인상을 예상하고 상인들이 사재기한 결과였다. 1922년에는 전년에 미리 사 두어서 감소했다.[106] 1920년 전후 조선에서 설탕 소비량이 감소한 것은 워낙 설탕값이 급등했기 때문이다. 전후 고공행진하던 국제시세를 반영하여 조선의 백설탕 도매가격은 1918년 1피쿨에 15.78원에서 1919년 33.17원으로 두 배 이상 올랐다.[107]

그림 4 1884~1941년 조선의 총 설탕 소비량 (단위: 피쿨)

연도	1884	1886	1888	1890	1892	1894	1896	1898	1900	1902	1904
소비량	332	1,736	1,582	3,465	3,768	6,030	5,119	14,223	10,988	18,762	40,270

104　위의 책, 686~687쪽.
105　《동아일보》 1921.12.11.
106　《매일신보》 1924.7.5.
107　《朝鮮總督府統計年報》.

연도	1906	1908	1910	1912	1914	1916	1918	1920	1922	1924	1926
소비량	93,497	90,305	113,632	192,900	207,695	174,830	272,819	139,364	175,128	209,427	315,314

연도	1928	1930	1932	1934	1935	1936	1937	1938	1939	1940	1941
소비량	322,343	340,989	363,977	414,691	494,914	541,128	601,622	665,379	514,000	623,000	576,000

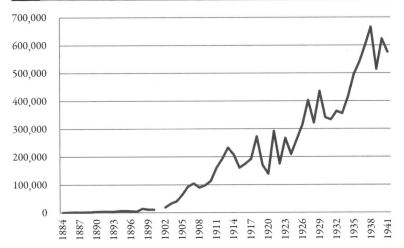

출전 1884~1893년 《朝鮮海關年報》; 1894~1900년 《通商彙纂》(한국편); 1902~1918년 《朝鮮總督府統計年報》; 1919~1938년 《臺灣糖業統計》; 1939~1941년 《매일신보》 1941.5.27.

비고 1885~1919년은 순수입량을 소비량으로 보았다.

그림 5 일제 때 조선인과 일본인 1인당 설탕 소비량 (단위: 킬로그램)

	1910	1911	1912	1913	1914	1915	1916	1917	1918	1919
선내	0.51	0.69	0.78	0.90	0.78	0.59	0.63	0.68	0.96	0.60
조	0.48	0.65	0.73	0.83	0.71	0.51	0.53	0.57	0.82	0.43
일	3.10	3.31	3.70	4.94	4.96	4.73	5.82	6.28	7.80	8.53

	1920	1921	1922	1923	1924	1925	1926	1927	1928	1929
선내	0.52	1.00	0.60	0.90	0.70	0.83	0.99	1.26	1.01	1.34
조	0.39	0.80	0.36	0.67	0.46	0.59	0.73	1.00	0.72	1.04
일	6.95	10.42	11.38	10.55	11.02	11.40	12.18	12.04	12.76	13.12

	1930	1931	1932	1933	1934	1935	1936	1937	1938	1939
선내	1.01	0.99	1.06	1.03	1.18	1.36	1.47	1.61	1.76	1.35
조	0.72	0.69	0.75	0.72	0.86	1.01	1.10	1.25	1.38	0.93
일	12.34	12.35	12.95	12.44	12.77	14.30	14.76	14.12	15.05	15.94

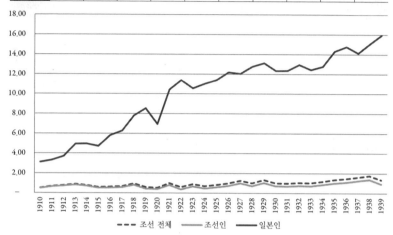

--- 조선 전체　——— 조선인　——— 일본인

출전 ① 설탕 총 소비량_ 1902~1918년《朝鮮總督府統計年報》; 1919~1938년《臺灣糖業統計》; 1939년《매일신보》1941.5.27.

② 인구_《朝鮮總督府統計年報》.

③ 일본인 1인당 설탕 소비량_ 1910~1926년 河野信治,《日本糖業發達史》3編, 日本糖業發達史編纂事業所, 1930, 277쪽 ; 1927~1939년 山下久四郎,《砂糖業の再編成》, 日本砂糖協會, 1940, 18~19쪽.

비고 ① '조'는 조선인, '일'은 일본인, '선내'는 조선에 사는 모든 사람의 1인당 소비량이다. 선내에 조선인, 재조 일본인 이외 기타 외국인도 포함되었다. 기타 외국인의 수가 1910년 1만 3천여 명에서 1939년 5만 2천여 명이었으나 이 표에 반영하지 않았다. 90퍼센트 이상 화교였는데 소비량을 알 수 없다.

② 1906~1919년은 순수입량을 소비량으로 보았다. 단위는 피쿨과 근을 편의에 따라 킬로그램으로 환산했다.

③ 조선 내 1인당 소비량=그해 조선의 총 설탕 소비량÷조선에 사는 인구.

④ 일본인 1인당 소비량은 일본 본국 기준이다.

⑤ 조선인 1인당 소비량={그해 조선의 총 설탕 소비량-(재조 일본인 수×일본인 1인당 소비량)}÷조선인 수.

재조 일본인의 설탕 소비량은 일본 본국의 일본인 소비량과 동일하다고 보았다.

일당이 조선에서 안정적으로 수익을 확보했지만 일당에게 조선 시장은 너무 작았다. 일당 조선공장은 일본 시장으로 몰래 손을 뻗었다. 이는 당업연합회糖業聯合會의 산당처분협정産糖處分協定을 위반하는 행위였다.

일본 시장은 보호관세와 같은 제당업 보호정책 덕택에 일본 내 제당자본이 안정적으로 고수익을 올리는 시장이었다. 1911년 이후 관세자주권을 회복한 일본 정부가 고관세를 물려 수입 정제당이 진입하는 것을 막아버린 덕분이었다.[108]

일본 제당자본들은 1910년 9월 당업연합회를 결성하고 1911년부터 해마다 산당처분협정을 맺었다. 가격이 폭락하지 않도록 공급량을 제한하여 안정적으로 이윤을 확보하려는 목적이었다.[109] 협정에 따라 대만산 분밀당을 일본 내수시장용 경지백당과 정제당에 필요한 원료당으로 나누어 할당했다. 과잉공급량은 의무수출당이라는 명목으로 반드시 수출하기로 약속했다.[110] 1910년 조선에 사탕무 제당회사를 설립하려고 할 때 일본 척식국拓植局이 반대한 이유도 조선에서 생산한 설탕이 일본으로 이입되는 것을 우려했기 때문이었다.[111] 1917년 조선총독부가 조선 내 제당회사 설립을 허가할 때도, 조선에서 생산한 설탕은 조선과 중국 시장에 판다는 전제가 깔려 있었다.

하지만 1920년대 초, 조선에서 설탕 소비를 진작시키려는 조선총

---

108 河野信治,《日本糖業發達史》, 日本糖業發達史編纂事業所, 1930, 487~488쪽. 완제품인 화란표본 21호 이상 백설탕 관세를 4.65엔으로 인상했다.

109 藤田幸敏,〈産糖處分協定成立の障壁と糖業連合會の模索〉, 久保文克, 糖業協會 監修,《近代製糖業の發展と糖業連合會》, 日本経済評論社, 2009, 110쪽.

110 南滿洲鐵道株式會社 庶務部 調査課 編,《滿洲における砂糖事情》, 1924, 75~79쪽. 일본 제당회사들은 의무수출당을 중국에 덤핑 판매하여 저가시장을 개척했다.

111 三澤糲·池田貫道,《朝鮮の甛菜糖業》, 1911, 23~24, 52~60쪽 ; 平壤民團役所 編,《平壤發展史》, 1914, 285쪽.

독부의 의도와 달리 일당 조선공장은 일본으로 제품을 흘려보냈다. 1921년 면세받은 사탕무 분밀당 약 11만 엔어치를 오사카로 보낸 것을 비롯해, 1919~1921년 사이 조선과 일본의 가격 차이를 틈타 일본으로 줄곧 설탕을 이출했다.[112] 출항세가 부과되었어도 사탕소비세를 면제받은 일당 조선공장의 설탕 가격은 일본 내 설탕 가격보다 저렴했다. 일당 조선공장 제품은 품질이 낮아 중국 시장에서 경쟁하기보다 일본으로 이출하는 쪽이 훨씬 이익이 높았다. 이때까지 당업연합회의 '산당처분협정' 범위는 일본 본국으로 한정되어 있어서 조선은 협정범위 밖이었다.

한편 일본 내 다른 제당회사, 설탕 상인, 설탕 가공식품 업계는 조선총독부의 사탕소비세 정책에 반발했다.[113] 1919년 사탕소비세 반액 경감, 면세규정 같은 특혜에 대한 항의였다. 항의가 이어지자 총독부가 3년 만인 1922년 3월 제령 3호로 일본제국과 동일 세율을 적용하는 '사탕소비세령砂糖消費稅令' 개정안을 발표했다. "재정상의 수요를 채우려고 한다"[114]는 명분이었지만 이면에는 일본 제당업계의 불만을 무마하려 한 것 같다.

조선총독부는 1922년 세율을 2배 인상하여 일본과 동일하게 했다. 1923년 1월부터 일본, 대만, 가라후토樺太(사할린의 일본명)로 이출하는 설탕, 당수에 대해서도 출항세를 폐지하고 사탕소비세를 부과하였다.[115] 사탕소비세 담보 유예기간도 일본과 같이 6개월로 바꾸었다.[116] 본국과 동일하게 세율을 조정하자 조선의 설탕 가격이 일본보

---

112 《매일신보》 1921.12.8.

113 《동아일보》 1921.3.6.

114 《明治大正財政史》, 549쪽.

115 《官報》 1923.1.16. ; 〈표 28〉 참조.

116 《明治大正財政史》, 549~551쪽.

다 비싸졌다.

〈그림 6〉으로 조선과 일본 사이의 설탕 소비세율 격차로 인한 가격 역전을 관찰할 수 있다. 엄밀하게 〈그림 6〉에서 서울은 소매가격이고 도쿄東京는 도매가격으로 다르다. 하지만 도매가격과 소매가격의 격차가 얼마나 일정하게 유지되는지로 서울과 도쿄 사이의 가격 동향을 추정하여, 조선과 일본의 가격 변동 상관성을 이끌어 낼 수 있다. 1921년 서울의 설탕 소매가격이 도쿄의 도매가격보다 5엔 정도 낮았는데, 1922년부터 4~4.5엔 높아졌다. 1921년까지 서울과 도쿄의 설탕 가격이 역전되었음을 뜻한다.

그림 6 1921~1937년 서울과 도쿄의 정제당 가격 비교 (단위: 1피쿨당 엔)

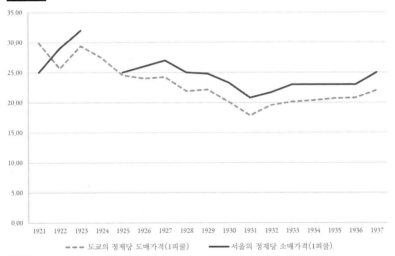

--- 도쿄의 정제당 도매가격(1피쿨) ——— 서울의 정제당 소매가격(1피쿨)

출전 《朝鮮總督府統計年報》;《臺灣糖業統計》, 1938.

비고 ① 《朝鮮總督府統計年報》의 가격이 도매가격인지 소매가격인지가 뚜렷하지 않지만 단위가 1근인 것으로 보아 소매가격일 것으로 추측했다.

② 이 표에서는 단위를 맞추기 위해 《朝鮮總督府統計年報》의 1근당 가격을 1피쿨로 조정했다.

1922년 개정안으로 일본에 맞춰 세율을 조정했지만 일본과 아주 똑같지는 않았다. 일본의 당밀 분류는 2종류인데 조선의 당밀 분류는 3종류였다. '사탕무를 원료로 설탕을 제조할 때 생기는 당밀' 2종 규정을 추가했다.[117] 조선의 당밀 2종 세율은 다른 당밀 세율에 비해 1/3~1/6이나 저렴했다.

그 뒤 일본에서 사탕소비세를 개정할 때마다 조선도 거의 비슷하게 분류기준과 세율을 바꾸었다. 다만 당밀 2종에 대해서는 여전히 조선총독부가 독자적으로 저율 과세했다.[118] 조선총독부는 제국의 방침에 순응하면서도 독점기업인 일당 조선공장에 대한 특혜조치를 유지하고 있었다.

조선총독부의 후원 덕분에 일당 제품은 1920년대 중반까지 조선 설탕 소비량의 90퍼센트 이상을 차지했다.[119] 《매일신보》에서는 사탕소비세로 조선의 설탕 소비량을 추정했다. 1923년 조선당이 50퍼센트, 일본으로부터의 이입량이 40퍼센트, 일본 이외 지역에서의 수입량을 10퍼센트로 보았다.[120] 《조선경제잡지朝鮮經濟雜誌》에서는 조선 내 설탕 소비량을 1925년 21만 피쿨, 1926년 27만 피쿨로 추정했다.[121] 이에 따르면 조선 내 소비량 가운데 1925년 수·이입량이 11

---

117 山下久四郎, 《砂糖業の再編成》, 日本砂糖協會, 1940, 63쪽 ; 〈표 28〉 참조.

118 〈표 28〉 참조. 당밀 2종만이 아니라 아울러 사탕소비세 4종과 5종의 기준인 화란표본 22호도 일본에서는 1927년 화란표본 22호로 올렸다가 1932년 다시 21호로 낮췄다. 그러나 조선은 1932년 개정 때 화란표본 22호를 그대로 유지했다. 일본은 대만 분밀당 회사와 정제당 회사들의 기술력도 고려해야 했지만 조선은 일당 제품이 22호 이상 제품을 생산할 수 있었기 때문에 굳이 낮출 필요가 없었던 것으로 추측된다.

119 《매일신보》 1925.9.22.

120 《매일신보》 1924.7.5.

121 〈표 23〉의 1925년 26만 피쿨, 1927년 40만 피쿨과 다소 차이가 있다.

만 8천 피쿨, 조선 내 생산량이 9만 3천 피쿨이고, 1926년 수·이입량이 12만 7천 피쿨, 조선 내 생산량이 14만 피쿨이라고 보았다.[122] 1923~1926년 조선 설탕 소비량 가운데 일당 조선공장에서 생산한 제품과 수·이입 제품은 거의 반반이었다. 절반 가량을 수·이입했는데 일당 제품 점유율이 90퍼센트 이상이었다는 것은 일본에서 이입한 제품도 거의 일당 제품이었음을 뜻한다.

세율을 개정했지만 일당 조선공장은 일본으로 이출을 멈추지 않았다. 가장 큰 구실은 1923년 9월 1일 도쿄 대지진이었다. 지진으로 일당 도쿄공장이 파손되자 이를 핑계로 일당 조선공장은 1923년 5만 피쿨, 1924년 14만 피쿨, 1925년 7만 피쿨이라는 막대한 양을 일본으로 보냈다. 이렇듯 일당은 산당처분협정을 위반하고 있었다.[123]

1922년 이후 정제당을 생산하며 일당 조선공장의 총 생산량이 급증했다. 〈표 17〉과 같이 1923년 16만 피쿨, 1925년 40만 피쿨, 1928년 56만 피쿨, 1930년 68만 피쿨로 늘었다. 사탕무 분밀당과 정제당 비중을 보면 사탕무 분밀당이 4퍼센트 미만이고 정제당이 96퍼센트 이상이었다. 1922년부터 일당 조선공장이 정제당으로 주력공정을 바꾸며, 조선 제당업은 원료공급지가 아니라 판매기지가 되었고 조선 농업과 연관성이 사라졌다.

그러는 사이 사탕무 농업은 조선총독부에게 떠넘겨졌다. 일당 조선공장은 정제당에 주력하면서 사탕무와 관련된 회사 경비를 줄였다. 재배 농민과 맺는 계약조건을 회사에 더 유리하게 변경하여 작황이 나쁠 때 손해를 농민에게 돌렸다. 1920년 처음 사탕무를 재배할 때는 면적단위로 1반보反步 경작에 13원씩 계약했

122   京城商業會議所, 앞의 책, 13쪽.
123   《大阪朝日新聞》 1927.12.28.

는데, 1922년부터 무게단위로 바꾸어 1근에 6리로 계약 변경했
다. 1반보反步에 10원인 셈이 되어 약 3원씩 수매가격이 줄었다.[124]

표 17 1920년대 일당 조선공장의 사탕무 분밀당과 정제당 생산 (단위: 피쿨)

	총 생산량 (A)	사탕무 분밀당 (B)	사탕무 분밀당 차지율(B/A)	정제당(C)	정제당 차지율(C/A)
1920	15,630	15,630	100퍼센트	–	0퍼센트
1921	15,465	15,463	100퍼센트	2	0퍼센트
1922	65,875	10,023	15퍼센트	55,852	85퍼센트
1923	159,229	6,053	4퍼센트	153,176	96퍼센트
1924	218,886	6,301	3퍼센트	212,585	97퍼센트
1925	411,679	9,378	2퍼센트	402,301	98퍼센트
1926	361,145	5,351	1퍼센트	355,794	99퍼센트
1927	289,249	9,851	3퍼센트	279,398	97퍼센트
1928	568,828	10,721	2퍼센트	558,107	98퍼센트
1929	634,335	11,080	2퍼센트	623,255	98퍼센트
1930	696,529	15,091	2퍼센트	681,438	98퍼센트
1931	627,683	24,804	4퍼센트	602,879	96퍼센트

출전 《臺灣糖業統計》.

일당은 사탕무 재배법 보급에 필요한 인력을 총독부에게 부담시
켰다. 애초 1920년에는 회사가 조선인 농사지도원 60명을 채용하여
농민들에게 재배법을 강권하면서 비료와 개량농기구를 쓰게 했다.[125]
하지만 1925년 평안남도의 '5개년 사탕무 재배장려 계획안'을 보면
총독부가 각 군郡과 면面에 농사를 지도하는 기술원을 배치하고[126]

---

124 《동아일보》 1922.12.14.
125 西原雄次郎 編, 앞의 책, 110쪽 ;《매일신보》 1919.7.4.
126 대동군(대동강면, 임원면, 용연면, 남곶면, 추을미면, 율리면, 고평면), 중화군(중화
     면, 당정면, 해압면), 평원군(순안면, 석암면), 강서군(잉차면), 강동군(효다면) 모

사탕무 재배조합을 만들도록 되어 있다.[127] 실제 1926년부터 사탕무 재배는 전부 조선총독부로 이관되었다. 도道가 사탕무 재배를 감독하고 회사는 도를 통해 사탕무를 매입했다.[128]

사탕무 재배 책임을 떠안은 조선총독부는 1926년부터 '5개년 사탕무 재배장려정책'을 시행했다. 하지만 정책에 필요한 재정지원금은 거의 증액하지 않았다. 종전대로 종자보조금 7만~8만 원뿐이었다. 일당 조선공장은 자체적인 노력을 기울이는 것 없이 총독부에게 더욱 강력한 재정지원과 장려정책을 요청할 뿐이었다. 1927년 2월 일당 조선공장 최고 책임자인 미우라 카츠에三浦主計가 황해도·평안남도 당국자·총독부 농무과에 목화 농사[棉作]를 기준으로 지원을 요청했다. 목화 농사처럼 사탕무를 장려하고 앞으로 5년 동안 총 141만 원 규모의 보조비를 지원해달라는 내용이었다.[129] 1929년이 되어서야 총독부는 회사 요구에 훨씬 못 미치는 액수인 9만 3,500원으로 증액했다.[130]

총독부가 자금 지원은 소극적이었지만 행정력은 적극적으로 동원했다. 일당이 원하는 전문적인 '기술원' 대신 식산국 농무과의 지

두 14면에 각 면마다 1명씩 두었다.

127 柳川勉 編, 《朝鮮之事情》, 朝鮮事情社, 1926, 29~30쪽.

128 京城商業會議所, 앞의 책, 12쪽.

129 《동아일보》 1927.2.16., 1927.3.12., 1927.7.26. ; 外務省調査部, 《本邦糖業槪説》, 1934, 3쪽(이후 《本邦糖業槪説》). 1927년 2월 16일부터 황해, 평남 양도의 사탕무 재배계획에 대해 평양의 도 당국 담당자, 총독부 石塚기사 일당 조선공장장 미우라 카츠에가 촉진방법을 두고 협의하여 3월 12일과 7월 26일에 협의안, 계획안을 제출했다. 앞으로 5년 동안 재배면적을 8백 정보에서 3천 정보로 올리고 수량도 1억 근으로 증대시키는 것을 목표로 삼았다. 조선총독부가 1902년부터 1927년까지 제당업에 현금으로 교부한 장려금과 보조금 총액이 1,275만 원, 간접지출도 1,200만 원으로 총 2,475만 원에 이르렀다.

130 《京城日報》 1929.1.17.

시를 받은 일선 지방관헌에게 '기술원' 일을 맡겼다.[131] 도·군·면 당국자가 일당 조선공장이라는 사기업을 대행해 사탕무 재배를 감독했다. 관헌은 면 단위로 경작지를 할당하고 사탕무를 재배하라고 강요하였다.

그 결과 〈표 14〉와 같이 1927년부터 경작지가 증가했다. 하지만 이에 따른 부작용이 컸다. 1925년 황해도 재령군 농민들은 군과 면 당국자가 사탕무 재배가 상당한 수입이 된다고 장려해서 사탕무 농사를 지었다가 막대한 손해를 봤다고 투덜댔다.[132] 1926년 2월 평안남도 대동군 농민들은 군청이 일당 조선공장 청탁으로 이익이 없는 사탕무 재배를 선전한다며 비난했다.[133] 같은 해 11월 함남 고원군에서 군 농회원農會員과 면 직원들이 일반 농민에게 사탕무를 장려했으나 농민들은 사탕무 매수가격이 다른 작물보다 낮아서 수익이 7~8할이나 줄었다고 불평했다.[134]

일부 농민들은 사탕무 재배에 저항했다. 평안남도 강동군 농민들은 면과 군 직원을 피해 다녔다.[135] 황주군 흑교면 농민들은 사탕무 재배를 거부했다.[136]

군과 면 관헌은 사탕무 재배지를 확대하고 지시에 따를 것을 농민들에게 종용했다. 단위면적(段步)당 수확량을 증대시키기 위해 지도반을 편성하고, 파종했는지, 지시대로 이랑 폭(畦幅)을 만들었는지,

---

131 《동아일보》 1928.8.20. 식산국 농무과 기사가 황해도와 평남의 사탕무 재배 상황을 각지를 시찰하면서 지휘했다.

132 《동아일보》 1925.11.23.

133 《조선일보》 1926.2.22.

134 《동아일보》 1926.11.4.

135 《중외일보》 1927.12.2.

136 《동아일보》 1927.1.22.

화학 비료[金肥]와 거름[追肥]을 주었는지 감시했다. 1929년 증액된 보조비로 각 군에서 감독을 맡을 사탕무 기술원을 소집하여 재배 감독을 한층 강화했다.[137] 군 농회에서 목화 농사와 함께 사탕무 다수확多收穫 품평회를 열어 수상자를 선발했다. 수상자에게 상품을 주어가며 우수 경작자를 격려했다.[138] 또, 신문에 홍보해 사탕무 재배법을 자세하게 알려주었다.[139]

1926년부터 총독부는 연구인력을 증강했다. 총독부 촉탁인 큐슈九州대학 식물병리학자 나카다 사토루中田覺五郎 박사를 일당 조선공장 고문으로 삼았다. 큐슈 농학부, 권업모범장 수원·사리원·평양의 권업모범장, 일당 조선공장 시험장이 서로 연결하여 사탕무의 병충해 같은 연구를 수행했다.[140] 권업모범장 평양의 서선지장西鮮支場은 사탕무 시험부를 따로 두어 여러 시험을 실시했다.[141] 그러나 일본의 사탕무 재배기술 수준이 낮아서 갈반병을 완전히 해결하지 못했다. 병충해 예방·구제[防除]를 위해 제때 3회 정도 보르도 액Bordeaux mixture을 살포하는 정도였다.[142]

농민의 반발에도 총독부의 사탕무 재배 장려정책은 일정하게 성과를 거두었다.[143] 〈표 14〉에서 보듯 경작 재배지가 1926년 557정보에서 1929년과 1930년에는 9백 정보, 1931년에는 1천 정보로 증가

---

137 《京城日報》1929.1.17. ;《大阪朝日新聞》1929.4.7.

138 《동아일보》1927.11.24., 1928.12.22.

139 《중외일보》1928.8.22.

140 西原雄次郎 編, 앞의 책, 226쪽.

141 船越光雄, 앞의 글.

142 朝鮮總督府農事試驗場 編,《(朝鮮總督府農事試驗場)成績要覽》, 朝鮮總督府農事試驗場, 1932, 108~109쪽.

143 《大阪朝日新聞》1929.4.7. ;《중외일보》1929.5.5. ;《동아일보》1931.3.5. ;《매일신보》1931.7.5.

했다. 함당률도 1926년 7.89퍼센트에서 1927년 11.25퍼센트, 1928년 10.10퍼센트로 9퍼센트 이상을 웃돌았다. 반보反步당 수확량도 1926년 1,335근에서 1930년 1,965근, 1931년 3,524근으로 올랐다.

이러한 노력과 함께 총독부는 연구소에서 새로운 사탕무 재배지를 물색하게 했다. 애초 조선에서 제당회사 입지를 정할 때 일당이 사탕무 생육환경이 아니라 시장인 중국과의 접근성을 최우선 조건으로 고려했기 때문에 사탕무 재배가 어려움을 겪는다고 보았다. 권업모범장 서선지장 연구진은 사탕무 재배 최적지를 물색했다. 그 결과 함남지역이 더 적합하다는 사실을 발견했다.[144]

이러한 연구소의 노력에 대해 회사 측은 사탕무 운송비 때문에 수지타산이 맞지 않는다며 재배지 이전을 거절한 듯하다. 일당 조선공장은 정제당업에 주력하기로 결정하면서 사탕무 재배에는 더 이상 투자하지 않았다. 회사는 총독부에 더 많은 재정지원과 장려책을 요구할 뿐이고, 총독부는 사탕무 재배지를 함경도로 옮기라고 권하면서 서로 갈등하고 있었다.

2. 일본 제과업 이식

한말 한국으로 이주한 중국인이나 일본인이 차린 음식점과 과자상은 대개 영세한 자본으로 출발했다. 이들이 만든 외래 설탕음식이 조선인 최상류층의 입맛을 사로잡으며 부를 축적했다.

일본은 1910년대 조선 식민지화에 성공하고 1차 세계대전에서 영

---

144 朝鮮總督府農林局 編, 앞의 책, 200쪽 ; 西原雄次郎 編, 앞의 책, 227쪽 ; 《동아일보》 1931.5.15.

국의 동맹국으로 전시 호황을 누리며 제과업 같은 소비재 산업이 발달했다. 일본 내 제과회사가 식민지 조선으로 진출하자, 종래 가내공업 수준의 재조 일본인 과자상이 합자회사나 주식회사로 연합하여 대응해 나갔다. 조선인 또한 영세한 자본으로 제과업에 진출하였다. 1920년대가 되면 제과업이 '일본 회사-재조 일본인 회사-재조 일본인 제과점-조선인 제과점-과자소매상-행상'순으로 서열화되었다. 빙수업도 유입되었다. 천연빙과 인조빙이 경합하는 가운데 제빙소가 있는 대도시 중심으로 빙수가게가 확산되었다.

1) 일본 제과회사의 조선 진출과 대응

과자 종류에 따라 다르지만 근대 조선·중국·일본 과자는 대체로 설탕, 물엿, 쌀·콩·팥 같은 곡물이나 밀가루 같은 곡물가루, 땅콩·호두 같은 견과가 들어갔다. 서양과자는 설탕, 물엿, 우유·연유·버터와 같은 유제품, 계란, 유지油脂를 넣었다. 이러한 기본 재료에 향을 내는 착향료와 색깔을 내는 착색료를 섞었다. 따라서 제과업은 제이製飴(엿 만들기), 제당, 제분, 목축, 유지공업과 함께 발달했다.

꽤 적은 자본으로 창업이 가능한 엿 만들기[製飴]를 제외하고, 제당, 제분, 목축 등 제과와 연관된 산업은 모두 대자본이 필요하다. 일본 과자는 대체로 가내공업이어서 소자본으로 창업이 가능했지만, 서양과자를 제조하려면 대자본과 높은 기술이 필요했다. 서양과자 가운데 캔디, 캐러멜 종류가 자본 규모와 기술 수준이 가장 낮았고, 비스킷, 초콜릿류 순으로 높았다.[145]

---

145 鈴木梅太郎, 《食料工業》, 丸善出版株式會社, 1949, 179~180, 193~194쪽 ; 《時事新報》 1930.2.21.~2.23.

일본에서 19세기 후반부터 전통 일본 과자를 만들던 제과점이 서구화한 일본 과자를 만들기 시작했다. 대표적인 곳이 도쿄의 기무라야木村屋와 오사카의 미카와야三河屋였다. 누룩으로 부풀린 밀가루 속에 단팥을 넣은 단팥빵을 고안했다. 팥과 누룩이라는 일본식 재료와 설탕·밀가루라는 서양식 재료 및 제법을 절충한 단팥빵이 선풍적인 인기를 끌며 두 제과점은 급성장했다. 1차 세계대전이 일어난 뒤 일본 경제가 활황을 지속하자, 두 제과점은 여세를 몰아 식민지 조선으로 진출해 시장 확대를 도모했다. 기무라야의 경우 〈표 11〉과 같이 1915년 경성, 1917년 평양에 지점을 열었다. 두 지점 모두 생산과 판매를 겸했다. 1922년 기무라야 평양지점 생산액이 2만 1,900원에 달한 것으로 보아 경성지점도 평양지점과 비슷하거나 더 컸으리라 짐작된다. 미카와야도 재조 일본인이 많이 사는 용산에 지점을 냈다. 설립 시기는 뚜렷하지 않지만 1923년 비스킷을 제조하고 있었고 영업세로 4백 원을 낼 정도로 성황이었다.[146]

이와 달리 한말 이후 경성이나 개항장에 차린 재조 일본인 과자상은 소규모였다. 〈표 11〉과 같이 자본금이 3백 원~1만 2천 원으로 대개 1천 원에서 2천 원 규모였다. 하지만 자본금에 비해 생산액이 매우 높았다. 〈표 11〉에 나온 제과점의 경우 자본금에 비해 조사 시점인 1922년과 1923년의 생산액이 대개 6천 원~1만 원으로 자본금을 훨씬 웃돌았다. 1910년대까지 투자자본 대비 고수익을 올리고 있었다.

일본 내 제과점이 조선 시장을 공략하자 재조 일본인 과자상은 위기의식을 느꼈다. 1920년대가 되면 1910년대까지 소자본으로 운영하던 제과업자들이 공동으로 투자하여 주식회사나 합자회사를 설

146　京城商業會議所 編, 《京城商工名錄》, 1923.

립하기 시작했다. 〈표 18〉은 《조선은행회사요록朝鮮銀行會社要錄》에 기재된 자본금 10만 원 이상 제과회사 명단이다. 〈표 18〉에서 보듯 1919년부터 1920년대 초에 조선朝鮮제과(1919), 경성京城과자(1921), 오오니시大西제과(1922), 평양平壤제과(1920) 같은 회사가 세워졌다. 대주주 또는 중역으로 모토요시 쿄이치本吉淸一, 후지 사다시藤貞市, 나가오카 조우에몬永岡長右衛門, 아이카토 요지로秋鹿豊次郎, 야마모토 슈지山木秀二 같은 일본인들이 참여했다. 이들은 〈표 10〉과 〈표 11〉 같이 전부터 개인적으로 제과점을 운영하고 있었다.

표 18 1910~1920년대 자본금 10만 원 이상 제과회사

지역	회사명	설립연도	자본금(원)	중역과 대주주
서울	朝鮮製菓(株)	1919	250,000	1921)대표 本吉淸一, (전무이사)藤貞市, (상무이사)鈴木武司, (이사)宋台觀, 原武七, 小川勝平, 佐藤牧太郎, (감사)永岡長右衛門
				1923) 대표 原武七, (전무이사)藤貞市, (상무이사)鈴木武司, (감사)一瀨武內
				1925~27) 대표 原武七, (전무이사)藤貞市, (이사)朝長透, (감사)一瀨武內
서울	京城菓子(株)	1921	100,000	1921)대표 藤貞市, (이사)牛島倉太郎, 迫井松太郎, 菅福太郎, (감사)岩永彌平
				1925~27)대표 藤貞市, (이사)原武七, 吉永伊源太, 一瀨武內, (감사)岩永彌平
			200,000	1929)대표 原武七, (전무이사)藤貞市, (이사)朝長透, 吉永伊源太, (감사)一瀨武內
평양	平壤製菓(株)	1920	250,000	1921)대표 竹中佐治郎, (전무이사)秋鹿豊次郎, (이사)吉川勝太郎, 神頭寅之助, 荒木武雄, (감사)小西豊年, 秋鹿藤市
서울	大西제과(合資)	1922	35,000	1923)대표 大西悅太郎, (사원)永岡長右衛門, 山本秀二, 小林熊一, 湯淺主馬, 藏貞市

출전 《朝鮮銀行會社要錄》, 국사편찬위원회 한국사데이터베이스.

이 가운데 1919년 세운 조선제과와 1921년 세운 경성과자가 대표적이다. 조선제과가 인삼 캐러멜을 비롯한 서양과자를 만들고, 경성

과자가 이를 판매했다. 후지 사다시 같은 인물이 조선제과와 경성과자에 대주주로 참여했다. 후지 사다시는 1906년 도쿄 모리나가森永제과에서 근무했던 경험을 토대로 1915년부터 인삼 캐러멜을 개발한 인물이다. 후지 사다시와 비슷한 경력을 가진 모토요시 쿄이치, 나가오카 조우에몬과 같은 재조 일본인 제과업자가 설립한 회사도 조선제과 설립에 동참했다.

평양제과도 1920년 재조 일본인 제과업자가 세운 회사였다. 전무 겸 감사인 아이카토 요지로는 1906년부터 평양에서 아이카秋鹿제과공장을 경영하고 있었다. 1922년 세워진 오오니시제과의 중역도 재조 일본인 제과업자였다. 한말 이래 조선에 건너온 제과업자인 나가오카 조우에몬, 야마모토 슈지, 후지 사다시가 참여했다. 나가오카 조우에몬은 1908년부터 나가오카永岡제과소, 야마모토 슈지는 1920년 야마모토山本제과소를 운영하고 있었다.

재조 일본인 과자상은 서로 긴밀하게 연합했다. 새로 제과회사를 설립하고 서로 투자하여 자본금을 키웠다. 1923년《조선은행회사요록》을 보면 경성과자의 후지 사다시와 오오니시제과의 오오니시 에츠타로大西悦太郎가 아이카상점(합자)에 대주주로 투자하고 있었다.

1920년대 중반이 되면 일본 내 대형제과회사가 조선에 진출하며 경쟁이 더 치열해졌다. 1910년대 후반 들어온 기무라야와 미카와야 같은 일본 제과점뿐 아니라 1920년대 중반이 되면 일본의 서양식 제과회사가 조선으로 들어왔다.

일본에서 본격적으로 서양과자를 대량생산하기 시작한 것은 1899년 모리나가제과공장부터였다.[147] 미국에서 10년 동안 제과기술을 배운 모리나가 타이치로森永太一郎가 귀국해 1899년부터 제과공장을

147 《東京朝日新聞》1925.8.21.

운영했다. 모리나가제과공장은 기계로 캐러멜을 비롯한 서양과자를 생산해 성황을 이루었다. 비약적으로 성장하여 1910년 자본금 30만 원으로 모리나가제과주식회사가 되었고 1923년이 되면 자본금 3백만 원의 대기업이 되었다.[148] 메이지제당도 사업영역을 다각화하며 하위부문downstream인 제과업으로 진출했다. 1차 세계대전으로 호황이던 1916년 메이지제과를 설립한 뒤 합병과 증자를 하여 1924년 메이지제과는 자본금 5백만 원 규모로 급성장했다.[149]

모리나가제과와 메이지제과를 비롯해 1920년대에 일본에서 제과회사 수가 급증했다. 1925년에는 일본에 제과회사가 2백여 개나 되었다. 1차 세계대전 활황으로 일본인 소비수준이 향상되어 제과업 붐이 일었기 때문이다. 일본의 유력한 제과회사는 치열한 경쟁에서 이기기 위해 상위부문upstream인 제당회사와 손을 잡았다. 애초부터 메이지제당의 자회사로 출발한 메이지제과는 제당회사와 긴밀했다. 모리나가제과는 대만제당과 전략적 제휴를 맺고 서로 운전자금을 융통하는 거래체제를 구축했다. 이로써 원료공급을 원활하게 하고 안정적으로 설탕판로를 확보할 수 있었다.[150]

뿐만 아니라 조선 시장으로 진출했다. 1923년 모리나가제과는 서울에 나카지마상점 경성지점을 특약판매점으로 삼아 판매를 위탁했다.[151] 1929년이 되면 아예 모리나가제품 조선판매(주)를 세워 자사

148 《大阪時事新報》 1923.10.21.

149 明治製糖株式會社, 《明治製糖株式會社 30年史》, 1936, 113~114쪽 ; 明治製菓株式會社, 《明治製菓 20年史》, 1936, 1~6쪽.

150 《東京朝日新聞》 1925.10.17., 1925.8.21.

151 《大阪時事新報》 1923.10.21., 《朝鮮銀行會社要錄》 1931~1939. 모리나가제과 조선 특약판매점은 시모노세키에 본점을 둔 설탕과 밀가루 도매상 나카지마상점 경성지점으로 추측된다. 나카지마상점 경성지점 주임인 大森薰治가 대표였고 대주주는 나카지마상점이었다.

제품 판매를 전담하게 했다.[152] 메이지제과는 1920년부터 메이지상점에 판매를 맡겼다. 1927년 6월이 되면 일본제국 전역의 주요 도시 34개에 메이지제과 판매소를 설치해서 과자 판매를 맡겼다. 조선에도 메이지제과 판매소를 세웠다. 메이지제과 판매소에서는 과자만이 아니라 메이지제당 설탕도 판매했다.

이렇듯 1920년대 조선 시장에서 일본에서 진출한 제과회사와 재조 일본인 제과회사가 경쟁하는 가운데, 제조품목 종류에 따라 회사의 흥망이 엇갈렸다. 자본금 다과多寡가 과자 종류에 크게 영향을 미쳤다. 일본 제과회사인 모리나가제과와 메이지제과가 초콜릿, 비스킷, 웨하스, 드롭스, 양갱, 캐러멜을 만들었고, 마찬가지로 일본에서 진출한 이토伊藤상점이 풍선껌을 만들었다. 초콜릿, 비스킷, 웨하스, 풍선껌 같은 제품은 높은 수준의 기술과 대자본이 들어가는 고급과자였다.[153]

재조 일본인 제과회사는 자본과 기술이 적게 드는 품목을 다루는 회사가 살아남았다. 캐러멜, 드롭스, 건빵, 양갱 같은 품목은 자본과 기술력 차이가 적었다.[154] 이를테면 재조 일본인 제과회사 가운데 1922년 설립된 오오니시제과소의 경우[155] 인삼 웨하스wafer, '조선엿', 인삼 드롭스drops를 만들었다. 1920년대 중반부터 오오니시제과에 대한 기록을 확인할 수 없는 것으로 미루어 보아 문을 닫은 듯하다. 아마 웨하스 같은 비스킷 류는 일본 제과회사와 기술력 차이가 많이 나서 망한 것으로 보인다.[156]

---

152 《朝鮮銀行會社要錄》 1931~1939.

153 明治製菓株式會社, 《明治製菓 20年史》, 1936, 29~31쪽 화보.

154 《朝鮮銀行會社要錄》.

155 宮本勝行, 《朝鮮食料品同業發達誌》, 鮮滿實業調查會, 1922.

156 時事新報 1930.2.21~2.23. 모리나가제과에서 가장 신경을 쓰는 것 가운데 하

이와 달리 조선제과(1929년부터 경성과자주식회사로 개칭)의 경우 자본이 적게 들고 기술력 차이가 덜 나는 캐러멜이 주력제품이었다. 그 덕에 조선제과는 살아남았다.[157] 1927년 무렵 조선제과는 해산했지만, 조선제과 제품판매를 전담하던 경성과자(주)가 1927~1928년 자본금을 20만 원으로 올리고 인삼캐러멜을 비롯한 서양과자류를 제조·판매하면서 영업영역을 확장했다.

재조 일본인의 제과회사는 자본금이나 기술력 모두 일본 내 제과점이나 제과회사에 비해 열세였다. 재조 일본인 회사는 일본 제과회사 자본금의 1/10~1/20 정도였다. 일본에 본점을 둔 제과회사나 제과점의 자본금은 3백만~5백만 원이었다. 이에 비해 재조 일본인들이 만든 제과회사는 〈표 18〉과 같이 20만~25만 원 정도였다. 이러한 격차에도 조선제과(주)가 캐러멜 같은 저기술력의 과자를 주력품으로 제조했기에 살아남았다.

재조 일본인은 제과회사에 참여하면서도 여전히 개별적으로 중소 제과점을 운영했다. 이들이 경영하는 대부분의 중소 제과점에서는 일본 과자와 서양화한 일본식 과자를 만들었다.[158] 이를테면 센베이, 만쥬, 찹쌀떡(모찌), 오코시(밥풀과자), 모나카もなか[159], 마메카시豆菓子(콩과자), 양갱, 카스텔라, 슈크림, 쌀과자〔米菓子〕, 히카시(마른 과자), 카케모노과자掛物菓子(설탕으로 버무린 과자), 눈깔사탕〔飴菓子〕이다.

나가 살균이었다.

157 鈴木梅太郎, 앞의 책, 179~180쪽.

158 〈표 10〉, 〈표 11〉 참조.

159 모나카もなか는 얇게 민 찹쌀가루 반죽을 둥글게 잘라 두 조각을 굽고 사이에 달게 만든 팥소를 채운 일본 과자다. 한국에서 현재 일본어 그대로 통용되므로 모나카로 표기했다.

한편 조선인도 제과업으로 진출했다. 1910년대 전부터 제과업에 종사한 조선인은 전체 제과상의 10퍼센트 안팎이었다. 1910년대 이전과 1910년대 설립된 제과점에 대한 자료가 〈표 10〉과 〈표 11〉이다. 누락이 많지만 이 표로 제과점에 종사하는 민족별 구성을 추측할 수 있다. 〈표 10〉에서 1910년 전에 세워진 제과점 가운데 조선인 제과점은 1곳, 일본인 제과점은 14곳이 있다. 1910년대 자료인 〈표 11〉을 보면 제과점 50곳 가운데 조선인 제과점 6곳, 일본인 제과점 44곳으로 되어 있다.

1920~30년대가 되면 1910년대보다 조선인 진출이 늘었다. 〈표 19〉와 〈표 20〉은 《조선은행회사요록》과 각 도시에서 발간한 《상공인명록商工人名錄》에 실린 제과점을 조사한 것이다. 이 자료에도 영세업체들이 많이 빠졌지만 민족별 구성과 자본 규모를 확인할 수 있다. 1921년부터 설립된 일본인 제과점이 117군데였고, 조선인 제과점이 27군데였다. 23퍼센트만 조선 제과점이고 나머지는 일본인 제과점이었다. 조선인 비중이 증가했지만 여전히 재조 일본인 제과점이 압도적이다.

자본금액에 따라 크게 세 그룹으로 나눌 수 있다. 첫 번째 그룹이 자본금 10만 원 이상으로 대량생산하는 일본·일본인 제과회사다. 두 번째 그룹이 중소규모의 재조 일본인 회사다. 지역마다 편차가 있지만 서울의 경우 1920년대 1천 5백~6천 원으로 평균 3천 원 정도였다. 세 번째 그룹이 조선인 제과점이다. 자본금 규모가 약 1천~1천 5백 원이었다.

제과업 종사자도 증가했다. 제과 기술자, 집금원集金員(외교원), 배달원, 판매원, 소매상, 행상과 같은 직종이다. 우선 일본 제과법에 능숙해지는 제과기술자가 늘어났다. 1920년대 초부터 전국 과자품평회가 개최되었다. 그 규모를 보면 1926년 제6회 과자품평회의 경우 출품인원이 2,560명, 출품작이 1만 1,700여 점이나 되고 입상자가 2,025명에 이르렀다. 과자품평회에 참가하지 않은 제과기술자까지 고려하면 출품 인원인 2,560명 이상의 제과기술자가 활동하고 있었다. 이 가운데 조선인 비율도 늘어났다. 1931년에 부산에서 개최한 '전 조선 과자·엿 품평회〔全朝鮮菓子·飴品評會〕'에서 조선인으로 공기입행당空氣入杏糖, 고려인삼봉밀당高麗人蔘蜂蜜糖과 색공기옥色空氣玉으로 1등·2등을 수상한 우상대禹相大(개성), 사과 센베이와 구갑龜甲 센베이로 3등과 장려상을 수상한 배수덕裵壽德(대구), 사과 양갱으로 장려상을 탄 김봉우金奉瑀(진주)가 있다. 이외 입상자도 많았을 것으로 보인다.[160]

다음으로 판매와 관련된 배달원, 판매원, 집금원, 행상, 식품잡화상이 증가했다. 제과점은 점포에서 판매했는데, 가까운 거리는 배달하기도 했고 먼 거리는 행상이나 식품잡화상에게 위탁 판매하는 경우가 많았다. 대형 제과점의 경우 지방으로 견본 과자를 가지고 다니며 주문을 받아 팔았다. 따라서 대형 제과점은 배달을 하는 배달원, 주문받고 대금을 수금하러 다니는 집금원을 고용하고 있었다.

이처럼 제과업은 피라미드 구조였다. '일본 대제과회사(모리나가제과, 메이지제과)-재조 일본인 제과회사(경성과자, 토요쿠니제과, 나가오카제과 같은 회사들)-재조 일본인 제과점-조선인 제과점-과자 소매상-행상'으로 상단부에 일본 제과회사가 있고 하단부에 영세한 조선인이 있었다. 제과업은 대표적인 이식산업으로, 식민지 조선 경제의 축소판이었다.

그 가운데에는 제과업 말단에서 출발해 자금을 모아 제과업자가 된 인물도 있었다. 안석봉安石奉은 9살인 1906년부터 과자 행상을 시

---

160 《시대일보》 1926.4.26. ; 《동아일보》 1931.4.1.

작했다. 돈을 모아 1927년 초에 경기도 시흥에서 자본금 2만 원 규모의 안석봉安石奉제과소를 운영했다.[161] 류규현柳奎鉉은 평안남도 중화군에서 맨손으로 겸이포로 와서 과자 판매상으로 출발했다. 14년이 흐른 1938년 류옥柳屋과자점을 경영했다.[162] 김경식金敬植은 서울 동대문시장 함성환 제과점에서 판매대금을 수금하는 집금원이었다. 그러다가 1935년 1월 수금한 돈 285원을 가지고 도망가서 그 돈으로 전라남도 영광군에서 과자상을 열었다.[163] 하지만 이렇게 제과업 피라미드 바닥에서 올라간 제과업 종사자는 극소수였다.

표 19 1920~1930년대 설립한 조선인 제과점

지역	제과점명	대표	설립	자본금	비고
서울	韓三福商店(合資)	韓三福	1921	300	1929 자본금 2,100 원
평양	安澤洙제과소	安澤洙	1921	1,000	
서울	金綱堂	朴聖泰	1922	1,000	1939 자본금 100,000원 주식회사
서울	廣興 油菓 상점	尹達源	(1923)	–	유과
서울	永興상점	鄭熙贊	(1923)	–	유과
서울	–	金斗興	(1923)	–	유과
서울	–	黃英桓	(1923)	–	유과
서울	–	崔興根	(1923)	–	빵 제조·판매
인천	–	金龍權	(1923)	–	과자 제조, 당분 판매
경기 시흥	안석봉제과소	안석봉	(1927)	–	1927년 자본금 20,000원
서울	崔永惠商店	崔永惠	(1929)	–	조선 유과 전문
서울	金鼎煥商店(合資)	金鼎煥	1930	1,000	–
서울	松鶴軒(合資)	張祐成	1932	1,000	–
부산	三重(合資)	權萬守	1933	3,500	과자 제조

---

161 《동아일보》 1926.10.4., 1927.1.9.

162 《동아일보》 1938.10.2.

163 《동아일보》 1935.2.21. ;《조선중앙일보》 1935.2.21.

지역	제과점명	대표	설립	자본금	비고
서울	味素堂	白南善	(1933)	–	–
황해 서흥	裵成學과자점	裵成學	(1935)	–	생산액 3,000원
황해 서흥	–	金顯海	(1935)	–	생산액 1,950원
함북 청진	金星堂(合資)	朴會善	1935	1,500	–
함북 웅기	三興堂菓子店(合資)	李鎭尙	1935	1,500	–
서울	大成製菓(株)	李種建	1936	150,000	–
함남 영흥	永興제과소	趙璟娘	(1937)	–	–
경남 마산	大同제과(주)	朴淳直	1937	100,000	–
경남 진주	大同제과(주) 진주지점	卜學出	1937		
황해 겸이포	柳屋과자점	柳奎鉉	(1938)	–	–
서울	甘露堂	朴元容	(1939)	–	–
서울	大京軒	金昌植	(1939)	–	빵, 과자 제조
서울	京城製菓(合資)	鄭雲龍	1939	4,000	

출전 《朝鮮總督府官報》;相澤仁助,《韓國二大港實勢》, 1905;釜山商工會議所 編,《釜山要覽》, 1912;宮本勝行,《朝鮮食料品同業發達誌》, 鮮滿實業調査會, 1922;平壤府 編,《平壤府事情要覽》1922, 1923;京城商業會議所 編,《京城商工名錄》, 1923, 1927, 1935, 1938, 1939;京城商業會議所,《京城工場表》, 1923;白寬洙 著,《京城便覽》, 弘文社, 1929;釜山府 編,《釜山府勢要覽》, 1931;仁川商工會議所 編,《仁川港》1931;釜山府 編,《釜山府勢要覽》, 1931, 1932;平壤商工會議所 編,《西鮮三道商工人名錄》, 1932;朝鮮總督府 殖産局 編,《朝鮮工場名簿》, 1932;鎭南浦商工會議所 編,《鎭南浦商工名錄》, 1935, 1937;小林得二 編,《大羅津》, 1935;朝鮮總督府商工奬勵館 編,《朝鮮商品取引便覽》, 行政學會印刷所, 1935;大田商工會議所 編,《大田商工人名錄》, 1936;上田耕一郎 編,《釜山商工人名錄》, 釜山商工會議所, 1936;元山要覽編輯會 編,《元山要覽》, 1937;《朝鮮銀行會社要錄》국사편찬위원회 한국사데이터베이스.

비고 ① 설립연도에 괄호로 표시한 것은 조사연도로, 제과점은 그전에 설립되었다.

② 기록이 없는 경우는 – 표시를 했다.

③ 자료에 설립연도와 자본금이 뚜렷하지 않은 것은 생산액이나 영업세를 실은 조사 시점을 기준으로 삼았다.

④ 대표자를 기준으로 일본, 조선 민족을 구분했는데 대표명이 없는 것은 제외했다.

⑤ 제과점은 제조만이 아니라 판매를 겸하는 경우가 많았다. 자료에 따라서는 제조라고 명기하지 않은 경우도 있다. 영업목적에 과자 제조를 표시하지 않았어도 다른 자료에 과자 제조라고 나왔거나 일반적으로 제과점에 붙이는 '~옥屋', '~당堂', '~제과'라는 상호를 붙인 것은 제과점으로 분류했다.

⑥ 식료품을 팔면서 부수적으로 과자를 제조하는 경우도 제과점에 포함시켰다. 과자 특성상 계절별로 판매량 차이가 심해서 겸업이 많았다.

표 20 1920～1930년대 설립한 일본인 제과점

지역	회사명	대표	설립	자본금	비고
서울	나니야浪花堂	佐藤榮三	1922	5,000	-
서울	미도리야(合資)	松崎清	1923	6,000	-
서울	미요시노三好野 상점	村田保	1923	10,000	찹쌀떡(모찌), 과자 제조
서울	하마다濱田상점	濱田安次郎	1924	2,000	찹쌀떡(모찌), 과자 제조·판매
서울	쓰치나미槌並 제과상회	八並柑九郎	1924	2,000	-
서울	사쿠라櫻양갱	七田政一	1925	2,000	1927년 해산
서울	토모에도巴堂	森田治三郎	1925	2,000	-
서울	바리마야	西尾三二	1926	1,500	찹쌀떡(모찌), 과자 제조·판매
서울	하리마야	加藤ムツ	1926	1,500	-
서울	쇼게츠도松月堂	土井幸二郎	1928	7,500	-
서울	쇼와昭和식량	渡邊長之助	1928	16,000	쇼와쌀(昭和米) 제조·판매, 과자 원료와 과자 제조·판매,
서울	하쿠비伯陽상점	遠藤竹義	1930	3,000	제분과 과자 원료 제조·판매
서울	와카사若狹屋제과소	濱本常吉	1931	2,000	일본과 서양산 과자 제조·판매
서울	시에이市榮상회	清水嘉七	1931	2,500	-
서울	스기오카신이치 杉岡信一상점	杉岡信一	1931	3,000	
서울	비젠야備前屋상점	西田定吉	1931	3,500	
서울	아리우라사카에도 有浦榮十郎	有浦榮十郎	1932	2,000	-
서울	니시오센리도 西尾千利堂	後出留之亟	1932	3,000	과자 제조·판매, 과자 원료 판매
서울	송국당松菊堂	石橋松藏	1932	3,000	-
서울	히노데도日の出堂	木內武男	1933	3,000	-
서울	마키眞木상점	眞木忠太	1933	12,000	-
서울	이시다石田 경성당京城堂	德永兼五郎	1934	4,000	과자 제조·판매

지역	회사명	대표	설립	자본금	비고
수원	야마자키마스스무도 山崎目進堂	–	(1935)	–	히카시 제조
서울	다치바나야橘屋	前川隆藏	1935	40,000	–
서울	사쿠라야櫻屋상점	西尾敬造	1936	4,000	눈깔사탕 제조·판매
서울	마쓰모토松本제과	松本淸陸	1936	26,000	1939년 해산
서울	나가사키야長崎屋 본점	毛利義孝	1936	40,000	일본과 서양과자 제조
서울	쓰지모토辻本제과소	辻本鐵治郎	1937	860	자본금 1백만 원 식료품상 쓰지모토상점(주) 대주주
서울	호라이야蓬萊屋빵점	萩尾義人	1939	15,000	빵, 일본·서양산 과자 제조·판매
서울	미쓰즈三鈴상사	鈴木虔一	1940	15,000	–
인천	경수당慶壽堂	森口昇二	1931	2,300	과자 제조와 원료 판매
인천	국수당菊壽堂	石田コウ	(1931)	–	일본식 양과자 제조·소매
인천	용영당龍榮堂	宮本貞吉	(1931)	–	일본식 양과자 제조·소매
인천	대청大淸	大沼淸太郎	(1931)	–	일본식 양과자 제조·소매
인천	츠루야鶴屋	松浦鶴三郎	(1931)	–	일본식 양과자 제조·소매
인천	–	松浦元三	(1931)	–	일본식 양과자 제조, 설탕 도·소매
강원 춘천	미야게야屋	福田常岡	1932	4,500	과자 제조·판매, 물품 매매
강원 평강	강원농산식품공업	東川河龍	1941	30,000	냉장두부·탈지대두·대두과자·농산물 대용식품 제조·판매
부산	사쓰마屋製菓(株)	須崎一雄	1922	50,000	과자 제조·판매, 제과 원료 판매, 과자와 제과 원료·기타 음식품 위탁 판매
부산	오카다岡田상점	岡田柳太郎	1925	11,000	과자 제조, 도·소매와 부대업무
부산	케이카메도鷄龜堂	鶴田タネ	1926	3,000	일본과 서양산 과자 제조·판매
부산	츠루카메도鶴龜堂	鶴田タネ	1926	3,000	과자 제조·판매 음식점 경영
부산	코우치야高知屋제과	森岡保馬	(1927)	3,000	1926년 해산 과자와 餡류 제조·판매
부산	타카스야高須屋	衫谷吉介	1927	2,000	과자류 제조·판매
부산	쓰지나가모리도 辻長盛堂	辻長左衛門	1931	9,000	과자 제조 도·소매
부산	키비龜尾상점	中川勳	1932	9,000	과자 제조·판매
부산	–	松田茂八	(1935)	–	1935년 생산액 8,400원 과자 제조

지역	회사명	대표	설립	자본금	비고
부산	–	北村梅次郎	(1935)	–	과자 제조
부산	–	相川太治郎	(1935)	–	1935년 생산액 15,120원 마메카시 제조
부산	조선물산상회	向井兵馬	1935	2,700	조선 토산품과 과자 제조·판매
부산	–	鹿田 新	(1936)		1936 영업세 169원 과자 제조, 부산상공회의소 회원
부산	마쓰이松井과자포	松井正雄	1940	5,000	과자류 제조, 식량품 가공 판매
부산	토미히사야富久屋 제빵소	串崎萬次郎	1941	26,000	식빵·과자·빵·일반 빵류 제조·판매, 일반 과자류 제조·판매, 식료품류 제조·판매
경남 통영	다이쇼도大正堂	渡邊正	1931	2,000	설탕 제분 매매, 과자 제조
대구	가게쓰도花月堂상점	砂子俊次郎	1921	500	–
대구	히노데日ノ出제과(주)	河野定平	1921	50,000	–
대구	후지이藤井상점	藤井正雄	1926	1,500	–
대구	마루나카하이카라 堂(合資)	中鶴民吉	1926	2,000	–
대구	풍월당風月堂상점	笠井佐與吉	1929	1,500	–
대구	나가하라야永原屋	永原猪之助	1931	2,500	일본과 서양산 과자 제조·판매
대구	화월당花月堂과자점	江崎秋男	1932	1,700	–
대구	대전빵집(屋)	大田謙三	1934	3,000	빵·과자 제조·판매
대구	–	德永信一	(1935)		1935년 생산액 4,000원
대구	일동日東식품(주)	岡部勇吉	1938	100,000	일·양주 음식료와 가공음식 판매, 일본·서양과자 제조·판매
경북 상주	–	石川甚太郎	(1935)	–	1935년 생산액 1,600원 감 센베이
전남 광주	이시카와텐아마도 石川辨天堂	石川本介	1932	2,100	–
목포	아오모리青森제과	青森善治	1928	30,000	–
목포	시시코宍戸상점	宍戸信男	1933	2,000	–
목포/익산	목포제과	吉村才市, 松波錦一	1921	4,000	과자 조제와 설탕과자, 밀가루, 잡화 매매
전남 여수	야마토大和 식품공장	内御堂鎌二	1941	35,000	수협 제조·판매, 과자류 제조·판매, 수산 가공품 제조·판매,

지역	회사명	대표	설립	자본금	비고
전남 여수	남선南鮮 물산가공(주)	山本謙三	1942	195,000	전분 제조·판매, 농산·해산물 가공 판매, 엿과 과자의 제조·판매
전남 영산	나가류流鄕제과	流鄕祐一	1930	10,000	–
전북 김제	–	村口林	(1935)	–	1935년 생산액 1,500원 과자 제조
전북 김제	–	福井力彌	(1935)	–	1935년 생산액 12,000원 과자 제조
전북 김제	–	平山森二郎	(1935)	–	1935년 생산액 5,000원 과자 제조
전북 정읍	–	原田拓	(1935)	–	1935년 생산액 2,100원 과자 제조
대전	풍월당風月堂과자빵 물엿제조공장	久保田力松	(1932)	–	과자·빵·물엿 제조
대전	나가사키야長崎屋	松島政義	(1936)	–	–
대전	보래당寶來堂	志原安太郎	(1936)	–	–
대전	긴자도빵집 銀座堂パン店	小暮又三	(1936)	–	–
대전	나카다도中田堂	福田卯三郎	(1936)	–	–
청주	분센야文錢屋	吉川勝雅一	1928	3,500	여관, 식당, 과자 제조, 驛 구내행상
청주	노다야野田屋상점	棚橋軍司	1931	2,000	과자 제조·판매, 식료잡화상
청주	한다半田	半田則明	1931	3,000	과자 제조·도·소매, 연초 판매
황해 겸이포	이치로쿠겐一六軒 상점	田中千加松	(1924)	1,000	과자 제조·판매
해주	–	福永健三	(1935)	–	1935년 생산액 15,000원 생과자 제조
평남 진남포	–	平尾行一	(1935)	–	–
평양	大正堂	神頭寅之助	(1923)	–	–
평양	삼화상회三和商會	船本積	1933	8,500	–
평양	일화상행日華商行	大隅善助	1934	5,000	–
신의주	천수당千壽堂	井出山龜松	1939	6,500	일본과 서양산 과자 제조, 식료품 판매
신의주	콧카도國華堂	柴田文喜	(1932)	–	–
신의주	콧카도國華堂 支店	原口 淸	(1932)	–	–

지역	회사명	대표	설립	자본금	비고
신의주	도쿠시마야德島屋	葉利喜藏	(1932)	–	–
신의주	후쿠이福井만세당	福井增太郎	(1932)	–	뱅어 꼬치구이 제조·판매
신의주	간후루야元古屋	元吉矢市	(1932)	–	–
신의주	이로하도堂	野村 勇	(1932)	–	–
평북 창성	–	吉川直次郎	(1935)	–	1935년 생산액 2,040원
평북 창성	–	小野茂吉	(1935)	–	1935년 생산액 2,040원
함남 갑산	야마토야大和屋상점	中村喜三	1927	35,000	–
함남 원산	아즈마야吾妻屋상점	川村林藏	1927	1,800	–
함남 원산	수옥壽屋	岡村福三	1932	900	–
함남 원산	요시자키吉崎제과	吉崎喜一郎	1932	1,000	–
함남 함주	북선北鮮제과	長谷川利典	1937	6,000	–
함남 함흥	풍월당風月堂	淸水兢	1928	3,000	–
함남 함흥	에비스야屋	園田勝馬	1937	3,000	–
함남 흥남	후지야富士屋	秋山敏朗	1932	3,000	–
함북 나진	나진당羅津堂	加藤勇	(1935)	–	일본식 양과자제조·판매, 소매
함북 나진	후지야마야富士山屋	大門治作	(1935)	–	과자 제조·판매, 소매
함북 나진	성월당盛月堂	濱岡悅次	(1935)	–	일본식 양과자 제조·판매, 도소매
함북 나진	송월당松月堂	淵上萬太郎	(1935)	–	일본식 양과자, 생과자, 도소매
함북 나진	나가요켄長養軒	仲定吉	(1935)	–	빵·과자류 도소매
함북 나진	국제제과	北村悅	1935	3,000	1937 일본에서 나진으로 이사
함북 나진	히가시東상점	東經男	1936	2,000	1942 자본금 10,000원 제과 원료·제과 기계·기구 판매
함북 나진	우메야梅屋상회	梅田嘉十郎	1937	5,000	제빵·제과, 식료잡화상
함북 청진	마쓰야松屋상점	寺田榮	1932	2,000	과자 제조·판매

출전 비고 〈표 19〉와 동일.

2) 빙수와 제빙소

빙수를 만들 때 가장 중요한 것은 얼음이다. 얼음은 자연적인 천연빙과 인위적으로 얼린 인조빙으로 나눌 수 있다. 한말까지는 천연빙만 있었다. 겨울에 한강 마포, 강화도에서 채취한 천연빙을 얼음창고[氷庫]에 보관했다가 여름에 썼다. 기록에는 빙수 또는 '어름물'이라고 되어 있는데 얼음을 갈아 만든 현재의 빙수라기보다 차가운 얼음을 넣은 냉차에 가까운 듯하다.

냉차를 만들어 팔기 시작한 사람은 한말 조선으로 건너온 일본 과자상이었다. 한말 일본의 경제단체가 일본인의 조선 이민을 독려하며 빙수[냉차] 만드는 법을 소개한 바 있다. 이에 따르면 칡가루와 생강을 넣어 우려낸 물에 사카린saccharin을 넣으라고 했다. 조선인들은 이를 '일본식 감주[甘酒]'라든지 '사탕탕[砂糖湯]'이라고 불렀다.[164] 청일전쟁 무렵 들어온 것으로 보이는데, 기록으로 이러한 냉차를 확인할 수 있는 것은 고종이 광무개혁을 추진할 무렵이다. 1897년 수표교에 빙수[냉차] 파는 집이 있었다.[165] 1898년 훈련원에서 군인들이 훈련받는 것을 구경하거나 소학교 생도들이 운동하는 것을 보러 구경꾼이 몰려들면 떡장사, 엿장사와 함께 '어름물' 장사가 등장했다.[166] 같은 해 진고개 '왜장터'에도 일본 상인들이 휘장을 쳐 놓고 원숭이와 잡술雜術(묘기)을 부리며 사람을 모아놓고 '어름물과 과자'를 팔았다.[167]

164　長 楚, 〈朝鮮內地商業案內〉, 《朝鮮之實業》 1, 1905.5., 31쪽(《개화기 재한일본인 잡지자료집: 朝鮮之實業》 1, 59쪽에서 재인용).

165　《독립신문》 1897.8.5., 1898.6.4. 빙수라고 쓰여 있지만 얼음을 갈아 만든 빙수가 아니라 얼음물의 뜻으로 쓴 것으로 추측된다.

166　《독립신문》 1898.6.4.

167　《매일신문》 1898.6.2.

1900년대 말부터 인조빙을 만드는 제빙소가 세워졌다. 일본이 러일전쟁에서 승리한 뒤 조선 해안에 일본인 이주 어촌을 세웠다. 제빙소는 일본 어민 정착촌이 어업 근거지가 되는 데 반드시 필요한 산업이었다.[168] 따라서 제빙소를 세운 1차 목적은 생선〔鮮魚〕같은 수산물을 저장해서 선도를 유지시키며 나라 안팎으로 수송하는 것이었다.[169] 조선 최초의 제빙소는 1909년 탁지부 소관 부산항 제빙소였다. 이를 이듬해 재조 일본 어민이 1907년 설립한 회사인 부산수산으로 넘겨주었다.[170]

수산용이 아니라 식용이 목적인 인조빙 제빙소는 병합 뒤인 1913년에 처음 세워졌다. 1913년 서울 용산 영천정榮川町에 수돗물을 얼리는 제빙소가 설립되었다. 재조 일본인 고바야시小林, 카메와리龜割, 구마모토熊本, 토쿠히사德久 네 명이 자본금 12만 원으로 발기했다.[171] 그 뒤 1932년까지 전국에 제빙소 22곳, 저장소 3곳, 총 25개소로 늘어났다. 서울 3곳, 인천, 부산 2곳, 마산 2곳, 대구, 영일 2곳, 대전, 원산, 함흥 등지에 있었다. 이밖에 천연빙 저장만 하는 냉장소가 서울, 원산, 청진에 한 곳씩 있었다.[172]

조선총독부가 이상적으로 지향한 바는 식용으로 인조빙을 쓰는 것이다. 수돗물이 근대 위생에 적합한 깨끗한 물이고 재래식 우물·하천수는 비위생적인 더러운 물이라는 인식이 빙설氷雪에도 그대로

---

168 김수희, 〈일제시대 고등어어업과 일본인 이주어촌〉, 《역사민속학》 20, 한국역사민속학회, 2005, 186쪽.

169 《동아일보》 1932.8.2.

170 《朝鮮銀行會社要錄》 ; 《官報》 1909.1.18. ; 《황성신문》 1909.4.8., 1909.8.19., 1910.4.14. ; 《대한매일신보》 1910.4.14. ; 《신한민보》 1910.5.18. 탁지부가 소유권을 1910년 부산수산에 넘겨주었다.

171 《매일신보》 1913.4.6. ; 《국민보》 1913.12.13.

172 《朝鮮銀行會社要錄》 ; 鄭文基, 〈朝鮮製氷業〉, 《동아일보》 1932.8.2~3.

투영되었다.[173] 인조빙을 우등재로, 천연빙을 열등재로 구분 지었다.

그렇지만 현실에서는 인조빙이 수요를 감당하지 못했기에 조선총독부는 천연빙을 허용했다. 1920년대 초까지 서울에 식용 인조빙 회사가 한 곳밖에 없었기 때문이다. 1921년까지 천연빙을 품질에 따라 음식용과 잡용으로 나누어 음식용은 식용으로 쓰고, 잡용은 시장에서 생선, 과일, 육류의 신선도 유지에 쓰게 했다.[174] 조선총독부는 얼음이 부족한 해에는 천연빙 공급을 지원했다. 겨울이 온난해서 천연빙을 채취하기 어렵거나, 수해로 빙고氷庫가 유실된 1916년과 1925년에는, 평양, 신의주, 단둥安東 같은 지방에서 서울로 얼음을 보낼 경우 철도운임을 절반 할인해 주었다.[175]

날이 갈수록 천연빙은 심각하게 오염되었다. 하수시설을 제대로 갖추지 않은 한강 지류에서 천연빙을 채취했기 때문이다.[176] 잡용 얼음이 식용으로 판매되는 일도 매우 많았다.

빙수업자로서는 인조빙이 천연빙보다 쉬 녹고 가격도 비싸 천연빙을 선호했다. 1915년의 경우 인조빙이 1관에 8전이고, 천연빙이 7전으로 1관당 1전이 쌌다.[177] 때로 조선에서 일본으로 불량 얼음을 이출했다가 일본 부府·현縣의 단속으로 이입이 금지되는 일도 있었다.[178] 1932년이 되면 인조빙 1관이 소매로 7~8전인데 천연빙 1관은

173 　김백영, 〈일제하 서울의 도시위생 문제와 공간정치-상하수도와 우물의 관계를 중심으로〉,《사총》 68, 고려대학교 역사연구소, 2009 ; 김영미, 〈일제시기 도시의 상수도 문제와 공공성〉,《사회와 역사》 73, 한국사회사학회, 2007.

174 　《매일신보》 1915.7.23. ;《동아일보》 1924.6.27.

175 　《매일신보》 1916.3.8. ;《동아일보》 1925.8.4.

176 　김백영, 앞의 논문, 203~212쪽.

177 　《매일신보》 1921.11.22.

178 　앞의 자료.

5전으로 천연빙이 인조빙보다 1관당 2~3전 정도 쌌다.[179]

조선총독부는 얼음이 부족할 때 천연빙을 조달하면서도 천연빙 단속을 강화했다.[180] 1920년 콜레라가 크게 창궐한 뒤로 서울의 재조 일본인만이 아니라 조선인도 우물물과 하천수에 대한 경각심이 커 졌다.[181] 조선총독부는 1921년 11월 22일 〈청량음료수와 빙설취체규 칙〉을 개정해서 잡용 얼음을 없애고 음식용으로 일원화했다.[182] 천 연빙 채빙장소와 저장에 대한 규제를 강화하고 해마다 허가를 받게 했다.[183]

빙수가게는 제빙회사나 천연빙 저장소인 빙고가 있는 대도시에 있었다. 얼음을 보관하는 개별 냉장시설이 발달하지 않았기에 구입 한 얼음이 녹기 전에 가능한 한 빨리 팔아야 했다. 따라서 교통이 발 달하고 인구가 밀집한 서울, 인천, 평양, 부산과 같은 대도시에만 빙 수가게가 있었다. 서울의 경우 1913년 용산 제빙소가 설립된 이래 일본인 주거지 중심으로 늘어났다. 조선인이 운영하는 빙수가게도 자료로는 1909년 무렵부터[184] 확인되는데 〈표 21〉과 같이 증가했다.

그런데 해마다 빙수가게 숫자가 크게 달랐다. 빙수업은 계절 장사 라서 5월 초순부터 9월 말까지 영업했는데 그해 일기에 따라 부침浮 沈이 심했기 때문이다. 더위가 심한 해에는 숫자가 급증하고, 무덥지 않거나 비가 많이 오는 해에는 급감했다.[185] 비가 오면 "종이로 만든

---

179 《매일신보》 1915.7.23. ; 《동아일보》 1932.8.3.

180 《동아일보》 1921.7.9., 1924.8.1., 1924.6.7.

181 김영미, 앞의 논문, 50~51쪽.

182 《매일신보》 1921.11.22.

183 《동아일보》 1923.8.25., 1924.6.27., 1924.11.27.

184 《황성신문》 1909.7.8. ; 《매일신보》 1912.6.21.

185 《매일신보》 1915.8.7. ; 《동아일보》 1933.9.6.

| 표 21 | 1910~1920년대 서울의 민족별 빙수장수 숫자 (단위: 명) |

연도	조선인	일본인	총계
1915	150	292	442
(1918)	(85, 종로)	(150, 본정)	235
1921	-	-	378
1922	349	216	565
1923	160	174	334
1924	175	200	375
1925	129	-	-

출전 《매일신보》 1915.8.7, 1918.6.15 ; 《조선일보》 1923.7.15 ; 《동아일보》 1923.7.15, 1924.7.7 ; 《황성신문》 1925.7.4

비고 ① 1915년 8월 조선인 150명 가운데 102명은 종로경찰서 관내, 48명은 본정本町(혼마치, 오늘날 충무로 일대)경찰서 관내였으며 일본인 292명 가운데 28명은 종로경찰서 관내, 264명 본정경찰서 관내였다.[186] 1918년은 민족을 표시하지 않고 종로경찰서에 85명, 본정경찰서에 150명이라고 했는데 이를 종로는 조선인, 본정은 일본인 상권으로 보았다.[187] 서울의 상권은 민족별로 나뉘어 있었다. 종로를 중심으로 조선인 상권, 본정은 중심으로 일본인 상권이 만들어졌다.[188]

② 신문자료라서 조사한 달이 각 연도마다 다르다. 1915년은 8월, 1923~1925년은 6월이다.

인형이 빗물에 젖어 형체를 알아볼 수 없는 것"[189]처럼 장사 밑천도 못 건지고 큰 손해를 보았다.[190]

그럼에도 빙수가게 수는 계속 늘어났다. 제빙소가 있는 대도시라면 일본인은 말할 것도 없고 조선인도 쉽게 개업했다. 소자본으로

---

186 《매일신보》 1915.8.7. ; 《매일신보》 1915.7.23. 1915년 7월 본정경찰서에 신고한 빙수가게는 290점(대개 일본인)이고 종로경찰서에 신고한 빙수가게는 134점(대개 조선인)으로 서울에만 424점이었다.

187 《매일신보》 1918.6.15.

188 허영란, 〈근대적 소비생활과 식민지적 소외〉, 《전통과 서구의 충돌: '한국적 근대성'은 어떻게 형성되었는가》, 역사비평사, 2001, 83~85쪽.

189 《시대일보》 1925.7.4.

190 《매일신보》 1926.7.31. ; 《동아일보》 1926.8.2. ; 《시대일보》 1925.7.4.

경험이 없어도 가게를 열 수 있었기 때문이다.[191] 1925년 빙수 장사를 하려면 밑천으로 10원 가량 들었다. 하루에 재료비로 얼음, 계란, 설탕 합해서 2~3원이 드는데 날씨가 더울 때는 수익이 1원~1원 50전으로 매우 높았다.[192]

빙수가게 장식은 주인이 조선인이든 일본인이든 모두 일본식이었다. 가게 옆에 으레 빨간색으로 얼음 빙氷 자를 쓴 깃발을 높게 달았다. 문어귀에는 유리구슬로 된 주렴이나 발을 쳤다.[193] 이런 장식에 익숙한 일본인뿐 아니라 조선인까지 빙수가게 외양을 보기만 해도 "서늘하다"고 느끼게끔 길들여졌다.[194] 실내장식만이 아니라 빙수 재료, 만드는 법, 빙수 색깔 모두 일본식이었다. 맛도 당연히 일본식이었다.

빙수가게는 소형 점포도 있지만 대개 이동식이었다. 네 바퀴가 달린 수레로 이동하는 노점상[195]이나 궤짝을 지고 돌아다니는 행상이었다. 이들은 냉차를 '아이스크림', '아이스꾸리'라고 부르며 팔았다.

그 무렵 '아이스크림'이라고 부르는 것은 두 종류였다. 한 종류는 '냉차'로 길거리에서 행상으로 판매하는 것이다. 인조첨가물인 '딸기물'을 섞은 얼음물이나 '냉수 설탕물'을 유리컵에 담아 한 컵에 1전씩 팔았다.[196] 또 다른 종류는 '요리집'에서 우유, 설탕, 계란, 바닐라

---

191 《매일신보》 1918.6.15. ; 《동아일보》 1933.9.6. 빙수가게를 열 때 필요한 설비는 얼음을 가는 기계[回轉氷造機], 접시, 숟갈, 컵, 얼음을 저장하는 통[냉장고]뿐이었고 빙수를 만드는 재료만 구비하면 되었다.

192 《시대일보》 1925.7.4. ; 《동아일보》 1933.9.6. 1933년에는 빙수가게 개업 비용이 20~60원 정도 들며 수익률이 4~6할이라고 소개하고 있다.

193 《매일신보》 1915.7.23.

194 《매일신보》 1917.7.18. ; 《동아일보》 1926.5.24.

195 《매일신보》 1914.6.11., 1917.7.18. ; 《시대일보》 1925.7.4.

196 《시대일보》 1925.7.4.

사진 10 1920년대 빙수가게

출전 《동아일보》 1926.5.24.

향료를 넣어 만든 것인데 개당 25전~30전으로 비싸게 팔았다.[197] 이 책에서는 혼동을 피하고자 길거리 개인행상으로 파는 '아이스크림'은 냉차[198]로 부르겠다.

냉차 행상이 늘면서 서울, 인천, 평양과 같은 대도시 골목골목으

197　《동아일보》 1931.6.6.

198　《시대일보》 1925.7.4. ; 《동아일보》 1951.5.26., 1955.5.22., 1959.7.5., 1959.7.30., 1960.7.19. ; 《조선일보》 1959.7.5. 그 무렵 '아이스꾸리'는 딸기향과 같은 인조향이 들어간 단 얼음물이었는데 보통 컵 단위로 팔았다. 이로 미루어 보아 해방 뒤 냉차로 부른 것과 같은 상품으로 추측된다.

로 활동지역을 넓혔다.[199] 1924년 인천의 냉차 행상은 2백여 명을 헤아릴 정도였다.[200] 빙수 상인과 냉차 상인 사이의 경쟁도 심했다. 1920년대 서울과 평양 빙수가게에서는 손님을 끌기 위해 13~14세 가량의 소녀를 고용해서 손님 접대를 시키는 곳도 있었고[201], 유성기를 트는 곳도 생겨났다.[202]

사진 11 사륜수레 빙수가게와 빙수행상

출전 《동아일보》 1923.6.22. ; 《매일신보》1927.6.29.

---

199 평양의 경우 1932년까지 제빙소가 없었다. 그러나 빙수가게 경쟁이 치열했다고 하는 것으로 보아 평양의 빙수가게에서는 천연빙을 썼을 것으로 추측된다.

200 《동아일보》 1924.4.30.

201 《동아일보》 1921.8.31. ; 《매일신보》 1925.7.14.

202 《매일신보》 1926.7.31.

3. 서구식 식생활개선

음식은 생존 본능과 함께 사회적으로 길들여진다. 집단, 계급, 민족마다 음식문화가 서로 다른 것은 소속 집단의 자기정의self-definition가 다르기 때문이다.[203] 설탕이 음식과 결합하는 과정은 조선만이 아니라 19세기부터 전 세계적으로 진행된 현상이었다. 오랫동안 자연스럽게 길들여진 음식문화가 아니라 근대에 갑자기 확산된 음식문화였다.

근대 설탕 음식문화의 세계화가 단맛을 좋아하는 사람의 본능 때문이라고만은 볼 수 없다. 낯선 맛에 익숙해지려면 자신의 감각을 인위적으로 길들이는 노력이 필요하기 때문이다. 새로운 음식문화를 자발적으로 받아들이는 이유는 그 속에 사회적 상징이 담겨 있기 때문이다.

조선 전통음식에서 단맛을 내는 식재료였던 꿀이나 엿이 20세기 설탕으로 대체된 배경에는 설탕 영양담론이 있다. 설탕은 서구문명의 상징이었다. 일본의 문명개화론을 받아들인 생활개선론자가 설탕 영양담론을 무비판적으로 받아들였다. 1910년대부터 간식으로 과자 섭취를 권장했고, 1920년대 가정음식에 외래 요리법을 이식하려고 시도했다.

1) 간식 영양담론

한말 국권상실 위기 속에서 조선 문명개화론자는 일본의 탈아입

---

203 시드니 민츠, 1998a, 41쪽.

구론脫亞入區論을 받아들였다. 그들은 기술 문명만이 아니라 일상적인 풍속까지 서양화하는 것이 '개화'라고 믿었다.[204] 그 가운데 하나가 설탕 소비는 서구 문명화를 나타내는 지표이고 과자는 영양식품이라는 담론이다.

일본에서 설탕은 에도江戸시대까지 일반인이 거의 맛볼 수 없는 귀족의 사치품이었다. 왕실용 과자[御用菓子] 제조와 같은 특정 소비에 한정되어 있었다.[205] 그러다 메이지 유신 때 후쿠자와 유키치福澤諭吉 같은 문명개화론자가 전통 일본 음식문화를 서구화해야 한다고 주장했다. 1,200년 동안 몸과 마음이 부정 탄다고 금지하던 육식을 찬양하고, 설탕을 많이 먹으라고 권장했다. 이들이 그렇게 말한 이면에는 문명국일수록 1인당 설탕 섭취량이 높다는 유럽 설탕 상인의 부추김이 있었다. 근대 일본에서 설탕이 영양담론 그리고 문명화 담론과 결합하며 설탕 소비량이 급증했다.[206]

1900년대 문명개화론자들은 조선에 설탕 영양담론을 도입하였다. 서구 제국이 강대국이 된 것은 국민들이 건강한 신체와 건전한 정신을 가졌기 때문이라고 생각했던 까닭이다.[207] 국민이 건강하려면 위생적이고 영양가 높은 음식을 섭취해야 하는데[208], 서구인이 많이 먹는 설탕은 칼로리가 높아 에너지를 공급하는 영양식이라고 믿었

---

204 김도형, 〈大韓帝國 초기 文明開化論의 발전〉, 연세대학교 국학연구원 편, 《서구 문화의 수용과 근대개혁》, 태학사, 2004, 51~52쪽.

205 杉山伸也, 〈十九世紀後半期における東アジア精糖市場の構造－香港精糖業の發展と日本市場〉, 速水融·齊藤修·杉山伸也 編, 《德川社會からの展望－發展·構造·國際關係》, 同文館, 1989, 328쪽.

206 야나기타 구니오, 《일본의 명치 대정시대의 생활문화사》, 소명출판, 2006, 92쪽. 개인당 설탕 소비량으로 그 나라의 문화 수준을 측정할 수 있다는 담론이다.

207 권동진, 〈商業의 發達(續)〉, 《大韓協會會報》 7호, 1908.10.25.

208 金基雄, 〈食物論 及 腐敗法〉, 《西北學會月報》 5, 1908.10.1.

다.[209] 한말 설탕 영양담론은 일제 강점기가 되면 더욱 진화하여 설탕 문명화담론으로 나아갔다. 설탕이 인체에 매우 유효해서 많이 먹는 나라일수록 체력이 좋아져 문명화되었다고 보았다.[210] 언론에서도 세계 각국의 문명 수준을 국민 1인당 설탕 소비량으로 판단할 수 있다고 단언했다. 또 설탕은 에너지 공급원으로서가 아니라 인체에 좋은 생리작용을 한다고 말했다. 병사들이 행군할 때 배고픈 것을 잘 견디게 하고, 소화흡수를 용이하게 하여 위장병을 덜어 주며, 아주 피곤할 때 위안을 주고, 환자 회복식으로 효력이 있다는 것이다.[211] 언론에서는 설탕이 근대적 영양식품이고 문명화의 증거이기에 거국적으로 장려할 것을 주장했다.

이러한 관점에서 설탕이 들어간 과자도 영양식품이었다. 1913년 무렵부터 언론에서는 어린이 간식의 중요성을 거론하기 시작했다. 국가와 민족이 번영하려면 미래를 책임져야 하는 어린이가[212] 건강하게 잘 자라야 했다. 그러려면 어린이가 적절하게 영양을 잘 섭취해야 하므로[213] 간식이 필요하다는 것이다. 어른이야 단지 생명을 유지하려고 음식을 먹으나, 아이는 생명 유지 말고도 신체를 성장·발

209 金明濬, 〈家政學譯述〉, 《西友》3, 1907.2.1. ; 《동아일보》 1925.10.21.

210 三澤糺, 池田貫道, 《朝鮮の甛菜糖業》, 1911, 23쪽 ; 《동아일보》 1925.10.21., 1927.9.17. ; 〈東亞諸國に於ける食物攝取上習性〉, 《殖銀調査月報》 11, 1939.4., 52쪽.

211 澤村眞, 《榮養講話》, 東京: 成美堂書店, 1927, 156~157쪽 ; 《동아일보》 1927.9.17.

212 이기훈, 〈1920년대 '어린이'의 형성과 동화〉, 《역사문제연구》 8, 역사문제연구소, 2002, 13~18쪽. 아동(어린이) 범주는 1920년대 중반까지도 청소년을 포함한 광범한 범주였다.

213 이지원, 《한국 근대 문화사상사 연구》, 혜안, 2007, 109~148쪽. 민족주의자 측은 국가라는 개념을 독립국가를 염두에 두고 썼고, 내선일체론자 측은 일본제국 속의 종족ethnic으로서 조선민족이라는 뜻으로 썼다.

육해야 하고 어른보다 활동량이 많기 때문에 추가로 간식이 필요하다고 했다.[214]

언론은 여러 과학지식을 앞세워 간식의 중요성을 강조했다. 신체 면에서 어린이는 체중에 견주어 체면적이 커서 에너지 소모량이 많고, 활동량은 많은데 위장이 작기 때문에 간식을 먹어야 한다고 주장했다.[215] 간식은 건강 면에서 몸이 약한 아이를 건강한 아이로 만들고[216], 정서면에서 신경질이 많은 아동을 안정시키며[217], 학습 면에서 시험공부 능률을 증진시키는 데 좋다는 의견도 있었다.[218]

아이가 간식 먹는 것을 군것질한다고 꾸짖는 부모는 '구식 부모'였다.[219] 그렇다고 아이들에게 돈을 주어 '얼음'(얼음과자)이나 사이다를 닥치는 대로 사 먹게 하는 부모는 아이를 기르는 '상식이 어두운 부모'였다.[220] 지식인들은 언론에서 간식은 당연히 필요하므로 간식이 좋냐 나쁘냐 하는 문제보다, 간식으로 어떤 것이 좋은지, 어떤 주의가 필요한지가 중요하다고 역설했다.

지식인들이 추천하는 간식은 대개 과자와 과일이었다. 젖을 뗄 즈

214 《매일신보》 1913.6.11., 1915.5.17.

215 《매일신보》 1931.10.7. ;《조선중앙일보》 1933.8.15. ; 李金田(保健會), 〈하절에 적당한 아동간식〉,《新家庭》 4-7, 1936.7., 53쪽 ; 李達男, 〈젊은어머니讀本〉(第四回), 《女性》 3-10, 1938.10., 74~77쪽(《한국근대여성의 일상문화》 8, 255쪽에서 재인용).

216 《매일신보》 1935.9.13. ;《조선중앙일보》 1936.2.21.

217 《매일신보》 1931.5.3.

218 〈이런 체질을 가진 이는 이런 것을 잡수시오〉,《新家庭》 1-8, 1933.8., 29~30쪽 ;《동아일보》 1932.3.17.

219 방신영, 〈五月分식탁표(1)〉,《新家庭》 2-5, 1934.5., 142쪽 ;《매일신보》 1936.9.24.

220 〈가정에서 읽을 것〉,《新女性》 4-7, 1926.7., 40~45쪽(《한국근대여성의 일상문화》 7, 72쪽에서 재인용).

음 아이에게는 설탕을 넣은 과즙이나 과자를 주라고 권했다.[221] 추천한 과자는 일본 과자와 양과자가 대부분이었다. 필자에 따라 한두 살씩 차이가 있지만 대개 젖을 뗀 2~3살 아이에게 웨하스, 카스텔라, 비스킷, 슈크림, 빵, 과실즙(주스), 우유, 토마토를 권했다. 5살 아이에게는 모나카, 캐러멜, 양갱, 센베이, 양과자, 야끼이모燒き芋(군고구마)과자, 엿, 좋은 아이스크림, 우유, 과일을 먹이라고 했다. 6살에게는 만쥬, 찹쌀떡(모찌), 초콜릿, 우유, 7살이 되면 아무 것이나 다 먹여도 좋다고 했다.[222]

과일도 생과일보다 설탕을 탄 과일즙(주스)을 주든지, 설탕에 절이거나 과일로 만든 과자가 더 좋다고 했다.[223] 권장한 과일 종류에는 재래종인 사과, 포도, 참외도 있지만 조선인에게 생소한 토마토, 오렌지, 바나나 같은 비싼 외래 과일이 많았다.[224] 조선의 대표적 요리가인 방신영方信榮[225]은 아이에게 일주일에 한 번이라도 귤이나 바

---

221 李達男, 〈젊은어머니讀本(第三回)〉, 《女性》 3-9, 1938.9., 44~47쪽(《한국근대여성의 일상문화》 8, 243쪽에서 재인용) ; 李聖鳳(의학박사), 〈初秋小兒衛生〉, 《家庭の友》 35, 1940.9., 19~21쪽(《한국근대여성의 일상문화》 8, 343쪽에서 재인용).

222 《동아일보》 1929.12.15., 1932.7.16., 1937.6.8. ; 《매일신보》 1930.6.10., 1930.8.31., 1931.10.7., 1935.9.13. ; 《조선중앙일보》 1933.9.29. ; 李達男, 위의 자료 ; 李金田(保健會), 〈하절에 적당한 아동간식〉, 《新家庭》 4-7, 1936.7., 53쪽.

223 〈가정에서 읽을 것〉, 《新女性》 4-7, 1926.7., 40~45쪽(《한국근대여성의 일상문화》 7, 72쪽에서 재인용) ; 崔善福(《東光》主幹 朱耀翰 부인) 談), 〈有兒問題移動 座談會〉, 《新女性》 6-10, 1932.10., 24~33쪽(《한국근대여성의 일상문화》 6, 122쪽에서 재인용) ; 《매일신보》 1931.10.7., 1935.9.13.

224 〈미국유학한 어머니를 찾어-宗敎敎育局 총무 柳瀅基씨 가정〉, 《新家庭》 1-5, 1933.5., 57쪽 ; 방신영, 〈일년감(토마토)의 유익〉, 《우리집》 7, 1933.6. ; 방신영, 〈五月分식탁표〉, 《新家庭》 2-5, 1935.5., 142쪽 ; 〈여름철 당하여 어머니들에게〉, 《新家庭》 2-8, 1934.8., 132, 134쪽.

225 1890~1977년, 1910년 서울 정신여학교 졸업, 광주 소피아여학교·정신여학교에서 교편, 그사이 1925~26년 동경영양학교 유학, 1929년 이화여전 가사과

나나를 먹이라는 비현실적인 제안을 했다.[226]

1930년대 언론에서는 어린이에게 돈을 주어 사 먹게 하지 말고 어머니가 정성껏 과자를 만들라며 과자 요리법을 자주 소개했다. 만다린 바게트, 군고구마과자, 핫케이크, 과일 스폰지 케이크sponge cake, 대추·밤 케이크, 초콜릿 푸딩, 고기 샌드위치, 프렌치토스트, 애플파이, 찐빵, 밀크 젤리, 냉크림, 사과 젤리, 밤 푸딩, 사과 푸딩, 옥수수빵, 비파 젤리[227]와 같이 모두 서양과자나 서양화한 일본 과자였다.

이런 간식 재료는 현실적으로 구하기 어렵고 매우 비쌌다. 설탕, 밀가루, 우유, 계란, 버터, 베이킹파우더, 바닐라 에센스, 코코아 가루, 한천, 젤라틴, 바나나, 오렌지, 파인애플, 토마토처럼 비싸고 낯선 재료였다. 이런 재료는 서울의 백화점 식품부나 식품 재료상에서나 살 수 있었다.[228] 근대 매체가 영양 간식으로 아동에게 과자를 추천했지만 실제로는 집에서 과자 만드는 것이 거의 불가능했다. 따라서 상품으로 파는 과자가 간식 중심이 될 수밖에 없었다.

눈여겨볼 점은 조선 전통과자가 영양 간식에서 거의 배제되었다는 점이다. 수정과, 식혜, 약과, 백설기 같은 전통과자 요리법이 가끔

창설 이래 52년까지 근무, 1938년과 1949년 일·미에서 1년 동안 시찰 연구했다. 1917년부터 《조선요리제법》 1판을 펴낸 이래 1954년까지 16판을 개정·증보했고 1925년 《동서양과자제조법》, 1957년 《(다른나라)음식 만드는 법》, 《(중등)요리실습》을 저술했다. 한국학중앙연구원 한국역대인물종합정보시스템 참조.

226 방신영, 〈五月分식탁표〉, 《新家庭》 2-5, 1935.5., 145쪽.

227 방신영, 〈유아의 간식과 그 제법〉, 《新家庭》 1-5, 1933.5., 138~139쪽 ; 金秋苩, 〈쩰늬튼(젤라틴)으로 만든 후식〉, 《新家庭》 2-5, 1934.5. ; 《조선중앙일보》 1935.1.16. ; 《동아일보》 1935.1.18., 1935.1.22., 1935.5.30., 1935.10.16., 1935.12.12., 1937.10.5., 1937.12.16., 1938.7.11., 1938.11.3. ; 《매일신보》 1939.11.6. ; 《조선일보》 1940.7.31.

228 《동아일보》 1935.10.16.

소개되지만 이는 어린이 간식 용도가 아니었다. 명절 상차림, 계절 음식, 손님 접대, 술안주와 같이 재래 상차림의 일부였다.[229] 전통과자는 어른을 위한 의례용이고, 어린이를 위한 영양 간식이라고 생각하지 않았다.

과자는 가격이나 품질이 천차만별이었다. 상류층 고급 선물용[230]인 메이지제과나 모리나가제과 과자부터 1전짜리 사탕(캔디)에 이르기까지 여러 가지였다.[231] 앞장에서 서술한 바와 같이 1920년대부터 일본에 본점이 있는 메이지제과, 모리나가제과, 이토상점 같은 대회사가 조선에 본격적으로 진출하며 신문에 크게 광고하기 시작했다.

대형제과회사는 광고로 근대 영양식품담론을 주도했다. 명절과 연말연시, 자사제품이 가족과 어린이의 영양을 챙기는 선물이라는 점을 강조했다. 〈사진 12〉와 〈사진 13〉처럼 "세계인과 세계적인 메이지 초콜릿"[232], "모리나가 밀크 초콜릿은 아기들 발육에 필요한 모든 영양소를 완전히 보유하고 있습니다"[233], "(모리나가 밀크캐러멜은) 맛있고 자양이 풍부하여 노인도 아동도 잘 잡수십니다"[234], "겨울철

---

229 방신영, 〈유아의 간식과 그 제법〉, 《新家庭》 1-5, 1933.5., 139쪽 ; 《조선일보》 1937.7.22. ; 《동아일보》 1939.1.17. ; 방신영, 〈新營養讀本〉, 《家庭の友》 28, 1940.1.1. ; 민혜식, 〈여름철요리〉, 《女性》 2-7, 1937.7., 88~89쪽 ; 《동아일보》 1935.10.29., 1935.11.5., 1939.12.28.

230 《동아일보》 1933.12.13., 1933.12.16. ; 〈크리스마스 푸레센트-Boys에게〉, 《新女性》 7-12, 1933.12., 90쪽. 서양과자는 매우 고가였기 때문에 상류층에서 고급 선물용으로 판매되었다.

231 《동아일보》 1933.12.13., 1933.12.16.

232 《동아일보》 1930.1.29.

233 《동아일보》 1930.12.22.

234 《동아일보》 1930.12.25.

〔冬節〕 건강미는 메이지 초콜릿으로"235라고 선전했다.

광고 그림에서는 '근대', '위생', '영양', '모던', '건강', '부富'과 같은 영양담론을 말하고 있다. 〈사진 12〉와 〈사진 13〉에는 사회경제적으로 상류층임을 암시하는 파마한 단발머리 젊은 여성이나 중절모에 콧수염을 기른 살찐 남자가 등장한다. 아이는 짧은 머리에 반바지를 입은 학생으로, 부부 중심인 소가족이 "맑은 가정"이라며 소가족을 이상적인 가족 형태로 표현했다. 아이를 학교에 보내고 과자를 사 주는 부모가 어린이를 위하는 근대적인 부모라고 나타냈다.

사진 12 모리나가제과 초콜릿 광고

출전 《동아일보》 1930.12.22.

사진 13 메이지제과 밀크 캐러멜 광고

출전 《동아일보》 1932.12.11.

---

235 《동아일보》 1932.12.21.

〈사진 14〉와 〈사진 15〉는 이토상점 껌 광고다. "이[齒]를 강강(强)하게 하는 아이들에게 제일, 1전(錢)으로 건강 증진"[236]이라고 하면서 껌을 씹으면 이가 튼튼해진다고 선전했다. 그림에서 남녀 학생이 산타클로스 복장을 한 할아버지를 따라 산을 오르거나 주위를 에워싸고 있다. 남학생은 반바지 차림에 학생 모자를 썼고, 여학생은 한복 차림에 단발머리다. 이들이 산타클로스가 주는 이토상점 풍선껌을 입으로 불어 부풀게 하거나 손으로 껌을 늘이고 있다. 껌을 산타클로스가 어린이의 치아를 위해 선물하는 약처럼 선전했다.[237] 서구의 어린이 수호성인인 산타클로스처럼, 아이에게 껌을 사 주는 학부모가 아이의 건강을 보호해 주는 어른이라고 치켜세웠다.

사진 14 이토상점 츄잉껌 광고 ①

출전 《동아일보》 1933.12.13.

---

236   《新家庭》2-5, 1934.5. 뒤표지.

237   위의 자료 ; 《동아일보》 1933.12.13.

이토상점 츄잉껌 광고 ②

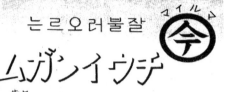

출전 《신가정》 1935.1. 뒤표지.

그러나 실제로 대제과회사가 소비대상으로 공략한 것은 가족이
아니었다. 신제품이 출시되면 화류계 젊은 기생 같은 사람들에게 시
식품을 돌렸다.[238] 당시 가정의 경제권은 남성에게 있었다. 경제권이
있는 상류층 남성이 대제과회사의 과자를 샀다. 남성이 고급과자를
사는 목적은 아이에게 주려는 것이 아니라 젊은 여성에게 환심을 얻
으려는 선물용이었다. 대제과회사는 이런 상류층 남성의 속내를 알
고 있었다. 1930년 조선의 유명한 극단배우 이애리수는 초콜릿을 제
일 좋아한다고 말했다.[239] 여배우만이 아니라 1933년 《신여성》에서

---

238   《時事新報》 1930.2.21~23.
239   《조선일보》 1930.1.1.

는 '모던보이'가 '모던걸'에게 "크리스마스 선물로 초콜릿을 주는 것은 최고의 마음의 표시"라면서 추천했다.[240] 대제과회사가 광고에서는 아이를 위한 근대적 영양식품임을 강조했지만, 현실에서는 비싸고 사치스러운 모던보이의 연애 선물이었다.

하지만 과자가 근대적 영양식품임을 강조하는 광고는 과자업계 전체에 영향을 미쳤다. 비싼 서양과자만이 아니라 저렴한 과자도 영양, 건강, 근대라고 하는 이미지를 공유하며 소비가 증가했다.

2) 1920년대 식생활개선운동

조선시대 유교는 체제 이데올로기로서 의식주 생활 전반을 지배했다. 봉건적 신분 질서가 식생활양식에도 그대로 반영되었다. 음양陰陽의 이치와 장유유서長幼有序의 원리에 바탕을 두고 동서남북 방향, 색깔, 주재료 속성, 음식 먹는 사람의 지위와 신분, 성性, 연령에 따라 차별했다. 벼슬 높이, 남성우위, 연장자 우선이라는 원칙이 음식 종류, 식사 시간, 식사 공간, 먹는 순서를 정했다.[241] 신분 차이는 말할 것도 없고 가족 안에서도 남녀 성별로, 동성同性 안에서도 나이가 많고 적음으로 차별했다. 젊은이, 며느리, 여자 어린이의 지위가 가장 낮았다.

전통음식은 용도별로 재료, 조리법, 상차림이 정형화되었다. 우선 가족끼리 먹는 일상적인 식사인 사적 영역과 집안·향리鄕里·사교 같은 공적 영역 사이의 차이가 컸다. 공적 영역에서도 관혼상제 같은

---

240   〈크리스마스 푸레센트—Boys에게〉, 《新女性》 7-12, 1933.12., 91쪽.

241   김상보, 〈朝鮮朝의 혼례음식〉, 《정신문화연구》 25권 1호(통권 86호), 한국학중앙연구원, 2002.

집안 행사, 절기節氣와 명절 음식, 돌·백일·환갑 같은 기념일, 손님 접대용 다과상이나 술상에 올리는 음식의 종류와 상차림이 정해져 있었다.

이 상차림은 다시 신분에 따라 3첩, 5첩, 7첩, 9첩으로 달라졌다. 올리는 음식 종류는 상차림에 따라 고정되어 있었다. 그릇에 음식을 쌓아 올려 담는 고배高排 풍속도 신분과 행사에 따라 차등하여 높이가 달랐다. 지방마다 차이가 있지만 음식 종류와 좌우전후左右前後 자리가 색깔과 재료별로 고정되었다.

식사도 유교적 예법禮法을 따르는 것이 조선시대 사회적 공리公理 였다. 이를 어기는 것은 체제에 대한 도전이었다. 음식 종류, 요리법, 상차림에 개인의 독창성이나 자유가 허용되지 않았다. 대신 정해진 음식의 맛을 좋게 하고자 집안마다 여러 가지 양념을 넣는 법이 매우 발달했다. 이것이 전통 조선 음식의 특징이었다.[242]

1차 세계대전 이후 세계적으로 개조론이 유행했다. 일본에서도 그 영향을 받아 개조론이 크게 유행했다. 일본 유학생 출신 조선 지식인 사이에서도 민족개조론이 크게 퍼졌다.[243] 이들은 봉건적 풍속을 개량하자는 데 동조하면서 차츰 그 범주를 가족제도와 결혼제도에서 일상적 의식주생활양식으로 확장했다.[244] 전제적인 '구가정舊家

242 　李益煥(李王職 典膳課), 〈衣·食·住를 如何히 改良할까─자랑할조선양념(개량보다 도 원상회복이 급한 세계에 자랑할 만한 조선료리)〉, 《동아일보》 1923.1.2. ; 李星鎔(의학박사), 〈〈가정부인〉 음식물 개량은 어떻게 할까(1회) 부엌과 찬간의 일을 줄이자〉, 《조선일보》 1927.9.9. ; 《조선일보》 1928.3.10. 전통 술은 다양한 재료와 방법으로 만들어져서 전근대 요리 주체의 창의성이 가장 많이 발휘된 품목이었다.

243 　박찬승, 《한국 근대 정치사상사 연구》, 역사비평사, 1992.

244 　김수진, 《신여성, 근대의 과잉》, 소명출판, 2009, 131~132, 137~138, 157~158쪽. 1920년대 창간된 여성잡지가 18개, 1930년대 창간된 잡지가 15개

庭'에서 벗어나 자유로운 '신가정新家庭'을 만들자는 움직임이었다.[245]

이러한 분위기 속에서 생활개선론이 싹텄다. 의식주 가운데 식생활개선을 주도한 것은 일본 여학교에서 가정과를 다닌 여성과 일본이나 서양 선교사에게 서양 학문을 익힌 의사였다. 여성계에서 방신영方信榮, 손정규孫貞圭[246], 송금선宋今璇[247], 임숙재任淑宰[248] 같은 인물이 대표적이다. 방신영은 1917년 최초로 근대적인 조선 요리서인 《조선요리제법朝鮮料理製法》 1판을 출판한 이래 2판(1918)부터 4판

로 총 30여 개에 이르렀으나 실제로 대부분의 잡지가 창간과 동시에 폐간되거나 몇 호 내지 못했다. 천도교가 후원한 1923~1934년 《신여성新女性》, 1933~1936년 동아일보사의 《신가정新家庭》, 1936~1940년 조선일보사의 《여성女性》이 지속적으로 출간되었다. 《신여성》은 1926.10.~1930년 사이 정간되어 《별건곤別乾坤》으로 통합되었다.

245 井上和枝, 〈植民地期朝鮮における生活改善運動-'新家庭'の家庭改善から〈生活改新〉運動へ〉, 中村哲 編, 《1930年代の東アジア經濟》, 日本評論社, 2006, 107~109쪽.

246 1896~1950?년. 1911년 경성여자고등보통학교를 1회로 졸업하고, 1922년 3월 도쿄여자고등사범학교 가사과를 졸업한 뒤 같은 해 4월 경성공립여자고등보통학교 교사로 부임하여 1939년까지 봉직했다. 해방 뒤 서울사범대학 여학생 처장을 재임했다. 1940년 일본어 요리책 《조선요리朝鮮料理》와 손정규, 조기홍趙圻烘, 표경조表景祚 주월영朱月榮 공저로 《중등 가사과 가사교본》(1948), 《중등가사교본: 요리실습편》(1949)을 저술했다. 국사편찬위원회 한국사데이터베이스 한국근현대인물자료 참조.

247 1905~1987년. 1919년 숙명여자고등보통학교와 1925년 동경여자고등사범학교를 졸업하고, 1925년 숙명여자고등보통학교 교사, 1934년 이화여전 교수를 역임했다. 그 뒤 조선 부인문제연구회 발기인과 이사·애국금채회愛國金釵會 발기인과 간사·국민정신총동원조선연맹 순회강연 강사와 1940년 덕성여자실업학교 교장과 덕성학원 이사를 역임했다. 위의 자료 참조.

248 1891~1961년. 1913년 숙명여자고등보통학교와 1921년 도쿄여자고등사범학교 가사과를 졸업한 뒤 1921년 숙명여자고등보통학교 교사, 1937년 숙명여전 교수를 역임하고 1938년 조선부인문제연구회에 가담하여, 조선임전보국단 부인대 지도위원, 1943년 기독교조선감리교단부인회연합회 회장, 1946년 숙명여자대학장을 역임했다. 위의 자료 참조.

(1924)까지 잇달아 개정증보판을 낸 독보적 인물이었다. 그는 1920년대 중반 도쿄東京영양학교에서 유학했다. 손정규, 송금선, 임숙재는 모두 도쿄東京여자고등사범학교 가사과 출신이다. 방신영보다 약간 어리지만 그보다 조금 앞선 1920년대 전반기에 유학을 다녀온 인물들이다. 의학계에는 세브란스전문학교 출신 의사 윤일선尹日善, 경성의전京城醫專 박승일朴昇一, 경성제대 의학부 박병래朴秉來, 의학박사 이성용李星鎔[249]이 있다. 이밖에도 어린이 운동을 제창한 방정환方定煥[250]과 1920년대 요리서를 저술한 이용기[251]가 있다.

한말 문명개화론 분위기 속에서 성장한 생활개선론자는 식민지 현실 속에서 서구식 문명화가 문화 수준의 우열을 가른다고 보았다.[252] 문명화될수록, 과학과 위생이 진보될수록 음식문화가 발달한다고 생각했다. 조선의 국력이 약해져서 음식문화가 퇴보 내지 정체되었다고 믿었다.[253]

249 《조선일보》1927.9.9.~9.10. ;《동아일보》1928.3.6., 1930.4.10. ;《實生活》3권 2호, 1932.2., 23쪽 ;《가톨릭청년》2-7, 1934.6., 60쪽 ;《우리가정》7호, 1936.1., 46~48쪽.

250 1899년~1931년. 1913년 선린상업학교에 입학하고, 1917년 손병희孫秉熙의 딸 손용화孫溶嬅와 결혼한 뒤 1920년 일본 도요대학東洋大學 철학과에 입학했다. 1921년 천도교 소년회를 조직하고 1922년 5월 1일 어린이의 날을 제정했다. 국사편찬위원회, 앞의 자료 참조.

251 이용기,《조선무쌍신식요리제법朝鮮無雙新式料理製法》, 영창서관, 1924·1930. 경력은 알 수 없다.

252 손정규,〈현대여성의 생활은 너무 산만-30년간의 교편생활과 작별한 일화도 많은 손정규〉,《春秋》2-4, 1941.5. ; 방신영,〈저자 서문〉,《우리나라 음식 만드는 법》, 청구문화사, 1954.

253 마제시,〈서문〉, 방신영,《조선요리제법》, 1931 ; 방신영,〈저자 서문〉,《조선요리제법》, 1934 ; 안순환,〈요리에 대한 관념부터〉,《동아일보》1923.1.1. ; 안순환,〈요리계로 본 경성〉, 白寬洙 著,《京城便覽》, 弘文社, 1929, 293쪽 ; 조자호趙慈鎬,〈자서自序〉,《조선요리법朝鮮料理法》, 1939.

생활개선론자가 일본 여학교에서 배운 '가정학'은 근대적 주부론에 바탕을 둔 학문이었다. 본래 가정학은 서구 근대 국민국가 성립 과정에서 여성 근대화론으로 만들어졌다. '여자는 가정, 남자는 사회'라는 성별 역할이 전제되었다. 과학이라는 이름으로 가정학은 다양한 지식을 생산했다. 사회에 성 역할을 고정시키는 관념을 퍼뜨렸고, 서구 제국주의 팽창과 함께 세계 각지로 이를 확산시켰다. 일본 가정학도 19세기 말 서구 가정학의 영향을 받았다.

생활개선론자가 많이 다닌 도쿄여자고등사범학교는 일본의 가정학 중심지였다. 이 학교를 대표하는 츠카모토 하마코塚本はま子는 여성을 가정의 책임자로 규정했다. 가정학은 가장에게 순종하고 가문의 관습을 지키는 한 집안의 며느리에서 탈피하는 것에서 출발했다. 그는 여성이 수동적인 며느리 역할에서 벗어나 능동적으로 가사 일을 과학화·합리화하는 '주부' 역할을 맡아야 한다고 역설했다.[254]

일본 정부는 정책적으로 가정학을 육성하였다. 고등교육기관에서 가정학을 교육시켜 공적 권위를 실어 주었다. 가정학이 현모양처론賢母良妻論과 부합했기 때문이다. 개항 이래 일본 지식인들은 자국 여성이 서구 일각에서처럼 젠더 문제를 여성 해방 문제로 삼을까 봐 경계했다. 그 대신 여성론을 교육자로서 '어머니' 역할에 초점을 맞춰 근대국가에 필요한 국민을 기르는 현모양처론으로 발전시켰다.[255] 현모양처론은 일본의 남성 중심 사회에 걸맞은 성 역할 분업론이었다.[256]

---

254   박선미, 《근대여성, 제국을 거쳐 조선으로 회유하다》, 창비, 2007, 157~165쪽.

255   가와모토 아야川本綾, 〈일본: 양처현모 사상과 '부인개방론'〉, 《역사비평》 52, 역사문제연구소, 2000, 354~356쪽.

256   오고시 아이코大越愛子, 전성곤 옮김, 《근대 일본의 젠더 이데올로기》, 소명출판, 2009, 26쪽.

일본에서 귀국한 조선의 생활개선론자는 일상에 팽배한 봉건적 성차별과 유교 격식을 비판했다. 그 논거는 일본에서 교육받은 현모양처론이었다. 또한 그들은 서구 영양지식과 근대 규율에 바탕을 두고 전통 음식문화가 다음과 같은 문제가 있다고 지적했다.

첫째, 조선 음식이 다른 나라 음식에 비해 영양가치가 떨어진다고 보았다.[257] 반찬은 대개 밥을 먹기 위한 것 위주고, 영양과 소화를 고려하지 않아 "소화가 잘 안 되는 섬유소가 많은 물질과 영양소가 작은 자극성 식물을 많이 먹는다"[258]고 믿었다. 우리나라 음식은 야채가 많아 대개 소화가 잘 안 되고, 자극적이고 영양분이 적어 어린이를 도무지 고려하지 않는다고 말했다.[259]

둘째, 조선 음식이 비과학적이라고 평했다.[260] 분량을 필요한 만큼 계량하지 않고 너무 많거나 어림으로 한다고 비판했다. 밥을 지을 때 물을 넣는 분량을 "그저 대충 해서 손등에 이만큼 오게 붓는다"[261]던지, "양념에 대한 주의가 부족하여 양념 분량을 아무 표준 없이 당사자가 맛을 봐 가면서 넣는다"[262]고 지적했다.

셋째, 예로부터 음식 만드는 법이 틀에 박혀 정체되었다고 믿었다.[263] 근대화를 추구하는 이들에게 요리는 창작행위였다. 종래 음식은 변화가 없다면서 종류가 단조롭고, 지나치게 많이 만들어 되풀이

---

257 방신영, 〈가정개량에 관한 각 여학교 선생님들의 말씀(3)〉, 《동아일보》 1927.1.3.

258 이성용, 〈〈가정부인〉 음식물 개량은 어떻게 할까(2회) 부엌과 찬간의 일을 줄이자〉, 《조선일보》 1927.9.10.

259 방신영, 앞의 글.

260 허영순, 〈有閑婦人에게 一言〉, 《新家庭》 3-9, 1935.9., 17쪽.

261 송금선, 〈가정생활의 과학화〉, 《新家庭》 2-3, 1934.3., 47쪽.

262 《동아일보》 1928.3.10.

263 《조선일보》 1927.9.24.

해서 상에 올려놓는다고 지적했다. 그러니까 먹는 사람이 지겨워져 식욕이 떨어진다는 것이다.[264] 조선인이 영양부족이 된 책임이 변화 없는 조선 음식 탓이라고 보았다.[265]

넷째, 양념을 많이 쓰는 것을 매우 부정적으로 보았다. 생활개선 론자는 서구 과학을 기준으로 고추, 마늘, 파와 같은 양념이 영양소 가 적고 자극적이어서 소화가 안 되게 만드니 양을 줄여야 한다고 주장했다.[266] 가장 문제가 고추였다. 매운 것을 먹지 못하는 일본인 은 자기 나라 음식문화를 표준 삼아 고추를 즐겨 먹는 조선 풍속을 멸시했다. 1910년대 여학교 교사가 학생들에게 고추와 설탕을 대비 시켜 "조선 사람은 고추를 함부로 먹으니까 머리가 나빠져서 성적이 나쁘다"[267]고 얘기할 정도였다. 문명한 나라일수록 설탕을 많이 먹는 데 그 가운데 일본이 제일 많이 먹어 머리가 좋다면서 허풍을 쳤다. 이는 소수가 아니라 대다수 일본인에게 팽배한 정서였다. 제국 국민 으로서 일본인은 우월감에 가득 차 식민지 조선의 전통요리법을 업

---

264 〈簡易한 生活改善〉, 《新女性》 4-10, 1926.10., 29~32쪽(이화형 외 編, 앞의 책, 7 권, 85쪽에서 재인용) ; 방신영, 위의 글 ; 〈營養講話: 理想的營養은 고르게 먹 는 것, 음식 조리하는 법을 항상 연구하야 새로운 요리를 창작하기를 꾀 할 것[下]〉, 《동아일보》 1927.5.26. ; 曹在浩, 〈家庭生活改新 새해로부터 實行 하려는 것-食卓과 衣服감 一致〉, 《別乾坤》 25, 1930.1. ; 방정환, 〈가정계몽 편-살님사리 大檢討, 家庭生活講義〉, 《新女性》 5-3, 1931.3., 56~75쪽(이화형 외 編, 위의 책, 7권, 101쪽에서 재인용) ; 리효덕, 〈주부의 절제생활〉, 《우리집》, 1934.4., 24쪽.

265 조재호曹在浩, 〈家庭生活改新 새해로부터 實行하려는 것-食卓과 衣服감 一致〉, 《別乾坤》 25, 1930.1.1.

266 방신영, 앞의 글 ; 이성용, 앞의 글 ; 鄭子英, 〈가정위생과 해충구제법〉, 《新家 庭》 2-8, 1934.8., 143쪽.

267 《독립신문》 1919.9.30. 1916년 9월 8일 여자고보 산술교사가 한 말을 여학생 (心園여사)이 일기에 적은 것을 실은 것이다. 산술교사가 조선인인지 일본 인인지는 불명확하지만 일본인 교사일 것으로 보인다.

신여겼다. 조선인 생활개선론자는 이러한 일본의 부정적 인식을 무비판적으로 받아들였다. 조선 음식은 어떤 종류이던지 고추, 마늘, 파와 같은 양념을 일률적으로 넣어 너무 맵고 짜다고 비판했다.[268]

다섯째, 요리 방식이 매우 번잡하고 시간이 많이 걸린다고 불만스러워했다. "상등요리上等料理(고급요리)"라도 하려면 다른 나라 요리보다 유난히 양념에 손이 많이 가고 복잡하여, 부인이 하루 내내 단순히 먹고 입는 의식衣食 준비에만 매달려야 한다는 것이다.[269] 게다가 요리 시간도 불규칙하다고 비판했다.[270]

여섯째, 불합리한 식사 풍습을 고치자고 주장했다. 하루 세끼 가운데 아침을 가장 잘 차리는 풍습, 생일·제삿날에 과다한 양의 음식을 준비하는 풍습, 손님이 오면 반드시 음식을 대접하는 풍습을 고쳐야 한다고 말했다. 밤새도록 쉬었던 위가 대량으로 음식을 소화할 능력이 없는 아침부터 많이 먹는 것은 위의 활력을 저해한다고 주장했다.[271] "시대가 바뀌어 바빠졌는데 제일 안 먹히는 시간대인 아침을 주식으로 하느라고 어두운 새벽부터 부인들이 고생하는 것이 불합리하다"는 것이다.[272] 의학적으로도 건강에 좋지 않고 경제적으로

268 정자영鄭子英, 〈가정위생과 해충구제법〉, 《新家庭》 2-8, 1934.8., 143쪽 ; 李星鎔, 〈〈가정부인〉 음식물 개량은 어떻게 할까(1회) 부엌과 찬간의 일을 줄이자〉, 《조선일보》 1927.9.9., 1928.4.1.

269 송금선, 〈朝鮮사람과 녀름〉, 《別乾坤》 30, 1930.7.1. ; 〈簡易한 生活改善〉, 《新女性》 4-10, 1926.10., 29~32쪽(《한국근대여성의 일상문화》 7, 85쪽에서 재인용) ; 이성용, 앞의 글.

270 《동아일보》 1927.1.3.

271 李星鎔, 〈〈가정부인〉 음식물 개량은 어떻게 할까(2회) 부엌과 찬간의 일을 줄이자〉, 《조선일보》 1927.9.10.

272 방정환, 앞의 글.

도 물질, 노력, 시간을 허비하는 풍속이라고 공격했다.[273]

일곱째, 봉건적인 차별을 개선해야 한다고 말했다. 위계질서에 따라 개별적으로 상을 받거나 상을 물려 먹는 식사풍속이 개선되어야 한다는 것이다. 전통적으로 가장이 먼저 상을 받고 '마누라'와 '어린애'가 다음에 먹고, '하인'이 그 다음에 먹었다. 성, 나이, 지위에 따라 따로 먹고 상을 물려 먹는 것이 일반적이었다.[274] 약자인 여성, 어린이, 하인에게 일상적으로 가하는 봉건적 불평등이었다. 이러한 전통이 번거롭고 식사 시간을 불규칙하게 만든다면서 근대적 규율과 능률을 바탕으로 개선하자고 주장했다.[275]

생활개선론자는 전통 식생활을 개선하려면 여성이 근대적 주부가 되어야 한다고 주장했다. 방신영은 여성이 예술이나 사회활동을 하며 개인 능력을 개발하는 것도 필요하지만, '주부'가 되는 것이 사회와 인류를 위해 더 중요하다고 말했다. 이구영李龜永은 "여자란 선천적으로 어머니가 되고 장래에 훌륭한 사람이 되도록 아이를 잘 양육할 책임이 있는 체질"이라고 주장했다. 여자의 위대함이 가정에서 집안 살림을 잘 처리해가는 데에 있다는 것이다.[276] 가정에서 이세二世 국민인 자녀를 건강하게 양육하는 것이야말로 바람직한 여성상이

---

273 이성용, 〈〈가정부인〉 음식물 개량은 어떻게 할까〉(2~3회), 《조선일보》 1927.9.10~9.11. ; 위의 글 ; 김인식金仁植, 〈朝飯을 개혁하자〉 《新家庭》 1-2, 1933.2., 114~117쪽.

274 I. B. 비숍, 신복룡 역, 《조선과 그 이웃 나라들》, 집문당, 2000, 86쪽 ; 함상훈咸尙勳, 〈朝鮮家庭生活制度의 檢討〉, 《女性》 3-9, 1938.9., 30~32쪽(이화형 외 編, 앞의 책 7권, 224쪽에서 재인용).

275 김정운金貞雲, 〈생활개선-오늘부터 고칠 것 누구던지 고칠 것 집집이 고칠 것의 한 가지〉, 《新女性》 3-2, 1925.2., 32~33쪽 ; 민태원閔泰瑗, 〈實行하기 쉬운 한 가지〉, 《別乾坤》 16·17, 1928.12.

276 이구영李龜永, 〈가정생활개조와 그 실제〉, 《新女性》 3-2, 1925.2., 34~38쪽(《한국근대여성의 일상문화》 7, 66~67쪽에서 재인용).

었다. 여자의 본분인 "주부의 책임과 자모慈母로서 의무"를 저버리고 남성과 같은 교육을 받는 것은 "여성의 본분을 잃은 사람"이었다.[277]

주부에게 가장 중요한 것은 가족의 건강을 책임지는 일이었다. 그러려면 가족이 건강하도록 영양가 있고 소화 잘 되고 경제적인 음식을 만들 의무가 있었다.[278] 또 가족 식성에 맞춰 음식을 준비해야 했다. 노인에게는 부드럽고 따뜻한 음식을 주고, 어린 아이에게는 영양소를 생각하여 발육을 돕는 음식을 주고, 남편에게는 입맛에 맞는 술안주를 준비하고, 손님에게 접대하기 적합한 음식을 만들 수 있어야 했다.[279] 가족의 식성을 고려하여 영양분을 섭취하게 하려면 주부가 근대 영양에 대한 지식을 익혀 현실에 적용해야 했다.[280]

생활개선론자는 언론에서 식생활개선을 주장했다. 구체적으로 살펴보면, 첫째, 영양학 지식을 보급했다. 《신여성新女性》, 《동아일보》, 《조선일보》, 《신가정新家庭》을 중심으로 1920년대 중반부터 탄수화물[含水炭素], 단백질, 지방, 비타민, 무기질, 칼로리에 대한 개념과 신체에서 하는 기능, 각 영양소가 많이 든 재료, 조리법을 자주 연재했다.[281] 둘째, 영양 지식을 습득하고 식단을 짤 것을 제안했다. 음식 품

277 　방신영, 〈여성에게 희망하는 것〉, 《동아일보》 1927.7.4.

278 　방신영, 〈저자서문〉, 《조선요리제법》, 1931 ; 허영순, 〈有閑婦人에게 一言〉, 《新家庭》 3-9, 1935.9., 18쪽.

279 　송원松園, 〈부엌덕이의 感想〉, 《婦人》 2-4, 1923.4., 30～33쪽(《한국근대여성의 일상문화》 7, 42～43쪽에서 재인용) ; 《매일신보》 1930.7.9., 1936.4.9., 1936.4.13. ; 《동아일보》 1931.8.6., 1935.3.12., 1937.11.23.～11.24., 1937.12.24., 1938.4.15., 1939.1.16.～1.18.

280 　《조선일보》 1928.1.1. ; 방신영, 〈여성에게 희망하는 것〉, 《동아일보》 1927.7.4.. ; 〈女學生에게 希望하는 것〉, 《조선일보》 1927.1.6. ; 〈(녀자로써알어둘일)主婦와 料理〉, 《女性》 1-3, 1936.6., 36쪽 ; 방정환, 앞의 글.

281 　방신영, 〈병든 어린아이의 음식에 대한 주의〉 上·下, 《중외일보》 1926.12.24.～12.25. ; 金仁植, 〈朝飯을 개혁하자〉, 《新家庭》 1-2, 1933.2., 114～117쪽 ; 방

질, 영양분 배합, 조리법을 예정하고 수치화한 분량으로 식단을 짜도록 했다.[282] 셋째, 여성에게 다양하면서도 간단한 요리법을 요구했다. 같은 재료라도 요리법을 바꾸라고 말했다.[283] 넷째, 간소하게 만들 것을 주장했다. 음식을 알맞은 분량으로 만들고 식사 때마다 다른 반찬을 만들며 여의치 않을 때는 같은 재료라도 조리법을 달리해서 [284] 다양하게 만들라고 했다. 여러 가지 찬을 떠벌이지 말고 간단히 값이 헐하고 영양가 있는 것을 두서너 종류 선택하라고 권했다.[285] 다섯째, 위생을 강조했다. 음식 만들 때 청결과 위생에 신경 쓸 것을 당부했다.[286] 여섯째, 식사 풍속을 변화시켜 가족이 식탁에 모여 앉아 이야기를 나누며 함께 밥 먹는 것을 이상적으로 생각했다.[287] 식탁이 별도로 있는 식당이 있으면 더욱 바람직했다.[288] 아침을 거창하

정환, 위의 글 ; 임정혁任貞爀, 〈영양소와 비타민-입맛을 댕기는 반찬, 주부의 솜씨 뵈이는 식상〉, 《우리가정》 7, 1936.10., 46~48쪽(《한국근대여성의 일상문화》 7, 160~163쪽에서 재인용).

282 이각경李珏卿, 〈김장때가 왔습니다〉, 《新家庭》 2-11, 1934.11., 142쪽 ; 장갑히, 〈조선 음식 차리는 법〉, 《우리집》 16, 1936.6.12., 12~13쪽 ; 송금선, 〈朝鮮 사람과 녀름〉, 《別乾坤》 30, 1930.7.1. ; 방정환, 위의 글.

283 《매일신보》, 1923.12.9. ; 〈간이한 생활개선〉, 《新女性》 4-10, 1926.10., 29~32쪽(《한국근대여성의 일상문화》 7, 85쪽에서 재인용) ; 《동아일보》 1929.12.8.

284 방신영, 〈營養講話: 理想的營養은 고르게 먹는 것, 음식 조리하는 법을 항상 연구하야 새로운 요리를 창작하기를 꾀할 것(下)〉, 《동아일보》 1927.5.26.

285 조재호曹在浩, 《別乾坤》 25, 1930.1.1. ; 임숙재任淑宰(숙명여고 교사), 〈생활개선, 세 가지를 통틀어 이러케-고첫스면 조켓습니다〉, 《新女性》 3-1, 1925.1., 29~31쪽(《한국근대여성의 일상문화》 7, 55쪽에서 재인용) ; 위의 글.

286 김해라金海羅, 〈서양식탁의 常識〉, 《新家庭》 3-2, 1935.2., 145쪽 ; 전채오, 〈주부 앞에 드리는 말슴〉, 《우리집》 18, 1936.12.1., 24~25쪽

287 송원, 앞의 글 ; 임숙재, 위의 글.

288 이성용, 〈(가정부인) 음식물 개량은 어떻게 할까(3회) 부엌과 찬간의 일을 줄이자〉, 《조선일보》 1927.9.11.

게 먹는 습관을 고쳐 가볍게 먹고 저녁을 만찬으로 먹자고 제안했다.[289] 아침에는 커피나, 보리차, 달걀, 우유, 빵, 흰죽, 팥죽 같이 간단히 먹는 것이 위생적이고 소화에 좋다고 보았다.[290] 반찬을 큰 그릇에 담아서 식탁 중앙에 놓고 각자 적은 그릇에 덜어 먹자고 제안했다.[291]

이 가운데 요리 주체인 주부의 자율성과 창의성을 독려했다. 전통적인 요리법을 고수하지 말고 간단하고 새로운 요리법을 시도하라는 것이다.[292] "우리의 습관을 잃지는 말 것이나 우리의 습관에 매어져서는 안 될 것"[293]이라면서 "현대과학을 응용하여 건강과 취미에 맞는 음식"으로 개량할 것을 제안했다. 요리법을 개량해서 시간, 수고, 재료를 절약하고 가족의 기호와 체질에 적합한 음식을 만들자는 것이다. "옛날 양반들의 요리를 그대로 지키는 것은 창작이라는 요리의 의의에도 벗어나는 일이고 체질이나 기호, 영양에도 크게 어그러지는 것"[294]이라면서 새로움을 추구했다.

생활개선론 안에는 전통 생활양식에 내재된 차별과 억압에서 벗어나려는 여성들의 욕구가 들어 있었다. 남녀노소를 가리지 않고 온 가족이 둘러앉아 함께 식사를 하며 같은 반찬을 먹고자 하는 '평등

289 임숙재, 위의 글 ; 방정환, 앞의 글.

290 이성용, 《〈가정부인〉 음식물 개량은 어떻게 할까(2회) 부엌과 찬간의 일을 줄이자〉, 《조선일보》 1927.9.10. ; 조영숙 담, 〈가정부인좌담회〉, 《新家庭》 1-1, 1933.1., 78쪽 ; 〈신가정순례─육아방문기(1) 소아과의사 具泳淑씨 가정〉, 《新家庭》 1-5, 1933.5., 53쪽.

291 방신영, 앞의 글.

292 김원경金元經, 〈저녁밥상〉, 《新家庭》 2-11, 1934.11., 20~21쪽.

293 이각경, 〈食慾과 料理〉, 《女性》 2-2, 1937.2., 71쪽

294 《조선일보》 1927.9.24. ; 송금선, 〈朝鮮사람과 녀름〉, 《別乾坤》 30, 1930.7.1. ; 방신영, 〈主婦와 料理〉, 《女性》 1-3, 1936.6., 37쪽.

에 대한 갈망'이었다. 주부라는 지위로 가족 내 평등한 구성원이 되고자 했다. 주부가 되면 '차별받는 며느리'라는 수동적 지위에서 벗어나 개인의 창의성을 발휘하는 능동적 주체가 될 수 있었다.[295] 여성이 주부라는 지위에 서야 사회구성원으로서 자격이 생겼고, 국민으로서 정체성이 생겨났다.[296]

근대적 식생활이 바로 '신식 요리법'이었다. 가족 식성을 고려하면서 서구적 영양학 지식에 바탕을 둔 요리법이었다. 그런데 1920년대 생활개선론자가 신문잡지에서 제시한 신식 요리법은 서양, 일본, 중국의 요리법을 단순하게 베끼는 수준이었다. 신문에 신식 요리법이 나타나기 시작한 것은 1924년 말부터다.[297] 1924년부터 1929년 중엽까지 신문·잡지에 나온 요리법과 횟수를 보면 다음과 같다. 식빵 3회, 비스켓·팥 만쥬·중국식 닭찜·중국식 제육덴뿌라·중국식 잉어찜·카스텔라 10회, 아일랜드식 과자·센베이·카레수프·땅콩전병(낙화생전병)·감자수프·아이스크림 5회, 라이스빠레지(서양풍 죽)·싸리지(중국반찬)·앵두잼·복숭아펀치 2회, 홍차·밀크체리·후라이드 피쉬·비프스테이크·에그샌드위치·딸기잼·과일 펀치 같은 음식이었다.[298] 주로 어린이 간식으로, 서양이나 일본식 음료 또는 과자를 만

295 김혜경, 《식민지하 근대가족의 형성과 젠더》, 창비, 2006, 283~284쪽.

296 박관수朴寬洙, 〈가명의 힘과 그 개량의 필요〉, 《婦人》 1-2, 1922.7., 45~46쪽 ; 왕대아王大雅, 〈가정의 柱礎〉, 《우리가정》 7, 1936.10., 5~8쪽(《한국근대여성의 일상문화》 7, 149쪽에서 재인용).

297 《시대일보》 1924.12.22.

298 《시대일보》 1924.12.22. ; 〈과자제조법〉(8회 연재), 《동아일보》 1925.3.13.~5.11., 1927.6.21.~22., 1928.6.23., 1929.6.13. ; 〈서양과자 만드는 법〉(15회 연재), 《조선일보》 1925.3.31.~4.18., 1925.7.7., 1926.2.5., 1926.6.23., 1928.10.16. ; 〈하기 쉬운 가정요리법〉, 《新女性》 2-6, 352~353쪽 ; 《중외일보》 1927.8.8. ; 《동아일보》 1927.6.21., 1929.6.13. 《동아일보》에서는 복숭아화채와 수박화채라고 명명했지만 와인, 설탕, 페퍼민트, 젤라틴, 설탕을 넣어 서양 음료인 펀치에 가깝다.

드는 법이었다. 중국식 요리법도 3회에 걸쳐 실었다.

1920년대 나온 신식 요리법에서는 전통요리법을 될 수 있는 대로 배제하고 외래 요리법을 권장했다. 이를테면 찌개를 끓일 때 고추장 대신 일본 음식에 많이 넣는 소금, 두부, 다시마만 넣고 끓이고, 생선을 구울 때도 고추장이나 간장 양념을 바르기보다 소금을 쓰고, 양조간장(왜간장, 일본간장)으로 나물을 볶았다.[299] 또 전통음식보다 서양 요리를 고급으로 여기고 귀한 손님을 맞을 때 서양 요리를 대접하라고 권했다.[300] 요리법만이 아니라 서양 요리를 먹는 방식과 예법을 3회에 걸쳐 연재하며 서구 음식문화 이식에 주력했다. 다만 《동아일보》 1927년 5월 28일부터 7월 3일까지 〈계절음식 사철음식제법〉이라는 제목으로 4회에 걸쳐 조선 요리법을 실은 바 있다. 쑥갓나물, 계란전, 어채, 오이찬국, 오이장아찌, 수단, 보리수단[301] 만드는 법이었다. 여기에 설탕과 같은 새로운 식재료를 넣지 않고 전통 감미료인 꿀을 넣었다.

문제는 요리 특성상 글로 소개한 요리법이 곧바로 실제 생활에 적용되기 어렵다는 점이다. 생소한 식재료를 사용한 새로운 음식은 더욱 그렇다. 중국 요리 전문가인 정순원鄭順媛[302]이 말했듯 "요리란 천

299 〈가정요리〉, 《매일신보》 1930.4.10. ; 〈찌개〉, 《동아일보》 1931.10.7. ; 송금선,
      〈부인의 알아둘 봄철료리법(제1회)〉, 《동아일보》 1930.3.6. ; 〈익힌 것보다
      날것을 먹음이 영양에는 퍽조타〉, 《매일신보》 1930.8.14.

300 이규태, 〈가정에서 알아둘 간이한 서양요리(전6회)〉, 《조선일보》 1928.10.3.~16.

301 《동아일보》 1927.5.28., 1927.6.17., 1927.7.2., 1927.7.3.

302 1898년생, 고향은 함경북도 청진으로 10세에 중국으로 갔다. 지린吉林에서
      소·중·사범학교를 마치고 일본여자대학 가사과를 졸업, 난징南京 국민정부의
      심계부審計部에 재직하다가 1933년 귀국했다. 중국 요리 전문가로, 해방된 뒤
      에는 1954년 중앙여자고등학교 교장으로 재직했다. C기자, 〈정순원여사와의
      일문일답기〉, 《新家庭》 1-12, 1933.12., 100~101쪽 ; 《대한연감》, 1955, 735
      쪽 ; 국사편찬위원회 한국사데이터베이스 한국근현대인물자료 참조.

번 듣는 것이 열 번 보는 것만 못하고, 열 번 보는 것이 한 번 자기 손으로 해 보는 것만 같지 못하다."[303] 새로운 요리법을 실제로 쓰려면 손수 음식을 만들어 보거나, 여건이 안 되면 만드는 과정을 지켜보고 맛보는 실습 과정이 중요하다. 인쇄매체에서 새로운 요리법을 소개하는 것은 불특정 다수에 대한 선전일 뿐 실생활에 적용하기 어려웠다.

생활개선론자는 대개 여학교 교사였다. 방신영은 정신여학교에서 근무하다 1929년 이화여전 가사과 창설에 참여한 이래 이화여전에서 재직하고 있었다. 손정규는 1922년부터 경성공립여자고등보통학교에서 봉직했고, 송금선은 숙명여자고등보통학교와 이화여전 교수를 역임했으며, 임숙재는 숙명여자고등보통학교에서 근무하고 있었다.

1920년대 생활개선론자가 신식 요리를 가르친 공간은 주로 여학교였다. 일반인을 대상으로 하는 요리강습회는 한 번 열렸을 뿐이다.[304] 여학교에서 가르친 요리법은 조선 음식이 아니라 서양·일본 음식 같은 외래 음식 위주였다. 여학교에 가사과가 본격적으로 설치된 것은 1929년이지만, 그전부터 이미 여학교에서는 요리법과 영양지식을 가르치고 있었다.[305] 이를 알 수 있는 사료는 1927년 경성공립여자고등보통학교에서 열린 '요리실습회' 참관기록이다. '요리실습회'라고 명명했지만 초청인사에게 요리를 가르치는 것이 아니라 학교에서 학생들이 배운 요리를 대외인사들이 참관하여 시식하게 하는 행사였다.

《조선일보》 기자가 이를 참관한 뒤, 음식이 나오는 격식이나 만

---

303 C기자, 위의 글, 101쪽.

304 《동아일보》 1925.11.16.

305 이화가정학50년사편찬위원회, 《이화가정학50년사》, 이화여자대학교출판부, 1979, 38~41쪽.

드는 법이 조선 풍속과는 조금 떨어진 양식洋式과 일본식日本式을 응용하여 절충했다고 묘사했다. 조선 특색을 잃어버렸다고 생각할 수도 있다며 아쉬워했다. 그러면서도 "달리 생각하면 재래 조선 음식의 그 복잡한 것과 시간과 노력이 많이 걸리는 것이나 미각이 상하도록 사용하는 자극물(양념)을 일절 폐지했다"면서 이를 '조선 음식을 개량하는 도정道程'이라고 옹호했다.[306] 머리로는 식생활개선을 지지하면서도, 감각으로 달가워하지 않은 것이다. 이처럼 생활개선론에 매우 우호적인 기자조차 동·서양 요리를 모방한 신식 요리를 낯설어했다.

사회에서 새로운 요리법을 노골적으로 거부했음은 말할 것도 없다. 일본에 유학까지 다녀온 여성이 결혼 뒤 '부엌 바보'가 될 수밖에 없었다고 실토할 정도였다.[307] 그는 여학교 가사실습시간에 배운 요리라고는 약식, 약과 몇 가지, 도쿄에서 배운 일본 된장국과 일본 반찬, 그리고 "얼치기 양요리" 몇 접시 정도였다면서, 현실생활과 완전히 동떨어진 교육을 받았다고 자인했다. 중국 요리, 서양 요리, 일본 요리 등을 조금씩 배우고 혼인한 여학교 출신 며느리가 여러 나라 음식을 참고하여 '낯선' 음식을 만들면, 시부모는 (여자를) 학교에 보내면 음식 하는 법 하나도 모른다고 흉보았다.[308] 기성세대는 요새 '신여성'들이 음식 할 줄 모르고 "오가지(온갖) 잡탕"을 만들어 낸다고 비웃었다.[309]

이와 함께 식생활개선도 배척당했다. 여학교 출신 며느리가 학교

---

306 추계생秋溪生, 〈가정부인-京城 女高普의 요리실습회를 보고〉, 《조선일보》 1927.11.30.

307 김영애金永愛, 〈시골시집사리 生活譜〉, 《新家庭》 4-7, 1936.7., 80쪽.

308 《조선일보》 1927.9.24.

309 방영복, 〈一月의 식사표〉, 《新家庭》 1-1, 1933.1., 108쪽.

에서 배운 대로 식생활을 간소화하려고 아침을 간단히 차리는 것을 아무도 이해하지 못했다. "집안 부모들과 남정네들이 이해를 안 해주어 (식생활 간소화가) 도저히 성공할 수 없다"[310]고 토로했다. 항간에는 "여학생에게 장가들이면 밥도 얻어먹을 수 없어 (밖에서) 설렁탕을 (사) 먹고 산다"며 조롱했다.[311]

1920년대 어설프게 식생활개선을 추진하는 과정에서 여학생에 대한 부정적 이미지가 만들어졌다. 기성세대는 여학교 출신이 허영에 빠져 실생활에 도무지 적합하지 않다며 신붓감으로 기피했다. 교육받은 신여성이 결혼한 뒤 가정에서 신·구 충돌이 일어나는 원인 가운데 하나가 바로 요리법 때문이었다.[312]

---

310   백신애白信愛(가정부인) 談, 〈대구여성 좌담회〉, 《新家庭》 2-5, 1934.5, 212쪽.

311   남상찬南相瓚(진명여학교), 《신여성》 4-8, 1926.8, 25~26쪽.

312   방신영, 〈(7)소아영양과 건강에 주의, 가사 상식 보급에 노력, 어린 아이를 귀여워만 말고 영양분량에 주의〉, 《조선일보》 1928.12.25.

IV장

대공황기
세계적 설탕 공급과잉과
식민지 조선

1. 제당 카르텔 통제와 만주국

1차 세계대전부터 현기증 나게 오르던 설탕값이 1925년 중반부터 폭락했다. 과잉생산 때문이었다. 세계 각국이 역사에서 일찍이 겪어 보지 못한 사태였다. 산당국産糖國과 소비국, 원료 공급자와 소비자, 농민과 제당회사의 이해가 엇갈리면서 대공황으로 이어졌다.

세계적인 설탕 폭락 사태에 일본 제당자본끼리 경쟁이 격렬해지며 카르텔 통제로 귀결되었다. 통제 범위도 제국 전역으로 확대되었다. 일당 조선공장은 공판제도를 실시한 뒤 조선 시장에서 점유율이 더 높아졌다. 뿐만 아니라 국제적 원료당 가격 하락과 만주국의 한시적 자유무역 존속 덕분에 더욱 번창했다.

1) 일본 제당 카르텔과 공판제도

1925년부터 시작된 설탕 가격 폭락은 1차 세계대전 경험에서 비롯되었다. 1차 세계대전이 끝나도 국제 설탕 가격이 높게 지속되자 사탕무와 사탕수수 산당국은 공급량을 늘리는 데 주력했다. 유럽의 각국 정부는 생산 수준을 전쟁 전으로 회복하고자 사탕무 재배를 장려했다. 그 결과 재배지역이 전쟁 전보다 더 확대되었다. 전후 오스트리아–헝가리 제국의 해체와 국경 변경으로 새로이 사탕무 재배지역을 이속한 국가들(체코슬로바키아, 헝가리, 폴란드)이 등장했다. 아일랜드, 핀란드, 라트비아같이 설탕 수입에 의존하던 다른 국가들도 자국의 사탕무 제당업을 육성했다.[001] 그 결과 1924년 유럽 사탕무 재배지역은 전쟁 전 수준을 회복했고, 수출량도 전쟁 전 수준을 초과했다.

유럽에서만 공급량이 증가한 것이 아니었다. 1차 세계대전을 거치며 비유럽 사탕수수 생산국의 생산성이 획기적으로 높아졌다. 전쟁으로 인한 사탕무 공백을 메우기 위해 자바, 쿠바, 모리셔스 같은 열대 사탕수수 재배지역의 생산설비와 기술이 엄청나게 발달했다.[002]

자바당의 1차 세계대전 전후 사탕수수 기업 수, 재배지, 생산량이 〈표 22〉이다. 사탕수수 재배 면적과 조업 공장 수는 큰 변동이 없는데, 전후 생산량이 급증했다. 그만큼 단위면적당 생산량이 늘었다. 제당기술도 발달했다. 경지백당의 품질이 화란표본 25호 이상으로 향상되었고 원료당 품질도 좋아졌다. 원료당 주력상품이 황쌍黃双 (Muscovado Sugar)에서 중쌍中双(Brown Sugar)으로 상향되었다. 중쌍의 범위도 화란표본 18호에서 21호 미만으로 높아졌다.[003]

한편 유럽 각국 정부는 전시 설탕부족에 시달린 경험을 떠올리며 설탕 보호무역제를 채택했다. 안정적으로 수량을 확보하려는 목적이었다. 1902년 브뤼셀 회의[004]에서 약속한 설탕 자유무역제는 폐기되

001 Vladimir P. Timoshenko & Boris C. Swerling, 山口哲夫 譯, 《世界の甛菜糖問題》, 東京: 日本甛菜糖業協會, 1958, 61쪽.

002 위의 책, 2~5, 59~70쪽.

003 加納啓良, 〈オランダ植民支配下の〈ジャワ糖業〉〉, 《社會經濟史學》 51-6, 1986, 145쪽 ; 浜田恒一, 《蘭印の資本と民族経済》, ダイヤモンド社, 1941, 88~90쪽 ; (朝鮮) 鐵道省運輸局, 《鹽砂糖醬油味噌ニ關スル調查》, 京城, 1926, 7~10쪽 ; 河野信治, 《日本糖業發達史》, 日本糖業發達史編纂事業所, 1930, 488쪽. 자바당은 여덟 종으로 나뉘는데 백쌍이 대만의 직접소비당인 경지백당에 해당하고 황쌍은 화란표본 12호 반의 황색결정당이다. 중쌍은 백쌍과 황쌍의 중간을 가리킨다. 부표 참조.

004 內閣拓植局, 《甛菜糖業ト朝鮮》, 1910, 95쪽 ; Vladimir P. Timoshenko & Boris C.

었다. 대표적으로 영국이 보호무역을 채택했다. 세계 최대 설탕 수입국인 영국이 파운드 블록 내 자급자족을 목표로 1920년대 영연방 전체에 제당업 장려책을 폈다. 특별관세로 관세를 차등화하고, 사탕무 또는 사탕수수 품종을 개량했으며, 철도·도로 같은 교통로를 정비하고, 제당회사를 설립·지원하는 보호정책을 폈다.[005]

표 22 19세기~20세기 전반기 자바의 사탕수수 생산

연도	기업 수	재배지 (헥타르)	생산량 (천 킬로그램)	1헥타르당 평균 생산량 (킬로그램)
1860	–	34,300	136,889	3,991
1870	–	37,800	152,595	4,037
1880	–	48,900	216,634	4,430
1890	195	72,000	399,999	5,556
1900	190	91,000	744,257	8,179
1910	182	126,500	1,280,300	10,121
1914	186	147,500	1,404,940	9,525
1917	185	160,400	1,791,100	11,166
1920	138	153,400	1,516,200	9,884
1921	184	157,000	1,655,700	10,546
1922	182	162,000	1,775,700	10,961
1923	180	163,500	1,760,900	10,770
1924	181	171,600	1,963,600	11,443
1925	179	176,300	2,261,100	12,825
1926	178	179,700	1,941,600	10,805
1927	176	185,700	2,351,200	12,661

Swerling, 山口哲夫 譯, 앞의 책, 55~58쪽 ; 찰스 페인스틴, 피터 테민, 지아니 토니올로 공저, 양동휴, 박복영, 김영완 옮김, 《대공황 전후 유럽경제》, 동서문화사, 2001, 113쪽.

005　臺北總督官房調査課 編, 《海外調査》第12号(印度支那及英領印度の糖業), 臺北: 臺北總督官房調査課, 1922, 50~80쪽.

연도	기업 수	재배지 (헥타르)	생산액 (천 톤)	1헥타르당 평균 생산액 (톤)
1928	178	195,400	2,923,600	14,962
1929	179	196,800	2,870,980	14,588
1930	179	198,000	2,915,870	14,727
1931	178	200,800	2,772,440	13,807
1932	165	166,138	25,601,829	15,413
1933	116	84,343	13,725,850	16,282
1934	62	34,211	6,361,040	18,600
1935	43	27,578	5,096,590	18,466
1936	46	35,572	5,747,100	16,156
1937	95	84,494	13,799,240	16,332
1938	94	84,829	13,755,100	16,315

출전 浜田恒一著,《蘭印の資本と民族経済》, ダイヤモンド社, 1941, 88~90쪽.

전후 유럽 각국의 사탕무 증산정책과 열대지역의 사탕수수 생산성 증대 결과, 1925년부터 전 세계적으로 설탕이 과잉 공급되었다. 〈표 15〉와 같이 세계 설탕 가격이 파국적인 속도로 내려갔다. 1925년 가격이 그 직전해의 절반 가까이 하락했다. 이 뒤에도 줄곧 내려가 1930년대 초가 되면 1920년대 초의 1/5 가격밖에 안 되었다.

세계 설탕 가격이 급락하는 가운데 일본도 생산 과잉에 빠졌다. 1차 세계대전 호황과 전후 설탕 고가격에 힘입어 일본에서는 제국 각지에 설탕 생산량 증가에 매진했다. 1929년이 되면 대만당으로 일본내 소비량을 자급자족할 수 있게 되었다. 1932년이 되면 대만 말고도 남양南洋군도에서 69만 피쿨, 오키나와에서 144만 피쿨, 홋카이도에서 40만 피쿨을 생산했다. 그해 일본의 설탕 생산총계가 1,927만 피쿨로 수요보다 과잉 공급되었다.[006]

---

006   西原雄次郎 編,《日糖最近二十五年史》, 千倉豊, 1934, 112~114, 204쪽.

그 결과 〈그림 7〉과 같이 일본 도쿄의 설탕 도매가격이 차츰 하락했다. 1924년 27.41엔에서 1925~1927년 24엔대로 내려갔고, 1928~1929년 22엔대, 1930년에는 20.10엔이 되었다. 일본의 설탕 가격 하락세는 1920년대 중반부터 50퍼센트 이상 내려간 세계 설탕 가격에 견주면 훨씬 완만했다. 하지만 일본 제당자본에게는 매우 심각한 위기였다.

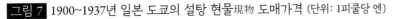

그림 7 1900~1937년 일본 도쿄의 설탕 현물現物 도매가격 (단위: 1피쿨당 엔)

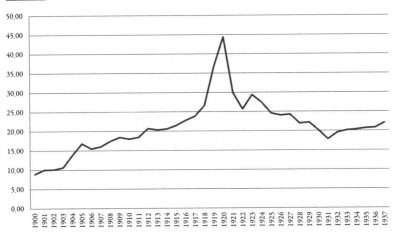

출전 東京統計協會 編, 《日本帝國統計全書》, 東京: 東京統計協會, 1928 ; 《臺灣糖業統計》, 1938.

비고 1900~1918년까지 《日本帝國統計全書》, 1919~1937년까지 《臺灣糖業統計》.

과잉생산 때문에 가격이 하락하자 일본 제당회사 사이의 경쟁이 치열해졌다. 당업연합회는 협정가격을 유지하고자 '산당처분협정'을 강화했다. 처음에는 당업연합회가 각 제당회사의 작업일수를 한정하여 생산량을 줄이고자 했다. 하지만 각 회사가 전 능력을 발휘해 생

산성을 향상시키는 바람에 효과가 없었다.[007]

1927년 9월 당업연합회는 개별기업의 생산과 공급을 통제하기 위해 회사별로 지난 해 반년 동안의 실적에 따라 수량을 할당했다. 뿐만 아니라 설탕 상인을 통제하여 협정가격으로 판매하게끔 담합했다. 여전히 '산당처분협정' 범위는 일본이었다.

그런데 조선과 일본 사이에 문제가 생기며 '산당처분협정'에 균열이 생겼다. 1920년대 전반까지 일당이 조선 시장에서 독점적 지위를 누리며 〈그림 6〉과 같이 서울 소매가격이 도쿄 도매가격 보다 4~4.5엔 비쌌다.

1925년 무렵부터 다른 제당회사들도 조선으로 진출하기 시작했다. 메이지제당이 일당보다 1근당 10전 정도 싸게 팔며 조선 남부 지역을 중심으로 상권을 만들어 나갔다.[008] 엔수이미나토제당도 특종조건을 내걸며 조선으로 들어왔다.[009] 경쟁이 격화되며 가격이 떨어지자 조선과 일본 사이의 설탕 가격 균형이 깨졌다. 〈그림 6〉과 같이 1926년부터 서울 소매가격은 도쿄 도매가격보다 고작 2엔 비쌌다. 서울과 도쿄의 격차가 줄어들었다는 것은 그만큼 서울의 설탕 가격이 낮아졌음을 뜻한다. 1927년에는 조선과 일본 가격이 역전되었다. 1927년 일본 내 도매가격이 21원 75전인데, 조선의 소매가격이 20원대로 1원 50전~1원 70전 가량 쌌다.[010] 일당이 조선 시장에서 누리던 독점적 지위가 위협받았음을 뜻한다.

더 큰 문제는 조선과 일본 사이에 설탕 가격이 차이 나자 조선에

---

007 앞의 책, 205~208쪽.

008 《京城日報》 1929.3.17. ; 《동아일보》 1930.1.8.

009 京城商業會議所,《朝鮮經濟雜誌》 140, 1927.8., 13쪽.

010 《京城日報》 1929.3.17.

서 일본으로 설탕이 역류되었다는 점이다. 조선이 당업연합회의 산당처분협정 적용 범위 밖인 것을 틈탄 편법이었다. 조선에서 일본으로 이출량이 증가하면서 당업연합회에서 협정한 물량 이상이 일본 시장에 출회되었다.

조선에서 일본으로 이출하는 것은 두 경우였다. 하나는 제당회사가 설탕 상인과 짜고 조선을 단순 경유해서 일본으로 들여오는 경우였다. 주로 메이지제당 계열의 설탕 상인들이 행했다. 부산을 단순 경유해 "메이지제당의 보세물保稅物(관세가 보류된 물품)을 날마다 7~8천 피쿨 내지 1만 2~3천 피쿨씩"[011] 일본 큐슈 방면으로 보냈다. 메이지제당은 오사카 나카노상점이 단독으로 메이지제당 제품 3만 피쿨을 역이입逆移入한 것이므로 자신들과 아무런 관계가 없다고 발뺌했다. 하지만 이는 메이지제당과 특약을 맺은 미쓰코시상사가 오사카 나카노상점과 매매계약을 맺어 이루어진 일이었다. 메이지제당이 깊숙이 관련되지 않고서는 일어날 수 없었다.[012] 당업연합회가 벌칙으로 역이입한 수량만큼 메이지제당 할당량을 줄이려고 하자 메이지제당이 극력 반발했다.[013] 이렇게 조선에서 일본으로 이출한 설탕량이 1927년 하반기만 5만 피쿨에 이르렀다.

다른 하나는 조선에 있는 유일한 제당공장인 일당 조선공장에서 이출하는 경우였다. 1927년 일당 조선공장의 이출이 문제가 되었다. 앞장에서 본 대로 이미 1920년대 전반기부터 일당 조선공장에서는 고수익이 보장된 일본 시장으로 공공연히 설탕을 이출하고 있었다. 가장 문제가 된 사건은 재고를 일본으로 보내 고가로 팔아치운 일이

---

011   《동아일보》 1927.10.25.

012   《大阪朝日新聞》 1927.10.13. ; 《京城日報》 1928.7.8.

013   《中外商業新報》 1927.9.2.

었다. 1927년 일당은 자바당 선물거래로 파산한 스즈키상점 계열의 토요제당을 합병했다. 합병 뒤 토요제당이 갖고 있던 재고 2만 8천여 피쿨을 조선공장을 경유해 오사카 설탕거래소로 역류시켰다.[014]

사진 16 대일본제당에서 합병한 토요제당 토로쿠斗六제당소와 우르鳥日 제당소

출전 西原雄次郎 編,《日糖最近二十五年史》, 千倉豊, 1934, 36쪽.

이 사건을 계기로 일당과 메이지제당 사이의 갈등이 크게 불거졌다. 일당이 토요제당 재고를 일본에 들여와 팔자, 메이지제당이 당업연합회에서 협정한 출하시기보다 앞서 신당新糖을 출하해 버렸다.[015] 일당과 메이지제당 두 회사의 설탕 물량 때문에 일본 내 설탕 가격이 당업연합회 협정가격보다 내려갔다. 그러자 당업연합회와 약정을 맺은 도쿄의 설탕 상인들이 당업연합회에 진정서를 제출하며 크게 반발했다.[016]

---

014 《大阪朝日新聞》 1927.12.28.

015 《大阪朝日新聞》 1927.9.24.

016 《国民新聞》 1927.10.14 ;《中外商業新報》 1927.10.15 ; 藤山幸敏,〈第四章 砂糖供給組合の結成解散と産糖調節協定の成立〉, 158~159쪽 ;《朝鮮總督府統計年報》를 보면 조선에서 일본으로 설탕 이출량은 1925년 7만 3,762피쿨, 1926년 4,198 피쿨, 1927년 11만 1,820피쿨, 1928년 3만 8,586피쿨, 1929년 6만 6,688피쿨, 1930년 7만 8,553피쿨, 1931년 4만 8,329피쿨, 1932년 5만 5,550피쿨, 1933년 1만 1,725피쿨, 1934년 62피쿨, 1935년 23피쿨, 1936년 41피쿨이었다.

당업연합회는 일당을 책망하면서도 일당이 자신만 추궁하는 것에 반발하여 설탕생산협정에서 탈퇴할까봐 걱정했다.[017] 진통 끝에 당업연합회는 일당이 조선에서 이입한 수량을 자신들의 일본 내수시장 공급할당량에 포함시키고, 메이지제당이 신당新糖 1피쿨당 위약금 3엔을 지불하는 것으로 갈등을 봉합했다.[018] 대외적으로는 조선 내 상인들에게 설탕값을 인상하라고 압력을 넣었다. 23원 75전~24원 이상으로 팔 것을 강요했다.[019]

조선당 일본 이출사건을 계기로 당업연합회는 카르텔로 전환했다. 1928년 6월 당업연합회는 산당처분협정 범위를 제국으로 확대했다. 이듬해인 1929년부터 협정 범위에 조선, 다이토지마大東島, 홋카이도, 오키나와, 사이판彩帆島을 추가하기로 약속했다.[020]

또한 공판제도 실시를 강제했다. 협정가격을 유지하고자 1928년 12월 트러스트인 설탕[砂糖]공급조합을 세우고 제당회사 중심으로 유통망을 재편했다.

〈그림 8〉은 일본 설탕공급조합의 유통망이다. 조합원이 대만제당, 메이지제당, 일당, 엔수이미나토제당, 니타카제당, 홋카이도제당으로 모두 제당회사였다. 조합원은 설탕공급조합을 거쳐서만 정제당과 경지백당을 설탕 상인에게 공급하기로 약속했다.

017 《大阪朝日新聞》1927.12.28.

018 藤田幸敏, 〈砂糖供給組合の結成・解散と産糖調節協定の成立〉, 久保文克, 糖業協會 監修, 《近代製糖業の發展と糖業連合會》, 東京日: 本経済評論社, 2009, 158~160쪽.

019 《동아일보》1927.12.3. 1927.12.8.

020 《동아일보》1928.6.13.

일본 설탕공급조합의 설탕 유통망

설탕공급조합

일당	대만제당	엔수이미나토제당	메이지제당	니타카제당	홋카이도제당

↓

위탁지정판매인(제1판매인)

일당 상무부商務部	미쓰이물산	메이지상점	아베코상점

↓ 1단계 가격 성립

지정상인[指定商](특약점, 제2판매인)

↓ 2단계 가격 성립

도매상	지방 판매점	대량 가공업자

↓ 3단계 가격 성립

소매상	일반 제조업자

↓ 소매 가격

일반 소비자

小島昌太郎, 《我國主要産業に於けるカルテル的統制》, 雄風館書房, 1932, 357쪽.

일본설탕공급조합은 조합원 추천에 따라 위탁지정판매인(제1판매인)을 정하고 판매를 위탁하기로 했다. 설탕 상인은 가맹회사가 지정한 범위 안에서만 거래해야 했다. 만일 설탕 상인이 조합의 승인을 받지 않고 조합제품과 같은 종류의 외래당[外糖]을 수입하거나 팔 때는 거래를 중지하기로 결의했다.[021]

공판제도는 당업연합회의 산당처분협정과 연동하여 대만 분밀당을 해소하는 방안이기도 했다. 일본제국 전체에 공급하는 정제당과 경지백당에 수입당을 숫제 쓰지 않고 대만당만 쓰게 했다. 당업연합회가 직접소비당과 원료당 생산량을 통제하고, 설탕공급조합이 정제

---

021 小島昌太郎, 《我國主要産業に於けるカルテル的統制》, 雄風館書房, 1932, 355~358쪽.

당과 경지백당 유통망을 통제했다. 이로서 당업연합회는 제당 카르텔로서 생산·유통 전 과정을 지배하게 되었다.[022] 일본 내 공판제도를 본격적으로 실시한 것은 1929년 3월부터다.[023] 제당회사와 설탕 상인 사이의 이해를 조정하느라 지체되었다.

조선당 일본 이출사건을 겪으면서 당업연합회는 일본의 가격담합이 성공하려면 주변부까지 통제해야 한다는 것을 절감했다. 1929년 3월 1일 일본에서 공판제도를 시행하면서 조선 공판제도 협상도 함께 추진했다.[024] 조선 시장에서 우세한 일당과 이에 대항하는 메이지제당이 치열하게 대립하는 가운데, 타케치 나오미치武智直道 대만제당 사장 겸 당업연합회 회장과 이시카와 세이지石川政治 니타카제당 사장이 이를 중재했다.[025]

공판제도를 시행하는 목적은 협정가격을 유지하는 것이므로 일당과 메이지제당 두 회사 사이의 갈등 조정이 중심이었다. 설탕 상인과 소비자는 고려대상이 아니었다. 협상의 주요 쟁점과 합의사항을 살펴보면 다음과 같다.

첫째, 설탕 공급량을 둘러싸고 누가, 무엇을 기준으로, 얼마만큼 할당할 것인가 하는 문제가 있다. 조선에서 설탕 판매량을 기준으로 하면 일당이 18만 피쿨, 메이지제당이 8만 피쿨, 대만·엔수이미나토제당이 각각 2만 피쿨 정도였다. 하지만 시행 직전 해인 1928년 실적을 기준으로 조선 내 설탕 소비를 30만 피쿨로 보면 일당이 약 23

022 藤田幸敏, 앞의 논문, 161~165쪽.

023 《조선일보》 1929.4.7. ; 《동아일보》 1929.2.21. ; 小島昌太郎, 앞의 책, 355쪽. 小島昌太郎은 2월 16일부터 실시했다고 했으나, 실제 공동판매는 3월 1일부터 실시했다.

024 《동아일보》 1929.2.21.

025 《중외일보》 1929.4.7., 1929.6.12. ; 《매일신보》 1929.6.12.

만 피쿨, 대만·엔수이미나토제당이 각각 1만 피쿨 미만이었다.[026] 메이지제당이 8~9만 피쿨을 판매했지만 그 가운데 3만 피쿨은 큐슈와 홋카이도로 이출했다. 따라서 실제 메이지제당의 조선 공급량은 6만 피쿨이었다.[027]

일당과 메이지제당이 몇 달 동안 협상한 끝에 1929년 6월 14일 공판제도 합의문을 발표했다. 대만제당 타케치 나오미치와 니타카제당 이시카와 세이지는 일당과 메이지제당의 협상을 중재하면서, 일당 조선공장에서 쓰는 정제당 원료로 대만당만 쓰게 하여 대만 분밀당 회사의 이해도 관철시켰다.

조선 공판共販제도 합의문[028]

1. 조선으로 공급하는 총 수량을 31만 피쿨로 한다.
2. 공급회사는 일당과 메이지제당이고, 두 회사兩社의 공급권리 수량은 일당 23만 5백 피쿨, 메이지제당 7만 7,500피쿨로 한다.
3. 공급 원당(원료당)은 금년 대만산 당糖을 쓴다.
4. 위 공급기간은 금년 말까지이고 잠정적이다.

둘째, 판매가격 산정 기준에서 어디를 운임기점으로 정할 것인가 하는 문제가 있다. 기점에 따라 제당회사가 부담하는 운임이 달라졌다. 처음에는 운임을 기점에서 판매지로 운반하는 상인에게서 거뒀지만, 경쟁이 치열해지면서 제당회사가 판매량에 따라 상인에게 운임보조금을 환급하곤 했다. 기점을 제조공장으로 정할 경우 평양에 공장이 있는 일당보다 조선에 공장이 없는 메이지제당이 불리했

---

026 〈표 23〉에서는 1928년 조선 내 설탕 소비량을 32만 피쿨로 보았다.

027 《京城日報》1929.3.21.

028 《大阪朝日新聞》1929.6.15. ；《매일신보》1929.6.15. ；《釜山日報》1929.6.16.

다.[029] 협상을 통해 판매가격을 일본과 동격으로 하되, 운임 기점을 평양, 서울, 부산, 간몬關門으로 정했다. 기점에서 배와 철도 특정운임표를 제작하여 운임기준으로 삼았다.[030] 설탕 상인이 일본의 공판조합 본부에 운임환급을 청구하면, 제당회사가 위탁판매인(제1판매인)을 거쳐 매출 수량에 따라 1피쿨당 최고 22전~최저 10전가량을 지급했다.[031] 대신 기존에 설탕 상인에게 지급하던 운임보조금을 모두 폐지하기로 했다.

셋째, 위탁판매인(제1판매인)을 선정하는 문제가 있다. 공판제도 실시가 결정되자 조선 설탕 상인들이 판매조합을 결성해 위탁판매인(제1판매인) 지위를 획득하려는 운동을 벌였다. 부산을 비롯한 각 지역 상인들은 판매조합을 결성해 일당과 메이지제당에 청원했다.[032] 일당과 메이지제당은 이를 무시하고 자사自社제품 독점판매권을 가진 기존 위탁판매인(제1판매인)을 지정했다. 일당은 위탁판매인(제1판매인)으로 미쓰이물산과 시모노세키의 츄토라상점 2곳, 메이지제당은 모지門司에 있는 메이지상점 1곳으로 정했다.[033]

원래 메이지상점은 조선 내 지점이 없었기에 메이지제과 경성지점을 조선 위탁판매인(제1판매인)으로 정하고자 했다. 하지만 일본 설탕공급조합 본부에서는 이를 승인하지 않았다. 메이지제과 지점을 거점화하여 설탕 판로가 확장되는 것을 견제하기 위함인 듯하다.

029 《조선일보》 1929.6.15.

030 《동아일보》 1929.6.21. ; 《중외일보》 1929.6.21. ; 《서선일보》 1929.6.21. ; 《매일신보》 1929.6.27.

031 《동아일보》 1929.12.15.

032 《釜山日報》 1929.6.26., 1929.3.23.

033 《京城日報》 1928.7.29. 일당은 보통 일당 상무부가 판매를 담당했지만 조선에서는 미쓰이상점에게 독점판매권(총판)을 맡겼고, 메이지제당은 미쓰코시상사와 특약을 맺고 있었다.

메이지제당은 새로 출장소를 설치하는 것이 쉽지 않았다. 짧은 시기 안에 배정받은 설탕을 맡길 정도로 신용과 유통망을 가진 상점을 찾기 어려웠다.

게다가 메이지제당으로서는 자칫하면 자기 회사의 세력범위가 줄어들 우려가 있었다. 공판제도를 시행하기 전 일당과 메이지제당 두 회사 제품을 모두 다루는 상인이 있었다. 서울 도쿠나가德永상점의 경우 본래 일당 계열인 시모노세키의 츄토라상점의 지점이지만 메이지제당 제품도 팔았다. 도쿠나가상점이 일당 위탁판매인(제1판매인)이 되면 기존 메이지제당 판로가 일당으로 넘어갈 수 있었다. 메이지제당은 궁여지책으로 도쿠나가상점을 위탁판매인(제1판매인)으로 지정했다.[034]

결국 두 회사가 협상하여 일당과 메이지제당의 판매를 맡는 위탁판매인(제1판매인)을 미츠이상점, 츄토라상점, 메이지상점(모지)으로 삼았다. 대신 서울 도쿠나가상점이 본점인 츄토라의 양해를 얻어 일당 제품만이 아니라 메이지제당 제품도 팔게 되었다. 다시 말해 도쿠나가상점이 메이지제당의 위탁판매인(제1판매인) 지위를 가진 지정상인(제2판매인)이 된 것이다.[035] 위탁판매인(제1판매인)은 종래 거래하던 특약점 가운데 43곳을 지정상인(제2판매인)으로 선정하겠다고 발표했으나 실제로는 41곳을 지정했다.[036]

넷째, 보세품保稅品 대 납세품納稅品 문제가 있다. 보세품은 일본에서 조선으로 이입한 설탕으로 메이지제당 제품을 뜻하고, 납세품은 조선에서 제조한 일당 조선공장 제품을 뜻했다. 보세품과 납세품 모

034　《조선일보》1929.7.31. ;《동아일보》1929.7.18, 1929.8.7.

035　《매일신보》1929.8.9.

036　《동아일보》1929.8.7. ; 山下久四郞,《砂糖配給統制の現狀》, 日本砂糖協會, 1941. 212쪽.

두 1피쿨당 8원 35전의 사탕소비세를 부담해야 했다. 그런데 보세품은 국채 등을 담보로 6개월 동안 유예하여 거래할 수 있었다. 이를 테면 1929년 8월 협정가격인 22원에서 사탕소비세를 제외한 금액인 16원 35전으로 보세품을 거래할 수 있었다. 이와 달리 납세품은 협정가격인 22원으로 판매해야 했다. 설탕 상인으로서는 1피쿨당 8원 35전에 대한 6개월 이자만큼 보세품(메이지제당 제품)이 납세품(일당 조선공장 제품)보다 이익이었다. 일당은 6개월 이자가 1피쿨당 20전이라고 할 경우 1929년 공판수량 31만 피쿨 전부가 보세품이라면 이자가 6만 2천 원에 달한다며 문제 삼았다.[037] 지정상인(제2판매인)이 자회사 제품을 더 많이 팔기를 바라는 제당회사로서는 민감할 수밖에 없었다. 끝내 이 문제를 타협하지 못했다.

문제가 된 사안 말고는 일당과 메이지제당은 경쟁을 지양하고 같은 입장을 취했다. 이를테면 기존에는 공장창고에서 출하기간을 20일로 하여 상인에게 20일불 어음을 발행하고, 출하를 연기하면 회사마다 다르게 연체이자를 정했다. 협정한 뒤부터 이를 똑같이 하루 이자 2전 5리를 물리는 것으로 담합했다.[038]

두 제당회사가 합의하여 1929년 9월 1일부터 조선에서 설탕 공판제도를 실시했다. 조선의 설탕 공급과 배급을 규제하고 일당과 메이지제당 제품을 동일한 협정가격으로 판매하게 되었다.[039] 판매상인이 조합 승인을 받지 않은 설탕을 수입하거나 팔면 거래를 끊었다.[040]

공판제도는 제당회사에게만 유리한 제도였다. 유통 상인과 소비

037　《매일신보》1929.8.30. ;《중외일보》1929.8.30. ;《조선일보》1929.8.30.

038　《부산일보》1929.8.23.

039　《동아일보》1928.6.13.

040　小島昌太郎, 앞의 책, 358쪽.

자를 전혀 배려하지 않았다. 종래 특약점 제도에서는 상인이 특정 회사 독점판매권[一手販賣權, 총판]을 가진 상인과 거래하며 안정적으로 특정 회사 제품을 팔았다. 이와 달리 공판제도에서는 지정상인(제2판매인)이 일당제품과 메이지제당 제품을 모두 팔 수 있어서 상인끼리 경쟁은 더 격화되었다.[041]

제조사가 협정가격을 고수했기에 상인의 수익이 더 줄어들었다. 지정상인(제2판매인)은 1피쿨에 10~15전밖에 안 되는 수수료 말고는 가격변동에 따른 매매차익을 기대하기 어려웠다. 일본의 경우 공판제도 시행 뒤 상인끼리 경쟁으로 말미암아 설탕 가격이 제당회사 공급가격보다 항상 5~10전 낮아져 상인들이 수수료조차 챙기기 어려울 정도였다.[042] 때론 종래 위탁판매인(제1판매인)과 관계를 맺고 특정 제당회사 제품만 판매하는 특약점 관행이 이어지기도 했다. 그렇다고 판매인 사이의 경쟁이 누그러드는 것이 아니므로 지정상인(제2판매인)은 공판제도를 달가워하지 않았다.[043]

하지만 지정상인(제2판매인)은 제당회사에 저항하지 못했다. 대신 자신들끼리 경쟁적으로 가격 할인하는 것을 방지하고자 다시 설탕 배급조합을 결성했다. 지정상인(제2판매인) 사이에 판매가격을 엄수하고 위반 시 제재하였다. 설탕배급조합에서는 조선 전체를 남, 중, 북, 서 4부로 구획했다. 1929년 8월 31일 부산을 중심으로 남부설탕판매조합이 조직되었다.[044] 서부에서는 진남포 2개 상점과 평양 3개 상점이 연합하여 같은 해 9월 1일 서선설탕조합을 결성하고 협정가

041　《매일신보》1929.8.9.

042　《조선일보》1929.7.4. ; 《부산일보》1929.6.16., 1929.8.23. 《부산일보》 1929.6.16에서는 20~30전 낮아졌다고 했다.

043　《조선일보》1929.7.4. ; 《동아일보》1929.7.4. ; 《부산일보》1929.8.23.

044　《조선일보》1929.9.7.

격을 유지했다.[045] 북부에서는 1929년 11월 원산, 대구, 청진에서 조합을 조직할 예정이었으나 결성되었는지 여부는 알 수 없다.[046] 중부에서는 서울 5개 상점, 수원과 인천 3개 상점, 대전 2개 상점으로 조직되었다.[047]

일본의 제당 카르텔 당업연합회가 최상위에서 지휘·통제하는 가운데 조선에 '설탕공급조합→설탕배급조합→도매상인→소매상인'으로 이어지는 위계적 유통 구조가 만들어졌다. 제당 카르텔이 생산에서 유통에 이르기까지 강력하게 가격을 통제하여, 소비자는 제조업체가 협정한 가격으로 설탕을 구매할 수밖에 없었다.

공판제도가 시행된 뒤 일본에서는 당업연합회 통제에서 벗어난 크고 작은 균열이 이어졌다. 제당업체 사이, 설탕 판매상인 사이의 경쟁이 격렬했기 때문이다. 설탕공급조합 통제력도 점차 느슨해져 협정가격보다 1피쿨당 30~40전씩 낮은 가격으로 판매되었다.[048]

이와 달리 조선에서는 공판제도가 잘 지켜졌다. 공판제도에 저항하는 움직임이 있었으나 일본보다 훨씬 미약했다. 시장 규모가 작은데다가 1902년 이래 일당 제품의 위탁판매를 맡은 미쓰이물산과 시모노세키의 츄토라상점이 안정적으로 유통망을 구축하고 있었기 때문이다. 다만 이전에 미쓰이물산 및 츄토라상점과 특약을 맺었던 상인 가운데 지정상인(제2판매인)으로 선정되지 못한 경우가 있었다.

---

045 《조선일보》 1929.9.3.

046 《동아일보》 1929.11.29.

047 《중외일보》 1929.9.10., 1929.10.2. ; 《조선일보》 1929.10.2., 1929.9.20. ; 《매일신보》 1929.9.20. ; 《동아일보》 1929.9.13., 1929.11.29. 공식적으로 설탕공급조합본부 승인을 받은 것은 1929년 11월이지만 9월부터 실질적으로 활동한 것으로 보인다.

048 小島昌太郞, 앞의 책, 358~361쪽.

이들은 일본 내 설탕공급조합원이 아닌 설탕 상인과 연결하여 자바당 수입을 계획했으나 실현되지 못한 듯하다.[049]

설탕 대량소비자인 제과업체는 당업연합회 카르텔에 반발했다. 일본에서 제과업자들이 공판제도 반대운동을 벌였다. 조선의 제과업자들도 일본 제과업자의 공동판매 반대운동에 호응해 1929년 10월 6일 서울에서 1회 전국과자업자대회를 열고 '설탕공판 타파'를 주장했다.

하지만 일본 정부가 보호하는 제당 카르텔에 영향을 주지 못했다.[050] 드물게 공판제에 어긋나는 일도 일어났다. 지정상인(제2판매인)인 서울의 쿠로카와黑川상점이 1930년 2월 부도 위기에 몰리자 어쩔 수 없이 협정가격 이하로 판매했다.[051] 이렇게 덤핑 매물이 나올 때도 있지만 조선 전체 설탕 가격에 타격을 줄 정도는 아니었다.

막상 공판제도가 시행되자 일당과 메이지제당의 격차가 더 커졌다. 공판 전에 조선 시장 후발주자였던 메이지제당은 일당보다 10전 싸게 설탕을 팔고 있었다. 공판이 시행되면서 저렴하던 메이지제당 제품이 일당 제품과 같은 가격으로 판매되자, 일반 소비자들은 일당 제품을 더 선호했다. 그 바람에 메이지제당 제품의 재고가 쌓였다. 난감해진 메이지제당은 몰래 일당보다 싸게 팔았다. 상인에게 보세품이라는 점을 이용하든지, 운임환급금을 증액하든지, 장려금 명목으로 주든지 하여 협정가격보다 1피쿨당 40전~1원 안팎까지 싸게

---

049 《동아일보》 1929.7.2. ;《매일신보》 1929.7.2. 일본에서는 일부 설탕 상인이 자바당을 바로 수입하여 트러스트 협정가격에 균열이 생기기도 했다고 하지만 조선에는 일어나지 않은 듯하다.

050 《중외일보》 1929.9.20. ;《조선일보》 1929.9.20. ;《동아일보》 1929.9.24.

051 《중외일보》 1930.2.19., 1930.2.28., 1930.3.5. ;《조선일보》 1930.2.18., 1930.2.14. 쿠로카와상점은 일당 대주주이기도 했으나 도산하고 말았다.

팔았다.[052] 이러한 편법을 써도 공판제도를 실시한 뒤부터 조선 시장에서 메이지제당의 입지는 더 좁아졌고 일당의 입지는 더 커졌다.

일당은 매주 수요일 일당 경성출장소에서 모여 설탕 시세와 판매 동향을 관리하고 단속을 주도했다. 이 조선수요회朝鮮水曜會에는 일당의 위탁판매인(제1판매인)인 미쓰이물산(주) 경성지사, 츄토라상점(주) 경성출장소, 메이지상점이 참석했다. 일당 판매량은 공판제도 전보다 증가했다.[053] 공판제도로 일당의 시장 점유율이 높아지고 협정가격이 잘 이행되면서 조선의 설탕 가격이 일본보다 비싸졌다. 1930년 신의주 도매가격 20.85엔이 도쿄의 도매가격 19.29엔이나 오사카의 도매가격 19.50엔보다 높았다.[054] 1930년 1월이 되면 일본에서는 이미 당업연합회 통제가 이완되어 시가가 협정가격보다 30~40전씩 쌌다. 이와 달리 부산에서는 협정가격이 잘 유지되어 일본보다 더 비쌌다. 이제 역으로 시세 차이를 노리고 일본에서 부산으로 설탕이 유입되었다.[055]

일본 제당업계는 공판제도와 산당조절협정으로 잠시 가격을 안정시킬 수 있었다. 그러나 1930년대 세계적으로 더 격화되는 설탕 덤핑사태를 막기 어려웠다. 게다가 1931년 12월 일본 정부의 금 수출 재금지 조치 후 수출 경기가 회복되기 시작하자 제당업체 가운데 대만 분밀당과 정제당업체 사이의 이해가 엇갈렸다. 정제당업체는 원

---

052   《조선일보》 1929.11.9., 1930.2.13., 1930.2.18. ;《중외일보》 1930.2.19.

053   《중외일보》 1930.1.17., 1930.1.24., 1930.2.1., 1930.2.8. ;《동아일보》 1930.1.8., 1930.1.17.

054   新義州商業會議所,《商工月報》 1930.1.~1930.12. ; 滿鐵調査課 編,《滿洲參考物價統計》, 大連: 南滿洲鐵道, 1931. 1930년 백설탕 1피쿨당 도매가격은 도쿄 19.29엔, 오사카 19.50엔, 신의주 20.85엔, 다롄 5.30엔, 잉커우營口 5.94엔, 단둥 5.64엔이었다.

055   小島昌太郎, 앞의 책, 358~361쪽 ;《釜山日報》 1930.1.9.

료당으로 자바당보다 비싼 대만당을 쓰고 싶어하지 않았다. 3년 예
정이던 설탕공급조합은 1933년 10월 기능을 정지하고 완전히 해소
되었다.[056] 본부인 설탕공급조합이 해산되었으므로 조선의 설탕공급
조합도 자연히 해산되었다.

그러나 일당 조선공장은 공판제도가 해소된 뒤에도 조선 시장을
지배하였다. 공판제도 때와 같이 일당이 설탕 유통망을 획일적으로
통제하여 독점가격을 관철시켰다. 이러한 설탕 유통구조는 1940년
조선총독부가 설탕 배급제를 실시할 때까지 이어졌다.[057]

2) 조선 정제당업의 만주 붐

세계적으로 설탕값이 폭락하며 산당국은 불황에 허덕였지만 일당
조선공장의 정제당업은 순항했다. 〈표 23〉은 정제당을 생산하기 시
작한 1922년부터 1939년까지 일당 조선공장의 설탕 생산량, 수·이
출량, 국내 소비량, 일본에서 이입량이다. 〈표 23〉에서 보듯 일당 조
선공장의 설탕 생산량은 꾸준히 증가했다. 이 가운데 수·이출이 차
지하는 비중은 평균 71퍼센트였다. 조선에서 생산한 정제당의 2/3
정도를 수·이출하고 나머지 1/3을 조선 내수시장에 판매했다.

다만 1922년, 1924년, 1927년의 경우 조선 내 설탕 생산량보다
수·이출량이 많다. 이는 조선을 단순 경유해 일본으로 역류하여 당
업연합회에서 문제를 일으킨 물량이 포함되었기 때문이다. 아울러
조선의 설탕 소비량과 설탕 수·이출량을 합친 것이 조선 내 설탕 생
산량보다 많다. 조선에서 소비하는 설탕에 일당 조선공장만이 아니

---

056 藤田幸敏, 앞의 논문, 175~179쪽.

057 山下久四郎, 《砂糖配給統制の現狀》, 日本砂糖協會, 1941, 216~218쪽.

라 일본과 다롄에서 수·이입한 완제품이 포함되었기 때문이다.

표 23 1919~1939년 일당 조선공장의 설탕 생산량과 무역량 (단위: 피쿨)

연도	설탕 생산량(A)	수·이출량(B)	생산량에서 수·이출 차지율 (B/A)	조선 내 설탕 소비량	일본에서 완제품 이입량
1919	0	–	–	170,472	209,530
1920	15,630	–	–	139,364	137,731
1921	15,465	–	–	291,986	172,649
1922	65,875	71,223*	108퍼센트*	175,128	138,513
1923	159,229	141,671	89퍼센트	266,902	135,043
1924	218,886	302,497*	138퍼센트*	209,427	106,447
1925	411,679	255,002	62퍼센트	262,006	117,188
1926	361,145	169,808	47퍼센트	315,314	200,946
1927	289,249	409,471*	142퍼센트*	402,673	246,470
1928	568,828	485,921	85퍼센트	322,343	164,441
1929	634,335	501,163	79퍼센트	435,380	200,659
1930	696,529	476,067	68퍼센트	340,989	159,466
1931	627,683	371,822	59퍼센트	333,604	182,194
1932	523,433	468,348	89퍼센트	363,977	227,128
1933	558,112	329,171	59퍼센트	355,590	116,600
1934	546,428	350,547	64퍼센트	414,692	151,799
1935	551,385	433,925	79퍼센트	494,914	158,971
1936	712,075	551,457	77퍼센트	541,128	149,419
1937	803,206	542,894	68퍼센트	601,622	190,763
1938	–	368,593	–	665,379	–
1939	–	208,074	–	514,000	–

출전 《臺灣糖業統計》;《朝鮮總督府統計年報》;《ダイヤモンド経済統計年鑑》1940 ; 山下久四郎,《砂糖業の再編成》, 日本砂糖協會, 1940, 22~23쪽;《매일신보》1941.5.27.

비고 ① 조선에서 직접 소비할 목적인 설탕 거래량이므로 원료당이나 재수출용을 제외했다. 하지만 조선 내 설탕 생산량보다 수·이출량이 많은 1922년, 1924년, 1927년은 *표시를 했다.
② 조선 내 소비량 1919~1932년은《臺灣糖業統計》, 1933~1938년은《砂糖業の再編

成》, 1939~1941년은 《매일신보》 1941년 5월 27일을 참고했다. 조선 내 소비량이 조선인 소비량은 아니다. 재조 일본인 설탕 소비량 비중을 알 수 없지만, 조선 내 조선인과 재조 일본인 소비량이라고 봐야 한다. 재조 일본인을 제외한 조선인 소비량은 훨씬 적었을 것이다.

③ 일당 조선공장의 설탕 생산량, 일본에서 이입량은 《臺灣糖業統計》, 일당 조선공장의 설탕 수·이출량은 《朝鮮總督府統計年報》를 참고했다.

④ 일본으로부터 이입량에 대만 이입량을 포함하지 않았다. 대만 이입량은 원료당으로 여겼기 때문이다. 일본 이입량은 완제품인 정제당이나 경지백당으로 보았다.

⑤ 기록이 없는 해는 - 표시를 했다.

눈여겨볼 점은 일당 조선공장의 수출과 조선 내 소비량이 모두 증가하고 있다는 점이다. 세계적으로 설탕이 과잉 공급되어 불황에 허덕이는데 이와 반대로 일당 조선공장은 비약적으로 성장하였다. 조선 시장에서 일당 조선공장의 지위가 1920년대 중반 과열경쟁으로 다소 흔들렸지만 1929년 공판제도를 시행하며 오히려 확고해졌다.

그렇다면 수출시장에서 일당 조선공장이 어떻게, 또 얼마나 약진했는지를 살펴보자. 〈그림 9〉와 〈표 24〉에서 보듯 수·이출 주요 대상지역은 '일본(1920년대 전반)→중국(1920년대 후반)→만주(1930년대)'로 바뀌었다. 1920년대 전반은 일본으로 이출 비중이 전체의 30~47퍼센트나 되었고, 1920년대 후반 카르텔 통제 강화로 일본의 비중이 급감했다.

중국으로 수출량은 1920년대 전반 50~70퍼센트에서 1920년대 후반 85퍼센트 이상으로 늘어나다 1931년부터 중단되었다. 1930년대 일본으로 설탕 이출도 완전히 중단되었다. 이와 달리 만주 수출량은 1931년 15만 피쿨, 1933년 22만 피쿨, 1934년 35만 피쿨, 1935년 39만 피쿨, 1936년 49만 피쿨, 1937년 45만 피쿨로 급증했다.

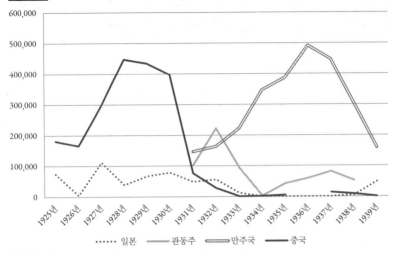

그림 9 1922~1937년 일당 조선공장의 국가별 설탕 수·이출량 (단위: 피쿨)

······ 일본 ──── 관동주 ╔════ 만주국 ──── 중국

출전 《臺灣糖業統計》;《朝鮮總督府統計年報》.

표 24 1922~1939년 일당 조선공장의 국가별 설탕 수·이출량 (단위: 피쿨)

	수·이출량 계(A)	일본 (B)	일본 차지율 (B/A)	중국 (C)	중국 차지율 (C/A)	만주국 (D)	만주국 차지율 (D/A)	관동주 (E)	관동주 차지율 (E/A)
1922	71,223	19	0퍼센트	71,203	100퍼센트	−	−	−	−
1923	141,671	48,117	34퍼센트	93,554	66퍼센트	−	−	−	−
1924	302,497	143,235	47퍼센트	159,262	53퍼센트	−	−	−	−
1925	255,002	73,762	29퍼센트	181,239	71퍼센트	−	−	−	−
1926	169,808	4,198	2퍼센트	165,609	98퍼센트	−	−	−	−
1927	409,471	111,820	27퍼센트	297,651	73퍼센트	−	−	−	−
1928	485,921	38,586	8퍼센트	447,335	92퍼센트	−	−	−	−
1929	501,163	66,688	13퍼센트	434,473	87퍼센트	−	−	−	−
1930	476,067	78,553	17퍼센트	397,513	83퍼센트	−	−	−	−
1931	371,822	48,329	13퍼센트	75,871	20퍼센트	146,166	39퍼센트	101,454	27퍼센트
1932	468,348	55,550	12퍼센트	27,409	6퍼센트	163,195	35퍼센트	222,192	47퍼센트
1933	329,171	11,725	4퍼센트	825	0퍼센트	223,078	68퍼센트	93,542	28퍼센트

	수·이출량 계(A)	일본 (B)	일본 차지율 (B/A)	중국 (C)	중국 차지율 (C/A)	만주국 (D)	만주국 차지율 (D/A)	관동주 (E)	관동주 차지율 (E/A)
1934	350,547	62	0퍼센트	1,375	0퍼센트	346,671	99퍼센트	2,438	1퍼센트
1935	433,925	23	0퍼센트	4,820	1퍼센트	387,011	89퍼센트	42,070	10퍼센트
1936	551,457	41	0퍼센트		0퍼센트	491,732	89퍼센트	59,682	11퍼센트
1937	542,894	237	0퍼센트	13,800	3퍼센트	447,387	82퍼센트	81,469	15퍼센트
1938	368,593	5,062	1퍼센트	8,220	2퍼센트	303,244	82퍼센트	52,067	14퍼센트
1939	208,074	48,448	23퍼센트	411	0퍼센트	159,214	77퍼센트		0퍼센트

출전 《臺灣糖業統計》,《朝鮮總督府統計年報》.

표 25 1920년대 조선에서 설탕을 수출한 중국의 각 지역 (단위: 피쿨)

	A. 다롄 (A/F)	B. 남만주와 동부내몽고 (B/F)	C. 북만주 (C/F)	D. 산둥성 (D/F)	E. 양쯔강 유역 (E/F)	기타 중국 각지	F. 중국 계
1923	10,750 (11퍼센트)	55,193 (59퍼센트)	11,152 (12퍼센트)	2,659 (3퍼센트)	–	13,800 (15퍼센트)	93,554 (100퍼센트)
1924	13,395 (8퍼센트)	62,683 (39퍼센트)	7,729 (5퍼센트)	17,856 (11퍼센트)	–	57,600 (36퍼센트)	159,262 (100퍼센트)
1928	71,473 (16퍼센트)	263,067 (59퍼센트)		67,215 (15퍼센트)	45,540 (10퍼센트)	–	447,285 (100퍼센트)
1929	55,721 (13퍼센트)	287,142 (66퍼센트)		81,827 (19퍼센트)	9,660 (2퍼센트)	–	434,350 (100퍼센트)
1930	25,614 (6퍼센트)	241,711 (61퍼센트)	13,706 (3퍼센트)	81,924 (21퍼센트)	34,500 (9퍼센트)	–	397,455 (100퍼센트)

출전 1923~1924《臺灣糖業統計》1928년판 ; 1928~1930년《昭和五年貿易要覽》.

비고 ① 1928~1930년 통계에는 도시별로 표시되어 다음과 같이 구분했다. 남만주와 동부내몽고에 속하는 지역은 안둥安東, 푸순撫順, 톄링鐵嶺, 창춘長春, 펑톈奉天, 카이위안開原, 궁주링公主嶺, 스핑제四平街, 번시후本溪湖, 랴오양遼陽, 신타이즈新台子, 샤주타이下九台, 지린吉林, 챠오양전朝陽鎭, 판자툰范家屯, 산청쯔山城子, 파오청쯔寶城子, 솽라오鄭家屯, 퉁료通遼, 타오난洮南, 잉커우, 뉴좡牛莊, 북만주는 하얼빈哈爾賓, 산둥성에 속하는 지역은 칭다오靑島, 즈푸, 웨이하이웨이, 톈진, 룽커우龍口, 양쯔강 유역은 한커우漢口, 상하이, 전장鎭江이다.
② 《臺灣糖業統計》에는 양쯔강 유역에 대한 것은 따로 구분하지 않고 기타 중국 각지라고 표시했으나 양쯔강 유역일 것으로 추측된다.

1920년대부터 단둥을 경유한 남만주 일대가 주요 수출지역이었다. 남만주 수출량이 일당 조선공장의 중국 전체 수출량의 60퍼센트 이상이었다. 〈표 25〉에서 보듯 1920년대 후반부터 남만주 수출이 가파르게 늘었다.

남만주 다음으로 많이 수출한 곳이 산둥성이었다. 1920년대 전반에는 지지부진했지만 1920년대 후반이 되면 중국 수출량의 1/5을 차지할 정도로 늘어났다. 이와 달리 1920년대 전반 양쯔강 유역으로 추측되는 "기타 중국 각지" 수출은 1920년대 후반 급감했다. 양쯔강 유역을 중심으로 일본 상품 배척운동이 일어났기 때문이다.[058]

1927년 이래 일당 조선공장의 중국 수출이 활황세를 이룬 이유는 대외환경 변화 덕분이다. 세계 설탕 가격 하락으로 정제당 생산에서 가장 큰 비중을 차지하는 원료당 비용이 줄며 생산비가 낮아졌다.

1925년부터 산당국이 모두 곤경에 빠졌다. 자바당도 매우 심각했다. 1920년대 자바당의 주요 수출은 인도, 중국, 일본 세 국가로 집중되었다. 이 가운데 가장 비중이 큰 것이 인도였다. 인도가 자바당 전체 수출총액에서 1920년대 전반 32퍼센트, 1920년대 후반 38퍼센트나 차지했다.[059] 2위가 중국·홍콩, 3위가 일본이었다. 인도, 중국, 일본 세 국가로의 수출 총액이 자바당 전체 수출에서 차지하는 비중

058　〈營業槪況〉,《日糖營業報告書》66회, 1928.12., 5~6쪽.

059　加納啓良, 앞의 논문, 154쪽 ; 〈インドネシアの砂糖, 米, コーヒー, 茶〉,《東洋文化》 88, 東京大學東洋文化硏究所, 2008.3., 129쪽 ; 台北高等商業学校,《爪哇経済界 ノ現況卜蘭領東印度ノ原始産業並二其ノ取引槪観》, 南支南洋研究調査報告書 第1輯, 1930, 80쪽. 加納啓良(1986)는 자바당 수출지역에서 인도가 차지하는 비중이 1921~1925년 평균 32퍼센트라고 했고 加納啓良(2008)에서는 1924~1928년 평균 38.2퍼센트라고 하였다. 台北高等商業学校에는 1928년 인도가 차지하는 비중이 40퍼센트였다고 했다.

의 50~80퍼센트나 되었다.[060] 자바가 일본으로 수출하는 제품은 주로 원료당이었고 경지백당은 인도와 중국에 판매했다.

인도는 1920년대 말부터 자바당 수입을 급격하게 줄였다.[061] 영국의 제당업 장려책에 힘입어 사탕수수 생산량이 급증한 덕분이었다. 본래 인도에서는 기원전부터 동인도 벵골 지역이 사탕수수를 재배하며 서인도 지역과 분업하고 있었다. 18세기 네덜란드 동인도회사가 자바당 가격을 할인하며 서인도 지역을 자기 회사 시장으로 만들어 버렸다. 그 바람에 시장을 빼앗긴 동인도 벵골에서는 사탕수수 대신 염색에 쓰는 인디고를 재배했다. 그 뒤 18세기 말~19세기 초 영국은 벵골을 면화 재배지로 탈바꿈시켜 면직공업 원료를 공급케 했다.[062] 이러한 역사를 거치며 인도는 설탕 생산국에서 순수입국으로 전락했다.

인도에서 설탕(재래당)은 하층민에게도 꼭 필요한 식재료였다.[063] 사탕수수 생산이 줄었어도 설탕 소비량이 크게 줄지 않았다. 인도에서 1920년대 수입품 가운데 2위가 설탕일 정도로 소비량이 많았

060　加納啓良, 위의 논문, 127~129쪽.

061　神戸商工會議所,《南方に於ける塩並に砂糖の生産高》, 神戸: 神戸商工會議, 1942, 13쪽.

062　시드니 민츠, 김문호 옮김,《설탕과 권력》, 지호, 1998, 69~72쪽 ; Sucheta Mazumdar, *Sugar and Society in China-peasants, Technology, and the World Market*, Cambridge, MA: Harvard University Press, 1998, pp.85~90, 100~106. 18세기 말에서 19세기 중반 동인도 벵골에서 사탕수수 대신 면화를 재배하면서, 중국이 비단 수출로 부족해진 면화를 인도에서 수입했다. 그 대신 설탕을 수출하여 중국 설탕무역은 더욱 성황을 이루었다.

063　臺北總督官房調査課 編, 앞의 책, 67쪽 ;《台湾日日新報》1920.1.29.~2.1. ; International Sugar Organization(ISO), *Korea Sugar Production, Import, Export, Consumption and Stocks*,《Sugar Year Book》, 2011, p.3. 전근대 인도의 경우 사탕수수 재배지로 설탕 소비문화가 매우 발달해 있었다. 인도는 오늘날에도 세계 최대 설탕 소비국이다.

다.[064] 1차 세계대전 중 설탕기근으로 고생한 영국이 영연방 안에서 자급자족하도록[065] 인도에서도 사탕수수 제당업 보호정책을 폈다. 1920년대 후반 인도에서 사탕수수 장려정책이 효과를 보며, 자바당은 1년에 170만~2백만 톤이나 수출하던 최대시장을 잃어버리게 되었다.[066]

중국은 1930년부터 관세자주권을 회복하며 외국 설탕이 진입할 수 없도록 관세장벽을 높였다.[067] 일본도 카르텔로 전환한 당업연합회가 공판제도를 시행하면서 정제당 회사에 대만당을 원료당으로 쓰라고 강요했다. 자바당은 인도, 중국, 일본이라는 주요 수출로가 모두 막혀 버렸다.

세계적인 폭락사태에 맞서 산당국은 자구책으로 1931년 채드본 협정Chadbourne Agreement을 체결했다. 쿠바 정부가 주선하여 자바, 쿠바, 체코슬로바키아, 폴란드 등 5개 설탕 원료 생산국이 생산량을 줄이기로 결의한 협정이었다.[068] 하지만 여전히 〈표 22〉와 같이 자바당은 재고가 넘쳐났다. 자바당은 재고와 잉여를 처분하려고 중국 광둥성廣東省 정부와 손을 잡았다. 광둥성 제당업 진흥계획에 자본과 기술을 협조하며 중국시장 진출을 모색했다.[069]

---

064 臺北總督官房調査課 編,《印度支那及英領印度の糖業》, 50쪽.

065 《大阪每日新聞》 1918.10.8. ;《大阪朝日新聞》 1919.11.11. ;《台湾日日新報》 1927.8.25.

066 《大阪朝日新聞》 1933.9.2.

067 大阪商工會議所,《多端なる支那》 2輯, 1932, 45쪽. 중국에서는 수입품 가운데 면포 다음가는 2위를 점하는 것이 설탕이라면서 수입액이 연 1억만 냥을 돌파했으므로 제당업을 국영으로 운영하여 자급자족하려고 시도했다.

068 Vladimir P. Timoshenko & Boris C. Swerling, 山口哲夫 譯, 앞의 책, 62쪽.

069 강진아,〈1930년대 경제건설에서 나타나는 省과 中央−'廣東糖'의 상해진출과 남경정부〉, 서울대학교 동양사학연구실 편,《중국근현대사의 재조명》1, 지식산업사, 1999, 290, 308쪽.

그럼에도 자바에 생산공장을 두던 많은 기업들은 파산위기에 몰려 헐값으로 자바당을 덤핑 판매했다. 〈표 22〉와 같이 1930년 자바에서 179개였던 제당회사가 1935년 1/4인 43개로 줄었다. 나머지는 모두 파산했다.[070] 자바당이 투매되며 설탕값은 줄곧 하락했다. 1935년 설탕값이 1924년에 견주어 1/5로 떨어졌다. 1930년과 비교해도 1/3 수준이었다.[071]

반면 이러한 국제정세 변화로 말미암아 정제당 회사인 일당 조선공장은 원료당 비용 부담이 확 줄었다. 1922~1937년 일당 조선공장의 원료당 사용량과 국가별 수·이입량을 보면 〈표 26〉과 같다.

수·이입량 합계가 조선 정제당의 원료당 사용량과 거의 같다. 《조선총독부통계연보朝鮮總督府統計年報》에서 '(조선에서) 이입한 원료당 사용량'은 《대만당업통계》의 '대만에서 이입량'과 같고, '(조선에서) 수입한 원료당 사용량'은 '자바에서 수입한 설탕량'과 거의 같다. 평양상공회의소에서 발간한 《평양상공회의소보》, 《평양상공회의소조사휘보平壤商工會議所調査彙報》에서도 원료당을 대만과 자바에서 수·이입했다고 밝혔다.[072] 따라서 대만에서 이입한 설탕은 '대만 원료당'으로, 자바에서 수입한 설탕은 '자바 원료당'으로 간주하겠다.

---

070   浜田恒一, 《蘭印の資本と民族経済》, ダイヤモンド社, 1941, 88~90쪽.

071   〈표 15〉 참조.

072   平壤商工會議所, 《平壤商工會議所報》 41호, 1933.1., 1, 4쪽 ; 《平壤商工會議所調査彙報》 10호, 1932.6., 3쪽.

표 26 1922~1937년 일당 조선공장의 원료당 사용량와 대만당·자바당 수·이입량 (단위: 피쿨)

연도	정제당의 원료당 사용량	이입한 원료당 사용량	수입한 원료당 사용량	대만에서 이입량 (A)	수·이입량에서 대만당 차지율 (A/C)	자바에서 수입량 (B)	수·이입량에서 자바당 차지율 (B/C)	수·이입량 합계(C)
1922	163,679	–	–	–		125,528	100퍼센트	125,528
1923	229,923	–	–	–		228,850	100퍼센트	228,850
1924	428,956	–	–	104,708	25퍼센트	306,787	75퍼센트	411,495
1925	382,319	59,251	323,068	60,000	16퍼센트	315,266	84퍼센트	375,266
1926	301,120	53,130	247,990	50,010	16퍼센트	262,953	84퍼센트	312,963
1927	597,923	–	–	–	0퍼센트	426,540	100퍼센트	426,540
1928	661,733	–	–	30,700	5퍼센트	603,456	95퍼센트	634,156
1929	724,983	–	–	150,768	22퍼센트	531,854	78퍼센트	682,622
1930	642,230	164,864	477,366	167,284	26퍼센트	488,124	74퍼센트	655,408
1931	558,253	–	–	276,189	58퍼센트	199,073	42퍼센트	475,262
1932	594,962	–	–	514,941	93퍼센트	39,461	7퍼센트	554,402
1933	551,028	–	–	275,583	50퍼센트	275,020	50퍼센트	550,603
1934	544,549	336,141	208,408	322,998	59퍼센트	223,414	41퍼센트	546,412
1935	680,642	247,753	432,889	383,777	55퍼센트	55퍼센트	45퍼센트	696,802
1936	785,120	–	–	380,865	40퍼센트	40퍼센트	60퍼센트	955,183
1937	–	–	–	346,915	38퍼센트	572,026	62퍼센트	918,941

출전 《臺灣糖業統計》, 《朝鮮總督府統計年報》

비고 ① 《臺灣糖業統計》에서 1929년부터 대만 이출당 목적지仕向地별 조선으로 이출량과 조선 수·이입당 출발지仕出地 이입량이 각각 다르다. 본 표는 조선 수·이입당 출발지仕出地 이입량을 기준으로 작성했다.

② – 표시는 기록이 없는 것이다. 《臺灣糖業統計》에 조선 정제당에 필요한 원료당 사용량에서 이입과 수입을 구분해서 기재한 것은 1925, 1926, 1930, 1934, 1935년뿐이다. 이를 보완하고자 대만당과 자바당 수·이입량을 표시했다.

③ 수·이입 원료당이 대만당과 자바당 수·이입량보다 많은 것은 대만이나 자바 이외 쿠바 같은 지역에서 수·이입했거나 재고를 썼을 수 있지만 정확한 이유는 알 수 없다.

〈그림 10〉과 같이 1922년 이래 조선공장에서는 원료당으로 자바당을 주로 썼다. 1927~1928년에는 오로지 자바당에 의존했다. 그러

다 1930~1932년은 자바당이 급감하고 대만당 이입량이 급증했다. 일당 조선공장이 1929~1932년 공판제도를 시행하며 대만당을 사용했고, 1933년 공판제도가 해소되자 자바당을 원료당으로 썼던 상황을 보여 주고 있다. 1933년부터 자바당과 대만당을 절반씩 썼다.

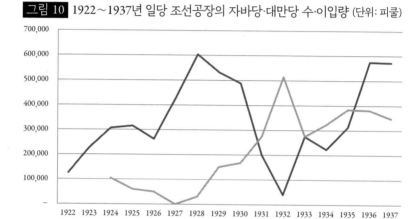

그림 10 1922~1937년 일당 조선공장의 자바당·대만당 수·이입량 (단위: 피쿨)

출전 《臺灣糖業統計》,《朝鮮總督府統計年報》.

한편 원료당을 더욱 저렴하게 수입하게 되자 일당 조선공장은 수지가 맞지 않는 조선 사탕무를 수매할 필요를 느끼지 못하게 되었다. 결국 1931년 8월 일당 조선공장은 조선 사탕무를 더 이상 수매하지 않겠다고 선언했다.[073] 회사의 대공황 타개책이라며 조선 사탕무가 경제성과 발전성이 없다는 이유였다.

총독부는 서운해했지만 '영리를 목적으로 하는 회사'가 손실을 감내하기를 바라는 것은 무리라며 인정했다. 1922년 이래 조선총독부

---

073 《매일신보》 1931.8.4. ;《동아일보》 1931.8.20., ;《매일신보》 1931.9.5. ;《京城日報》 1931.9.6.

가 떠맡아 강행하던 사탕무 농정이 일당의 수매중단조치로 완전히 중단되었다. 조선총독부가 1931년 9월 신문에 가정에서 사탕무로 재래당Molasses 만드는 방법을 보급하겠다고 말했지만 실행에 옮기지 못했다.[074] 이렇게 사탕무 농업은 식민권력과 자본이 공모하여 무리하게 추진하다가 자본이 손을 떼며 중단된, 실패한 식민농정이었다.

일당 조선공장이 급성장한 배경에는 설탕 가격 폭락이라는 요소 말고도 일본 정부, 조선총독부, 그리고 만주국의 제당업 정책이 작동했다.

먼저 일본 정부의 제당업 정책을 살펴보자. 일본 정부는 관세와 사탕소비세를 개정하여 제당회사가 제품 질을 개선토록 했다. 이는 일본 당업연합회가 정부를 상대로 수출을 촉진하도록 관세와 사탕소비세를 개정해 달라고 운동을 벌인 데서 기인했다.[075] 무한경쟁이 벌어지는 중국에서 구태의연한 세제 때문에 일본 제품의 경쟁력이 뒤떨어진다는 것이다.

품질에서 가장 중요한 것이 원료당이다. 당시 국제 설탕무역 거래는 화란표본을 기준으로 했다. 화란표본 호수 숫자가 높을수록 희

---

[074] 〈간단한 방법으로 첨채에서 흑당제조〉, 《매일신보》 1931.9.5. ; 〈획기적인 대발견, 첨채에서 흑당 제조〉, 《京城日報》 1931.9.6. ; 〈북선개척과 길혜철도의 필요, 첨채는 서선보다 3배 이상 장래가 가장 유망〉, 《매일신보》 1931.9.29. ; 〈조선의 첨채와 흑당의 제조〉, 《매일신보》 1931.12.3~9. ; 船越光雄, 〈朝鮮の甛菜業は製造によつて勃興すべし〉, 《朝鮮農會報》 5-10, 1931, 10쪽 ; 神谷宗八誠, 《北鮮甛菜製糖事業》, 1935. 신문에서는 공장, 대기계가 없어도 함남, 평남, 황해도 지역에서 사탕무를 재배해서 가정 부업으로 재래당을 만들자고 주장했다. 1935년 함경도에서 북선北鮮 개척과 농사 개량, 농가 부업의 하나로 북선 사탕무 제당사업을 추진하자는 제안도 나왔으나 구체화되지 못했다.

[075] 일본 내 사탕소비세 인하 움직임에 대해서는 久保文克, 〈糖業聯合會の消費稅·關稅改正に向けた陳情活動〉, 《近代製糖業の發展と糖業聯合會》, 日本經濟評論社, 2009을 주로 참조했다.

고 고품질을 뜻했다.[076] 1911년 이래 일본에서 정제당 원료로 수입한 주력품은 〈표 27〉과 같이 3종 화란표본 자바 중쌍 18호 미만이었다. 1911년 일본은 관세자주권을 완전 회복하자 〈표 27〉과 같이 관세 부과기준을 3종 18호 미만 3.35엔, 4종 21호 미만 4.25엔으로 정했다. 3종과 4종이 0.9엔 차이 나게 만들어 3종을 쓰도록 유도했고, 사탕소비세도 3종 18호 미만 7엔, 4종 21호 미만 8엔으로 1엔씩 차이 나게 만들었다.

하지만 1차 세계대전을 거치면서 자바당 제당기술이 크게 발달하여 원료당 주력제품이 자바 중쌍 화란표본 21호가 되었다. 중국시장에서 선도적인 홍콩 정제당은 화란표본 21호 자바 중쌍을 원료당으로 썼다.

이에 견주어 후발 일본 정제당업계는 관세와 사탕소비세 때문에 여전히 3종 화란표본 18호 미만을 써야 했다. 더욱이 자바에서 일본으로 원료당을 수출할 때는 화란표본 21호에 다시 색을 입혀 화란표본 18호로 만드느라 18호 가격이 21호보다 더 비쌌다. 품질이 낮은 원료당을 더 비싸게 수입해서, 수출할 때는 더 좋은 원료당으로 만든 홍콩 정제당과 경쟁해야 했다.[077]

그런데 당업연합회 안에서도 제당회사 처지에 따라 관세와 사탕소비세 분류기준과 세율에 대한 의견이 달랐다. 정제당 회사와 대만 분밀당 회사의 입장이 달랐고, 정제당 회사 안에서도 수입 원료당을 얼마나 많이 쓰는지에 따라 차이 났다. 대만 분밀당 회사는 자바 중쌍 화란표본 21호를 원료당으로 수입하면 직접소비당으로 전환될까

---

076 加納啓良, 〈インドネシアの砂糖, 米, コーヒー, 茶〉, 《東洋文化》 88, 東京大學東洋文化研究所, 2008.3., 127~129쪽.

077 久保文克, 위의 논문, 206쪽.

봐 반대했다. 대만 중쌍은 기술 부족으로 화란표본 18호가 주력제품인데 자바 중쌍은 화란표본 21호여서 품질 격차가 났다. 정제당 회사는 수출할 때 홍콩 정제당과의 품질 차이를 없애려면 원료당으로 질이 좋은 화란표본 21호를 써야 한다고 주장했다.

일본 정부는 1927년과 1932년 두 차례의 관세와 사탕소비세에 대한 분류와 세율을 개정했다. 1927년 관세에서 〈표 27〉과 〈표 28〉같이 2종 화란표본 15호 미만부터 4종 21호까지 통합했다. 관세 분류를 11호 미만과 22호 미만, 22호 이상으로 단순화했다. 정백당 기준도 화란표본 21호에서 22호로 상향조정했다. 관세 분류를 단순화하여 일본 정제당이 수출할 때 홍콩 정제당과 품질 격차를 없애도록 유도했다.

대신 사탕소비세에서 자바 중쌍 화란표본 21호가 직접소비당으로 내수시장에 진입하는 것을 막았다. 화란표본 18호 미만인 2종을 존속시키고 2종 18호 미만 세율을 낮춰 3종 22호 미만 세율과의 격차를 벌여 놓았다. 전반적으로 세율을 낮춰 내수시장을 진흥시키되 경지백당인 2종 대만 중쌍 화란표본 18호를 보호하도록 개정했다.[078]

1927년 한차례 세제를 개정했지만 1929년 대공황으로 경기는 더욱 위축되었다. 더구나 같은 해 11월 일본 정부가 금 해금 조치를 내리자 수출산업인 제당업이 크게 타격을 받았다. 엔고円高가 되며 수출이 크게 침체되었기 때문이다.[079] 위기에 빠진 자바당이 품질과 가격을 앞세워 직접 소비할 수 있는 경지백당으로 일본 시장을 공략했다. 위기의식을 느낀 당업연합회는 다시 관세와 사탕소비세율 개정 운동을 벌였다.

---

078 久保文克, 〈近代製糖業の對立構圖と糖業聯合會〉, 久保文克 編著, 앞의 책, 221쪽.

079 서정익, 《일본근대경제사》, 혜안, 2006, 271쪽. 1931년 일본의 수출액은 1929년의 57퍼센트 수준으로 감소했다.

표 27 일본의 1927, 1932년 설탕 수입 관세 개정 (단위: 피쿨)

종별 / 연도	1종 11호 미만	2종 15호 미만	3종 18호 미만	4종 21호 미만	5종 21호 이상	6종 빙당氷糖, 각당角糖, 봉당棒糖
1911	2.50엔	3.10엔	3.35엔	4.25엔	4.65엔	7.40엔

1927	1종 11호 미만	2종 22호 미만		3종 22호 이상	4종 빙당, 각당, 봉당
	2.50엔	3.95엔		5.30엔	7.40엔

1932	1종 11호 미만	2종 22호 미만		3종 22호 이상	4종 빙당, 각당, 봉당
	3.37엔	5.33엔		7.15엔	9.99엔

출전 ① 1911, 1927년_ 河野信治, 《日本糖業發達史》, 日本糖業發達史編纂事業所, 1930, 487~488쪽.

② 1932년_ 臺灣總督府, 《第二十九臺灣糖業統計》, 196~197쪽(久保文克, 〈近代製糖業の對立構圖と糖業聯合會〉, 久保文克 編著, 糖業協會 監修, 《近代製糖業の發展と糖業聯合會》, 東京: 日本經濟評論社, 2009, 223쪽에서 재인용).

비고 ① '호'는 화란표본 호수를 뜻한다.

② 1종 11호 미만은 재래당이다. 6종은 빙당氷糖(Rock Sugar), 각당角糖(Sugar Cubes), 봉당棒糖(Loaf-Sugar)으로, 특정 모양으로 가공한 설탕이다.

표 28 일본과 조선의 1927, 1932년 사탕소비세 개정 (단위: 피쿨)

종별 / 연도	1종 11호 미만	2종 15호 미만	3종 18호 미만	4종 21호 미만	5종 21호 이상	6종 빙당, 각당, 봉당
1911 (1922)	3.00엔	5.00엔	7.00엔	8.00엔	9.00엔	10.00엔

1927	1종 11호 미만	2종 18호 미만	3종 22호 미만	4종 22호 이상	5종 빙당, 각당, 봉당
	2.50엔	5.00엔	7.35엔	8.35엔	10.00엔

1932	1종 11호 미만	2종 18호 미만	3종 21호 미만 (22호 미만)	4종 21호 이상 (22호 이상)	5종 빙당, 각당, 봉당
	2.25엔	4.55엔	6.75엔	7.75엔	9.50엔

출전 河野信治, 《日本糖業發達史》, 日本糖業發達史編纂事業所, 1930, 489~490쪽 ; 山下久四郎, 《砂糖業の再編成》, 日本砂糖協會, 1940, 59~65쪽.

비고 괄호 안은 조선의 사탕소비세안이다.

1931년 12월 일본 정부가 금 수출 재금지 조치를 취하며 환율이 엔저円低로 돌아섰다.[080] 1932년 일본 정부는 또 한차례 세제를 개정했다. 관세율을 더 높이고 사탕소비세율을 낮춰 내수시장을 활성화시켰다. 설탕 관세와 사탕소비세 개정은 조선에도 거의 똑같이 적용되었다.[081] 엔저円低로 수출무역이 호조로 바뀌고, 1927년과 1932년 두 차례에 걸친 관세 개정으로 일당 조선공장도 원료당 품질을 개선하였다.

하지만 1931년부터 일당 조선공장의 중국 수출이 급격하게 줄었고 1932년부터 공식적인 수출이 아예 끊어졌다. 일당 조선공장이 1930년대 중국으로 수출을 못 하게 된 배경에는 대공황으로 인한 설탕 수요 위축과 중국의 주권회복운동이 있다. 5.4 운동을 시작으로 1920년대 중국에서는 반식민지 상태에서 벗어나기 위한 민족해방운동이 고조되었다. 1928년 국민당이 중국을 통일하자 서구열강은 자국의 이해를 해치지 않는 범위에서 중국의 국민혁명을 인정했다.[082] 또한 이금釐金 철폐를 선결조건으로 관세자주권을 승인하겠다고 발표했다. 이에 따라 중국 정부는 1931년 이금 제도를 철폐했다.[083]

080 朝鮮總督府 編,《朝鮮總督府官報》1932.6.22.(이후《官報》) ; 朝鮮貿易協會,〈朝鮮に於ける貿易政策の變遷〉,《朝鮮貿易史》, 朝鮮貿易協會, 1943, 168쪽 ; 서정익, 위의 책, 288쪽.

081 조선에서는 1932년 사탕소비세에서 정제당 기준인 3종과 4종 과세기준을 1927년과 같이 22호로 유지했다. 대만 경지백당(직접소비당)이 조선으로 들어오지 않았기 때문에 일본처럼 굳이 21호로 낮출 필요가 없었던 것으로 보인다. 이밖에는 일본과 동일하게 개정되었다.

082 구대열,《한국국제관계사 연구》1, 역사와 비평사, 1995, 300쪽 ; 이준식,〈파시즘기 국제 정세의 변화와 전쟁 인식〉,《일제하 지식인의 파시즘체제 인식과 대응》, 혜안, 2005, 103쪽 ;《동아일보》1930.12.29.

083 전동현,《두 중국의 기원》, 서해문집, 2005, 39쪽 ; 로이드 E. 이스트만, 이승휘 옮김,《중국사회의 지속과 변화》, 돌베개, 1999, 101쪽 ; 강진아,《1930년

국민당 정부는 서구 열강의 동의를 받아 관세자주권을 회복하는 절차를 밟았다. 첫째, 육경관세경감특례 조치를 폐지했다. 1921~1922년 워싱턴 회의부터 각국과 교섭해, 1922년 러시아, 1928년 말 영국과 프랑스가 육경관세경감특례 조치를 폐지하기로 약속했다. 일본도 마지못해 1930년 9월 16일부터 특례 조치를 없앴다.[084]

둘째, 수입관세율을 인상했다. 처음부터 관세율을 올리지는 못하고, 에둘러서 1929년 2월 수입세에 2.5~22.5퍼센트에 이르는 7종 차등 부가세를 붙였다. 설탕에는 화란표본 10호 이상의 설탕(정제당 포함) 수입세에 8퍼센트 부가세율을 추가했다.[085] 부가세가 아닌 실제 관세율을 올리기 시작한 것은 1930년부터였다. 1930년 해관금 단위제海關金單位制를 실시하며 협정세율 1피쿨당 0.77위안元이던 것을 1.73위안으로 2.5배 인상했다.[086] 1931년 1월 다시 국산장려, 산업보호 명목으로 관세율을 대폭 올렸다.[087] 화란표본 18호 이상 설탕 1피쿨에 대한 관세가 5.32위안(4.2693엔)이 되었다.[088] 1932년 2월 또다시 11.18위안(8.97195엔)으로 올리고, 이 뒤에도 줄곧 인상했다. 1928년 0.77위안이던 세금을 1936년이 되면 15위안으로 자그마치 19배나 올렸다.[089]

대 중국의 중앙·지방·상인》, 서울대학교출판부, 2005, 31~34쪽. 강진아는 이 금 철폐가 중국에서 독자적인 지방 재정이 중앙정부로 흡수되어 가는 과정이라고 평가했다.

084 南滿洲鐵道株式會社 庶務部 調査課, 《支那關稅制度綱要》, 1929, 32~42쪽.

085 위의 책, 17~18쪽.

086 南滿洲鐵道株式會社 庶務部 調査課, 《改正支那關稅定率表》, 1929, 23쪽.

087 安東商工會議所, 《安東經濟事情》, 1936, 16쪽.

088 小山, 〈大衆貿易と北支密輸問題〉, 《滿洲評論》 10-23, 1936.6.2., 8쪽.

089 滿洲書院 編, 《滿洲國稅關輸入稅稅則》1931년판, 滿洲書院, 1932. 1931년 해관금의 일본 법정환산율은 1元=0.8025엔이었다.

중국 정부가 보호무역정책을 펴며 설탕 가격이 급등하자 자연히 수요가 크게 감소했다. 중국 내 일본당, 홍콩 정제당, 자바당과 같은 외국 제당회사는 크게 타격을 받았다. 조선당도 〈표 24〉와 같이 1930년대 중국과 공식적인 수출이 중단되었다.

공식적으로 수출이 중단되었지만 실제로는 설탕 밀수출이 활발해졌다. 자유항 다롄에서 정크선으로 운반되는 설탕은 면포와 함께 중국으로 향하는 주요 밀수출품이었다. 북중국은 말할 것도 없고 양쯔강 유역까지 거래되었다.[090] 더욱이 1935년 말이 되면 설탕 밀수가 훨씬 격증했다. 톈진의 밀수 추정액이 한 달 평균 5~6천 피쿨이었다. 1935년 11월부터는 매달 평균 7~8천 피쿨로 늘어났다. 톈진에서는 밀수품이 시장 수요를 완전히 소화할 정도로 넘쳐났다.[091]

1930년대 만주국의 제당업 정책을 살펴보자. 1931년 일본 관동군은 일본 정부의 온건한 외교정책을 비판하며 만주사변을 일으켰다. 관동군은 국가통제체제를 지향했기에 개별 독점자본이 경쟁하는 것을 부정적으로 생각했다.[092] 그러나 현실적으로 만주국을 수립하자마자 국가통제정책을 실행에 옮길 수 없었다.

그때 만주의 설탕 시장은 오로지 수입에 의존하고 있었다. 만주 내 제당회사는 남만주南滿洲제당(이후 남만제당), 아선허阿什河제당, 후란呼蘭제당창 3개였으나 모두 1920년대 후반 이래 휴·폐업 상태

---

090 西原雄次郎 編, 앞의 책, 223~224쪽 ; 小山, 〈大衆貿易と北支密輸問題〉, 《滿洲評論》 10-23, 1936.6.2., 8~9쪽 ; 《日糖營業報告書》 80회, 1935.12., 7쪽. 자유항 다롄과 중국의 가격 차이를 틈탄 설탕 밀수가 활발했다. 小山는 톈진의 빈집〔空家〕은 거의 다롄에서 밀수한 일본 설탕으로 가득 차 있고 양쯔강〔長江〕쪽으로도 홍수같이 유입되고 있다고 했다. 《日糖營業報告書》에도 산하이관山海關의 밀수 증가로 매출이 증가함을 알리고 있다.

091 《동아일보》 1936.2.8.

092 고바야시 히데오 저, 임성모 역, 《만철》, 산처럼, 2004, 131쪽.

였다.[093] 그나마 아션허阿什河제당이 1931년부터 일부 조업을 개시했지만 비중이 적었고 소유권이 미국 은행인 내셔널 시티 은행National City Bank of New York에 있었다.[094] 만주의 제당회사가 모두 생산을 중단하게 된 것은 현지 사탕무가 생산성이 낮아 경쟁력이 없었기 때문이다. 반식민지 상태라서 동북군벌 장작림張作霖 정권은 사탕무 산업을 보호하는 어떤 정책도 펼 수 없었다. 만주 내 제당회사들은 1920년대 후반 마구 투매되는 수입설탕을 당해내지 못했다.

관동군으로서는 한시적으로나마 제당업에서 자유무역체제를 존속할 수밖에 없었다. 국가통제정책을 실행할 수 있는 제당회사가 문을 닫거나 부적합 상태였기 때문이다. 아울러 대외적으로 서구열강과의 외교관계를 유지하여 관세를 담보로 한 국제 채무를 이행할 수 있고, 대내적으로 재정수입의 절반 이상인 관세수입을 확보할 수 있었다.[095]

만주국은 1931년 중국의 관세율을 그대로 답습했다.[096] 1937년 전까지 부분 개정을 실시했을 뿐 1931년의 골격을 유지했다.[097] 1931년

093 南滿洲鐵道 地方部商工課 編, 《滿洲商工事情》, 1933, 92~93쪽 ; 《大阪朝日新聞》 1932.4.15., 1933.4.18., 1933.4.19. ; 졸고, 〈일제하 조선·만주의 제당업 정책과 설탕유통〉, 《동방학지》 153, 2011.3., 353~354쪽.

094 大島正, 〈北滿に於ける製糖工業の現狀〉, 《滿洲調查月報》 17권 5호, 1937.5.1., 108쪽.

095 國務院統計處 編, 《滿洲國年報》, 滿洲文化協會, 1933, 248~250쪽 ; 滿洲國史編纂刊行會 編, 《滿洲國史》(各論), 滿蒙同胞援護會, 1970, 465~466쪽(이후 《滿洲國史》).

096 南滿洲鐵道 地方部商工課 編, 《滿洲商工事情》, 1933, 56쪽 ; 《滿洲國史》, 467쪽.

097 위의 자료 ; 松野周治, 〈關稅および關稅制度から見た'滿洲國'-關稅改正の經過と論点〉, 山本有造 編, 《滿洲國の研究》, 京都大學人文科學硏究所, 1993, 334, 343~348쪽. 만주국 관세 문제는 명목상 만주국이 관세자주권을 가진 독립국이었기 때문에 미묘한 부분이 있었다. 일본이 만주국과 특혜관세율 내지 관세동맹을 맺으면 국제적으로 기회균점문제와 중국 시장 상실로 나타날 우려가 있

화란표본 18호 이상 설탕 1피쿨당 5.32위안(4.2693엔)을 1933년 5.66
엔圓[098], 1937년 12월까지 5.898엔의 관세를 부과했다.[099] 그 결과 만
주국 설탕가격은 보호정책을 실시하는 주변 일본, 조선, 중국보다 훨
씬 낮았다.[100] 따라서 만주국의 설탕 수요는 증가세를 유지했다.

설탕을 거의 수입에 의존하던 만주에서 압도적으로 우세한 것은
일본 설탕이었다. 1935년 만주로 설탕을 수출한 국가의 수량별 점유
율을 보면 일본이 71퍼센트, 조선 19퍼센트, 중국 1퍼센트, 홍콩 4퍼
센트, 인도네시아 5퍼센트였다.[101] 일본과 조선을 합치면 90퍼센트나
되었다.[102] 그 가운데 일당 조선공장이 눈길을 끈다. 다른 일본 정제
당 회사는 말할 것도 없고 일당 내 여러 공장을 제치고 단일공장인
일당 조선공장이 19퍼센트나 차지한 것은 조선총독부의 남다른 지
원 덕분이었다.

조선총독부는 1920년대 말부터 중국 정부가 펴는 보호무역정책
으로 일당 조선공장의 손해가 예상되자 철도운임을 할인해 주었다.
1929년 중국에서 관세 부가세가 신설되자 조선철도국은 1930년 4월
운임을 개정하여 25퍼센트를 감면했다.[103] 1930년 9월 중국이 육경관
세특례로 관세를 1/3로 내렸던 조치를 철폐하자 조선철도국은 또다

었다. 그렇다고 줄곧 고관세를 유지하는 것은 일본 자본가의 불만을 낳았다.

098 滿洲國財政部 編, 《滿洲國稅關進口稅稅則: 滿洲國稅關輸入稅表》, 1934.

099 朝鮮銀行 調査科, 《滿洲國の關稅改正と朝鮮の對滿貿易に就て》, 1938, 16쪽. 100킬
로그램=9.83엔을 1피쿨(60킬로그램)으로 환산했다. 만주국 수립 뒤 만주국은
일본 엔 통화권으로 편입되었다.

100 西原雄次郎 編, 앞의 책, 223~224쪽 ; 小山, 앞의 논문.

101 위의 자료. 자바당은 정제용 원료당으로 추정된다.

102 大島 正, 〈北滿に於ける製糖工業の現狀〉, 《滿洲調査月報》 17권 5호, 1937.5.1., 108쪽.

103 정재정, 《일제침략과 한국철도, 1892-1945》, 서울대학교출판부, 1999, 404쪽.

시 평양 선교리발 만주행 설탕 운임을 40퍼센트 내렸다.[104]

저렴한 자바 원료당, 일본 정부의 관세와 사탕소비세 개정, 엔저 정책, 만주국의 자유무역체제 온존, 조선총독부의 운임할인 같은 환경 속에서 일당 조선공장의 만주국 수출은 활황세를 띠었다.[105] 1930년대 중반 일당 공장 가운데 조선공장이 가장 성황이었다. 후쿠오카의 오사토공장의 경우 80퍼센트만 가동했으나 평양공장은 전력을 다해 최대한 생산할 정도로 왕성했다.[106]

일당 조선공장의 활황에 힘입어 1930년대 후반 일당은 일본 제당회사 가운데 최대 생산체제를 갖춘 기업으로 성장했다. 정제당은 말할 것도 없고 분밀당 분야에서도 다른 제당회사를 합병하는 전략으로 대만의 준국책회사 대만제당을 눌렀다. 이를 반영하여 후지야마 라이타의 뒤를 이어 일당 사장 자리에 오른 그의 아들 후지야마 아이이치로藤山愛一郎가 1936년 당업연합회 회장으로 취임했다.[107]

일당 조선공장 수출량의 70~90퍼센트가 단둥을 거쳐 만주로 수출했다.[108] 〈표 29〉와 같이 단둥 세관을 거친 조선당의 최종 목적지는 안봉선安奉線(安東-奉天), 연경선連京線(大連-新京), 경도선京圖線(新京-圖們)으로 남만주 일대 주요 역이었다. 1934년의 경우 단둥安東(17퍼센트), 펑톈奉天(25퍼센트), 신징新京(24퍼센트)이 총 수출량의 66퍼센트였다. 그밖에 쓰핑제四平街(10퍼센트), 카이위안開原(5퍼센

104　〈砂糖운임인하〉, 《동아일보》 1930.9.20.

105　《日糖營業報告書》 74회, 1932.12., 6~7쪽.

106　《日糖營業報告書》 81회, 1936.6., 8쪽 ; 《평양매일신문》 1934.11.12. 1934년에는 평양 75퍼센트였으나 일본 40퍼센트였다.

107　久保文克, 〈四大製糖會社の競爭·協調行動と糖業聯合會〉, 久保文克 編著, 糖業協會 監修, 앞의 책, 2009, 306~307쪽.

108　南滿洲鐵道 編, 《滿洲貿易詳細統計》, 1926~1932 ; 安東商工會議所, 《安東經濟事情》, 1936, 23쪽 ; 大連商工會議所, 《滿洲經濟統計年報》, 1934~1939.

트), 지린吉林(4퍼센트), 궁주링公主嶺(3퍼센트), 톄링鐵嶺(3퍼센트) 같은 지역으로 수출했다.[109]

표 29 조선에서 생산한 설탕의 중국 단둥 도착과 통과 수량 (단위: 피쿨)

	1931	1932	1933	1934	1935
단둥 도착	40,516	39,066	52,900	59,350	55,333
만주 도착	110,000	84,500	176,500	267,833	290,716
계	150,516	123,566	229,400	327,183	346,049

출전 安東商工會議所,《安東經濟事情》, 1936, 14쪽.

비고 원 자료 단위는 톤인데 피쿨로 환산했다.

일당 조선공장의 활황에 따라 만주국 단둥이 주요한 설탕 수출거점이 되었다. 1930년대 단둥 수입품 가운데 설탕이 면포綿布 다음으로 중요한 상품이었다. 설탕 가격 폭락이라는 국제정세에도 일당 조선공장은 일본 정부와 조선총독부 후원으로 1920년대 후반 이래 만주라는 단일 시장에서 기형적으로 성장했다.

2. 제당업 흥기

1) 지방 특산품 개발

1929년 대공황으로 자유무역주의 체제가 완전히 무너지고 제국주의 국가들이 경제 블록을 강화했다. 일본 정부도 만주사변을 도발한 뒤 '일日·만滿 블록' 정책에 역점을 두고 만주에 적극적으로 투자했

---

109   平壤商工會議所 編,《平安南道輸移入物資統計》, 1935.

다. 이에 대응해 1931년 조선총독으로 부임한 우가키 가즈시게宇垣一成는 일본 정부가 묵인하는 가운데 '일日·선鮮·만滿 블록' 정책을 추진했다. 엔 블록 안에서 조선을 조粗공업지대로 배치하고, 농촌진흥정책을 시행하여 자본주의 위기와 계급갈등을 타개하겠다는 구상이었다.[110]

조선총독부는 농산물 가격이 폭락하여 피폐해진 농촌에 부업과 지방산업을 발흥시켜야 한다고 믿었다. 이를 위해 각 지방 특산물 가공과 개발을 장려했다. 이 가운데에는 각 지역 농산물을 과자, 잼 같은 식품으로 가공하는 농공업화 계획도 들어 있었다. 설탕이 가진 저장 기능과 단맛으로 농산물을 상품화하겠다는 계획이었다. 상공회의소, 농회, 산업조합에 참여하는 지역 유지가 이를 주도해 나갔다.

조선 각지의 지역 유지는 고장의 특산물을 활용하여 일본 과자를 변형한 특산품을 개발했다. 일본인 취향에 맞추었다. 진남포 산업조합에서는 1933년부터 1천 8백여 원의 예산을 들여 2년 동안 사과 가공법을 연구했다. 사과로 양갱, 화장수, 술을 제조해 1935년 서울의 미나카이三中井 백화점에서 시험 판매했다.[111] 목포 상공회의소에서도 1935년 토산품 전시회를 열어 토산품을 선정했다. 김 센베이, 김 양갱, 솔방울(松實)과자, 만쥬, 목화씨(棉實)과자, 머위 사탕자砂糖煮 같은 과자들이 출품되었다. 목포 지역 유지들은 이를 제조, 포장하고 가격, 품질을 관리하는 방안을 논의했다.[112] 청주 상공회의소에서도 특산품 대추를 가공해 대추 낫토納豆과자[113]와 대추 엑기스를 개발했

---

110   이승렬, 〈1930년대 전반기 일본군부의 대륙침략관과 '조선공업화'정책〉, 《國史館論叢》 67, 국사편찬위원회, 1996.6.20, 170쪽.

111   《조선일보》 1935.2.8. ; 《동아일보》 1935.5.24.

112   《목포신보》 1935.11.23.

113   納豆는 낫토라고 상품화되어 통용되기 때문에 낫토納豆로 표기하겠다.

다.[114] 황주에서는 농회가 주도하여 황주 엿을 대량생산하여 1938년 부터 서울의 화신和信백화점, 미츠코시三越백화점, 조선관朝鮮館을 비롯한 30여 곳에 판매했다.[115]

이러한 분위기에 편승해 조선인도 지역 특산물로 만든 제품을 개발했다. 그 속에는 오늘날까지 이어지는 과자가 있다. 천안 지역 특산품인 호두로 만든 천안 호두과자(1934년)와 경주 황남빵(1939년)이 그것들이다. 이 무렵 개발되어 해당 지역 특산품으로 자리매김한 과자다.[116]

조선총독부는 '조선공업화정책'의 일부로 지방 특산물 장려책과 함께 만주 수출을 장려했다. 조선총독부의 지원을 받아 만주 붐에 편승하려는 재조 일본인 자본가가 〈표 30〉과 같이 늘어났다.

표 30 1930~1936년 자본금 10만 원 이상 제과회사

지역	회사명	설립연도	자본금(원)	중역과 대주주
서울	토요쿠니豊國제과(株)	1934	500,000	1935~39) 대표 齋藤久太郞, (이사)浦口友一郞, 金丸直利, (감사)林卯三郞, 齋藤信次
서울	나가오카永岡제과 (合名)	1935	100,000	1937) 대표 永岡長右衛門, (사원)永岡ハル, 永岡孝三郞, 永岡千里, 京谷正, 湯淺主馬, 津島四郞
서울	동아東亞제과(株)	1935	200,000	1937) 대표 橋田駒治, (이사)福原繁太郞, 松浦元三, (감사)橋田正章, 阿部寅次郞

출전 《朝鮮銀行會社要錄》, 국사편찬위원회 한국사데이터베이스.
비고 중역진은 해당연도 《朝鮮銀行會社要錄》에 나온 명단이다.

114　《매일신보》 1940.8.30.

115　《동아일보》 1938.11.3. ; 1939.12.17.

116　원조 학화할머니 호두과자 홈페이지, "학화호도과자 소개", 〈www.hodo1934.com〉; 황남빵 홈페이지, "황남빵 유래", 〈www.hwangnam.co.kr〉

재조 일본인 제과업자인 나가오카 조우에몬永岡長右衞門은 기존 제과점을 합명회사로 재편했다. 한말인 1908년부터 서울에 나가오카과자공장을 차렸던 나가오카 조우에몬은 1919년 조선제과, 1922년 오오니시제과 창립에 참여했던 인물이다.[117] 그는 1935년 7월 기존 제과점을 자본금 10만 원의 합명회사 나가오카永岡제과로 바꾸고, 만주에 지점을 내어 진출했다. 경성과자는 1933년 다롄에 출장소를 열었고, 1934년에는 펑텐에 지점을 냈다.[118] 제과업의 전망을 밝게 보고 새로이 진출하는 경우도 있었다. 토요쿠니豊國제분을 경영하던 사이토 히사타로齋藤久太郎가 1934년 자본금 50만 원으로 토요쿠니제과를 세웠다. 그 때 조선의 대형 제분회사는 본점이 만주인 만주제분과 토요쿠니제분 두 곳뿐이었다. 그는 대對 만주 수출 유망업종이 하위부문downstream 산업인 제과업이라고 판단하여 제과업에 투자했다.[119] 1935년 동아東亞제과(주)를 설립한 하시다 코마지橋田駒治는 본래 정미, 양조, 부동산업을 경영했다가 자본금 20만 원으로 제과업에 진출했다. 조선총독부는 일본에서 시행하던 공장법을 적용하지 않을 정도로 개별 민간자본에 우호적이었다.[120] 재조 일본인은 말할 것도 없고 모리나가제과 같은 대형 제과회사도 조선총독부의 지방 특산품 개발에 관심을 가지며 긴밀한 관계를 유지했다.[121]

117 〈표 10〉, 〈표 18〉 참조.

118 《매일신보》1933.8.28. ;《朝鮮銀行會社要錄》; 吉永伊源太,《조선인사흥신록》, 512쪽, 국사편찬위원회 한국사데이터베이스.

119 《동아일보》1934.5.29.

120 방기중,〈조선 지식인의 경제통제론과 '신체제' 인식〉,《일제하 지식인의 파시즘체제 인식과 대응》, 혜안, 2005, 70~71쪽.

121 《조선일보》1936.5.21.

2) '아이스케키'와 위생

1차 세계대전을 거치며 일본은 경공업국가에서 중화학공업국가로 도약했다. 일본의 기계공업이 발달하며 동력화가 급격하게 진행되었다. 1930년대 일본 식료품 공업 동력화율이 73.2퍼센트에 달하여 재래산업의 근대화를 촉진했다.[122]

1932년 무렵부터 식민지 조선에 '아이스케키(얼음과자)'가 등장했다.[123] 소형 동력기가 보급되면서 조선에서도 소규모 제빙이 가능해졌다. 1920년대까지 제빙회사나 천연빙 저장시설이 있는 대도시에서만 가능했던 빙과업이 제빙업과 분리되어 자유롭게 입지를 정하게 되었다.

순식간에 중소도시까지 아이스케키가 확산되었다. 여름에 가장 기온이 높은 대구의 경우 아이스케키 제조공장이 1935년 176개소나 되었고 이듬해는 217개소로 증가했다.[124] 1936년 평양에서는 빙수가게, 아이스케키가게를 포함해 빙과가게가 모두 205개소나 되었다.[125] 중소도시인 청주에 1939년 5개소의 공장이 있었고 경주도 3개소가 있었다.[126]

수공업으로 소량 생산하던 빙수, 냉차와 달리 아이스케키는 대량 생산되었다. 제빙기를 가동하는 방법으로는 증기모터를 쓰는 방법과 손으로 돌리는 방법 두 가지가 있었다.[127] 모터로 제빙기를 돌리는

122 　서정익, 앞의 책, 207~209쪽.

123 　《조선일보》 1932.5.18., 1935.7.19.

124 　《동아일보》 1935.6.9. ; 《동아일보》 1936.6.20.

125 　《매일신보》 1936.7.16.

126 　《조선일보》 1939.8.4. ; 《동아일보》 1939.8.6.

127 　《조선중앙일보》 1936.6.4. ; 《조선일보》 1935.7.19. '아이스케키'는 아이스케

업체가 하루에 아이스케키 5천~1만 개를 만들었고, 수동으로 제빙기를 돌리는 업체가 하루에 5백~2천 개 정도를 만들었다.[128] 1939년 청주에 아이스케키 제조업체가 5곳이었는데 날마다 각 업체당 4천 개씩 2만 개를 만들어 팔았다.[129] 같은 해 경주에서 제조업체가 3곳인데 날마다 7천 개씩 만들어 7월 한 달 동안 21만 개를 판매했다.[130]

아이스케키 제조회사를 차리려면 모터로 돌릴 경우 1936년 자본금이 8백 원에서 1,300~1,400원 정도 들 것으로 예상되었다. 수동으로 돌릴 경우에는 70원 가량 필요했다.[131] 1933년에 빙수가게를 열때 예상되는 자본금이 50원이었다. 이에 견주면 수동 제조할 경우 큰 차이가 없으나 모터를 구입하려면 10~20배 이상이 필요했다.[132] 1935년 당시 쌀(상등품 정미 소매가격) 1가마가 29.95원이었으므로 쌀 2~45석 남짓이면 아이스케키 회사를 차릴 수 있었다.[133]

1932년, 조선에 아이스케키가 등장하자마자 선풍적인 인기를 끌었다. 새로운 단맛의 경험이었다. 겨울이 아닌 여름에 차가운 단맛을 즐기는 것 그 자체가 근대 문명의 수혜였다. 무엇보다 아이스케키는 값이 쌌다. 서울과 지방 도시 모두 한 개에 1전으로 다른 과자에 비해 매우 쌌다. 1920년대까지 서울 같은 대도시에서 인기 있던 냉차는

이크를 일본식으로 발음한 단어다. 이 책에서는 요즘 아이스케이크와 헷갈릴 우려가 있기 때문에 '아이스케키'라는 그때 용어를 그대로 쓰겠다.

128　《동아일보》 1935.6.9. ; 《동아일보》 1936.6.20.

129　《조선일보》 1939.8.5.

130　《동아일보》 1939.8.6.

131　《동아일보》 1936.7.21.

132　《동아일보》 1933.9.6.

133　朝鮮總督府 編, 《조선총독부통계연보朝鮮總督府統計年報》 昭和 十年, 1937.3., 242쪽.

사진 17 1930년대 아이스케키 행상

출전 《조선일보》 1934.4.17.

비고 일제하 아이스크림이라는 단어는 대부분 유지방이 전혀 함유되지 않은 얼음과자인 아이스케키였다. 고급 요릿집 같은 곳에서 유지방이 든 아이스크림을 팔 때도 있었지만 이는 극히 예외적인 경우다.

아이스케키가 등장하자 거리에서 급격하게 자취를 감추었다. 신문에서 '냉차의 전성시대'가 끝났다고 할 정도였다.[134] 1934년 서울의 아이스케키 장수가 1천 5백 명가량이나 되었다. 경기도 경찰이 아이스케키 행상과 노점을 금지했지만 점포에서 판매하는 아이스케키 장사가 1935년 5백 명에 이르렀다.[135] 1936년 서대문경찰서 관내의 아

---

134   《조선일보》 1935.7.19.

135   《조선일보》 1935.7.19.

이스케키 제조소가 73개소였고[136] 1938년 본정本町경찰서 관내 아이스케키 제조업체가 1백여 곳을 헤아렸다.

노점, 점포에서도 아이스케키를 판매했지만 돌아다니며 파는 행상이 훨씬 많았다.[137] 1938년 진남포에서 아이스케키 행상이 도매상에 대항해 파업을 일으켰다. 도매상이 행상에게 1원에 130개씩 주던 것을 145~150개로 늘려 달라는 요구였다. 마침내 135개로 타협되었다.[138] 아이스케키 1백 개를 팔아 30~35전 이익을 보는 셈이었다.

당시 아이스케키는 물에 설탕, 착색료, 향료를 넣고 소독저를 꽂아 얼린 것이다.[139] 문제는 아이스케키가 '여름의 총아', '거리의 총아', '여름명물'[140]로 각광을 받을수록 위생 문제가 심각해졌다는 점이다.

아이스케키 위생에서 가장 큰 문제는 물이었다. 조선총독부는 서구의 근대 위생관념에 바탕을 두고 수돗물이 청결하고 위생적이라고 믿었다. 총독부는 재래 우물과 하천수가 낙후한 미개발의 상징이자 전염병의 온상이라고 보았다. 일본인은 말할 것도 없고 조선인도 상수도의 필요성에 공감했고 수도 부설을 요구하는 집단행동을 했다.

상수도 사업은 고율의 수도계량제라서 수익성이 높았으므로 조선총독부는 도시에서 차츰 수도시설을 확장해 나갔다. 이와 달리 하수설비는 대수롭지 않게 여겼다. 총독부는 1921년 천연빙을 단속하는 정도로 최소한의 조치를 취할 뿐 상수도와 하수도 사업을 불균형하

---

136   《매일신보》 1936.6.25.

137   《조선일보》 1935.7.19.

138   《동아일보》 1935.6.20., 1938.6.22.

139   《조선중앙일보》 1936.6.4.

140   《동아일보》 1937.6.23., 1938.5.13., 1938.5.26., 1938.6.20., 1938.7.8. ; 《조선일보》 1935.6.8., 1938.6.17., 1938.7.7. ; 《매일신보》, 1938.7.10.

게 추진했다.[141]

1930년대 서울은 말할 것도 없고 지방 도시의 물 위생 상태는 급격하게 나빠졌다. 도시 인구가 늘어나고, 새로이 도시로 편입되는 지역은 넓어지는데 그에 따른 기본 도시 인프라인 하수 설비를 갖추지 못했기 때문이다. 1934년의 서울의 분뇨 배출이 20만 석인데 분뇨 저장시설은 총 15만 석밖에 안 되었다. 나머지 5만 석은 용두리에서 청계천을 거쳐 한강 인도교로 그대로 흘려 보냈다.[142]

아이스케키 제조업자는 분뇨, 쓰레기같이 온갖 오물이 방류되는 하천의 물을 그대로 사용했다.[143] 조선총독부는 오염된 물로 만든 아이스케키가 적리赤痢(이질의 한 종류) 발병과 관계가 깊다고 판단했다. 1934년 경무국 위생과는 아이스케키가 온갖 불결한 물이 흘러내리는 청계천 물보다 더 많은 세균을 포함하고 있다고 발표했다.[144] 1935년에 병원(順化院)이 전염병 경로를 조사한 바 있다. 이에 따르면 수용 환자 60~70명의 발병 경로 가운데 빙과 9명, 병자 간호 7명, 과일 7명, 조선 떡과 우동 6명 순으로 빙과가 1위였다.[145] 1936년 경기도 위생과의 법정전염병 방역업무 가운데 으뜸이 아이스케키를 단속하는 일이었다.[146] 1939년 경성부 순화원 환자 가운데 적리 환자가 30퍼센트나 되었다. 그해 경성부 위생실은 아이스케키 한 개에

---

141 김백영, 〈일제하 서울의 도시위생 문제와 공간정치−상수도와 우물의 관계를 중심으로〉,《사총》 68, 고려대학교 역사연구소, 2009.3., 207~212쪽 ; 김영미, 〈일제시기 도시의 상수도 문제와 공공성〉,《사회와 역사》 73, 한국사회사학회, 2007, 62~66쪽.

142 《조선일보》 1934.3.31.

143 《매일신보》 1936.7.16.

144 《매일신보》 1934.7.3. ;《동아일보》 1934.7.3.

145 《조선일보》 1935.7.16. ;《동아일보》 1935.7.16.

146 京畿道衛生課 編,《衛生槪要》, 京畿道衛生課, 1937, 118쪽.

1억 7,254만 4,880마리의 세균이 있어 하숫물보다 더 더럽다고 발표했다.[147]

〈그림 11〉과 같이 1930년대 총 법정전염병 환자 수는 들쑥날쑥했지만, 적리 환자 수는 계속 늘어났다. 특히 아이스케키가 성황이던 1930년대 말이 되면 〈그림 12〉와 같이 총 법정전염병 가운데 적리가 차지하는 비율이 커졌다. 이는 1930년대 말 총 법정전염병 급증으로 이어졌다. 적리 환자 55~60퍼센트가 15세 미만의 어린이였고 가장 많이 걸리는 계절도 여름이었다.[148] 아이스케키가 유행할수록 적리로 신음하는 어린이도 늘어났다.[149]

그림 11 일제 때 법정전염병과 적리 환자 수 (단위: 명)

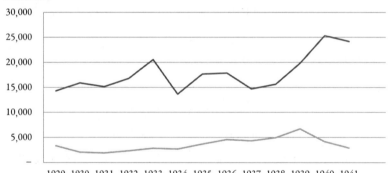

출전 《朝鮮總督府統計年報》.

비고 일제하 법정전염병은 두창(천연두), 적리, 장티푸스, 성홍열, 발진티푸스, 디프테리아, 파라티푸스, 유행성 뇌수막염이었다.

---

147 《동아일보》 1939.6.1.

148 京畿道衛生課 編, 앞의 책, 143쪽.

149 《매일신보》 1936.7.25. ; 《조선일보》 1937.5.20., 1938.5.26. ; 《동아일보》 1938.5.13.

그림 12 일제 때 총 법정전염병 가운데 적리 차지율

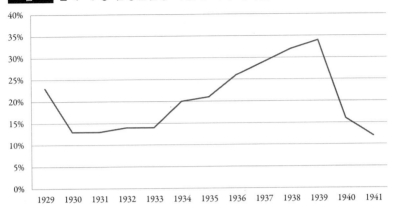

출전 《朝鮮總督府統計年報》.

　아이스케키 위생에서 물만 문제가 아니었다. 식품으로서 온갖 위험요소가 아이스케키에 들어 있었다. 착색료, 착향료, 사카린 같은 유해 인공첨가물도 문제였고 설비, 제조환경의 불결도 문제였다. 아이스케키만이 아니라 과자 산업 전체가 마찬가지였으나 아이스케키가 유별나게 유행하면서 문제가 두드러졌다.

　제조업자는 아이스케키에 고운 빛깔이 나도록 공업용 착색료와 과일향이 나는 착향료를 넣었다. 당시 제과업체에서 많이 사용하던 착색료로는 붉은색을 내는 타르색소로 산성인 피크르산picric acid과 염기성인 로다민rhodamine을 썼다. 피크르산도 독성이 있지만 로다민에 비해서는 독성이 약했다. 하지만 피크르산은 재료와 잘 섞이지 않고 햇빛을 쬐면 쉽게 변하는 단점이 있어서 흔히 로다민을 사용했다. 로다민은 0.1g만 먹어도 중독되어 색소가 섞인 오줌을 배출했다.[150]

150　《조선일보》 1925.10.21. 여의사인 유영준劉英俊은 소변에 붉게 나올 때도 있으나 이는 걱정할 일이 아니라고 했다.

0.25g을 먹으면 유아가 즉사할 정도로 독성이 강했다.[151] 노란색 착색료로 썼던 구연산 염류는 해가 없으나 아우라민auramine은 부작용이 컸다. 아우라민을 많이 먹으면 피부에 흑자색 반점이 생기고, 두통, 심계항진心悸亢進(불규칙하거나 빠른 심장박동이 느껴지는 증상), 맥박감소, 의식상실이 일어났다. 아우라민은 과자만이 아니라 냉차에도 넣었다. 노란색을 내려고 금속인 구리가루(銅粉)를 사용하기도 했는데 이 역시 독이 있었다. 청색 착색료로 쓰는 '청죽靑竹'도 금속인 아연 염류의 타르색소였고, 자주색을 내는 메틸 바이올렛methyl violet도 공업용으로 쓰이는 염기성 타르색소였다.[152] 단맛을 내기 위해 설탕을 쓰기도 했지만 음식물 규정으로 금지한 인공감미료 사카린을 몰래 쓰기도 했다.[153] 아예 빙과용 착색료와 향료 따위를 섞은 '착색의 원着色の元'이라는 유독한 제품을 쓰기도 했다.[154]

불결도 문제였다. 손잡이로 쓰는 젓가락을 새것이 아니라 요리점이나 음식점에서 사람들이 먹고 버린 것을 다시 쓰는 경우가 많았다.[155] 1939년 종로경찰서 조사에서 아이스케키 젓가락이 가장 불결하다는 결과를 발표한 바 있다.[156] 제조업자나 제조 장소의 비위생도 문제였다. 제조업자나 판매자가 전염병에 걸린 채 만들 수 있었다. 손 씻는 시설이 없어서 대소변을 보고 손을 안 씻고 만들거나, 제품

---

151 《동아일보》 1927.9.20.

152 《조선일보》 1925.10.21.

153 《조선일보》 1934.8.19.

154 《조선일보》 1936.6.28.

155 《동아일보》 1934.6.25. ; 《동아일보》 1937.8.21. ; 《조선일보》 1937.8.21. ; 《동아일보》 1939.7.2.

156 《동아일보》 1939.7.2.

을 만들다가 머리를 긁거나 기침을 하는 등 불결하게 만들어졌다.[157]

그런데 문제는 식민 권력 조선총독부의 음식물 규정이 매우 느슨했다는 점이다. 일제는 조선을 식민지화하면서 1900년에 만든 일본의 법에서 일부를 뽑아 조선의 음식물 규정을 만들었다.[158] 〈위생상 유해음식물 및 유해물품 취체규칙〉(1911), 〈청량음료수 및 빙설영업 취체규칙〉(1911), 〈우유영업취체규칙〉(1911)을 비롯해 〈메틸알콜 취체규칙〉(1912.6.), 〈도장屠場규칙〉(1919), 〈요리옥·음식점 영업취체규칙〉(1916), 〈식육영업취체규칙〉(1928, 경기도령)으로 모두 7종이었다.

이 음식물 규정은 기본적으로 '근대=위생=청결'이라는 담론에 바탕을 두고 있었다. 대개 변패變敗, 불결을 다루었으나 정작 변패의 기준이 뚜렷하지 않았다. 단속하는 위생경찰의 감각에 의존해서 눈으로 보아 곰팡이가 있는지, 음료수에 침전물이나 거품이 있는지, 코로 맡아 냄새가 나는지, 파리를 없애는 설비가 있는지, 썩은 재료를 쓰는지 눈과 코로 확인해서 진열하지 못하게 하는 수준이었다.[159] 제조·판매업자에 대한 행정 규제도 없었다. 일본에서는 식품 제조·판매가 허가제였으나, 조선에서는 신고제라서 누구나 신고만 하면 되었다.

유해물질에 대한 규정은 오로지 〈위생상 유해음식물 및 유해물품 취체규칙〉(1911)밖에 없었다. 1911년 일제가 유해물질로 지정한 것은 감미료, 착색료, 방부제 세 종류뿐이다. 감미료로 사카린 1품목,

---

157 《동아일보》 1939.5.29., 1939.6.1. ; 《매일신보》 1939.6.1.

158 朝鮮總督府, 《朝鮮法令輯覽》(昭和15年版) 上卷, 京城: 朝鮮行政學會, 1940, 111~121, 163쪽 ; 박채린, 〈일제하 식품위생령 법제화에 의한 육류 소비관행의 근대적 변모〉, 《정신문화연구》 36-3, 한국학중앙연구원, 2013, 477, 484쪽.

159 京畿道衛生課 編, 앞의 책, 118쪽 ; 《매일신보》 1917.7.7., 1930.7.26. ; 《동아일보》 1927.6.17.

착색제로 1종 14품목과 2종 11품목, 그리고 방부제 13품목이었다.[160] 이 규정에 포함되지 않은 물질은 전부 사용할 수 있었다.

당시 착색료에서 유해물질로 지정된 것은 대부분 광물성 회화염료였고 화학적 합성품인 타르색소tar color는 없었다. 오늘날에는 타르색소 중에 유독한 것이 많아 아주 적은 수의 수용성 산성 타르색소만 인정하고 나머지는 모두 금지하고 있다.

하지만 당시에는 타르색소를 금지하지 않았다. 이는 1900년 일본 식품위생 관련 법률을 제정할 당시 타르색소로 음식물을 착색해도 문제 없다고 보는 독일 법의 영향을 받았고, 화학공업인 염료산업을 육성하려는 일본 정부의 식산정책 영향으로 타르색소를 유해물질로 지정하지 않았기 때문이다.[161] 따라서 일본이나 조선 모두 타르색소를 착색료로 공공연히 사용했다.[162] 1945년 해방될 때까지 유해물질 규정은 변하지 않았다. 세계적으로 끊임없이 각종 화학물질이 개발되고 조선에 들어와 식품에 마구 사용되었지만 이를 규제할 법이 없었다.[163]

조선총독부는 음식물 위생 문제를 불결과 '변패' 때문이라고 믿었다. 썩었거나 오래 두어 변질된 재료를 쓰거나, 제조자 내지 판매자의 위생의식 부족 때문이라고 생각했다. 상·하수도 같은 사회기반 시설 미비나 유해첨가물 탓이 아니라, 오로지 제조업자의 인식과 각성이 부족한 탓이라고 보았다. 식민지 조선의 음식물 규정은 조선인

160 　朝鮮總督府, 앞의 책, 1940, 111~112쪽.

161 　光武幸, 〈我國における着色料取締りの歷史: 歷史的經緯からみた着色料の存在意義〉, 《北海道大學大學院環境科學硏究科邦文紀要》 1, 北海道大學大學院環境科學硏究科, 1985.3.23, 8~9쪽.

162 　위의 논문, 4~5, 12쪽.

163 　《조선중앙일보》 1935.5.10. ; 《조선일보》 1938.8.24. ; 《매일신보》 1938.8.27.

의 건강을 관리하려는 목적이 아니었다. 조선인의 생활방식이 비위생적이어서 문명화해야 한다는 이유로 국제사회에 조선의 식민지화를 정당화하려는 일제의 대외 선전용이었다.[164]

1930년대 중반부터 아이스케키로 인한 음식물 위생 문제가 심각해졌다. 경찰 안에서도 빙과류 단속 규칙을 강화하자는 의견이 나왔다. 허가제로 바꾸자는 것이다. 강원도 경찰서 위생계가 1935년 도道 경찰부장회의 안건으로 '청량음료수 또는 빙설氷雪의 청매업請賣業 하는 자가 크게 증가하니 경찰서장 허가제로 개정하자'는 의견을 냈다. 하지만 의제로 채택되지 않았다.[165] 1937년까지 종래 기준대로 단속하되 단속 횟수를 늘렸을 뿐이다.[166] 아이스케키로 인한 전염병이 급증했어도 아이스케키는 점점 더 많이 팔렸다.

아이스케키는 설탕 가공식품이 대중화되는 데 크게 기여했다. 아이스케키가 유행하며 설탕 소비량이 크게 늘어났다. 1930년대부터 〈표 23〉과 〈그림 5〉에서 보듯 설탕 소비량이 1930년 34만 피쿨에서 1938년 67만 피쿨로 2배 가까이 증가했다. 1인당 설탕 소비량도 1930년 1.01킬로그램에서 1938년 1.76킬로그램으로 1.7배 이상 늘어났다.

아이스케키가 유행하며 설탕이 많이 팔리는 계절도 바뀌었다. 종래 설탕이 가장 잘 팔리던 시기는 외출이 잦은 4~6월이었고, 두 번째로 잘 팔리는 시기가 연말연시 선물용이 많은 1~3월이었다. 여름의 설탕 소비량이 가장 적었다. 7월부터는 단 과일이 나오고, 장마

---

164 졸고, 〈1960년대 박정희 정부의 식품위생 제도화〉, 《醫師學》 25-2, 대한의사학회, 2016.

165 警察廳 警務局, 〈道警察部長會議 意見希望事項〉(인쇄본), 《道警察部長會議書類》, 朝鮮總督府, 1935, 107~108쪽, 국가기록원 관리번호 CJA0002451.

166 《매일신보》 1917.7.7. 부패 또는 거품이 많은 음료수를 단속했다.

철에 과자를 보관하기 어려웠기 때문이다. 하지만 1930년대 아이스 케키가 나타나며 이제 설탕을 가장 많이 먹는 계절은 여름이 되었다.[167] 과일이 나오기 전에 먹는 과일 대체품 시장이 아니라 독자적인 시장이 된 것이다.

3. 상류층 여성의 전통 음식문화 변용

1) 민족·지역·소득별 소비격차

문명개화론자가 전파하는 설탕 문명·영양담론에 따라 대중은 과자가 어린이 간식으로 필요하다고 생각하게 되었다. 간식을 당위적으로 받아들이면서 간식 종류에 관심을 갖게 되었다.

〈표 31〉에서 조선인 상류층 가정에서 어떤 간식을 얼마나 주었는지 짐작할 수 있다. 1937년 잡지사인 《여성女性》에서 사회 명사들이 자녀교육에 얼마나 관심을 가지고 있는지 설문조사를 했다. 그 가운데 하나가 "어린이에게 어떤 종류의 간식을 주십니까"라는 문항이었다. 14명의 조사대상자 가운데 '아예 모른다'는 1명을 제외한 나머지 13명의 답변이 〈표 31〉과 같다.

응답자는 대개 간식으로 과일이나 과자를 주었다. 과일 가운데 귤처럼 당시 비싼 과일이 포함되어 있고, 종류도 서양과자나 일본 과자 위주였다. 간식 횟수를 줄이려는 가정도 있지만 거의 날마다 주는 가정도 있었다. 조선인 상류층 가정에서 서양과자와 과일을 간식으로 주는 것이 차츰 음식 문화로 정착되고 있었다.

---

167 《殖銀調査月報》 26, 1940.7.1, 116쪽.

표 31 1937년《여성女性》의 조선인 상류층 가정의 간식 설문조사

이름	간식 종류	비고
차상찬車相瓚	없음	간식시킬 식품이 없음.
이선근李瑄根	과일	될 수 있는 한 안 주려 함. 어른이 구매, 아이 자유로운 군것질 금지.
김윤경金允經	과일	-
조동수趙東秀	사과, 귤, 코코아 탄 우유, 버터 바른 빵	건강과 계절에 따라 변화
주요한朱燿翰	당분과자	본인은 당분이 없는 것을 주려 하지만 아이들이 말을 안 들음.
이극로李克魯	땅콩	과자보다 경제적, 영양가
장문경張文卿	과일, 유과	차례대로 변화 줌.
이병기李秉岐	사과, 귤, 밤 같은 과일	될 수 있는 한 안 주려 함.
김영애金永愛	핫케이크, 젤리, 만쥬, 오시루코おし汁粉(단팥죽), 양갱, 애플파이, 녹차 아이스크림	아이에게 간식 꼭 필요, 집에서 만들어 줌, 1주일에 4~5회, 계절 따라 변화 줌.
정갑鄭甲	과일	밥을 많이 주어 간식량 줄임.
김기석金其錫	누룽지, 엿, 과자	간식 별로 안 줌.
정찬영鄭燦英	양젖, 빵, 과자, 과일	집에서 만들어 줌, 날마다 규칙적으로 간식으로 줌.
임정혁任貞爀	크래커, 과일	과자보다 과일을 많이 줌.

출전 〈家長과 子女와 平和〉,《女性》2-4, 1937.4, 66~67쪽(《한국근대여성의 일상문화》6, 222~228쪽에서 재인용).

언론에 나오는 이상적인 간식 주는 방법은 부모가 골라 주는 것이다. 하지만 실제로 과자를 사는 주체는 어린이였다.[168] 선물용 고급과자는 어른이 구매하지만, 자기소비용으로 과자를 구매하는 주체는 어린이였다. 어른이 고른 과자를 먹는 수동적 존재가 아니라 과자를 고르고 구매하는 능동적 소비자였다. 어린이는 상품을 먹는 소비 행위만이 아니라, 과자를 고르고 선택하는 구매 행위 자체를 즐겼다.[169]

---

[168] 방신영, 〈유아의 간식과 그 제법〉,《新家庭》1-5, 1933.5., 139쪽 ;《매일신보》 1913.6.11 ;《동아일보》1929.11.12. ;《조선중앙일보》1934.7.1.

[169] 《동아일보》1929.11.12.

어린이가 과자를 사려면 돈이 필요한데 부정기적인 용돈에 의존할 수밖에 없었다. 전근대 사회에서 어린이는 상품을 구매하는 소비주체가 된 적이 없었다. 가부장이 어린이에게 용돈이라는 개념으로 '군것질'할 돈을 정기적으로 주는 경우는 거의 없었다.[170]

가장 흔한 것은 어린이가 부모를 졸라 과자를 사 먹는 경우였다. 부모에게 '엄마 나 일전만 주', '돈 한 푼만 주'라고 말하면서 '지극히 처량한 태도'로 졸랐다. 안 주면 떼를 쓰거나 울었다. 부모가 어린이 성화에 못 이겨 가장 적은 돈인 1전을 주면 그것을 가지고 사 먹었다.[171] 다음 동시에서 보듯 어린이가 과자를 사 달라고 조르는 모습은 도시에서 흔한 풍경이었다.

과자[172]

이영철李永哲

엄마
왜
나 과자 하나 흥흥
얘도 과자 어디 있니
흥흥 응 엄마
업대도
꼭 하나만 흥
내가 작고만 졸랐더니
엄마가

---

170 허영란, 〈여자여 외출하라〉, 국사편찬위원회 편, 《20세기 여성, 전통과 근대의 교차로에 서다》, 두산동아, 2007, 52~53쪽.

171 《조선일보》 1934.8.9., 1931.8.15.

172 이영철李永哲 詩, 〈과자〉, 《조선중앙일보》 1935.11.4.

과자를 꺼내주겠지
우리 엄마는 착해

집안이 어려워 돈을 얻을 수 없는 경우 어린이는 폐물을 과자와
바꿨다. 헌 고무신, 빈 병, 유리조각, 고철, 서적 같은 것을 엿 장사나
고물상에 가져가 엿이나 사탕과 같은 과자와 맞바꾸었다.[173] 엿이나
과자 장사로서도 "돈을 받고 엿을 팔면 1전 가치이지만 공병은 5전
이나 10전 이익이 돌아"[174]오기에 훨씬 이익이었다. 더욱이 중일전쟁
뒤 물자가 부족해져 고물값이 폭등하자 과자 상인 입장에서는 물물
교환이 유리했다.[175]

심한 경우 어린이가 부모의 돈을 훔쳐다 사 먹기도 했다. 군것질
이 버릇이 되어 어머니 지갑이나 상점의 돈 그릇을 넘보는 등 '훔치
는 버릇'으로 나타났다.[176] 극단적으로 5살 소년이 할아버지가 쌓아
둔 엽전을 몰래 가져다 엿을 사 먹은 일[177], 13세 소녀가 과자가 먹
고 싶어 아버지가 토지를 판 돈을 훔쳐 대구 시내 과자점에 나타난
일[178], '식모'가 그 집 은수저나 금반지를 훔쳐 과자를 사 먹는 일이
일어났다.[179]

과자 살 돈을 얻는 과정이 이처럼 '구차'해도 어린이에게 과자를

173 《동아일보》 1938.7.3., 1939.5.19., 1939.8.6.

174 《조선중앙일보》 1933.7.15.

175 《동아일보》 1938.7.3., 1939.5.19.

176 《동아일보》 1929.11.12., 1933.8.9. ; 《조선일보》 1931.8.15. ; 《매일신보》
1934.6.26., 1934.6.28., 1934.11.8.

177 임문환任文桓, 《재계회고》 4, 한국일보사, 1981, 356~357쪽.

178 《동아일보》 1934.3.1.

179 《매일신보》 1938.7.3.

먹은 경험은 아주 남다른 기억이었다. 1925년 종로에서 태어나 자란 아동문학가 어효선은 75세가 되어서도 엿, 호떡, 국화빵, 빙수, 아이스케키를 생생하게 묘사했다. 돈이 없어 사 먹지 못했다고 하면서도 호떡이나 국화빵을 만드는 과정, 주인 모습, 가게 장식, 냄새까지 기억했다. 아이스케키, 빙수 장수가 물건 파는 묘사도 아주 세밀하다.[180] 지방 어린이의 경우 더했다. 이승만 정권에서 농림부 장관을 역임한 임문환任文桓은 다섯 살이던 1912년 충남 금산 읍내에서 처음으로 엿을 사 먹은 일, 보통학교 다닐 때 일본인 가게에서 눈깔사탕을 사 먹은 일, 엿이나 사탕 사 먹는 돈을 얻기 위해 어른에게 조르던 일, 일본인이 사탕 만들던 과정을 70세가 넘은 1980년까지 회고할 정도였다.[181]

기성세대는 간식의 필요성을 인정하면서도 어린이가 과자를 사 먹기 위해 돈을 구하는 노력을 매우 못마땅하게 여겼다. 어린이들이 제 손으로 과자를 사 먹으려고 조르는 것은 '아름답지 못한 행실'이었다.[182] 어린이가 '돈을 아는 것' 자체를 부정적으로 보았다.[183] 언론에서는 어린이가 돈을 알면 '훔치는 나쁜 버릇'으로 이어질 수 있으니, 어린이에게 돈을 주지 말고, 이런 버릇을 가진 아이들과 놀지 말게 하라고 당부했다.[184]

그렇다면 1930년대 과자 주 소비자인 어린이가 얼마나 자주 과자

---

180   어효선, 《내가 자란 서울》, 대원사, 2000, 20, 45~46, 94~95, 104, 138쪽.

181   임문환, 앞의 책, 356~359쪽.

182   조영숙趙榮淑 談, 〈가정부인좌담회〉, 《新家庭》 1-1, 1933.1., 74쪽 ; 《조선일보》 1934.8.9.

183   이선근李瑄根 談, 〈家長과 子女와 平和〉, 《女性》 2-4, 1937.4., 66~67쪽(《한국 근대여성의 일상문화》 6, 223쪽에서 재인용) ; 《동아일보》 1929.11.12., 1933.8.9.

184   《동아일보》 1933.8.9. ; 《조선일보》 1934.8.9.

를 먹었는지 알아보자. 지역별, 소득별, 민족별 과자 소비를 분석한 것이 〈표 32〉와 〈표 33〉이다. 양우회糧友會 조선본부에서 1939년 6월 경기도 소학교 어린이를 대상으로 주식과 부식에 대해 설문조사한 것이 《조선주민의 음식에 관한 영양학적 관찰朝鮮住民の食に關する營養學的觀察》이다. 이 자료는 주식, 부식을 포함해 아동들이 섭취한 음식물 전반을 조사했는데, 이 책에서는 과자 위주로 살피겠다. 지역별, 민족별, 소득별로 2,910명을 총 조사 대상으로 삼았다. 경기도 안에서 대도시로 서울, 중간규모도시로 인천, 수원, 개성, 그리고 농촌과 어촌으로 나누었다. 이를 민족별로 서울의 일본인 학교와 조선인 학교로 나누고, 소득별로 최상류계급이 다니는 학교와 그렇지 않은 학교로 구분했다.

조사는 1939년 6월에 아동이 10일 동안 먹은 과자를 종류별·횟수별로 기록하는 방법을 썼다. 과자는 네 종류였다. 감미류甘味類는 생과자, 양과자, 초콜릿, 눈깔사탕이다. 곡물과자는 비스킷, 빵, 센베이 종류다. 음료수는 아이스케키, 아이스크림, 소다수, 칼피스, 사이다, 홍차 등이다. 마메카시豆菓子는 콩으로 만든 일본 전통과자다.

표 32 1939년 6월 경기도 소학교 어린이의 1인당 10일 동안 과자 종류별 섭취 횟수

	학교	남 (명)	여 (명)	감미류		곡물과자		음료수		마메카시 豆菓子		과자 섭취 총계	
				총계	평균	총계	평균	총계	평균	총계	평균	총계	평균
서 울	A/일	74	96	823	4.84	690	4.06	393	2.31	195	1.15	2,101	12.36
	B/일	252	203	2811	6.15*	1919	4.2*	1792	3.92*	254	0.56	6,776	14.89
	C	0	29	95	3.27*	112	3.86	0	0	0	0	207	7.14
	D/일	214	230	1022	2.37*	1299	3.01*	1567	3.63*	142	0.33*	4,030	9.08
	E	108	0	164	1.52	160	1.48	606	5.61	0	0	930	8.61
	F	56	77	696	5.23	718	5.4*	191	1.44	72	0.54	1,677	12.61

	학교	남(명)	여(명)	감미류		곡물과자		음료수		마메카시豆菓子		과자 섭취 총계	
				총계	평균	총계	평균	총계	평균	총계	평균	총계	평균
중간규모도시	G/일	139	103	1296	5.36	834	3.45	338	1.4	118	0.49	2,586	10.69
	H/일	63	55	362	3.06*	456	3.86	128	1.08	34	0.29	980	8.31
	I	193	41	514	2.2	349	1.49	402	1.72	13	0.06	1,278	5.46
	J	250	136	686	1.78	221	0.57	867	2.25	0	0	1,774	4.60
농어촌	K	136	20	74	0.64*	58	0.5*	34	0.3*	0	0	166	1.06
	L	53	15	25	0.37	14	0.2*	1	0.01	0	0	40	0.59
	M	119	11	31	0.24	30	0.23	0	0	0	0	61	0.47
	N	66	8	23	0.31	11	0.15	0	0	0	0	34	0.46
	O	66	10	14	0.18	11	0.14	0	0	0	0	25	0.33
	P	3	53	14	0.24*	12	0.21	6	0.11	0	0	32	0.57
	Q	37	0	37	1.00	16	0.43	2	0.05	0	0	55	1.49

출전 高井俊夫(京城帝大 부교수), 《朝鮮住民の食に關する營養學的觀察》, 糧友會朝鮮本部, 1940, 91~92쪽.

비고 ① 학교명은 〈표 33〉 참조.

② 감미류 : 생과자, 양과자, 초콜릿, 눈깔사탕 / 곡물과자 : 비스킷, 빵, 센베이류 / 음료수 : 소다수, 칼피스, 사이다, 홍차, 아이스크림, 아이스케키 / 마메카시 : 콩으로 만든 과자.

③ '/일'이라고 표시한 학교(A,B,D,G,H)는 일본인 학교이고 아무런 표시가 없는 학교는 조선인 학교다.

④ *으로 표시한 것은 원 자료에 나온 평균과 과자 종류별 섭취 총계를 학생 수로 나눈 평균이 다른 경우다. 이는 원 자료대로 표기했다. 다만 과자 섭취 총계는 과자 종류별 섭취 총계를 기준으로 계산해서 산출한 것이다.

표 33 1939년 6월 경기도 과자 종류별 섭취 횟수 조사대상 소학교의 특징

지역		학교명	민족	현재 소재지(그때 지명)	소득, 지역 특징
서울	A	경성남자사범부속 제일소학교	일*	서울 중구 을지로5가[黃金町]	일본인 최상류계급 자녀
	B	경성삼판三坂소학교	일	서울 용산구 후암동[三坂町]	일본인 최상류계급 자녀
	C	경성여자사범부속 소학교	조	서울 종로구 수송동壽松洞	조선인 최상류계급 자녀 여학교

지역		학교명	민족	현재 소재지 (그때 지명)	소득, 지역 특징
서 울	D	경성앵정櫻井소학교	일	서울 중구 인현동〔櫻町〕	일본인, 서울에서 상점가 운영, 가정 식사에 무관심
	E	경성남자사범부속 제이소학교	조	서울 중구 을지로5가〔黃金町〕	조선인 최상류계급 자녀
	F	영등포소학교	조	서울 영등포구 문래동〔永登浦町〕	서울 외곽 대공장지대 조선인자녀
중 간 규 모 도 시	G	인천 용강龍岡소학교	일	인천 연수구 옥련동	해안가 중간규모 도시 일본인 학교, 경인선 인천역
	H	수원소학교	일	수원 팔달구 매산로	평야지대 중간규모 도시 일본인 학교, 경부선 수원역
	I	인천 송림松林소학교	조	인천 동구 배송로	해안가 중간규모 도시 조선인 학교, 경인선 인천역
	J	개성원정元町소학교	조	-	평야지대 중간규모 도시 조선인 학교, 경의선 개성역
농 어 촌	K	강화성내江華城內 소학교	조	인천 강화군	서해안 어촌
	L	영북永北소학교	조	경기도 포천군	농촌
	K	강화성내江華城內 소학교	조	인천 강화군	서해안 어촌
	L	영북永北소학교	조	경기도 포천군	농촌
	M	삼죽三竹소학교	조	경기도 안성시	농촌
	N	죽남竹南소학교	조	경기도 여주군(추정)	농촌
	O	교동喬桐소학교	조	인천 강화군 교동면〔喬桐島〕	서해안 어촌
	P	설악雪岳소학교	조	경기도 가평군 설악면	농촌
	Q	봉담峰潭소학교	조	경기도 화성시 봉담읍	농촌, 경부선 수원역 인접

출전 高井俊夫(京城帝大 부교수), 앞의 책, 79~82쪽 ; 국가기록원, "경성사범학교 부속보통학교, 경성사범학교 부속제2초등학교", 일제시기 학교건축도면 콜렉션, 〈http://contents.archives.go.kr〉 ; 서울역사편찬원, "서울지명사전", 〈http://history.seoul.go.kr〉서울역사편찬원〉서울역사갚게읽기〉서울지명사전〉, (2017.10.15.) ; 서울시 중구, 중국역사문화재원, 〈http://smarttour.junggu.seoul.kr〉, (2017.10.15.)

비고 A 경성남자사범부속제일소학교에는 극소수 상층 조선인도 포함되어 있어서 *로 표시했다. 소재지는 현재 지명으로 명기했고 그때 지명을 괄호 속에 표시했다.

이 설문조사로 다음을 알 수 있다. 첫째, 도시와 농촌의 차이가 가장 뚜렷했다. 도시 어린이 A~J까지 1인당 9.63회(A~J 횟수 22,339회

÷ A~J 2,319명)는 농어촌 어린이 K~Q의 1인당 0.69회(K~Q 횟수 413회 ÷ K~Q 597명)와 비교하면 13.96배 차이가 났다. 도시 어린이는 거의 매일 과자를 먹는데 농촌 어린이는 보름에 한 번 먹는 셈이었다. 도시 조선인 어린이의 섭취 횟수는 1인당 6.59회(C, E, F, I, J 횟수 5,866회 ÷ C, E, F, I, J 890명)였다. 도시 조선인 어린이는 이틀에 1회 이상 먹는 셈이었다. 같은 조선인 사이에서도 도시 어린이가 농어촌 어린이(1인당 0.69회)와 비교하면 9.41배 많이 먹었다. 과자 가운데 빙과류, 청량음료수가 도시와 농촌 격차가 가장 컸다. 소형 제빙기가 중소도시까지 보급되었어도 농촌까지 미치지 못해 농촌 어린이는 이러한 음료수를 구경조차 할 수 없었다.

둘째, 농·어촌 안에서도 교통이 편리할수록 과자 섭취 횟수가 높았다. 농어촌이 전반적으로 서울이나 수원, 인천, 개성과 같은 도시에 견주어 훨씬 낮지만, 교통 편리성에 따라 차이가 났다. 농촌에서 경부선 수원역에 인접한 봉담소학교(Q)의 1.49회가 철도역과 멀리 떨어진 포천의 영북소학교(L), 안성의 삼죽소학교(M), 여주의 죽남소학교(N), 가평의 설악소학교(P)에 비해 세 배가량 많았다.

어촌에서도 서해에서 한강으로 들어오는 초입으로 해상교통의 요지인 강화도의 강화성내소학교(K) 과자 섭취 횟수가 강화도 옆의 섬 교동도의 교동소학교(O)에 비해 3.21배 많았다. 농어촌 가운데 교통이 편리한 강화성내소학교(K)나 봉담소학교(Q)가 다른 농어촌보다 더 많이 섭취한 것은 유통기간이 긴 감미류였다.

셋째, 소득에 따라서 과자 섭취 횟수 차이가 컸다. 일본인 안에서도 서울 일본인 최상류층 자녀인 A와 B는 14.2회(A, B 횟수 8,877회 ÷ A, B 625명) 먹었다. 서울 일본인 중산층 D는 9.08회로 1.56배 차이 났다. 이는 수원과 인천 일본인 G와 H의 8.31~10.69회와 비슷하다. 서울 일본인 중산층이 지방도시 일본인과 비슷한 횟수로 과자를 먹었다. 조선인의 경우 서울 조선인 최상류층이 다니는 C와 E의 1인 당 평균 섭취 횟수는 8.3회(C, E 횟수 1,137회 ÷ C, E 137명)였다.

이 가운데 C는 여학교로 조사대상이 29명밖에 되지 않았다. 1939년 여자 취학률은 남자에 비해 훨씬 낮았다.[185] 1939년 5~6학년이 조사대상이었으므로, 이들이 보통학교에 입학하던 해인 1934년 조선인 여학생 입학율은 11.6퍼센트, 1935년 13.3퍼센트였다. 다시 말해 C는 조선인 최상류층 여자 어린이의 과자 소비수준을 뜻한다. 눈여겨볼 곳은 영등포소학교(F)다. F의 과자 섭취 횟수는 조선인 최상류층보다 많고 일본인 최상류층에 근접한 12.61회인데 그 이유는 확실치 않다.[186]

넷째, 조선인과 일본인 민족별 차이가 완연했다. 일본 어린이가 도시 조선 어린이보다 1.75~2배, 농어촌 조선 어린이보다 16.71배 더 자주 먹었다. 서울에 사는 민족별 최상류층을 비교하면, 일본인 최상류층이 다니는 A와 B는 14.2회였고, 조선인 최상류층이 다니는 C와 E는 8.3회였다. 일본인이 조선인에 비해 1.7배 많았다.

서울 일본인 중산층인 D의 9.08회와 지방 도시 G의 10.69회, H의 8.31회는 서울의 조선인 최상류층에 비해 비슷하거나 많았다. 조선인 최상류층이 일본인 중산층과 비슷한 정도로 과자를 섭취한 것이다.

중간규모 도시에서도 조선인과 일본인 사이에 1.8~2배가량 차이

---

185 김부자金富子 著, 조경희·김우자 역, 《학교 밖의 조선여성들-젠더사로 고쳐 쓴 식민지교육》, 일조각, 2009, 부표 1. 高井俊夫는 1939년 5~6학년을 조사했다. 이들이 보통학교에 입학한 해의 조선인 여학생 입학율은 1934년 11.6퍼센트, 1935년 13.3퍼센트였다.

186 영등포는 시흥군에서 1936년에 서울로 편입된 지역으로 대표적 서울 외곽 공장지대였다. 영등포소학교의 과자 섭취가 많게 나온 까닭은 영등포 지역에 중·소 제과점이 많아 과자가격이 저렴했기 때문이든지, 조사과정에서 생긴 오류 때문일 것이다.

났다. 인천 일본인 학교인 G가 10.69회인데 조선인 I는 5.46회로 1.96배 차이 났다. 수원 일본인 H는 8.31회인데 개성 조선인 J는 4.60회로 일본인이 1.81배 높았다.

도시 일본인과 조선인 평균을 비교하면 1.75배 차이 났다. 도시 일본인 평균이 11.53회(A, B, D, G, H 횟수 16,473회 ÷ A, B, D, G, H 1,429명)인데 도시 조선인 평균 6.59회(C, E, F, I, J 횟수 5,866회 ÷ C, E, F, I, J 890명)와 비교하면 1.75배 많았다.[187]

일본인이 모두 도시에 있는 학교를 다니고 조선인 대부분이 농어촌에 사는 현실을 고려하면 농어촌 어린이 K~Q의 평균 0.69회와 일본인의 11.53회는 16.71배 차이 났다. 더욱이 이 자료는 소학교 어린이를 대상으로 한 것이라서 미취학 아동이 들어가지 않았다. 조사대상인 5~6학년생이 입학한 해인 1934년 조선인 보통학교 입학률은 25.9퍼센트, 1935년 27.6퍼센트였다.[188] 같은 나이대 전 조선 어린이의 1/4에 해당하는 숫자였다. 일본인의 경우 거의 다 보통학교에 입학했다는 점을 고려하면 민족별 과자 소비량 격차는 조사 결과보다 네 배 이상 더 벌어진다. 다시 말해 평균 일본인 어린이와 조선인 어린이 과자 소비량이 66배 이상 차이 났다.

민족별로 섭취 횟수만이 아니라 섭취한 과자 종류도 차이가 났다. 일본 전통과자인 마메카시豆菓子는 영등포소학교(F)를 예외로 하면 거의 일본인들만 섭취하고 조선인들은 먹지 않았다. 일본인조차 다른 과자에 비해 마메카시 섭취 횟수가 뚜렷하게 낮아 별로 좋아하지

187　일본 어린이=16,473회 ÷ 1,492명=11.53회.
　　　도시 조선 어린이=5,866회 ÷ 890명=6.59회.
　　　영등포소학교의 수치는 신뢰하기 어렵다. 이를 제외한 도시 조선 어린이의 평균은 4,189회 ÷ 757명=5.53회다. 이 경우 일본 어린이와 2.08배 차이 난다.
188　김부자, 앞의 책, 부표 1. 조사연도인 1939년 입학율은 47퍼센트였다.

않았음을 알 수 있다.

일본인에 비해 상대적으로 조선인이 많이 먹은 것은 바로 아이스케키가 포함된 음료수다. 음료수 섭취 횟수를 보면 서울의 조선인 학교 E(경성남자사범부속제이소학교)의 5.61회는 서울의 일본인 학교 A(경성남자사범부속제일소학교) 2.31회, B(경성삼판소학교) 3.92회, D(경성앵정소학교) 3.63회 보다 많다. 지방도시에서도 인천의 조선인 학교 I(인천송림소학교)의 1.72회는 인천의 일본인 학교 G(인천용강소학교) 1.40회보다 많다. 개성의 조선인 학교 J(개성원정소학교)의 2.25회는 수원의 일본인 학교 H(수원소학교) 1.08회보다 많다. 전체적으로 일본인이 훨씬 자주 과자를 먹었지만, 아이스케키는 도시 조선 어린이가 가장 많이 먹었다.

과자로 상징되는 새로운 상품소비 문화를 대도시에 사는 고소득 일본인이 주도했고 도시의 조선인 상류층이 뒤쫓았다. 중요한 점은 도시, 소득, 민족별로 소비량 편차가 매우 심했지만 농·어촌 지역에서도 과자를 특별한 간식으로 접하기 시작했다는 점이다. 이렇게 농·어촌 지역까지 과자 시장으로 포섭되고 있었다.

그렇다면 1930년대 가정에서는 설탕을 얼마나 소비했을까. 일본에서 의학을 전공하던 유학생들이 조선 최초로 농민을 대상으로 삼아 실증적 조사를 한 연구보고서가 《조선의 농촌위생》이다.[189] 최응석[190]을 비롯한 도쿄제국대학 의학부 학생 8명, 경제학부 학생 1명,

---

189 조선농촌사회위생조사회 편, 《조선의 농촌위생: 경상남도 울산읍 달리의 사회위생적 조사》, 국립민속박물관 민속연구과, 2008.9.8., 85~107쪽 ; 이상의, 《《조선의 농촌위생》을 통해 본 일제하 조선의 농민생활과 농촌위생), 《역사교육》 129, 역사교육연구회, 2014 참조.

190 이상의, 위의 논문, 230쪽. 1914~1998, 도쿄대 의대를 졸업하고 그 대학 부속병원 내과의사로 재임하다 해방 후 월북하여 김일성대학 의학부 부학부장을 역임하였다. 북한 사회에서 군의대학(현 김형직 군의대학) 학장, 의학과학원

도쿄여자치과의전 학생 1명, 도쿄여자의전 2명으로 총 12명이 참여했다. 이들은 1935년 여름에 먼저 경제조사를 실시하고, 이듬해 여름에 위생조사를 했다. 농민들이 처한 서로 다른 경제조건이 각 계층의 위생에 어떻게 반영되는지를 연구하기 위함이었다.[191]

이 자료는 도중에 조사대상가구와 인원수가 달라졌다. 1935년 경제조사를 할 무렵에는 127가구 489명이었으나 1936년 위생조사 때는 129가구 508명이었다.[192] 또한 상·중·하층으로 계층을 구분했으나 실제로는 각 분류 기준에 미치지 못했다. 조사자는 추기追記에서 중층으로 분류한 37호 농가 가운데 중층의 평균 수입에 맞는 농가는 8호밖에 되지 않는다면서, 상당수를 하향해야 하지만 경제조사에 맞추어 그대로 실을 수밖에 없었다고 아쉬워했다. 달리 주민의 토지소유상황은 매우 열악하여 지주 4호, 자작농 7가구, 자·소작농 42가구, 소작농 51가구, 그 밖의 농업노동자로 구성되어 있었기 때문이다. 그러나 이 보고서로 지방 가정의 설탕 소비 실태를 추정하는 데는 큰 무리가 없다.

〈표 34〉는 경상남도 울산읍 달리의 계층별 민족별 설탕 소비량이다. 이를 통해 다음을 알 수 있다.

첫째, 도시와 농촌 사이의 설탕 소비 격차가 뚜렷했다. 1936년 달리의 상층 총 소비량은 99킬로그램이었다. 이를 상층 총인원을 53.75명({7가구 × 5.00명}+{3가구 × 6.25명})으로 나누면 1.84킬로그램이다.

원장을 두루 역임하였다.

191 조선농촌사회위생조사회 편, 앞의 책, 26쪽.

192 위의 책, 43, 163쪽. 1936년 달리에 거주한 인원은 512명이었으나 실제 위생조사대상은 508명이었다. 다른 지역으로 돈벌이 간 가족원은 조사대상에 포함되지 않았다.

표 34 1930년대 중반 경상남도 울산읍 달리의 계층별 설탕 소비량

계층	민족별 가구 (호)		설탕 소비가구 (퍼센트)	평균 가족 수 (명)	1가구당 소비량 (킬로그램)	계층별 소비추정치 (킬로그램)
상층	조선인	7	7(100퍼센트)	5.00		
	일본인	3	3(100퍼센트)	6.25	9.90	99.00
	계	10	10(100퍼센트)	5.63		
중층	조선인	37	22(59.5퍼센트)	5.27	2.00	74.00
하층A	조선인	59	12(20.3퍼센트)	4.25	0.26	15.34
하층B	조선인	21	2(9.5퍼센트)	4.32	0.34	7.14
계		127	46(36.2퍼센트)	4.68	12.50	195.48

출전 조선농촌사회위생조사회 편, 《조선의 농촌위생: 경상남도 울산읍 달리의 사회위생적 조사》, 국립민속박물관 민속연구과, 2008.9.8., 100, 105~107, 161쪽.

비고 ① 하층 A는 소작농 가운데 극빈농이고 하층 B는 농업노동자다.

② 1935년 경제조사에서 설탕 소비량을 조사했다. 단 1935년 계층별 가족 수를 알 수 없어 1936년 위생조사로 대체했다.

③ 계층별 소비량은 1가구당 소비량 × 설탕 소비가구 수 × 평균 가족 수로 계산한 추정치다.

　　그런데 1936년 조선인 1인당 평균 소비량이 1.1킬로그램이고, 일본인 1인당 평균 소비량이 14.76킬로그램임을 감안하면 조선인은 말할 것도 없고 일본인도 평균치를 훨씬 밑돌았다. 만일 달리의 일본인이 일본인 평균 소비량을 섭취했다면 총 276.75킬로그램(3가구 × 6.25명 × 14.76킬로그램)이고, 그 절반을 섭취해도 138.38킬로그램으로 상층 전체소비량인 99.0킬로그램을 훌쩍 넘는다. 이는 달리 일본인의 설탕 소비량이 일본인 평균치의 절반 이하였으며, 달리 조선인 소비량 또한 조선인 평균치에 훨씬 못 미쳤음을 의미한다.

　　둘째, 계층별 설탕 소비량이 두드러지게 달랐다. 중층 농민의 평균 소비량은 조선인 전체 평균 소비량인 1.1킬로그램의 38퍼센트인 0.38킬로그램(74킬로그램 ÷ {37가구 × 5.27명})이었다. 하층A 농민은 6퍼센트인 0.06킬로그램(15.34킬로그램 ÷ {59가구 × 4.25명}), 하층B의

경우 0.08킬로그램(7.14킬로그램 ÷ {21가구 × 4.32명})을 섭취했다. 전반적으로 낮지만, 하층 농민에 견주면 중층 농민이 4.75~6.33배 더 먹었다. 상층은 10가구 모두 설탕을 소비했지만, 중층은 37가구 가운데 22가구인 59.5퍼센트가 소비했고, 하층A 59가구 가운데 12가구인 20.3퍼센트와 하층B 21가구 가운데 2가구인 9.5퍼센트만이 소비했다.

계층별로 설탕 용도도 달랐다. 상층 가구 10가구는 100퍼센트 소비하는 것으로 보아 음식에 넣는 감미료, 조미료로 썼을 것이다. 이와 달리 중·하층의 경우 다양하게 썼다. 설탕을 소비한 중·하층 36가구 가운데 어떤 용도로 썼는지를 답한 가구가 26가구였다. 이 가운데 21가구가 어린이 복통약으로 썼다. 영양실조로 몸이 아픈 어린이에게 설탕은 약이었다. 또한 제사 때 쓰는 귀한 조미료였다. 생선 행상하느라 모유 대신 인공영양으로 쓴 가구도 중층에 1가구, 하층A에 1가구로 총 2가구였다.[193] 이렇듯 지방의 중·하층 농민에게 설탕은 비상약, 제사용 조미료, 모유 대용이었다.

셋째 민족별 설탕 소비량 격차가 컸다. 상층의 평균 소비량인 1.84킬로그램은 조선인 평균인 1.1킬로그램을 크게 웃돌지만 일본인 평균인 14.76킬로그램에는 훨씬 못 미쳤다. 비록 일본인 3가구(15명)가 일본인 평균치의 절반도 못 먹지만, 조선인 평균보다 훨씬 많은 양을 소비하여 상층 평균 소비량이 늘어난 것으로 보인다. 이렇듯 1930년대 과자와 설탕 소비량은 민족별, 계층별, 지역별 격차를 잘 반영하고 있었고 이러한 격차는 '문화적 구별짓기'[194]로 이어졌다.

---

193 조선농촌사회위생조사회 편, 앞의 책, 90~91쪽.

194 삐에르 부르디외, 최종철 옮김, 《구별짓기 : 문화와 취향의 사회학》上권, 새물결, 1995, 15, 300~314쪽. 삐에르 부르디외는 사회 각 계급간의 차별화를 나타내는 방식 가운데 하나로 음식 취향(식료품)을 꼽았다.

2) 조선 요리법 개량

1920년대 말이 되면 생활개선론자의 식생활개선을 비판하는 목소리가 커졌다. 외래 요리법을 단순히 모방·이식하는 것에 대한 거부감이 여학교를 나온 신여성에게 쏟아졌다. 사회에서는 여학생에게 "조선생활을 토대로 (가르치도록) 하라"고[195] 요구했다. 학교에서 "서양 요리나 중국 요리 같은 (요리법을 가르치는) 데 힘"쓰지만 이는 조선 가정에 어울리지 않는다고 보았다.[196] 구체적으로 "김치깍두기 담그는 법과 된장찌개를 바로 끓일 수 있도록 가르쳐" 주라고[197] 제안했다.

생활개선론자 스스로도 식생활개선 내용에 문제가 있다고 느꼈다. 이화여전 교사인 방신영은 학교가 가정에 맞는 실제적인 지식을 가르치지 못했다는 것을 인정했다.[198] 그는 학교에서 살림에 필요한 새 학문을 가르쳐 교육받은 신여성이 신식 생활을 할 수 있게 해야 한다고 말했다.[199] 외래음식을 배제하지 않지만 "조선인의 식성을 조선 음식이라야 옳게 맞출 수 있다"는 데[200] 공감했다.

이런 공감은 전통요리법을 개량하는 움직임으로 나타났다. 조선 요리서에 대한 단행본에서 이를 확인할 수 있다. 일제강점기 가장 대

---

195 유각경兪珏卿, 〈조선생활을 토대로 하라, 여학교에 보내는 학부모의 여론〉, 《新家庭》 2-9, 1934.9, 69쪽 ; 이용설李容卨씨 부인, 〈가정부업과목을 증설하라〉, 같은 책, 68쪽.

196 유각경, 위의 글.

197 최봉칙崔鳳則, 〈스팔타식 교육을 하라〉, 위의 책, 72쪽.

198 위의 글.

199 방신영, 〈各界各人 新年에 하고 십흔 말〉, 《別乾坤》 18, 1929.1.

200 정인보, 〈서문〉, 방신영 《조선요리제법》, 1931.

표적인 조선 요리서인 방신영의 《조선요리제법》[201]의 경우 1920년
대 출간된 4판과 1930년대 출간된 5판이 매우 다르다. 《조선요리제
법》은 1917년 초판을 찍은 이래 1942년까지 10판이나 찍은 당대 최
고 베스트셀러였다. 매 판마다 2천 부씩 총 2만 부가 발간되어 조선
요리법에 커다란 영향을 미쳤다.[202] 방신영은 판이 바뀔 때마다 줄곧
수정·증보하여, 각 판마다 식재료와 요리법이 달랐다. 1924년에 출
판된 4판까지는 설탕을 주로 감미료에 한정하여 꿀, 엿 대신 썼다.
하지만 1931년에 펴낸 5판부터는 설탕을 조미료로 적극 구사했다.

방신영보다 앞서 신식 요리법을 본격적으로 제창한 것은 이용기
였다. 그는 1924년 전통요리법을 개량한 《조선무쌍신식요리제법朝
鮮無雙新式料理製法》(1924·1930)을 펴냈다.[203] 제목부터 신식 요리임을
뚜렷이 드러냈다. 일찍이 그는 1917년 방신영의 《조선요리제법》 초
판 서문을 쓰기도 했다.

그는 전통요리법을 부정적으로 바라보며 "무엇이든 옛적에 하는
음식이 지금(1924년) 하는 것보다 다 중탁하고(걸쭉하고) 별로 신기
한 것이 없다"[204]고 했다. 동시에 설탕, 아지노모도, 양조간장같이 새
로운 식재료를 자유자재로 구사했다. "지금에 와서는 설탕을 쓰는
것이 점점 늘어서 전에 안 넣던 음식에도 입이 변하였는지 설탕을
넣는 데가 많아졌다"[205]고 술회했다.

---

201 방신영의 《조선요리제법》은 1917년 1판, 1918년 2판, 1921년 3판, 1924년 4판,
     1931년 5판, 1934년 6판, 1937년 8판, 1939년 9판, 1942년 10판을 냈다.

202 방신영, 《우리나라 음식 만드는 법》, 청구문화사, 1952·1954·1957.

203 이용기, 《조선무쌍신식요리제법》, 영창서관, 1924·1930 ; 이용기, 〈서문〉, 방
     신영, 《조선요리제법》, 1918.

204 이용기, 위의 책, 170쪽.

205 위의 책, 243쪽.

그는 설탕을 다양하게 써서 짠맛을 순화시키고 육질을 부드럽게 만들었다. 단맛을 내는 감미료로서만이 아니라 조미료로 썼다. 음식을 절이거나 재울 때 소금, 간장, 젓국, 된장, 재강, 겨자와 함께 설탕을 넣었다. 설탕을 육류나 생선구이 양념에도 썼다. 갈비구이를 재울 때 "꿀보다 설탕이 좋고 배즙을 많이 치라"[206]고 권했다. 고기나 생선류만이 아니었다. 깍두기류(오이깍두기, 햇깍두기, 채깍두기)를 담글 때 "설탕을 소금 뿌리듯이 하여 까불러가며" 넣으라고 권했다. 그러면서도 "맛이 좋으나 (깍두기를) 많이 할 때는 어찌 설탕을 다 넣으리오. (값이 비싸니) 조금 하는데 할(넣을) 것이요"[207]라고 했다. 김치류 가운데 얼갈이김치, 통김치, 장김치에 설탕을 넣었다. 김치에 설탕을 넣는 법은 이미 1920년대 궁중에서 쓰고 있었다. 궁중에서 김장을 담글 때 보쌈김치와 장김치에 설탕을 넣었다.[208]

더 나아가 주식류(감자만두, 시켯만두), 조림(붕어조림, 갈치조림, 풋고추조림), 무침(김무침, 미역무침, 대하무침), 볶음(제육볶음), 떡볶이, 계란선, 구이(염통산적, 너비아니, 갈비구이, 염통구이, 민어구이, 숭어구이), 포(산포, 장포, 어포, 뱅어포), 김쌈, 김자반, 팽란, 장아찌류(마늘, 달래, 머위 따위)같은 부식류에도 설탕을 넣었다.

1930년대가 되면 조선 요리에 관한 출판물이 급증했다. 1920년대까지 조선 요리서를 펴낸 저자는 방신영, 이용기 두 명뿐이었다. 하지만 1930년대가 되면 방신영이 《조선요리제법》의 5판~10판까지 연이어 개정판을 냈다. 이밖에도 이석만李奭萬, 조자호趙慈鎬, 손정규가 조선 음식에 관한 단행본을 발간했다. 《신가정》, 《우리집》, 《여

---

206 이용기, 앞의 책, 170쪽.

207 위의 책, 104쪽.

208 《조선일보》 1924.11.7., 1925.11.7.

성》 같은 잡지와 《동아일보》, 《조선일보》, 《매일신보》 같은 신문에
도 조선 요리법이 자주 실렸다.

표 35 1930년대 언론에 발표된 조선 요리법

유형	글쓴이	제목 및 출전
책	방신영	《조선요리제법》 1930(5판)~1942(10판)
	이용기	《朝鮮無雙新式料理製法》, 영창서관, 1930.
	이석만	《簡便朝鮮料理製法》, 三文社, 1934 ; 《日日活用新榮養料理法》, 新舊書林, 1935.
	스즈키상점	《四季의 朝鮮料理》, 味の素本鋪鈴木商店內外料理出版部, 1935.
	조자호	《朝鮮料理法》, 京城家政女塾, 1939.
	伊原圭	《朝鮮料理》, 京城書房, 1940.
신문·잡지	민혜식	〈녀름철 朝鮮料理〉(8회 연재), 《每日申報》 1936.6.1.~6.13. ; 〈여름철요리〉, 《女性》 1937.7.
	방신영	〈舊正과 음식〉, 《新家庭》 1933.2. ; 〈장 담그는 법〉, 《新家庭》 1933.4. ; 〈유아의 간식과 그 製法〉, 《新家庭》 1933.5. ; 〈정초 음식의 요리법~정월 식탁 일주일분〉, 《中央》 1934.2. ; 〈秋期家庭講座〉(3회 연재), 《동아일보》 1934.10.31. ; 〈신영양독본〉, 《家庭之友》 1939.11. ; 〈김장교과서〉, 《女性》 1939.11. ; 〈하이킹 벤토 일곱가지〉, 《女性》 1940.6.
	송금선	〈부인의 알아둘 봄철 요리법〉(6회 연재), 《동아일보》 1930.3.6.~15.
	유복덕劉福德	〈크리스마스저녁요리법(약식)〉, 《女性》 1937.12. ; 〈음력 정초의 색다른 요리〉, 《女性》 1938.2. ; 〈구미도 동하거니와 더위도 물리치는 아홉 가지 청량 요리제법, 간단한 재료로 손쉽게 만들 수 있다〉, 《조선일보》 1939.7.23.
	이흥수	〈크리쓰마스의 요리(꿀편, 장김치, 식혜, 약식, 수정과, 나박김치)〉, 《우리집》 1933.11.
	조자호	〈음식 중에는 대표적인 조선요리 몇 가지〉(2회 연재), 《동아일보》 1937.11.23~24. ; 〈조선 요리로는 본격적인 정월음식 몇 가지〉(4회 연재), 《동아일보》 1937.12.21.~24. ; 〈생각만 해도 입맛 나는 봄철의 조선 요리〉(2회 연재), 《동아일보》 1938.3.4~5. ; 〈봄 타는 입에도 맞는 조선음식 몇 가지, 특히 술안주에 적당합니다〉, 《동아일보》 1938.4.15. ; 〈6월의 식탁〉, 《女性》 1938.6. ; 〈주부의 자랑이 되는 여름철 조선요리 경제되고 제조법도 간단합니다〉, 《동아일보》 1938.7.21. ; 〈간단하게 해 먹을 수 있는 정월요리 몇 가지〉(3회 연재), 《동아일보》 1939.1.16.~18. ; 〈오늘은 이런 반찬을 저녁상에 놔보시죠〉(76회 연재), 《동아일보》 1939.5.22.~9.15. ; 〈간단하게 만들 수 잇는 정월 음식 몇 가지 잡채보다는 족차가 산뜻합니다〉, 《동아일보》 1939.12.28. ; 〈춘계지상강습회(3회 연재)〉, 《동아일보》 1940.5.6.~5.9 ; 〈여름철에 적당한 일품 요리 몇 가지〉(3회 연재), 《동아일보》 1940.8.1~3.

유형	글쓴이	제목 및 출전
신문·잡지	홍승원	〈같은 재료가지고 이왕이면 맛있게. 조선요리강좌〉(6회 연재),《조선일보》1934.5.19~26. ; 〈산뜻한 봄 음식〉,《新家庭》1936.3. ; 〈여름 가정요리〉(4회 연재),《조선일보》1939.7.22~30.
	김규경(화신식당)	〈생량한 날씨 입맛 돕는 가을 음식〉(3회 연재),《동아일보》1934.8.28~9.11.
	김규경, 홍경원洪景媛 등	〈가을 요리 내 집의 자랑거리음식〉(6회 연재),《동아일보》1935.10.29~11.9.
	이남종李南鍾, 김옥성	〈메주에서 고치장되기까지〉,《新家庭》, 1936.3.
	글쓴이 미상	〈이철 음식 가지가지〉,《동아일보》1931.6.2~3. ; 〈요리〉,《동아일보》1931.8.1~ 12.2. ; 〈여름철에 더 별미인 조선음식 몇 가지〉,《동아일보》1938.6.17. ; 〈산듯하게 입맛 도는 멸치조림〉,《동아일보》1939.9.25. ; 〈여름요리 몇 가지 한번 시험해보시오〉,《滿鮮日報》1940.8.13. ; 〈지상요리강좌. 봄철의 조선음식〉(10회 연재),《每日申報》1936.4.9~4.24 ; 〈조선요리〉,《新家庭》1933.1. ; 〈〈요리〉봄철 야채요리〉,《新家庭》1933.5. ; 〈필요한 음식 몇 가지〉,《우리집》1936.9. ; 〈조선요리 몇가지〉,《우리집》1936.12. ; 〈김장 담그는 방법 소개〉(4회 연재),《조선일보》1924.11.7. ; 〈선膳요리〉(3회 연재),《조선일보》1935.8.25~27. ; 〈가정. 유월 유두. 명절 요리로는 총떡과 보리수단〉,《조선일보》1937.7.22. ; 〈격식과 쩨가 다른 궁중 요리〉,《조선일보》1938.1.4. ; 〈간단하고 맛나는 콩나물 요리〉,《조선일보》1940.3.9.

비고 伊原圭는 손정규의 창씨개명이다.

이는 민족주의 세력은 말할 것도 없고 친일운동 세력조차 '조선적인 것', '조선학'에 관심을 가진 1930년대 사회분위기를 반영하고 있다.[209] 전통적인 조선인의 식습관과 기호를 인정했으나, 그렇다고 조

---

[209] 이지원,《한국 근대 문화사상사 연구》, 혜안, 2007, 275~360쪽 ; 윤덕영,〈일제하 해방직후 동아일보 계열의 민족운동과 국가건설노선〉, 연세대학교 박사학위논문, 2010, 253쪽 ; 신주백,〈'조선학운동'에 관한 연구동향과 새로운 시론적 탐색〉,《한국민족운동사연구》67, 한국민족운동사학회, 2011, 193~194쪽. 이지원은 1930년대 조선학운동을 비타협적인 민족주의 계열과 친일세력 계열로 구분하고 전자가 운동을 주도했다고 보았다. 이에 대해 윤덕영은 이지원처럼 민족주의와 친일세력을 구분할 수 없다고 보았다. 신주백도 조선에 대한 관심이 유물사관 계열의 인물에게도 보인다고 말했다. 이처럼 학자마다 '조선학운동'의 주체에 대해 견해가 다르나, 1930년대 친일 세력

선 음식을 자랑스럽게 생각하지는 않았다. 대표적 지식인인 정인보 조차 조선 음식이 "양식洋食이나 화식和食(일본식)이나 청요리보다 낫다는 것은 아니다."라고[210] 말할 정도로 전통음식에 대한 긍지는 없었다. 식민지라는 현실이 전통음식에 대한 열등감으로 나타나 조선 음식이 서구나 일본 음식에 견주어 발달이 정체되었다고 느꼈다. 1920년대처럼 전통음식을 완전히 배제하지는 않지만, 전통요리법을 그대로 재현하는 것이 아니라 근대적으로 개량해야 한다고 믿었다.

생활개선론자는 새로운 식품을 넣어 간단·능률·영양·위생적으로 전통요리법을 수정·변경했다.[211] 그 결과가 단행본, 신문, 잡지에 나타난 조선 요리법이다. 그렇다면 1910년대 후반부터 1940년대 초까지 생활개선론자가 전통적인 조선 음식을 어떻게 변화시켰는지 살펴보자.

이 책에서는 설탕을 전통요리법의 변화를 나타내는 지표로 삼았다. 앞에서 살핀 대로 한말까지 전통 조선 음식과 설탕은 무관했다.[212] 단맛이 필요한 음식에는 꿀과 엿을 썼다.

하지만 오늘날 설탕은 음식과 불가분의 관계로 다양하게 쓰인다. 감미료로 쓸 때는 단맛을 내는 것이 목적이지만, 조미료로 쓸 때는 짠맛, 신맛, 쓴맛, 매운맛을 순화시키고 부드럽게 하는 것이 목적이므로 단맛을 느끼지 못할 정도로 넣는다. 보존 기능이 있어서 절이는 음식에도 쓸 수 있다.

이 종족적ethnic 의미의 '조선적'인 것에 관심을 가졌다는 데는 모두 동의하고 있다.

210 위의 글.

211 이석신李錫申, 〈조선 음식과 영양가치〉, 《新東亞》 3-3, 3쪽, 1933.3. ; 송금선, 〈가정생활의 과학화〉, 《新家庭》 2-3, 1934.3., 46~47쪽.

212 〈표 1〉과 〈표 2〉 참조.

조선 요리법에서 꿀, 엿, 설탕의 기능과 용도가 어느 시점부터 어떻게 변화되는지 조사한 것이 〈표 36〉~〈표 40〉이다. 자료로 1910년대 방신영(2판, 1918), 1920년대 방신영(1924)과 이용기(1924), 1930~40년대 방신영(1934), 조자호(1939), 손정규(1940)의 요리서와 신문잡지에 실린 요리법 기사를 참조했다.

조선 음식 종류를 주식류, 부식류, 장류, 김치류, 병과류, 음청류 여섯 가지로 나누었다. 이 책에서는 편의상 부식류 가운데 조선인에게 가장 기본 부식류인 장류醬類, 김치류를 따로 두었다. 후식류도 병과류餠果類와 음청류飮淸類로 구분했다.

〈표 36〉은 주식류로 밥, 면, 죽 종류다. 〈표 37〉은 부식류로 조림, 생채(무침), 볶음, 잡채류, 찜, 전유어, 구이, 자반·포·젓갈, 장아찌류, 회, 신선로[悅口子]와 전골이다. 〈표 38〉은 된장, 고추장, 식초와 같은 장류醬類와 김치류다. 〈표 39〉는 병과류로 떡, 약식, 편編, 다식茶食, 정과正果, 유밀과油蜜菓, 엿, 숙실과熟實果가 있고, 〈표 40〉은 음청류飮淸類로 화채, 차 종류가 들어갔다.[213]

이처럼 음식 종류를 여섯 가지로 나누고, 꿀, 엿, 설탕의 용도가 시기별로 어떻게 변화되는지 연도에 따라 나누었다. 전통요리서 가운데 가장 음식 종류가 많은 《규합총서》(1815년, 1869년 규장각본)와 《시의전서》의 요리를 일제시기 요리서와 대비시켰다.

---

213 신민자, 이영순, 최수근, 〈음식디미방에 수록된 전통음식의 향약성에 관한 고찰〉, 《민속학술자료 총서》, 우리마당터, 2003, 327쪽의 분류를 따랐다. 논문에서 주식류, 부식류, 양념류, 떡류, 과정류菓飣類, 음청류飮淸類, 술류로 나누었는데, 이 책에서는 부식류에서 장醬과 김치를 별도로 나누고 떡류와 과정류는 병과류로 묶었다.

표 36 일제시기 주식류와 설탕

출전	종류	주식류
규합총서/1815	꿀·엿	갈분의이
시의전서/19c 말	꿀·엿	난면
방/1918	꿀·엿	책면
	꿀·엿/설탕	깨죽
	설탕	냉면, 행인죽, 갈분의이, 수수의이
방/1924	꿀·엿	책면
	꿀·엿/설탕	냉면, 깨죽, 수수의이
	설탕	행인죽, 갈분의이
이/1924	꿀·엿	창면, 사면, 겨울냉면, 녹두죽, 팥죽, 재강죽, 율자죽, 의이
	꿀·엿/설탕	흑임자죽, 갈분의이, 수수의이
	설탕	여름냉면, 감자만두, 시쳇만두(유행만두)
방/1934	설탕	국수비빔, 동절냉면
1930년대 신문	설탕	시체만두
조/1939	꿀·엿/설탕	타락죽, 행인죽, 잣죽
	설탕	장국냉면, 김치국 냉면, 국수비빔, 원미, 흑임자죽, 대추미음, 조미음, 흰떡만두, 생치냉면, 만두, 생치만두, 준치만두, 떡국, 편수
손/1940	꿀·엿	잣죽
	설탕	떡볶이, 냉면, 대추미음, 비빔밥

출전 《閨閤叢書》; 刊本 《閨閤叢書》(규장각 가람문고본, 1869) ; 《是議全書》; 방신영, 《조선요리제법》, 1918(2판), 1924(4판), 1934(6판) ; 이용기, 《朝鮮無雙新式料理製法》, 영창서관, 1924 ; 조자호, 《朝鮮料理法》, 京城家政女塾, 1943(초판은 1939년) ; 伊原圭孫貞圭, 《朝鮮料理》, 京城書房, 1940 ; 《조선일보》; 《동아일보》; 《매일신보》; 《家庭之友》; 《新家庭》; 《여성》; 《中央》.

비고 ① 방/1918은 방신영, 《조선요리제법》, 1918이고 방/1924는 방신영, 《조선요리제법》, 1924, 방/1934는 방신영, 《조선요리제법》, 1934, 이/1924는 이용기, 《朝鮮無雙新式料理製法》, 1924, 조/1939는 조자호, 《朝鮮料理法》, 京城家政女塾, 손/1940은 伊原圭孫貞圭, 《朝鮮料理》, 京城書房, 1940이다. 신문잡지는 《동아일보》, 《매일신보》, 《家庭之友》, 《新家庭》, 《여성》, 《中央》에 실린 조선 음식이다.

② 신문잡지에 실린 조선 요리법 가운데 꿀, 엿, 설탕이 들어간 것만 분석했다.

표 37 일제시기 부식류와 설탕

출전	종류	부식류
규합총서/1815	꿀·엿	약포
시의전서/19c 말	꿀·엿	장조림, 각색장조림, 전복숙, 북어회, 무생채, 갓채, 호박선, 생치구이, 생선구이, 더덕구이, 약포, 콩자반, 천리찬干里饌, 만나지법, 육회
방/1918	꿀·엿	똑똑이자반
	꿀·엿/설탕	매듭자반
	설탕	북어무침, 무생채, 마늘선, 천리찬, 해삼·전복·홍합초, 전복장아찌
방/1924	꿀·엿	웨무름, 계중, 똑똑이자반
	꿀·엿/설탕	매듭자반
	설탕	북어무침, 무생채, 잡채, 마늘선, 잡누르미, 장산적, 천리찬, 해삼, 전복, 홍합초, 전복장아찌
이/1924	꿀·엿	계젓, 전복초, 해삼초, 홍합초
	꿀·엿/설탕	매듭자반, 약포
	설탕	붕어조림, 갈치조림, 무생채, 풋고추조림, 김무침, 북어무침, 미역무침, 대하무침, 제육볶음, 떡볶이, 계란선, 염통산적, 너비아니, 갈비구이, 염통구이, 민어구이, 숭어구이, 산포, 장포, 어포, 뱅어포, 김쌈, 김자반, 팽란, 마늘장아찌, 전복장아찌, 족장아찌, 달래장아찌, 머위장아찌
방/1934	설탕	생선조림, 붕어조림, 닭조림, 민어조림, 풋고추조림, 북어무침, 미역무침, 김무침, 무생채, 잡채, 잡누름이, 우육구이(너비아니), 김자반, 매듭자반, 튀각, 전복장아찌, 토란장아찌, 숙장아찌, 두부장아찌, 달래장아찌, 머우장아찌, 감자장아찌, 해삼초, 전복초, 홍합초
1930년대 신문·잡지	설탕	조림, 장과(장조림), 닭조림, 붕어조림, 갈치조림, 방어조림, 정어리조림, 고등어조림, 북어조림, 멸치조림, 조개살조림, 계란조림, 계란장과, 감자조림, 감저조림, 알감자조림, 고추조림, 고추무름, 배추무름, 배추물림, 가지통조림, 두부조림, 껍질콩조림, 오이무름, 죽순장과, 북어무침, 대화무침, 나물무침, 두릅나물, 오이초나물, 시금치나물, 무생채, 생무나물무침, 녹두나물무침, 콩나물무침, 숙주초나물, 쑥갓나물, 더덕생채, 생채, 도라지생채, 더덕생채, 취나물, 오이생채, 미역무침, 오징어채볶음, 멸치복음, 가지나물볶음, 감자볶음, 능쟁이나물볶음, 소리채나물볶음, 미나리볶음, 다마네기볶음(양파볶음), 다시마볶음, 잡채, 떡복이, 묵탄평, 계묵채, 무선, 감자선, 오이선, 호박선, 겨자선, 호박순대, 가리찜(갈비찜), 돼지찜, 전복찜, 닭찜, 영계찜, 송이찜, 생선찜, 도미찜, 가재미개성찜, 가지찜, 향누름이, 고추적, 고추전유어, 자충전유어(쪽파전유어), 가지요리(가지전유어), 감자전유어, 호박전, 산적, 섭산적, 민어산적, 두부섭산적, 우육너비아니, 소갈비구이, 콩팥구이, 저육구이, 돼지고기굽기, 닭구이, 조기구이, 민어구이, 방어구이, 오징어구이, 북어구이, 비웃구이, 편포구이, 뱅어포, 도미구이, 꼴뚜기구이, 더덕구이, 가지구이, 장포, 대추편포, 어포, 다시마산자, 다시마자반, 미역자반, 콩장, 콩자반, 열무장아찌, 배추장아찌, 무장아찌, 마늘장아찌, 가지장아찌, 감자장아찌, 가지숙장아찌, 오이장아찌, 호박초구자(신선로), 골탕, 승갱이탕, 채소전골, 쑥갓전골, 조개전골, 두부간장찌개, 닭전골, 양전골, 우육전골

출전	종류	부식류
조/1939	설탕	닭조림, 생치조림, 고등어조림, 도미조림, 민어조림. 병어조림, 붕어조림, 비웃조림, 숭어조림, 조기조림, 준치조림, 감자조림, 두부조림, 풋고추조림, 오징어채무침, 대화무침, 게묵나물, 두릅나물, 물쑥나물, 미나리나물, 숙주초나물, 시금치나물, 쑥갓나물, 풋나물, 갓채, 늙은오이생채, 더덕생채, 도라지생채, 무생채, 북어무침, 오이생채, 구절판, 잡채, 족채, 죽순채, 탕평채, 겨자선, 동아선, 배추선, 어선, 가리찜, 떡찜, 고기산적, 섭산적, 염통산적, 장산적, 어산적, 움파산적(쪽파산적), 떡산적, 가리구이, 고기너비아니, 염통너비아니, 콩팥구이, 육포구이, 저육구이, 닭구이. 생치구이, 도미구이, 조기구이, 병어구이, 민어구이, 청어구이, 어포구이, 더덕구이, 송이구이, 약포, 편포, 장포, 대추편포, 똑똑이 자반, 철유찬, 고추장아찌, 달래장아찌, 마늘장아찌, 무장아찌, 배추꼬리장아찌, 오이장아찌, 오이 통 장아찌, 전복초, , 홍합초, 구자, 갖은 전골, 닭전골, 낙지전골, 쑥갓전골, 채소전골
손/1940	설탕	간조림, 닭조림, 풋고추조림, 육회, 북어무침, 무생채, 도라지생채, 파래무침, 양장구나물, 호박범벅, 구절판, 닭찜, 너비아니, 갈비구이, 염통구이, 닭고기구이, 생선구이, 간장구이, 미역구이, 장포, 육란, 튀각, 마늘장아찌, 오이장아찌, 홍합초, 전복초, 전골

출전 비고 〈표 36〉과 동일.

표 38 일제시기 장醬·김치류와 설탕

출전	종류	장과 김치
규합총서/1869	꿀·엿	고추장, 즙장, 동치미
시의전서/19c말	꿀·엿	윤즙[초고추장], 장볶이, 동치미
방/1918	꿀·엿	볶은 고추장, 동치미
방/1924	꿀·엿	볶은 고추장
이/1924 이/1924	꿀·엿/설탕	겨자, 볶은 고추장, 동치미
	설탕	초고추장, 쌈장, 얼갈이김치, 통김치, 장김치, 깍두기, 오이깍두기, 햇깍두기, 채깍두기
방/1934	설탕	장김치
1930년대 신문	설탕	초고추장, 고추장볶음, 김치, 장김치, 보쌈김치, 쌈김치, 생선김치, 닭김치 깍두기, 수박깍두기, 소깍두기, 겨자깍두기
조/1939	설탕	겨자집, 고추장볶음, 윤즙[초고추장], 초장, 김치, 닭김치, 꿩김치, 굴김치, 장김치, 겨자김치, 나박김치, 굴젓무[깍두기], 조개젓무[깍두기], 오이깍두기
손/1940	설탕	초장, 윤즙[초고추장], 겨자, 장김치

출전 비고 〈표 36〉과 동일.

표 39 일제시기 병과류와 설탕

출전	종류	병과류
규합총서 /1869	꿀·엿	신과병, 혼돈병, 잡과편, 증편, 석이병, 빙자떡, 두텁떡, 송편, 앵도편, 건시단자, 토란병, 약식, 계강과, 빈사과, 강정, 매화산자, 밤풀산자, 묘화산자, 약과, 중계법, 백당(흰 엿), 흑당(검은 엿)
	꿀·엿/설탕	석탄병
시의전서 /19c 말	꿀·엿	산사편, 앵두편, 복분자편, 살구편, 벗편, 녹말편, 들쭉편, 꿀찰편, 꿀편, 승검초편, 귤병단자, 밤단자, 밤주악, 건시단자, 석이단자, 승검초단자, 잡과편, 계강과, 두텁떡, 생강편, 송편, 쑥송편, 증편, 약식, 흑임자다식, 송화다식, 갈분다식, 녹말다식, 강분다식, 매화산자, 밤숙, 쪽정과, 모과정과, 모과편, 쪽정과, 생강정과, 유자정과, 감자柑子정과, 연근정과, 배정과, 길경정과, 인삼정과, 행인정과, 청매정과, 들쭉정과, 메밀산자, 연사약과, 중계中桂, 산자, 율란, 조란
	꿀·엿/설탕	적복령赤茯笭편
방/1918	꿀·엿	녹말편, 모과편, 생편, 앵두편, 잡과편, 상화, 두텁떡, 석이단자, 밀쌈, 밤주악, 밤다식, 승검초다식, 콩다식, 들죽정과, 청매정과, 행인정과, 쪽정과, 약과, 만두과, 중백기, 깨강정, 승검초강정, 콩강정, 빈사과, 산자, 조란, 율란, 대추초
	꿀·엿/설탕	꿀떡, 유자단자, 녹말다식, 흑임자다식, 귤정과, 생강정과, 인삼정과, 요화대
	설탕	백설기, 쑥떡, 승검초떡, 복령병, 꽃전, 화전, 주악, 용안육다식, 연근정과, 모과정과, 맥문동정과, 밤초
방/1924	꿀·엿	녹말편, 과일편, 생편, 약밥, 두텁떡, 보풀떡, 석이단자, 밤단주, 승검초단자, 밀쌈, 밤주악, 녹말다식, 밤다식, 송화다식, 승검초다식, 콩다식, 들죽정과, 생강정과, 쪽정과, 청매정과, 행인정과, 약과, 만두과, 중백기, 요화대, 빈사과, 산자, 깨강정, 승검초강정, 콩강정, 대추초, 조란, 율란
	꿀·엿/설탕	유자단자, 흑임자다식, 모과정과, 귤정과
	설탕	백설기, 쑥떡, 생검초떡, 복령병, 화전, 주악, 꽃전, 용안육다식, 인삼정과, 연근정과, 맥문동정과, 유자정과, 밤초
이/1924	꿀·엿	두텁떡, 귤병, 감떡, 송편, 인절미, 동부인절미, 가피떡, 산병, 꼽장떡, 송기떡, 주악, 돈전병, 대추전병, 두견전병, 북꾀미, 밀쌈, 단자, 팥단자, 밤단자, 잣단자, 생단자, 경단, 쑥굴리, 팥경단, 밤경단, 쑥굴리, 증편, 방울증편, 녹말편, 앵도편, 모과편, 산사편, 약식, 다식과, 밤다식, 승검초다식, 콩다식, 복사정과, 산사정과, 모과정과, 감자정과, 유자정과, 생강정과, 동아정과, 들죽정과, 쪽정과, 향설고, 약과, 만두과, 중백기(중계과), 한과, 잣박산, 산자, 세반산자, 빈사과, 잣강정, 계피강정, 깨강정, 콩강정, 흑임자강정, 승검초강정, 송화강정, 다홍강정, 매화강정, 방울강정, 세반강정, 전약, 밤엿, 밤초, 대추초, 율란, 조란
	꿀·엿/설탕	꿀떡, 잡과병, 감저병甘藷餠, 석이단자, 대초주악, 신선부귀병, 흑임자다식, 녹말다식, 송화다식, 강분다식, 연근정과, 연강정과, 묘홧대
	설탕	호박떡, 백설기, 신감초떡, 밤떡, 꽃전, 화전, 석류, 고려밤떡

출전	종류	병과류
방/1934	꿀·엿	주악, 밤주악, 석이단자, 생편, 승검초단자, 녹말다식, 밤다식, 송화다식, 승검초다식, 콩다식, 빈사과, 방울산자, 산자, 강정, 대추초, 밤초, 조란, 율란
	꿀·엿/설탕	팥단자, 개피떡, 밀쌈, 흑임자다식, 생강다식
	설탕	백설기, 꿀편, 승검초떡, 쑥떡, 두텁떡, 귤병떡, 잡과병, 감자병, 서속떡, 방울증편, 석류병, 화전, 수수전병, 밤단자, 유자단자, 쑥굴리, 약식, 용안육다식, 귤정과, 인삼정과, 들죽정과, 모과정과, 맥문동정과, 생강정과, 유자정과, 청매정과, 행인정과, 족정과, 요화, 약과, 중백기, 만두과
1930년대 신문	설탕	물송편(꿀),밤초
조/1939	꿀·엿	두텁떡, 물송편, 재증병, 찰경단, 밤단자, 율무단자, 산승, 빈사과
	꿀·엿/설탕	석이단자, 대주단자, 은행경단, 생강단자, 꿀소편, 생편, 백자편, 다식, 송화다식, 흑임자다식, 녹말다식, 쌀다식, 콩다식, 산사정과, 무과정과, 백동아정과, 연근정과, 묵강정, 조란
	설탕	꿀편, 녹말편, 송편, 승검초편, 앵두편, 잡과편, 증편, 꿀설기, 물호박떡, 느티떡, 백설기, 쇠머리떡, 쑥구리, 약식, 대추주악, 승검초주악, 감국전, 감국잎전, 감잎전, 백합꽃전, 옥잠, 건포도정과, 귤정과, 백문동정과, 문동과, 생정과, 청매정과, 행인정과, 강정, 매자과, 산자, 약과, 율안화전, 황장미꽃전, 화전, 돈전병
손/1940	꿀·엿	밤주악, 대추단자, 은행단자, 석의단자, 귤병, 꿀편, 생건취편, 밤다식, 흑임자다식, 송화다식, 찹쌀다식, 연근정과, 산사정과, 청매정과, 만두과, 잣박선, 잣엿, 호도엿, 밤엿, 깨엿, 콩엿, 왜콩엿, 율란, 대추초, 조란
	꿀·엿/설탕	밤단자, 경단, 백편, 백설기, 두텁병, 약식, 문동정과, 무과정과, 행인정과, 약과, 밤초
	설탕	밤경단, 개피떡, 강정, 연사, 빈사과, 잡과병,

출전 비고 〈표 36〉과 동일.

표 40 일제시기 음청류와 설탕

출전	종류	음청류
규합총서/1869	꿀·엿	향설고(배숙), 식혜
시의전서/19c말	꿀·엿	장미화채, 두견화채, 순채화채, 배화채, 앵두화채, 복분자화채, 복숭아화채, 수정과, 배숙, 식혜, 수단
방/1918	꿀·엿	미수, 복숭아화채, 배화채, 수단, 앵두선, 향설고, 식혜, 오매차, 포도차
	설탕	원소병, 수정과
방/1924	꿀·엿	미수, 수단, 보리수단, 앵두선, 동화선, 복숭아화채, 배화채, 오미자차, 포도차
	꿀·엿/설탕	배숙
	설탕	원소병

출전	종류	음청류
이/1924	꿀·엿	미수, 배화채, 복사화채, 두견화채, 앵두화채, 수단, 보리수단, 식혜, 배숙, 앵두숙, 국화차, 귤강차, 포도차, 보림차, 오매차
	꿀·엿/설탕	원소병, 수정과
방/1934	꿀·엿	복숭아화채, 수단, 보리수단, 미수, 오미차, 국화차
	꿀·엿/설탕	송화수, 포도차
	설탕	배화채, 앵두화채, 원소병, 배숙, 수정과, 식혜, 향설고, 매화차, 삼차
1930년대 신문	꿀	보리수단
	설탕	식혜, 수정과, 떡수단
조/1939	꿀·엿/설탕	복근자화채
	설탕	식혜, 수정과, 배숙, 원소병, 챙면, 화면, 떡수단, 보리수단, 딸기화채, 앵두화채, 여름밀감화채, 복숭아화채, 수박화채, 순채
손/1940	꿀·엿/설탕	앵두화채, 딸기화채, 미강화채, 복숭아화채, 배화채, 순채화채, 진달래화채, 보리수단, 흰떡수단, 미수, 식혜
	설탕	얼음수박, 수정과

출전 비고 〈표 36〉과 동일.

〈표 36〉~〈표 40〉으로 다음과 같은 사실을 확인할 수 있다. 첫째, 1910년대부터 설탕을 꿀과 엿 같은 전통감미료 대신 넣는 요리법이 등장했다. 한말까지 병과류, 음청류에 전통감미료를 주로 썼으나 1910년대부터 서서히 꿀·엿과 설탕을 함께 썼다. 1920년대가 되면 꿀과 설탕 비율이 거의 비슷해지다가 1930년대가 되면 꿀보다 설탕을 훨씬 많이 쓰는 요리법으로 바뀌었다.

둘째, 전통적으로 꿀과 엿을 조미료로 쓰던 요리법도 설탕을 넣는 것으로 바뀌었다. 전통 음식에서 꿀과 엿을 조미료로 잘 쓰지 않았지만 몇몇 음식에서는 조미료로 썼다. 〈표 36〉의 주식류에 갈분의이葛粉薏苡(《규합총서》 1815), 난면卵麵(《시의전서》) 부식류에는 약포藥脯(《규합총서》 1815, 《시의전서》)에 썼다. 〈표 37〉에서 장류에 즙장汁醬(《규합총서》 1869, 《시의전서》)과 장볶이(《규합총서》 1869, 《시의전서》), 김치류에서 동치미(《규합총서》 1869, 《시의전서》)에 꿀을 넣었다. 한말이 되면 조미료로 꿀을 넣는 부식류가 조금 더 늘어났다. 장조림, 각색장조림, 전복숙, 북어회, 무생채, 갓채, 호박선, 생치구이, 생선구이, 더덕구이, 콩자반, 천리찬千里饌, 만나지법, 육회(《시의전서》) 같은 것들이다. 제한적으로 꿀을 조미료로 쓰던 음식들이 1910~20년대가 되면 똑똑이 자반만 빼고 설탕을 넣는 요리법으로 바뀌었다.[214] 1930년대 요리법에서는 더 이상 꿀을 조미료로 쓰지 않고 모두 설탕을 썼다.

셋째, 한말까지 꿀·엿과 같은 전통감미료가 숫제 들어가지 않던 음식까지 설탕을 넣었다. 더욱이 1930년대가 되면 1920년대 이용기가 조미료로 설탕을 구사하던 음식 종류보다 더 광범하게 쓰는 방법을 고안해 냈다. 김치류 가운데 쌈김치, 생선김치, 수박깍두기, 소깍두기, 장김치, 오이깍두기, 닭김치, 겨자깍두기, 육김치, 꿩김치, 굴김치, 나박김치에 설탕을 썼다. 주식류에 죽 종류만 꿀과 설탕을 혼용하고 나머지 면류, 미음, 만두류 만들 때는 설탕을 넣었다. 비빔밥 만들 때도 설탕이 들어갔다.[215] 부식류 요리법에서 설탕을 가장 많이 썼다. 생선, 해산물, 야채를 넣은 조림(고추, 감자, 가지, 두부, 껍질콩)이나 무름(고추무름, 배추무름), 나물무침이나 생채(두릅, 무, 콩나물, 녹두나물, 도라지, 미역, 취나물, 오이, 파래, 쑥갓, 오징어채), 볶음(오징어채, 멸치, 가지나물, 감자, 능쟁이나물, 소리채 나물, 미나리, 양파, 다시마), 잡채(탕평채, 계묵채, 죽순채, 족채, 무선, 감자선, 오이선, 겨자선, 동아선, 배추선, 어선, 호박순대, 구절판), 산적(장산적, 섭산적, 어산적, 움파산적, 떡산적, 두부산적, 민어산적), 구이(콩팥구이, 육포구이, 저육구이, 닭구이, 생치구이, 도미구이, 조기구이, 병어구이, 어포구이, 오징어구이, 더덕구이, 송이구이, 미역구이, 가지구이, 우육구이, 갈비구이, 미민어구이, 방어구이, 북어구이, 비웃구이,

214 방신영, 앞의 책, 1918 ; 이용기, 앞의 책.
215 伊原圭(손정규의 創氏改名),《朝鮮料理》, 京城書房, 1940.

편포구이, 도미구이, 꼴뚜기구이, 가리구이, 간장구이), 포, 장아찌에 넣었다. 1930년대가 되면 전유어, 찜, 전골, 찌개류까지 설탕을 넣는 요리법이 등장했다. 전유어(향누름이, 고추전유어, 자충전유어, 가지전유어, 감자전유어, 호박전), 찜(갈비찜, 돼지찜, 전복찜, 닭찜, 영계찜, 송이찜, 생선찜, 가지찜), 전골[悅口子](골탕, 승갱이탕, 닭전골, 양전골, 낙지전골, 채소전골, 쑥갓전골, 우육전골, 조개전골), 두부간장찌개 같은 것들이다.

이러한 신식 요리법은 간장이나 소금으로 간을 한 것이 많았다. 설탕을 고추장이나 된장과 함께 쓴 것은 윤즙[초고추장]이나 일부 김치류였다. 신식 요리법을 개발한 주체인 생활개선론자가 고추를 비롯해 마늘, 파 같은 매운 양념을 줄이는 방향으로 요리법을 개발했기 때문이다.

아울러 생활개선론자가 개량한 신식 요리법은 대개 설탕만이 아니라 새로운 식재료를 넣었다. 거의 모든 음식에 아지노모도를 썼고, 국이나 찌개류를 제외한 대부분의 음식에 조선간장 대신 양조간장을 썼다. 설탕, 아지노모도, 양조간장 같은 새로운 식재료가 근대적 영양식품이라고 믿었기 때문이다. 생활개선론자는 전통음식으로 가족의 기호와 식성을 맞추되, 개량한 신식 요리법으로 영양을 보충할 수 있다고 생각했다. 개량 요리법으로 만든 조선 음식 맛은 점차 전통음식 맛과 달라졌다.

3) 신식 요리강습회와 '주부'

1930년대 들어서면 외래 요리만이 아니라 조선 요리법 개량에도 관심을 기울였을 뿐더러 전파하는 방법도 더 적극적이 되었다. 이 가운데 바로 요리법을 알릴 수 있고, 식생활개선도 꾀할 수 있는 요리강습회가 활성화되었다.

1930년대 요리강습회가 얼마나 활발했는지 살펴보기 위해 어느 지역에서 얼마동안 개최되었는지, 누가 어떤 요리법을 가르치며 주도했는지, 누가 어떤 동기를 가지고 참여했는지를 당시 신문에 실린 공고기사를 중심으로 조사한 것이 〈표 41〉이다.

표 41 1930~1937년 서울과 지방의 요리강습회 비교

	서울		지방	
주최/후원	총 25회	기독교 단체(23) 동민회同民會(1) 조선일보(1)	총 83회	신문사 지국(72) 부인회, 유치원 자모회와 보통학교 모자회(31) 지방 종교단체(7), 학생단체(2), 불명(3)
강사	여학교 교사, 서양 선교사, 저명인사 부인		Ⅰ. 종교인(6), 여학교 학생(4), 교사(1) Ⅱ. 식료품상-베니야상회(51), 진용봉(3) Ⅲ. 기타(18)	
강사별 개최지역	서울		Ⅰ	부산, 북청, 홍천, 광주(2), 운산, 회양, 평양, 원산, 강릉, 울산
			Ⅱ	풍천, 영흥, 정평, 평산, 황주, 장연(2), 부여, 담양, 순창, 전주, 군산(3), 대전, 금산, 청진, 목포, 마산, 밀양, 회령, 공주, 안동, 태인(2), 함흥, 상주, 김제, 홍남, 김천, 대구, 포항(2), 청주(2), 혜산, 원산(3), 천안, 인천, 신의주, 남시, 영등포(2), 잉커우(營口), 진남포, 이리, 서천, 마산, 울산(3), 안악
			Ⅲ	한포(汗浦), 사인(舍人), 인천, 사리원, 제천, 청주, 옌지(延吉), 논산, 귀포, 경주, 울산, 청주, 동래, 마산, 김해, 개성, 부산, 여주
요리내용	서양·조선·궁중·중국 요리 분리		조선·서양·중국·일본 요리·과자·차 한꺼번에 강습	
선전문구	경제, 단란, 간편(쉽게), 영양, 선전문구 많지 않음		경제적(시간, 비용, 간단), 영양, 맛, 위생, 생활개선(향상, 신시대, 참신, 개량, 합리화)	
강습장소	종교회관, 신문사		학교, 신문사 지국사무소, 종교회관, 지역회관, 지역유력자 집	
수강인원	평균 56명		평균 48명	
강습기간	평균 6일		평균 3.3일	
강습비용	강습비+재료비=1일당 50전		재료비 평균 96전= 1일당 30전	

출전 《동아일보》1930.2.8., 1931.9.12., 10.9., 1932.9.8., 1933.3.17., 7.20., 9.4., 9.13., 10.20., 10.22., 10.26., 10.29., 10.31., 11.3., 12.23., 1934.1.17., 3.9., 6.29., 7.24., 8.3., 8.25., 9.2., 9.20., 9.26., 10.3., 11.2., 11.14., 1935.1.31., 3.20., 3.23.~24., 3.26., 5.18., 5.28., 6.5., 6.18., 7.6.~7., 7.9.~10., 9.4.~6, 9.8., 9.10., 9.12., 9.19., 9.20., 9.28.~29.,

10.1.~2., 10.7.~8., 10.20., 10.26.~27., 10.29.~30., 11.3., 11.5.~6. 11.8~9., 12.13., 12.17., 1936.2.21., 2.27., 3.3., 3.8., 3.10.~11., 3.13., 3.17., 3.21., 3.24., 3.27., 4.5., 4.9., 4.11., 4.19., 4.21.~22, 4.24., 5.3., 5.7., 5.11., 5.14., 5.27.~28., 5.30., 6.5., 6.11., 6.23., 7.8.~9., 7.14.~16., 7.28., 8.8., 1937.6.3., 6.21.~22., 6.26., 7.5.~6., 7.13., 7.17., 7.28., 8.7., 8.26., 8.28., 9.3., 11.5., 11.11. ;《조선일보》1923.10.8., 1927.11.29.~30., 1930.2.13., 1931.12.14., 1934.1.16., 5.8., 7.11., 7.20., 10.4., 12.16., 1935.2.28., 3.13., 5.22., 5.29., 6.13., 7.20., 7.26., 9.30., 11.20., 12.8., 1936.1.14., 3.4., 3.25., 4.9., 9.3., 10.1., 10.8., 10.12.~13., 10.28.~29., 11.13., 11.17., 12.18., 1937.1.16., 3.24., 4.1., 5.2., 5.22., 7.31., 8.25., 9.2., 10.1., 10.27., 11.2., 11.7. ;《조선중앙일보》1934.1.11., 8.4., 10.17., 11.27., 12.2., 12.5., 12.13., 1935.2.28., 7.11., 9.20., 1936.3.10., 3.18., 4.9., 4.11., 8.10. ;《매일신보》1932.12.28., 1933.10.1., 1935.7.13., 9.26.

비고 ① I 은 교사, 여학교 학생, 종교인, II 는 식료품상, III은 기타 뚜렷하지 않은 경우다.
② 기독교단체에는 태화관, YWCA, 기독교 계열의 부인회인 직업부인회, 가정부인협회를 포함했다. 지방 종교단체는 대원사 관음회, 광주YWCA, 부인여선교회, 보혜여자관, 감리교여선교회, 면려회를 말한다. 학생단체에는 이화여전 농촌부, 홍천유학생친목회, 해외학우협의회, 통도사 야학이 있다. 종교회관은 태화관, YWCA회관, YMCA회관이고 지역회관은 면회의실, 읍사무소, 공회당, 회관이다.

1930년대 요리 강습 대상은 일반인이었다. 1920년대 여학교라는 아주 제한된 공간과 인쇄매체로만 신식 요리법을 전파한 것에 견주면 대상이 확장되었다. 횟수도 급증했다. 1920년대 일반인 대상 요리강습회는 1건이었으나[216] 1930~1937년 사이에 서울에서 총 25건, 지방에서 총 83건 개최되었다.

개최지역도 전국적이었다. 서울이 주도했지만 대부분의 지방 주요 도시에서 1회 이상 열렸다. 그 가운데 울산(5회), 원산(4회), 군산과 청주(3회), 부산, 인천, 광주, 포항, 마산, 태인(2회)같이 여러 번 개최한 도시도 있었다.

요리강습회는 각 지역에서 수강정원을 훨씬 넘는 인원이 신청하며 환영을 받았다. 유료이지만 〈표 41〉처럼 인기가 많았다. 1933년 1회 조선 요리강습회를 참관한 박인덕은 "주최자의 희망 이상 또는

---

216 《동아일보》1925.11.16.

상상 이상의 대성황"을 이루었다면서, 30명 미만을 예상했다가 첫날 모집 정원의 배 이상인 70명이 오고 둘째 날·셋째 날은 10명씩 더 늘어 근 백 명에 달하는 인원이 모였다고 보도했다.[217] 1935년 11월 중국 요리 강습회에서도 정원이 50명인데 신청이 폭주해서 90여 명이 강습을 받았다.[218]

지방도 정원을 넘는 인원이 신청했다.[219] 태인에서는 애초에 정원이 30여 명이었는데 참가치 못한 가정부인들의 요구로 다시 3일 동안 요리강습회를 열었다.[220] 전주도 수강생이 백여 명에 이르렀다.[221] 대구에서는 〈사진 18〉처럼 강습기간 3일 동안 연인원 2백 명이 참석했다. 수강생 요청으로 강습기간을 연장하는 지역도 많았다.[222] 〈사진 19〉와 같이 요리강습회에 어린 자식을 데리고 오는 일은 흔했다. 젖먹이 아기까지 데려와 젖을 먹이며 배우는 수강생도 있었다.[223]

강습회는 서울이나 지방을 가리지 않고 모두 영양, 위생, 경제, 간편과 같은 생활개선표어를 내세웠다. 여기에서 '경제'란 합리적으로 소비한다는 뜻이다. 예산을 세우고 짧은 시간에 돈을 적게 들이

---

217 《동아일보》 1933.10.31.

218 《동아일보》 1935.11.5.

219 《동아일보》 1933.10.26., 1933.10.29., 1933.10.31., 1935.6.18., 1935.11.5., 1936.4.22., 1936.5.3., 1939.4.20. ;《조선일보》 1935.5.29., 1937.11.7. ;《매일신보》 1939.9.30.

220 《동아일보》 1936.4.21.

221 《동아일보》 1935.6.18.

222 《동아일보》 1933.10.26., 1933.10.29., 1933.10.31., 1935.6.18., 1935.11.5., 1936.4.22., 1936.5.3., 1939.4.20. ;《조선일보》 1935.5.29., 1937.11.7. ;《매일신보》 1939.9.30.

223 《동아일보》 1933.10.31., 1935.7.10., 1935.10.7., 1935.11.5., 1936.3.24., 1936.6.11., 1936.7.14., 1936.7.16., 1936.8.8.

면서도 영양가를 최대한 고려하여 좋은 물건을 사는 것이다.[224] 강
습회가 내세우는 생활개선이란 "적은 비용으로 가족 전체의 영양

사진 18 1936년 대구의 요리강습회

출전 《동아일보》 1936.5.3.

사진 19 1930년대 청진의 요리강습회

출전 《동아일보》 1935.10.7.

224　卞榮俊, 黃信德, 許永淳 談, 〈家庭經濟에 대한 移動座談會〉, 《新家庭》 2-9, 1934.9,
42~47쪽 ; 방신영, 〈主婦와 料理〉, 《女性》 1-3, 1936.6, 37쪽 ; 허영순, 〈반찬
어떻게할가─나의한가지設計〉, 《女性》 3-7, 1938.7, 88~90쪽.

과 보건을 위하여 최선을 다하는"[225] 근대적·합리적 소비를 뜻했다.

강습회를 주최하거나 후원한 주체를 보면 서울의 경우 YWCA가 1930~1937년 총 25건 가운데 23건으로 압도적이었다. 서양, 중국, 조선 요리가 분야별로 따로 열렸다. 강습기간은 평균 6일이었고, 분야별로 강사도 달랐다. 조선 요리 강사는 방신영, 민혜식閔惠植, 홍승원, 조자호, 손정규, 김규경金奎慶, 김옥성金玉聲이고, 중국 요리 강사는 정순원, 서양 요리 강사는 겐소, 데이비스, 로스, 최활란崔活蘭, 최마리아였다. 이들은 신문·잡지에 요리법을 연재하거나 요리책을 저술한 전문가와 저명인사 부인이었고 동시에 생활개선운동을 주도하는 인물이었다.[226]

서양 요리의 경우 일본을 경유하지 않은 순 서양 요리보다 일본화한 서양 요리나 양과자에 더 관심을 가진 듯하다. YMCA 회관에서 서양 선교사가 가르치는 양요리 강습회는 인기가 없어 수강인원이 매우 적었다.[227] 1934년 9월 25일부터 5일 동안 겐소 부인과 데이비스 양孃이 가르친 서양 요리 강습회는 정원이 50명이었으나 참석자가 40명으로 정원을 못 채웠다.[228] 비슷한 시기 중국 요리나 조선 요리 강습회가 대성황을 이루었던 것과 대조된다. 서양 선교사의 요리 강습은 내용을 알 수 없다. 하지만 이들이 펴낸 《석영대조 서양요리법》(1930)이나 이화여전 교사인 모리스Harriett Palmer Morris(慕理施)의

---

225 김원경金元經, 〈生活의 合理化─주부의 손으로부터〉《新家庭》 3-1, 1935.1., 126쪽.

226 방신영, 민혜식, 홍승원, 조자호, 손정규, 정순원은 신문·잡지에 요리법을 실은 저자이고, 김옥성은 동아일보사 주필인 김준연의 부인이다. 최활란과 최마리아는 이화여전 출신이다.

227 《동아일보》 1925.11.16., 1930.2.8., 1932.9.8., 1934.9.20., 1934.9.26.

228 위와 동일.

《서양요리제법》(1937)을 보면 순수 서양 요리법을 소개하고 있다. 이로 미루어 보아 이들의 요리 강습도 순전한 서양 요리법일 것으로 짐작된다. 이와 달리 1930년대 신문지상에 서양 요리법으로 꾸준히 실리는 것은 케이크, 빵 등 양과자, 핫케이크, 잼, 샌드위치, 마요네즈가 들어간 샐러드, 오므라이스같이 일본화한 서양 요리였다.[229]

한편 중국 요리 강습회는 매우 인기가 높았다. 한말 이래 화교들이 운영하는 중국 음식점이 매우 번창했지만 중국 요리법은 비밀이었다.[230] 1933년 중국에서 20여 년을 살다 온 정순원이 요리 강습을 하자 선풍적 인기를 끌었다.[231] 그는 우리 음식은 너무 맵고 짜며 기름이 부족하고 당분이 적어 한인들 얼굴이 기름지지 못하다면서 요리법이 너무 고정되어서 변화가 없는 것이 문제점이라고 지적했다.[232]

중국 요리 강습회 선전 문구는 조선 음식이 열등하다는 데서 출발했다. "우리 음식은 영양상으로나 맛으로나 세계에 내세울 만한 것이 못 된다"고 깎아내렸다.[233] "일반적으로 서양 요리가 발달했으나 동양에서도 중국 요리만은 서양 요리 못지않게 발달"[234]했다고 선전했다. 이때 '자양', '영양'이란 칼로리 높은 음식을 뜻했다. 설탕, 밀

---

229 《朝光》 2-10, 1936.10., 348쪽 ; 《시대일보》 1924.12.22. ; 《동아일보》 1925.3.20., 3.23., 4.13.~5.11., 1930.3.7.~15., 1931.10.16., 1932.2.20., 5.28., 1934.10.2.~3., 11.2., 12.20.~21., 1935.1.18., 3.9., 5.30., 12.12., 1936.5.29., 1937.7.20., 10.5., 10.30., 11.26., 12.16., 1938.6.20., 7.11., 8.11., 11.3., 1939.7.17., 12.21. ; 《조선일보》 1925.3.31.~4.28., 1935.9.28., 1937.8.18., 10.7., 1938.9.9., 1940.7.31. ; 《매일신보》 1930.3.18. ; 《滿鮮日報》 1940.6.20., 9.11.

230 《동아일보》 1925.3.23.

231 《매일신보》 1933.11.7.

232 C기자, 〈정순원여사와의 일문일답기〉, 《新家庭》 1-12, 1933.12., 101쪽.

233 《조선일보》 1935.5.22.

234 《조선일보》 1936.2.14.

가루, 기름을 많이 쓰는 중국 요리는 칼로리가 높았다. 정순원은 중국 요리가 "지리적으로 가까워 우리네 식성에 잘 맞고, 자양 많고, 맛 좋고, 쉽게 만들 수 있으니, '경제', '영양', '간편'이라는 생활개선에 적합한 음식"이라고 주장했다.[235]

중국 요리 강습공고가 나면 신청자가 줄을 섰다. 모집인원을 초과하기 일쑤여서 늘 예정보다 수강인원이 많았다. 수강생들은 강사가 요리하는 것을 잘 보려고 의자 위에 올라가서 지켜볼 정도로 성황이었다.[236] 정순원은 강습회는 말할 것도 없고 각 언론사의 중국 요리법 연재도 도맡았다.[237] 중국 음식은 영양가 많고 간편하다는 이유로, 조선 음식 가운데 '상등上等 요리'가 차지하던 손님 접대용, 연회용 고급 음식의 지위로 올라섰다.

조선 요리 강습회도 매우 인기였다. 1933년 1회 조선 요리강습회에 30명 정원의 2~3배가 넘는 인원이 참여했다.[238] 정원이 50명인데 신청이 폭주해서 90여 명이 강습을 받기도 했다.[239] 조선 요리 강사는 쟁쟁한 요리 전문가였고 저명인사의 부인이었다. 1930년대《동아일보》주필 김준연의 부인 김옥성이 대표적이다. 비록 불발되었지만

---

235 《조선일보》 1936.3.4.

236 《조선일보》 1935.5.29

237 송금선, 〈중국요리〉, 《우리집》 10, 1934.4.13., 7~8쪽 ; 鄭順媛, 〈중국요리〉, 《우리집》 16, 1936.6., 29~30쪽 ; 〈中國料理製法〉, 《新家庭》, 1935.9. ; 〈鷄卵料理十二種〉, 《新家庭》 4-4, 1936.4., 172쪽 ; 〈요새철에맞는中國料理몇가지〉, 《女性》 2-11, 1937.11., 429쪽 ; 《동아일보》 1934.9.25., 12.27., 1935.11.29., 1936.3.5., 8.14., 1937.8.10., 8.24., 1938.11.1., 1939.5.13., 5.15., 5.16., 5.17. ; 《조선일보》 1934.5.17., 1935.6.1., 6.9., 6.13., 6.29., 1936.2.14., 1937.11.12.~27. ; 《조선중앙일보》 1935.1.29. ; 《매일신보》 1939.9.19.

238 《동아일보》 1933.10.31.

239 《동아일보》 1935.11.5.

박영효 부인인 방무길方武吉도 궁중 요리 강습을 할 예정이었다.[240]

강습 내용은 이들이 저술한 신문·잡지·요리서에 나온 요리법과 같았을 것이다. 이를테면 1935년 11월에는 홍경원洪景媛이 조선 요리강습회에서 실습한 것을 신문에 실었다. 이를 보면 닭김치, 동치미, 생선찜(숭어와 준치, 제철생선), 배추무름에 설탕을 넣었다.[241] 설탕 같은 새로운 식재료를 조미료(양념)로 구사하는 개량 요리법이었다.

한편 지방 요리강습회는 대부분 신문사 지국이 관여했다. 총 83건에서 주최와 후원이 알려지지 않은 3건을 제외한 80건 가운데 72건에 신문사 지국이 개입했다. 요리강습회를 마치고 단체로 찍은 기념사진은 강습회를 주최한 신문에 실렸다.

대개 신문사 지국 단독으로 강습회를 주최하는 것이 아니라 지역 부인회나 유치원 자모회, 보통학교 모자회, 종교단체 같은 곳과 연계하여 열었다. 지방에서 강습기간은 평균 3일 안팎이었다. 강습 종목은 서양·중국·조선·일본 요리와 양과자, 차를 포함해 30~40여 종이나 되었다.[242] 서울 평균 강습기간이 6일인 것과 비교할 때 지방에서 복잡하거나 전문적인 요리를 가르쳤다고 보기 어렵다.

눈여겨볼 점은 지방의 요리강사다. 1931~1937년까지 지방 요리강습회 총 83건 가운데 강사를 알 수 있는 것이 총 70건이다. 그 가운데 2/3가 넘는 54건을 강사 Ⅱ그룹이 진행했고, 그중에서도 베니야 상회 소속 강사가 가르친 것이 51건이었다. 이들은 전문 요리강사로, 주로 1933~1937년에 활동했다. 베니야 상회는 서울에 있는

---

240 《동아일보》 1933.10.20., 1933.10.22.

241 《동아일보》 1935.11.8~9.

242 《매일신보》 1933.10.1.(황주) ; 《동아일보》 1935.9.20.(대전), 1935.9.26.(금산), 1936.7.15.(원산), 1937.8.7.(영등포) 대전과 금산은 30여 종, 황주, 원산, 영등포에서 40여 종이라고 한 것으로 보아 다른 지역도 비슷했을 것이다.

상점으로 그 안에 요리연구부가 별도로 있고 지방순회선전대[243]가 있었다. 지방순회선전대 소속 강사는 임병수林丙秀를 비롯해 김범진金範鎭, 강만기姜滿基, 문기도文基道 같은 인물이다. 그 가운데 임병수가 37건으로 가장 많이 강습했다.[244]

베니야 상회가 정확히 어떤 상점인지는 알 수 없다. 그러나 같은 시기 지방의 전문요리강사로 활동하고 있던 진용봉陳龍奉이 서울 청엽정靑葉町에 있는 식료품 상회에 소속된 인물이었다.[245] 이로 미루어 보건대 베니야 상회도 식료품 상점으로 추측된다. 진용봉이 소속한 식료품 상회가 베니야 상회였을 수도 있지만 자료로 확인할 수 없다.

베니야 상회 같은 식료품점이 요리강습회를 연 까닭은 식자재 판매활동이었기 때문이다. 강습비가 무료라고 선전했으나 재료비로 1일 1인당 약 30전씩을 받았다. 대개 1일 평균 30~50명 정도 수강생이 모이므로 하루 재료비만 총 9~15원이었다. 평균 3일 동안 강습했으니 한 지역에서 27원~45원가량 매출을 올릴 수 있었다. 재료비를 50전 받을 경우에는 3일 동안 매출액이 45~75원가량 되었다.

요리강습이라고 하지만 개별적으로 실습하는 것이 아니라 〈사진

243　《동아일보》 1936.5.27.

244　임병수는《동아일보》 1933.9.4., 1935.5.18., 6.18., 7.6., 9.4., 9.5., 10.20., 10.27.,
12.17., 1936.3.8., 4.19., 5.3., 5.11., 5.28., 7.8., 7.15., 7.28., 1937.6.21., 6.22., 7.5.,
7.6., 7.17., 7.28., 8.26., 11.5., 11.11. ;《매일신보》 1933.10.1., 1935.9.26. ;《조
선일보》 1934.7.11., 1935.3.13., 6.13., 1936.10.12., 10.13., 11.13., 1937.5.2.,
9.2. ;《조선중앙일보》 1936.3.10.으로 36회였다. 김범진은《동아일보》
1936.3.21., 4.21., 8.8. ;《조선일보》 1936.9.3., 12.18., 1937.10.27로 6회였다.
강만기는《동아일보》 1936.3.10.(함흥), 1936.3.24., 1936.5.30.으로 3회였다.
문기도는《동아일보》 1935.9.29. 1회였다. 그 밖에 강사 이름을 실지 않는 기
사가《동아일보》 1936.3.10.(태인), 1936.3.21., 5.27. ;《조선일보》 1936.1.14.
로 4회여서 베니야 상회가 모두 51건을 개최했다.

245　《조선일보》 1934.12.16., 1935.11.20., 1935.12.8.

18〉처럼 강사가 요리하는 것을 참관하고 시식하는 수준이었다. 따라서 강사가 요리하고 시식할 정도의 재료만 필요했지만 재료비 명목으로 돈을 더 걷었다. 이들은 재료비 말고도 요리법을 강습하면서 설탕, 밀가루, 아지노모도, 양조간장을 비롯한 식자재를 비싸게 판매했을 것이다.

덧붙여 〈표 41〉의 지방 요리강습회 강사 가운데 종교인(6건), 여학생(4건), 교사(1건)가 강사 I 그룹에 속한다. 이들의 강습은 70여 건 가운데 11건으로 대개 1933~1934년에 집중되었다.[246] 《동아일보》가 주창한 브나로드 운동, 문자보급운동과 연계한 요리강습으로, '구부인舊婦人'인 농촌 여성을 계도하려는 생활개선운동이었다.[247] 강사는 이화여전, 숭의여고 같은 여학교 재학생, 졸업생, 교사, 선교사였다. 이들 요리강습은 일회성이고 대개 한 지역에 한정되어서, 식료품 상회의 전문 요리강사의 강습회보다 영향력이 적었을 것이다. 요컨대 서울의 신식 요리강습회는 YWCA가 주도하는 생활개선운동이었고, 지방은 서울의 요리강습회에 편승해 식료품상회가 상업적 이익을 취하는 판촉활동이었다.

〈표 41〉에서 확인할 수 있는 요리강습회 참여 계층은 다음과 같다. 첫째, 요리강습회 수강비와 새로운 식료품을 구매할 경제적 여유가 있는 상류층이었다. 〈표 41〉처럼 재료비나 회비 명목으로 1인당 하루 평균 서울 50전, 지방 30전을 부담했다. 뿐만 아니라 새로 익힌 요리법을 구사하려면 설탕, 아지노모도, 양조간장 같은 식품이 필요했다. 그 가격은 〈표 42〉처럼 쌀값과 같거나 이를 훨씬 웃도는 고가

---

246 《동아일보》, 1931.10.9., 1933.7.20., 12.23., 1934.6.29., 7.24., 8.3., 8.25., 9.2., 11.2., 11.14., 1935.9.29. ; 《조선일보》 1936.3.25 ; 《조선중앙일보》 1934.1.11, 8.4.

247 《동아일보》 1933.7.20., 1933.12.23., 1934.8.3. ; 《조선일보》 1935.7.20.

였다. 그 무렵 일본에서도 아지노모도와 같은 상품은 사치한 식료품이었다.[248]

표 42 1930~1936년 식품 가격 (단위: 엔)

	정미 (1되≒1.8리터)	양조간장(1되≒1.8리터)		백설탕 (1근=600그램)	아지노모도 (1캔=100그램)
		일본산(일본 가격)	조선산		
1930	0.26	0.82(0.75)	0.64	0.24	(1.40)
1931	0.18	0.69(0.51)	0.52	0.22	(1.25)
1932	0.22	0.65(0.53)	0.54	0.22	(1.22)
1933	0.22	0.64(0.54)	0.52	0.24	–
1934	0.25	0.65(0.51)	0.51	0.23	(1.10)
1935	0.31	0.66(0.52)	0.55	0.24	–
1936	0.26*	0.72*(0.57)		0.24	(0.98)

(양조간장 조선산 열에서 1932~1933은 "최상", 1935~1936은 "중간" 구분 표시)

출전 《朝鮮總督府統計年報》; 森永卓郎 監修, 甲賀忠一 編, 《物價の文化史事典》, 展望社, 89, 2008, 94쪽.

비고 ① 양조간장 단위가 1936년부터 기꼬망 간장 2리터로 바뀌었다. 정미는 1936년부터 1킬로그램으로 바뀌어서 *으로 표시했다. 괄호 안의 가격은 일본가격이다.

② 아지노모도는 조선에서 가격을 확인하기 어려워 일본 내 소매가격을 기재했다. 일본과 조선의 양조간장 가격 차이처럼 조선의 아지노모도 가격은 일본 가격을 웃돌 았을 것이다.

둘째, 아이들을 유치원이나 보통학교에 보내는 여성이 많았다. 지방 강습회를 주최·후원한 단체 가운데 유치원 자모회나 보통학교 모자회가 31건이나 되었다. 수강생도 이러한 모임에 연관되었을 것이다. 1930년대보다 취학률이 높아진 1943년에도 전국의 보통학교 숫자는 6,186개였고 유치원은 전국 343개(공립 6개, 사립 337개)였다. 1940년대 초 유치원에 다니는 조선인 아동은 전국에 2만여 명밖에

---

248 森永卓郎 監修, 甲賀忠一, 製作部委員會 編, 《物價の文化史事典: 明治·大正·昭和·平成》, 展望社, 2008, 94쪽.

안 될 정도로 소수였다.[249] 요리강습회 수강생은 유치원과 보통학교에 아이들을 보내고 유아교육까지 관심 있는 각 지역 상류층이었음을 뜻한다.

셋째, 초등교육이나 중등교육을 받은 이른바 신여성이었다. 요리강습회 준비물에 공책, 연필이 있다. 이는 수강생이 능숙하게 강습회 내용을 필기할 수 있을 정도로 교육받은 여성이었음을 뜻한다. 1912~1930년까지 보통학교의 여성 취학률은 평균 4.5퍼센트였고 1921~1930년으로 국한해도 6.8퍼센트였다.[250] 요리강습회에 참가한 여성은 최소한 5퍼센트 안에 포함되는 계층이었다. 박인덕에 따르면 1933년 1회 조선요리강습회 수강생 다수가 결혼한 신여성이었다. 구식부인은 몇 명밖에 안 되고 미혼여성도 몇 명 참가했다.[251] 제도권 교육을 받은 신여성 가운데 자기 정체성을 근대 주부에서 찾으려는 부류였다.[252]

이렇듯 요리강습회를 수강할 수 있는 여성은 아주 제한적이었다. 재료비를 부담할 정도로 경제적 여유가 있고, 자녀를 학교·유치원에 보내고, 도시락 준비를 고민할 정도로 교육열이 있으며, 최소한 교육을 받은 여성으로 대개 도시에 살았다. 신식 요리법을 개발하고 보

---

249 오성철 《식민지 초등교육의 형성》, 교육과학사, 2000, 408쪽. 1943년 보통학교 학생 가운데 한인은 남녀 모두 2,148,698명이었고 유치원에 다니는 한인은 그 1/100인 21,467명(공립 31명, 사립 21,436명)뿐이었다.

250 김부자, 앞의 책 ; 위의 책, 173쪽. 오성철은 1932년 취학율이 전체 17.8퍼센트이고 남학생은 28.4퍼센트, 여학생 6.8퍼센트였으며 1933년에는 전체 19.3퍼센트, 남학생 30.6퍼센트, 여학생 7.6퍼센트였다고 했다.

251 《동아일보》 1933.10.31.

252 김수진 《신여성, 근대의 과잉》, 소명출판, 2009, 462~467쪽. 김수진은 신여성을 근대적 계몽의 주체, 병리적 자본주의 퇴폐문화의 주체, 현모양처의 주체로 분류했다.

급하는 주체는 서울에 사는 극소수의 여성지식인이고, 요리강습회에 참여하여 이를 받아들이는 주체는 서울을 비롯해 도시에 사는 상류층 여성이었다.

주목할 점은 지역 유지나 지방관이 요리강습회를 적극적으로 후원했다는 점이다. 〈사진 20〉과 같이 구포龜浦 지역 유지 김성환金聖煥은 자신의 집에서 강습회를 열었다. 지역 유지만이 아니라 지방관리들도 요리강습회 개최에 협조했다. 〈표 41〉과 같이 강습회는 면회의실, 공회당, 학교, 유치원, 지역회관 같은 공공장소에서 열렸다. 이는 지방관리 협조 없이는 어려운 일이다.

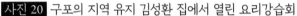

사진 20 구포의 지역 유지 김성환 집에서 열린 요리강습회

출전 《동아일보》 1936.4.22.

이러한 요리강습회는 1930년대 조선총독부가 추진했던 농촌진흥운동의 '생활개선'과 거리가 멀었다. 조선총독부의 생활개선은 내핍과 소비 절약이 목표였다.[253] 식료품, 포목류, 일용품 같은 일상품을 가능한 한 구매하지 말고 자급하고, 관혼상제비용·교제비·술값 같은 부정기적인 지출도 최대한 줄여 소비를 억제하라는 내용이었다.[254]

이와 달리 1930년대 조선인이 주최하는 요리강습회의 목적은 소비 절약이 아니었다. 간단, 능률, 영양, 위생, 경제 등의 근대적 가치를 내세우면서 설탕 같은 근대적 상품 소비를 조장했다. 둘 다 생활개선을 앞세웠지만 운동 주체와 내용, 대상, 목적은 아주 달랐다.[255]

새로운 요리법은 요리책·신문·잡지, 여학교 교육, 요리강습회로 각 지방도시에 전파되었다. 1937년 1월부터 1938년 1월까지 《가정지우家庭之友》에 농촌요리란이 연재되었다. 독자들이 자신의 요리법을 잡지에 투고하면 경성공립여자고등보통학교 교사로 생활개선운동을 주도하던 손정규가 골라서 실었다. 이를 보면 황해도 정봉 조순수의 가지요리, 전남 삼계 차순례의 토란밥·돼지고기구이, 충남 규암 김ㅇ숙의 마늘장과, 황해도 수안군 연암면 장순례의 가지통조림·닭[鷄]찜·알감자조림, 청주군 김계선의 호떡, 영원군 이명후의 생선찜, 포천군 일동면 이숙남의 계란쌈, 아산군 송악면 강영숙의 마늘채 담는 법, 신의주 이정련의 감자볶음, 강서군 증산면 강영실의 능쟁이

---

253 최숙희, 〈1930년대 조선총독부의 농촌'생활개선'사업의 성격: 1932~1937년을 중심으로〉, 고려대학교 석사학위논문, 2001 ; 김영희, 《일제시대 농촌통제정책 연구》, 경인문화사, 2003 ; 윤해동, 《지배와 자치》, 역사비평사, 2006 ; 권태억, 〈1920, 30년대 일제의 동화정책론〉, 《한국사론》 53, 서울대학교 국사학과, 2007.

254 山崎延吉全集刊行會 編, 〈農村更生篇〉, 《山崎延吉全集》 7卷, 1935~1936, 496쪽 ; 김영희, 위의 책, 74~75쪽, 116~117쪽.

255 井上和枝, 〈植民地期朝鮮における生活改善運動-'新家庭'の家庭改善から〈生活改新〉運動へ〉, 中村哲 編, 《1930年代の東アジア經濟》, 日本評論社, 2006, 132~133쪽 ; 〈1920~1930년대 일본과 식민지 조선의 생활개선운동〉, 나카무라 사토루·박섭 편저, 《근대 동아시아 경제의 역사적 구조》, 일조각, 2007, 341~345쪽.

나물·생무나물·녹두나물·마늘짠지·참외와 오이나물, 경기 서정리 이차숙의 감자별전·소갈비구이, 함남 단천 윤완경의 호박순대, 황해도 홍현 원경희의 고추장 볶음, 함남 신상리 원종화의 돼지찜 같은 음식이다.[256] 이러한 음식에 모두 설탕이 들어갔다. 설탕을 감미료, 조미료로 쓰는 법이 전국 각지 상류층으로 확산되었음을 알 수 있다.

전국 상류층 여성은 신식 요리법을 익히며 근대적 '주부'라는 정체성을 가지고 가정 안에서 지위를 향상시킬 수 있었다. 요리강습회 준비물에 접시가 있었는데, 강습 결과물을 수강생이 현장에서 맛볼 뿐 아니라 집으로 가져가서 가족에게 선보이는 용도였다. 신식 요리는 근대적 '주부'로서 가족에게 맛보이는 증거물이었다.

수강생은 자신을 대다수의 '구식 여성'이나 가족을 돌보지 않는 '모던걸'과 차별화했다. 신식 요리법을 구사하는 여성은 군것질한다고 꾸짖는 '구식' 부모[257]와 달리 아이에게 위생적이고 영양가 많은 과자를 만들어 주는 근대적 '주부'였다. '구식 여성'은 어린아이에게 음식을 시간 맞춰 먹이지 못하지만[258], 자신들은 규칙적으로 식생활을 관리하며 경제관념이 투철하고 가스gas 같은 새로운 기구에 익숙하다고 자부했다.[259] 이들이 말하는 경제관념이란 절약이 아니라 합리적으로 소비한다는 뜻이었다. '구식 여성'은 농촌부녀의 다른 표현이기도 했다. 이들은 농촌 여성이 불결하고 무식하여 배우려는 마음이 없다고 보았다. 농촌 여성이란 "요리기술은 늘지 않고 집안 식구

256 손정규 譔, 농촌요리, 《家庭之友》 1-1~1-8, 1937.1.~1938.1.

257 《매일신보》 1936.9.24.

258 김금선金今先 談, 〈家庭生活改善座談會〉, 《女性》 4-2, 1939.2., 19쪽.

259 김합라, 〈아이와 음식〉, 《우리집》 1, 1931.12.10., 17~18쪽 ; 허하백許河伯 談, 송금선 談, 〈식모를 토론하는 좌담회〉, 《女性》 5-1, 1940.1., 37, 39쪽.

는 모두 영양부족에 빠져 허약한 일생을 보내게"[260] 만드는 부정적 존재였다. 이와 달리 자신들은 영양과 위생을 고려한 신식 요리법으로 가족의 건강을 챙겨 국가와 사회에 이바지하는 '주부'였다.

신식 요리법은 여성에게 봉건적 격식에서 벗어날 명분을 주었다. 위생, 영양, 경제, 과학, 다양성을 내세워 주부는 독자적으로 개성과 다양함을 추구할 수 있었다. 고정된 규율이나 기존 요리법을 따르지 않고 설탕이나 아지노모도 같은 조미료로 조선 음식 맛을 부드럽게 할 수 있었다. 요리 재료와 요리법의 선택 폭이 넓어지고, 그릇이나 음식 담는 법에 이르기까지 전통 규율에서 자유로워지며 창의적인 조선 요리법을 개발할 수 있었다.

요리강습회 수강생은 함께 요리강습을 받은 것에 대해 자부심과 긍지를 가졌다. 강습기간이 고작 3일~5일밖에 되지 않는데도 자신들끼리 친목 모임을 가지며 결속했다.[261] 요리 강습이 끝난 뒤에는 〈사진 19〉, 〈사진 20〉과 같이 기념사진을 촬영했다. 이렇게 찍은 단체 사진은 으레 신문에 크게 실렸다. 신식 요리 강습을 받은 것은 대외적으로 자랑거리였다. 신문 사진을 통해 수강생은 가족, 일가친척, 지역 사회로부터 근대적 주부, 현모양처임을 공공연하게 인정받았다. 신문사는 이들을 '구식 여성'과 구분 짓고 북돋아 주었다. 이렇듯 신식 요리법 습득은 그들에게 남다른 사회적 의미가 있었다.

잊지 말아야 할 점은 이들 대부분 혼자 가사일을 하는 것이 아니라 '어멈'이라고 부르는 '식모'를 고용하는 상류층이었다는 점이다.[262]

---

260   최마리아, 〈농촌부녀들에게〉, 《우리집》 17, 1936.9.16., 21~22쪽.

261   《조선일보》 1937.11.17. ; 《매일신보》 1939.9.30.

262   〈명사가족부엌참관기(1)-동아일보 경제부장 徐椿, 전 휘문고보 敎諭 秦長爕,
        무용가 崔承喜〉, 《新女性》 5-9, 1931.10., 40~49쪽 ; 〈명사가족부엌참관기
        (2)-사회운동가 尹亨植, 변호사 李仁, 목사 梁柱三〉, 《新女性》 5-10, 1931.11.

이들이 지향하는 주부란 '식모'의 노동에 의존하지 않고 몸소 시장에서 물건을 사서 영양, 위생, 경제를 고려한 새로운 요리를 하는 근대적 주체였다.[263] 그러나 현실에서는 '식모'라는 가사 노동자에게 의존하고 있었다.[264]

생활개선론자는 자신의 가사환경이 불합리하다면서 생활개선을 주장했지만 정작 '식모'의 노동현실은 외면했다. 생활개선론은 가정 안에서 차별받는 피해자 여성 입장에서 출발했지만, '식모'에게 노동을 떠넘기는 가해자 고용주 입장으로 귀결되었다. 생활개선론자는 자신들의 이중성을 환경 탓으로 돌렸다. 부엌만 개량하면 '식모' 없이도 된다든지[265] 김치 회사, 장醬 회사가 생기면 '식모'는 자연히 없어질 것[266]이라고 변명했다.

생활개선론자는 '식모'의 가사노동에 의존하면서도 '식모'가 만든 반찬이나 음식이 청결하지 못하다고 불만스러워했다.[267] 이들은 '식모'를 대부분 "불행한 사람, 가난에 쪼들려 어쩔 수 없는 사람, 상식

---

263 김귀애, 〈살림 잘하시는 주부가 되려면〉, 《女性》 1-3, 1936.6., 34쪽.

264 김혜경, 《식민지하 근대가족의 형성과 젠더》, 창비, 2006, 282~285쪽. 그는 식민지 시기 주부와 과학적 생활 강조가 현실과 괴리되었기 때문에 그리 성공적이지 않았다고 평가했다. 그러나 근대화를 목표로 하는 생활개선이란 문화 차이와 빈부격차를 전제로 한 것이므로 대중화되지 않았다고 해서 성공하지 않았다고 볼 수 없다. 오히려 생활개선운동이 조선인 상류층 여성의 문화로 정착하는 과정이라고 보아야 할 것이다.

265 박승호, 〈부엌은 개량하면 됩니다〉, 《우리집》 13, 1935.6.17., 24쪽.

266 卞榮愛 談, 〈가정부인좌담회〉, 《新家庭》 1-1, 1933.1., 72쪽 ; 〈가정생활의 합리화운동-장독대를 폐지하자〉, 《新家庭》 2-9, 1934.9., 40~41쪽. 장독대를 폐지하자는 주장은 간장, 된장, 고추장 따위를 집에서 담그지 않고 일본처럼 장 제조회사가 세워져 사 먹게 되면 가사일이 줄어들어 '식모' 같은 가사노동자가 없어도 될 것이라는 뜻이었다.

267 〈명사가족부엌참관기(1)-동아일보 경제부장 徐椿〉, 《新女性》 5-9, 1931.10., 40~41쪽.

이 부족한 사람, 교양 없는 사람"[268]으로 보았다. "영양가가 있고 없고 요리제법이 어떠한지 알지 못하는 '식모'에게 그 가족의 건강을 맡겨 둘 수는 없는 일"[269]이라며 이중적인 언설을 토로했다. 근우회 槿友會는 생활개선론자가 가진 계급적 모순을 지적하며 생활개선운동이 향락적 유산계급 위주라고 비판했다. 근우회는 생활개선운동이 무산계급 여성들의 빈곤과 봉건적 차별까지 개선하도록 공동으로 책임감을 느끼고 분투해야 한다고 주장했다.[270]

'식모'를 포함한 대다수 조선인은 개량한 조선 요리법에 비판적이었다. "(이화여전 가사과) 학생 나부랭이가 뭘 안다고"[271] 하는 태도로 무시하거나 낯설어했다.

설탕이 사회경제적 지위를 과시하는 상징물이 되면서 과용하는 경향도 나타났다. 생활개선론자가 의도한 것 이상으로 음식에 설탕이나 아지노모도를 넣는 사람들이 생겨났다. 생활개선론자인 민혜식조차 이러한 상황을 "음식이 달기만 하면 그만인 줄 알고, 되나 안되나 설탕만 퍼붓고 무엇에든지 설탕만 넣으면 되는 줄 안다"[272]고 개탄했다. 그는 요사이 조선 음식이 아무 비판도 반성도 없이 외국 요리만 본받아서 고유한 맛이 없어지는 것 같다고 비판했다.

요리강습회로 조선민족 내 계급차이가 문화차이로 나타났다. 신

---

268 李昌根(和光직업소개소), 〈조선가정과 식모문제〉, 《新家庭》 4-6, 1936.6., 121~122쪽.

269 朴奉愛, 〈식모특집-자녀교육과 식모문제〉, 《新家庭》 4-6, 1936.6., 112쪽 ; 林孝貞, 〈식모대우문제〉, 《新家庭》 4-6, 1936.6, 116쪽

270 丁七星, 〈의식적 각성으로부터-무산부인생활에서〉, 《槿友》 창간호, 1929.5., 35~37쪽.

271 高鳳京 談, 〈식모를 토론하는 좌담회〉, 《女性》 5-1, 1940.1., 38쪽.

272 민혜식, 〈하절의 조선 요리〉, 《朝光》 2-8, 1936.8., 223쪽 ; 《조선일보》 1935.6.25.

식 요리법을 매개로 상류층 여성들은 스스로 근대적 '주부'라는 정체성을 획득하고, 근대화를 지향하는 생활개선론을 받아들였다. 설탕 같은 근대적 상품을 소비하는지 아닌지로 '구식 여성'과 자신을 구별짓고 차별했다. 바야흐로 설탕을 넣는 신식 요리법이 상류층 문화와 근대 주부의 상징이 되었다.

V장

중일전쟁 이후
일제의 설탕통제

1. 통제경제하 제당업

인류는 역사에서 처음으로 공급과잉 때문에 대공황을 겪었다. 각 국은 안정적으로 공급과 수요를 확보하고자 자유무역체제를 폐기하고 블록 중심의 보호무역체제로 돌아섰다. 일본도 1930년대 엔 블록화를 추진했다. 그러나 엔 블록화가 진행될수록 무역수지는 점점 더 악화되었다.

일제는 중일전쟁을 도발한 뒤 처음에는 제삼국과의 무역을 주로 통제했으나, 나중에는 블록 내 무역까지 통제했다. 엔 블록 전체 당업정책도 대만당 증산정책에서 쌀 증산정책으로 변경했다. 1940년이 되면 물자부족을 해소하고 물가 앙등을 막기 위해 배급제를 단행했다. 일본에서는 생산, 유통, 소비 전반에 걸쳐 설탕 배급제를 시행했지만, 조선에서는 불완전한 설탕 배급제를 실시했기에 조선 내 산업 수요와 일본, 만주국 수요가 침탈하며 암거래가 성행했다. 1941년 중반이 되면 민족별·소득별로 차등하는 설탕 배급제로 바뀌었다.

1) 무역통제

일당 조선공장이 1930년대 중반까지 승승장구했지만, 일제 무역 구조가 가진 결함도 더욱 커졌다. 수출량이 증대했지만 오로지 만주국이라는 단일 시장을 대상으로 성장했기 때문이다. 하나의 기업에서야 활황이지만 일본제국으로서는 국제수지가 악화되었다.

일제는 중국에서 만주를 분리시켜 만주국을 건국한 뒤 일본 엔 통화권으로 편입시켰다. 그 뒤 일제가 만주국으로 수출할 때 외화결제가 필요치 않았다. 엔 블록화가 진전될수록 일본 산업은 외화가 부족해지는 구조적 모순을 안게 되었다.[001]

제당업도 마찬가지였다. 1920년대까지 제당업은 중국으로 수출하여 외화를 획득하는 수출산업이었다. 그러나 1930년대가 되면 외화를 소비하는 수입업종이 되어 버렸다. 원료인 자바당을 외화로 수입하고, 완제품인 정제당은 외화 결제를 하지 않는 만주국으로 수출했기 때문이다. 1930년대에는 만주로 설탕을 수출할수록 일본제국 전체의 국제수지에 악영향을 끼치게 되었다.

1937년 7월 일본 정부는 중일전쟁을 일으킨 뒤 바로 엔 블록 전체에 무역통제령을 내렸다. 전시물자를 구할 외화를 확보하려는 목적이었다. 그해 9월 대장성령大藏省令으로 〈외환관리법〉을 개정하고, 10월 〈수출입품등에 관한 임시조치에 관한 법률〉(이하 〈임시수출입허가규칙〉), 12월 〈무역통제법〉을 발표·시행했다. 이 법으로 외화 부족을 초래하는 설탕, 쌀, 소맥분, 연초 따위에 수입허가 제한 조치를 내렸다.

전쟁이 장기화되며 외화 사정이 더욱 나빠지자 통제가 강화되었다. 1938년 3월과 8월 수출제한품목의 등급이 각각 상향 조정되었다. 불요불급한 상품에 한해서 수입을 제한하고 나머지는 아예 수입을 금지하였다.[002] 수입 중단 조치로 일본 제당회사는 모두 외국 원료당

---

001 서정익, 《전시일본경제사》, 혜안, 2008, 236~237쪽.

002 滿洲國史編纂刊行會 編, 《滿洲國史》(各論), 滿蒙同胞援護會, 1970, 521~522쪽(이후 《滿洲國史》) ; 朝鮮貿易協會, 《朝鮮貿易史》, 朝鮮貿易協會, 1943, 184~186쪽 ; 《매일신보》 1937.1.10., 1937.9.16. 척무성拓務省에서는 1937년 대장성 외국위체관리법外國爲替管理法을 1월 11일부터 외지外地인 조선, 대만, 가라후토(사할린)에 적용했다. 조선은 부령府令으로 공포하고 공포 당일부터 실시하기로 결정했다. 대장성은 같은 해 9월 외국환(爲替) 관리법을 개정하여 필요한 경우

을 수입할 수 없게 되었다. 일당 조선공장의 자바 원료당 수입도 일체 중단되었다.

표 43 중일전쟁 전후 일본, 대만, 조선의 설탕 생산 및 무역량 비교
(단위: 천 피쿨)

연도	일제 총 생산량 (A)	대만당 생산량 (B)	일제 내 대만당 차지율 (B/A)	대만당의 조선으로 이입량 (C)	조선의 자바당 수입량 (D)	조선의 원료당 합계 (C+D)	조선의 설탕 소비량	조선의 수출량	일본의 수출량
1936	20,037	16,789	84퍼센트	381	574	955	541	551	2,979
1937	20,210	16,503	82퍼센트	347	572	919	602	542	2,482
1938	27,951	23,646	85퍼센트	630	100	730	665	363	2,268
1939	22,512	18,879	84퍼센트	870	0	870	514	160	1,851
1940	–	13,577	–	719	0	719	623	0	–
1941	–	18,363	–	559	0	559	576	0	–
1942	–	17,357	–	651		651		0	–

출전 《ダイヤモンド経済統計年鑑》1940 ;《朝鮮總督府統計年報》;《臺灣糖業統計》; 山下久四郎,《砂糖業の再編成》, 日本砂糖協會, 1940, 22～23쪽 ;《매일신보》1941.5.27.

비고 ① 일본제국 총 생산량, 대만당 생산량, 일본 수출량은 《ダイヤモンド経済統計年鑑》, 조선 수·이입량과 수출량은 《朝鮮總督府統計年報》를 참조했다. 《ダイヤモンド経済統計年鑑》에 천 피쿨인 단위를 1피쿨로 환산했다. 《臺灣糖業統計》, 1940～1942년은 2차 세계대전 종전 뒤 중국에서 작성한 자료라서 대만당 생산량과 조선 이입량의 단위가 公斤(킬로그램)과 公擔(q=100킬로그램)으로 바뀌었다. 이 책에서는 1940년 이전과 균형을 맞추기 위해 피쿨(60킬로그램)으로 환산했다. 《ダイヤモンド経済統計年鑑》과 수치가 차이 나는 자료는 《臺灣糖業統計》에 있는 자료를 우선했다. 조선 설탕 소비량은 1933～1938년까지 《砂糖業の再編成》, 1939～1941년까지 《매일신보》1941.5.27.를 참조했다. 확인할 수 없는 것은 - 로 표시했다.
② 당수糖水, 당밀糖蜜은 포함하지 않았다.
③ 일본제국 조선 이입량은 대만뿐 아니라 일본제국 전체에서 이입을 포함한 수량이다.
④ 조선 수입량에는 자바에서 수입한 것만 기재했다. 기타 국가에서 수입한 것이 1936년 37피쿨, 1937년 25피쿨, 1938년 3피쿨, 1939년 1피쿨로 매우 적어 표시하지 않았다.

해외의 일본인이 가진 자산을 총동원하여 지불에 충당할 수 있도록 했다.

정부가 원료당 수입을 통제하자 일본 제당회사들은 대만 원료당에 의존해야 했다. 홋카이도와 남양군도도 원료당을 생산했지만 대만당이 압도적으로 많았다. 〈표 43〉과 같이 일본제국 총 설탕 생산량에서 대만당이 1936~1939년 평균 84퍼센트를 차지하고 있었다.

원료당 수입금지 직후 대만당은 엔 블록 전체의 설탕 공급을 맡게되었다. 대만당 생산량에 따라 엔 블록 전체의 설탕 공급량이 좌우되었다. 본래 일본 정부는 대만에 '미곡'과 '설탕'이라는 이대작물二大作物 중점주의에 바탕을 둔 식민지 농정을 펴고 있었다. 중일전쟁 직후 일본 정부와 대만총독부는 무역통제와 병행하여 대만당 증산 정책을 폈다. 엔 블록 안에서 설탕을 자급자족하려는 정책이었다. 그에 따라 1937년 1억 650만 피쿨에서 1938년 2억 365만 피쿨로 715만 피쿨 이상 대만당을 증산했다.[003]

하지만 전쟁이 장기화되자 일본 정부의 방침이 바뀌었다. 식량 부족에 부딪히며 대만에 미곡 할당량을 증가시켰다. 1939년 미곡 5백만 석을 할당하고 1940년 다시 50만 석을 더 추가해 550만 석으로 늘렸다.[004] 일본 정부만이 아니라 대만 농민도 자발적으로 사탕수수 대신 쌀을 경작했다. 전쟁으로 쌀값이 앙등했기 때문이다. 그 저변에는 대만총독부가 사탕수수 수매를 미당비가제米糖比價制로 시행했기 때문이다.[005]

당업연합회는 사탕수수 생산량을 유지하려고 노력했다. 대만총독부와 함께 일본 정부에 쌀보다 설탕 증산이 더 중요함을 역설했다. 재배면적당 설탕과 쌀의 영양 가치를 비교하며 설탕이 쌀에 비해 칼

---

003 〈표 43〉 참조.

004 山下久四郎,《砂糖業の再編成》, 日本砂糖協會, 1940, 134~142쪽.

005 Ⅲ장 1절 참조.

로리가 높아 전시 식량으로 더 유용하다는 점을 강조했다. 당업연합회는 제국 차원에서 식량정책 안배도 제안했다. 사탕수수는 열대작물이기에 엔 블록 내에서는 대만에서만 재배할 수 있지만, 쌀은 조선·만주·중국에서도 재배할 수 있으니 대만 이외 지역의 쌀 공출량을 더 늘이고 대만의 쌀 공출량을 줄여야 한다고 주장했다.[006]

하지만 일본 정부는 당업연합회와 대만총독부의 대만당 증산 요구를 받아들이지 않았다. 그에 따라 대만의 수전水田 사탕수수 재배지가 쌀 경작지로 돌려졌다. 대신 밭에 심는 사탕수수 재배지를 늘이는 것으로 보완했다.

일본 정부가 당업 정책을 변경하며 대만당 생산량이 줄어들었다.[007] 〈표 43〉과 같이 1938년 2억 365만 피쿨이던 생산량이 1939년 1억 888만 피쿨, 1940년 1억 358만 피쿨, 1941년 1억 836만 피쿨, 1942년 1억 736만 피쿨로 감산되었다.[008] 대만당 생산량이 줄면서 엔 블록 각 지역으로 보내는 설탕 공급도 줄어들었다.

무역통제법으로 일당 조선공장도 대만당을 원료당으로 써야 했다. 〈표 43〉과 같이 1936년, 1937년에는 각각 57만 피쿨씩 자바당을 수입했다.[009] 무역통제법이 강화된 1938년이 되면 10만 피쿨로 줄었고, 1939년부터는 수입을 중단했다. 대만당 이입량은 1936~1937년까지 38~35만 피쿨에서 1938년 63만 피쿨, 1939년 87만 피쿨로 늘어났다. 1940년부터 72만 피쿨, 1942년 56만 피쿨, 1942년 65만 피쿨을 유지했다.

---

006 山下久四郎, 앞의 책, 1940, 134~142쪽.

007 위와 동일.

008 《매일신보》1941.5.27. 대만 산당량은 1941년은 1940년보다 2백만 피쿨 줄었다.

009 〈표 43〉 참조.

중일전쟁 전과 비교할 때 조선에서 쓰는 원료당 절대량은 1/3가량 줄었다. 1936년 96만 피쿨에서 1942년 65만 피쿨로 감소했다. 원료당이 감소했음은 정제당 생산량도 그만큼 줄어들었음을 뜻한다.

가장 뚜렷하게 줄어든 것은 '조선의 수출량'이다. 일당 조선공장의 만주 수출이 1938년부터 급감하다 1940년이 되면 아예 중단되었다. 1936년까지 활황이던 만주 수출이 급격하게 감소하게 된 요인은 두 가지였다.

하나는 1936년부터 만주국 제당업 정책이 변화했기 때문이고, 다른 하나는 1939년 일본제국이 무역통제범위를 엔 블록 내로 확대했기 때문이다.

먼저 만주국의 제당업 정책 변화를 살펴보자. 1930년대 전반 관동군은 현실적인 여건 때문에 자유무역체제를 존속시켰다. 기존 제당회사가 휴·폐업 중이어서 만주국의 제당산업 정책을 수행할 주체가 없었다.

따라서 만주국 초기 제당업 정책은 일반기업에 의한 자유경영이었다. 1933년 3월 만주국 건국 1주기 때 발표한 〈만주국 경제건설요강〉은 산업을 세 그룹으로 나누었다. A) 국영, 공영 또는 특수회사에 의한 경영형태, B) 국가통제를 약간 하는 민간자유 경영형태, C) 순연한 자유경영형태로 구분했다. 제당업은 제분업, 식료품제조업, 양조공업, 유지공업 등과 함께 C그룹에 속했다. 다시 말해 제당업은 "순연한 자유경영형태" 산업으로 분류되었다.[010]

1933년 말 제당업에 대한 관리가 상향되었다. 만철경제조사회가 1933년 4월부터 제당업 대책을 입안하는 과정에서 제당업을 C그룹

---

010   南滿洲鐵道 地方部商工課 編,《滿洲商工事情》, 1933, 1934, 14쪽. 1933년 9월 일만실업간담회日滿實業懇談會에서 小磯國昭 특무부장 사안에 나와 있다.

에서 국가 통제를 받는 B그룹으로 상향한 것으로 보인다. 1933년 11월 만철경제조사회가 가결한 제당업 대책은 1업종 1회사주의에 바탕을 두었다. 기존의 3개 회사인 남만주제당(이후 남만제당), 아션허제당, 후란제당창을 1개의 회사로 합치려고 했다. 가칭 '만주제당'이다.[011]

그 결과가 1934년 3월 30일 일본 정부에서 각의 결정한 〈일·만 경제통제방책요강〉의 기본방침에 잘 담겨 있다. 이 요강도 산업을 세 그룹으로 나누었는데, 1933년보다 전반적으로 국가관리가 강화되었다. A) 만주에서 지배적 지위를 가지는 특수회사로 경영하여 직·간접으로 제국정부의 남다른 보호감독을 받는 것, B) 힘써 장려·조장하는 적당한 행정 내지 자본 통제조치를 받는 것, C) 일본 산업 실상에 비추어 제한적으로 행정 통제를 받는 것으로 나누었다.[012] C그룹도 자유경영 대신 제한적인 행정 통제를 받게 했다. 이 요강에 제당업을 포함해 제분, 유지 공업이 "적당한 행정적 내지 자본적 통제조치"를 받는 B그룹으로 상향 조정되었다. 그 뒤 1936년 11월에는 통제강도가 더 높아졌다. 제당업이 〈중요산업통제법요강〉 중요산업 20종 안에 들어갔다.

만주국 정부는 제당업을 사탕무 농업과 결부시키며 통제를 강화했다. 제당업을 농업과 공업이 유기적으로 연관되는 중요산업으로 인식하면서, 자유경영이 아니라 국가통제 경영업종으로 전환했다. 1933년 〈만주국 경제건설요강〉에서 농업개량 증식계획의 하나로 사

---

011 鈴木邦夫 編, 《滿洲企業史硏究》, 日本經濟評論社, 2007, 596~597쪽 ; 졸고, 〈일제하 조선·만주의 제당업 정책과 설탕유통〉, 《동방학지》 153, 연세대학교 국학연구원, 2011.3., 350~354쪽 ; Ⅲ장 1절 참조.

012 山本有造, 《〈滿洲國〉經濟史硏究》, 名古屋大學出版會, 2003, 29~31쪽.

탕무 증식계획[013]을 발표한 바 있다. 만주국의 사탕무 정책 목표는 1920년대 조선과 만주의 사탕무 재배처럼 저렴한 원료공급이 아니라 자급자족이었다.[014]

그러나 실제로는 만철조사회 계획대로 세 제당회사를 하나로 통합하지 못하였다. 아선허제당을 흡수할 수 없었기 때문이다. 1930년대 초 아선허제당의 소유권이 미국 내셔널 시티 은행에 있었고, 러시아인 체크만이 1931년부터 1935년까지 임대하여 일부 조업하고 있었다. 게다가 만철조사회가 만주제당으로 통합하는 계획을 본격적으로 추진하기 전인 1933년 봄 오사카 설탕 상인이 세운 일본사탕무역회사日本砂糖貿易會社가 아선허제당에 투자했다.[015] 이로써 아선허제당은 1934년 3월 6일 일본사탕무역회사와 체크만이 공동 투자한 자본금 2백만 엔(불입금 2백만 엔)의 북만주北滿洲제당회사(이후 북만제당)로 거듭났다.[016]

만주국은 북만제당을 제외한 나머지 두 회사를 만주제당으로 합쳤다. 처음에 이를 맡은 것은 쇼와昭和제당의 아카시 하츠타로赤司初太郎였다. 그는 만주국 특무부와 실업부의 양해를 얻어 남만제당을 매수하고, 1934년 초 도쿄에 사무실을 열고 주식공모에 착수했다.[017]

013 《滿洲國史》(各論), 649~650쪽.

014 竹野學, 〈戰時期樺太における製糖業の展開: 日本製糖業の〈地域的發展〉と農業移民の關連について〉, 《歷史と經濟》 189, 2005, 4쪽.

015 大島正, 앞의 논문, 108쪽.

016 大連商工會議所 編, 《滿洲銀行會社年鑑》, 1936 ; 〈北滿製糖會社成立〉, 《滿洲評論》 5-15, 1933.10.7., 23쪽. 체크만이 시티은행과 교섭하여 아선허제당을 매수해 48퍼센트를 출자하고, 오사카 설탕 상인인 일본사탕무역회사가 52퍼센트를 출자했다.

017 〈滿洲製糖株式會社の事業計劃內容〉, 《滿洲評論》 6-13, 1934.3.31., 23쪽 ; 滿鐵計畫部業務課 編, 《滿洲主要會社定款集》, 滿洲經濟研究會, 1934. 발기인 총회를 열

그런데 만주국 특무부가 아카시 하츠타로를 비롯한 발기인이 만주 제당 주식 대부분을 사들일 것이라는 계획[018]을 알게 되었다. 만주국 특무부는 쇼와제당 위주로 만주제당이 설립되면 특정 '자본가에게 이익이 집중'된다면서 반대했다.[019] 만주제당 설립을 두고 만주국은 제당 카르텔인 당업연합회와 협상했다. 만주국은 당업연합회가 개별 기업의 독자행동을 통제하여 주식 대부분을 나누어 맡으라고 권유했다.[020] 당업연합회는 수차례 회의한 뒤 만주국의 제안을 받아들였다. 그 결과 당업연합회 소속 제당회사가 공동 투자하여 1935년 12월 26일 만주제당이 설립되었다.[021]

만주국은 자본이 개별적으로 상품을 수출하기보다 공동으로 투자하여 독점회사를 세우는 것이 더 바람직하다고 믿었다. 그래서 개별 자본이 아니라 제당회사 연합인 당업연합회를 끌어들인 것이다. 만주국은 국가주의적 '국책國策, 공익公益' 이념에 따라 관세장벽 강화, 제당업 허가제 같은 제도를 정비하고 독점회사를 국책회사로 삼아 '독점의 완성을 통한 이윤 확보'를 지향했다.[022] 궁극적으로는 설탕

어 회사 정관을 정하고 자본금을 1천만 엔으로 정했다.

018 朝鮮及滿洲社, 〈滿洲の財界と事業界〉, 《朝鮮及滿洲》, 朝鮮及滿洲社, 1935.

019 《동아일보》 1934.7.3. ; 《매일신보》 1934.7.3.

020 〈滿洲の製糖合同〉, 《滿洲評論》 8-21, 1935.5.25., 18쪽.

021 〈日滿合辨砂糖會社設立說〉, 《滿洲評論》 9-17, 1935.10.26., 23쪽 ; 《滿洲日日新聞》, 1935.10.3. ; 《新京日日新聞》 1935.10.15. 당업연합회 회원인 대만제당, 일당, 메이지제당, 엔수이미나토제당이 각각 2만 5천 주씩, 남양흥발南洋興發 5천 주, 미쓰이물산을 비롯한 기타 당상糖商이 총 주식 20만 주의 60퍼센트 이상을 차지했다. 쇼와제당은 8만 주, 나머지는 공모했다.

022 大島 正, 〈北滿に於ける製糖工業の現狀〉, 《滿洲調査月報》 17권 5호, 1937.5.1., 108쪽 ; 고바야시 히데오 저, 임성모 역, 《만철》, 산처럼, 2004, 131쪽.

전매정책 실시를 목표로 했다.[023]

그래도 현실적으로 만주국이 설탕 수입을 완전히 금지할 수 없었다. 만주제당과 북만제당의 공급량이 만주국의 설탕 수요에 비해 너무 적었기 때문이다. 1930년대 전반기 만주국 소비량이 120~150만 피쿨 안팎이었는데 북만제당 공급량이 10만 피쿨, 만주제당 공급량이 40만 피쿨이었다.[024] 만주제당과 북만제당이 생산능력 이상을 발휘한다고 해도 만주국 수요의 1/2~1/3밖에 안 되었다.

만주국은 일단 북만주 지역의 설탕 자급자족에 역점을 두었다. 원료당의 현지 조달이라는 이점을 살리려는 조치였다. 북만주 지역에 사탕무 제당 설비를 집중시켰다.[025] 만주국 산업부가 중재하여 만주제당과 북만제당의 재배구역과 유통망을 관리하고 자본금을 증자했다. 농민의 사탕무 재배를 유도하고자 사탕무 매입가격 인상, 마차 운임과 비료비 보조, 품평회 같은 다수확 장려금과 같은 제도를 마련했다.[026]

만주국은 만주제당을 설립한 뒤 대외적으로 보호주의 정책을 폈다. 1936년 2월 만철이 원거리 체감법에 따라 운임을 개정하여 조선

---

023 〈日滿合辨砂糖會社設立說〉,《滿洲評論》8-21, 1935.5.25., 23쪽.

024 大島正, 앞의 논문, 96, 102쪽 ; 小山, 〈大衆貿易と北支密輸問題〉,《滿洲評論》10-23, 1936.6.2., 8~9쪽.

025 《滿洲鑛工年鑑》, 1942, 477쪽 ; 鈴木邦夫 編,《滿洲企業史硏究》, 東京: 日本經濟評論社, 2007, 598쪽. 《滿洲企業史》에서는 만주제당이 톄링공장과 별도로 새로 신징新京공장을 세운 것처럼 서술했으나 1938년 남만주제당 시절의 톄링공장을 신징의 판자툰范家屯으로 옮겨 가동한 것이다. 북만주 지역에 집중하고자 공장설비를 북만주로 옮겼다.

026 《滿洲日日新聞》1937.4.11. ;《滿洲新報》1938.1.27. ;《滿洲鑛工年鑑》, 1944, 427, 430쪽 ; 鈴木邦夫 編, 위의 책, 538, 597~598쪽. 북만제당은 1938년 6월 3백만 원으로 만주제당은 1940년 9월 2천만 원으로 증자했다.

에서 만주로 가는 설탕 운임을 톤당 2엔 10전 인상했다.[027] 관세도 전면 개정해서 1937년 12월 설탕을 고급품, 사치품으로 분류하고 설탕 1피쿨당 8.7엔으로 관세율을 38퍼센트 인상했다.[028]

만주국이 국가 통제 제당업 정책을 추진했지만 북만주 지역부터 먼저 시행하였기에 일당 조선공장의 수출에 곧바로 타격을 주지는 않았다. 1935년 43만 피쿨을 수출했고, 만주제당이 설립된 1936년 55만 피쿨, 1937년 54만 피쿨을 수출했다. 그러나 1937년 12월 만주제당이 본격적으로 가동되고 관세가 개정되자 일당 조선공장의 수출량이 1938년 36만 피쿨, 1939년 16만 피쿨로 급격하게 줄었다.[029]

일당 조선공장의 만주국 수출이 감소하던 참에 1939년 일본 정부가 엔 블록 내 무역을 통제하며 수출이 완전히 중단되었다. 중일전쟁 직후인 1937년 일본 정부가 내린 수입 제한 조치와 1938년 중단 조치는 엔 블록 내 무역을 제한하지 않고, 제삼국과의 무역규제에만 역점을 두었다. 외화를 소모하는 제삼국과의 수입을 통제하고 외화를 획득하는 제삼국으로 수출을 장려하는 조치였다.[030]

현실은 일본 정부의 기대와 다르게 작동했다. 무역통제 뒤 제삼국으로 수출이 증가하기보다 국내 물자 부족을 보완하려는 엔 블록 내 무역이 급증했다. 엔 블록 내 무역 증가는 블록경제권을 확립한다는 면에서 바람직했다. 하지만 전쟁 수행에 필요한 외화 획득이라는 면

---

027 《동아일보》 1936.1.12.

028 朝鮮銀行 調査科, 《滿洲國の關稅改正と朝鮮の對滿貿易に就て》, 1938, 2, 12쪽 ; 《滿洲國史》, 521~522쪽 ; 《매일신보》 1937.12.22. 100킬로그램=14.50엔을 피쿨로 환산했다.

029 〈표 24〉, 〈표 43〉 참조.

030 穗積殖産局長 談 《殖銀調査月報》 17, 朝鮮殖産銀行調査部, 1939.10., 88쪽. 그는 "현재 국제정세에 대응해 일본 국제수지 균형, 생산력확충과 제삼국 무역진흥계획을 수행"해야 한다고 주장했다.

에서는 커다란 차질을 초래했다.[031]

설탕의 경우 〈표 43〉처럼 일본에서 제삼국으로 수출이 1936년 298만 피쿨에서 1937년 248만 피쿨, 1938년 227만 피쿨, 1939년 185만 피쿨로 줄어들었다. 반면 엔 블록 내 무역량은 증가하며 투기 가수요까지 만들어졌다. 다롄 같은 도시 상인은 일본 내 공급 부족으로 인한 가격 앙등을 예상하고 설탕을 매점했다. 이 때문에 선물先物 가격이 높아졌다.[032] 수급불균형을 예측하며 필요 이상의 물자가 유출되자 현물 가격도 뛰어올랐다.[033] 악순환되며 물가가 상승했다.

물가 상승을 막기 위해 일본 정부가 마침내 엔 블록 안의 무역을 통제하는 조치를 내렸다. 1939년 9월 29일 '엔 블록에 대한 수출조정'에 대한 방침으로 〈관동주, 만주국과 중화민국을 향한 수출조정에 관한 건〉(이하 〈대對만滿·관關·지支 수출조정령〉)을 공포했다. 일본 정부는 승인제도를 채택하여 수출실적을 기준으로 무역량을 관리했다.[034] 1937년 〈임시수출입허가규칙〉이 제당업자의 자치 통제를 기대하면서 수출무역 증진을 도모했다면, 1939년 〈대만·관·지 수출조정령〉은 국가(일본은 상공대신, 조선은 총독) 권한으로 수출입을 강제로 제한하고 금지하는 조치였다. 설탕, 의복을 비롯한 일용품, 잡화, 식료품이 〈대만·관·지 수출조정령〉을乙호로 수출입 제한 품목에 추가되었다. 조선총독부가 이를 원용해 〈임시수출입허가규칙〉 별표 을호를 덧붙여 실적에 바탕을 둔 수·출입 허가제로 변경했다.[035]

---

031   朝鮮貿易協會, 앞의 책, 188쪽.

032   朝日新聞社経済部編, 《朝日経済年史》, 朝日新聞社, 1939, 534쪽.

033   《日糖営業報告書》 86회, 1938.12., 7쪽 ; 《殖銀調査月報》 17, 1939.10., 88쪽.

034   朝鮮貿易協會, 앞의 책, 186~189쪽 ; 《滿洲國史》(各論), 521~522쪽.

035   朝鮮貿易協會, 위의 책, 184쪽.

만주사변 뒤 엔 블록은 외환 부족을 초래하는 무역구조가 되었다. 중일전쟁 도발 뒤 일본 정부가 수지 악화를 개선하고자 제삼국과 수입을 통제했다가 오히려 엔 블록 내 무역까지 통제하는 자가당착에 빠졌다. 여기에 만주국이 1930년대 중반부터 국가통제 제당업 정책을 본격적으로 추진했다. 결국 1939년 9월부터 일당 조선공장은 만주 수출 전초기지라는 지위를 잃고 조선의 내수시장에만 설탕을 공급하게 되었다.[036]

2) 설탕 배급제와 민족 차별

1937년 9월부터 제삼국과 무역통제가 강화되자 수급불균형을 예상하며 물가가 올랐다.[037] 게다가 1939년부터 대만당 공급량이 줄어들며 설탕 가격이 더욱 올랐다. 1937년 6월 서울 도매가가 1피쿨당 23원 43전이던 것이 1939년 6월 25원 10전이 되었다.[038] 과자 물가지수도 1937년 6월 106.7에서 124.4로 올랐다.

설탕만이 아니라 모든 물가가 천정부지로 급등했다. 중일전쟁 직전인 1937년 6월 물가지수 120(1933년=100)이 2년 만인 1939년 9월 170으로 올랐다. 7가지 곡물 평균지수가 1939년 9월 199가 되었고, 고기, 계란, 술, 간장, 생선, 채소, 과일, 두부, 땔감〔薪炭〕과 같은 생활물자 모두 전쟁 직전보다 40~50퍼센트에서 100퍼센트 이상 올랐다.[039] 조선만이 아니라 엔 블록 전역에서 물가가 앙등했다.

---

036 《日糖營業報告書》86회, 1938.12., 6~7쪽.

037 朝鮮貿易協會, 앞의 책, 187~188쪽 ; 《殖銀調查月報》 1, 1938.5., 35쪽.

038 《殖銀調查月報》 2, 1938.7., 32쪽 ; 《殖銀調查月報》 14, 1939.7., 103쪽.

039 《殖銀調查月報》 15, 1939.8., 71~72쪽 ; 《조선일보》 1939.9.26.

물가 인상으로 생기는 사회불안을 제거하려고 총독부는 무역규제조치와 함께 일련의 물가통제 조치를 공포했다. 〈폭리취체령〉(1937.5.), 〈총동원법〉(1938.3.), 〈폭리취체령 개정〉(1938.7.), 〈물품판매가격취체규칙〉(1938.10.), 〈물가통제대강〉(1939.4.), 〈물가통제실시요강〉(1939.8.), 〈9.18 가격통제령〉(1939.9.)을 발표했다. 이 가운데 1939년 〈9.18 가격통제령〉은 공권력이 강제로 가격을 동결하는 초강력 대책이었다. 가격통제가 한계점에 이른 것이다.[040]

총독부는 9.18 가격통제령과 함께 유통기구 정비에 착수했다. 물자를 원활하게 유통시켜 물자부족을 해소하기 위함이었다. 일찍이 1929년 당업연합회 카르텔이 주도하여 공판제도로 유통기구 일원화를 시도한 바 있다. 일본에서는 1933년 설탕공판조합이 해소된 뒤 원래대로 돌아갔다. 각각 10여 개 이상 제당회사와 대량 설탕 소비업체가 종적으로만이 아니라 횡적으로 복잡하게 거래하고 있었기 때문이다.[041] 일본 정부는 1939년 설탕 공정가격제 실시(4월), 원매元賣조합 결성(8월), 대량 소비업자에 대한 배급 1할 삭감(10월) 같은 유통기구 정비를 시도했다. 하지만 물가는 줄곧 폭등했다.[042]

마침내 1940년부터 일본 정부는 일본 내에서 심각하게 부족한 상품부터 배급제를 단행했다. 1940년 5월 1일 〈신 설탕[砂糖]배급취체규칙〉을 공포했다. 생산, 유통, 소비 전반에 걸친 배급제였다. 도쿄,

---

040　허영란, 〈전시체제기(1937~1945) 생활필수품 통제연구〉, 《국사관논총》 88, 국사편찬위원회, 2000, 294쪽 ; 김인호, 《태평양전쟁기 조선공업연구》, 신서원, 1998, 113~116쪽. '9.18 조치'는 물가수준이 1939년 9월 18일 수준을 넘지 않도록 하여 품귀에 따른 물가 폭등을 막으려는 조치였다. 도지사가 판매가격을 지정했다.

041　《매일신보》 1939.8.3.

042　위의 자료 ; 山下久四郎, 《砂糖配給統制の現狀》, 日本砂糖協會, 1941, 9~10쪽.

오사카를 비롯한 6대 도시부터 시작해 1940년 말까지 전국 93퍼센트에 달하는 지역에서 설탕 배급제를 실시했다.[043]

배급제와 함께 설탕을 공급하는 유통망을 정비했다. 유통단계를 원매元賣, 도매都賣, 소매小賣로 구분했다. 원·도매 겸영, 도·소매 겸영을 금지하고, 소비계통에 따라 일원화했다. '제당회사와 대리점(일본설탕배급주식회사)→특약점(5지구별 원매상업조합)→도매상(도道·부府·현縣별 도매상업조합)→소매상(설탕 소매상업조합, 잡종雜種상업조합, 지구地區상업조합)'으로 단순화했다.[044]

배급받는 소비계통도 정비했다. 소비를 가정용과 산업용 두 갈래로 나누고 가정용과 산업용 모두 배급표로 구매하게 했다. 산업용에서는 대량소비업체인 제과업 같은 가공업체가 조합을 조직해서 공동구입하게 했다. 조합원 사이의 분배기준은 1년 동안 실적이었다. 일반 가정용 소비자도 배급표가 있어야 구매할 수 있었다.

배정 원칙은 가정용 우선이었다. 배급제를 실시하는 주된 목적이 물가 안정이었으므로 가정용 제일주의에 바탕을 두었다. 가정용을 판매하는 소매업자는 전보다 더 많이 배급받았고, 제과업 같은 가공업자는 전보다 30퍼센트 이상 적게 배급받았다.[045]

그러나 식민지 조선에서는 일본과 달랐다. 조선총독부도 1939년 9.18 가격통제령 무렵 일본처럼 산업용 배급계통을 정비했다.[046] 소비계통을 가정용과 산업용으로 나누고, 산업용이 가정용을 잠식하지 못하게 설탕을 계통별로 할당했다.[047] 제과업이나 식품가공업 같은

---

043   山下久四郎, 위의 책, 9~10, 17~18쪽.

044   위의 책.

045   《殖銀調查月報》25, 1940.6.1., 138~139, 143쪽.

046   《殖銀調查月報》17, 1939.10., 68쪽.

047   《殖銀調查月報》16, 1939.9.30., 177~178쪽.

대량소비자는 공업조합으로 정비했다. 〈공업조합령〉(1938.9.)을 기준으로 기존 임의단체인 과자동업조합을 과자공업조합으로 법인화했다.[048] 총독부가 일일이 유통 전 과정을 간여하기에는 예산과 인력이 부족하므로, 민간 자치 배급기구를 앞세웠다. 총독부와 행정기구는 유통기구 정비를 지시하고, 경제경찰이 이를 단속·감시했다.

본래 과자동업조합은 임의단체였다. 제과업자들이 자율적으로 자신들의 공동이익과 이해를 추구하는 단체였다. 서울에는 1923년 이전부터 과자동업조합이 결성되어 있었다.[049] 1924년 대구에서 조직되었고[050], 1920~1930년대 평양, 전주, 부산 같은 대도시에 과자동업조합이 있었다.[051] 1929년 공판제도 실시를 즈음해 각 도시 과자동업조합이 전국적인 조선과자연합회를 결성했다.[052] 대공황기와 1935년 당업연합회의 협정가격에 대항했고, 제당회사나 조선총독부를 상대로 공판제도 타파, 사탕소비세 철폐를 주장하거나, 과자품평회 같은 행사를 개최했다.[053]

조선총독부가 이러한 임의단체 과자동업조합을 법인화하여 배급주체로 만들었다. 제과업자가 안정적으로 원료를 확보하려면 과자공업조합에 참여해야 했다. 1938년 수입이 금지되고 1939년 9월 엔

048   김인호, 앞의 책, 271쪽.

049   《동아일보》 1923.1.15.

050   《매일신보》 1924.5.17.

051   《매일신보》 1930.5.13. ;《조선중앙일보》 1935.1.11 ;《南鮮日報》 1933.6.20.

052   《중외일보》 1929.9.20. ;《조선일보》 1929.9.20. ;《동아일보》 1929.9.24. ;
       《중외일보》 1929.10.8.

053   《동아일보》 1934.7.6., 1935.2.7. ;《京城日報》 1935.1.27., 1935.2.27. ;《조선중
       앙일보》 1935.2.1. ;《조선일보》 1935.2.20. ;《매일신보》 1935.3.3., 1935.3.21.
       품평회에 대한 것은 《동아일보》 1931.4.1., 1934.4.1. ;《조선중앙일보》
       1934.4.4. ;《매일신보》 1934.4.18. ;《조선일보》 1936.12.12., 1937.4.9 . 참조.

블록 내 무역까지 통제되자 설탕, 밀가루 구매난에 처한 제과업자가 폐업하는 일이 속출했다. 1939년 8월 2일 경성과자공업조합을 필두로 1940년 11월까지 조선에 과자공업조합 여섯 개가 설립되었다.[054] 경성과자공업조합의 경우 조합원 수가 1939년 12월 103명에서 1940년 6월 431명에 달할 정도로 대규모였다.[055]

과자공업조합의 가장 큰 관심사는 '어떤 기준으로 얼마만큼 배급받는가'였다. 초기에는 결성 직전해인 1938년 영업실적에 바탕을 두고 출자구수出資口數를 정하여 그에 따라 설탕, 밀가루 같은 원료를 배급했다.

조합원 자격조건인 영업실적은 도道나 군郡의 조사를 따랐다. 이 과정에서 군청 직원이 실수로 실적을 빠뜨리기도 하고 부정으로 조작하는 일이 일어났다.[056] 실적이 적은 제과상은 조합에 가입할 수 없어 자연히 폐업해야 했다.[057]

조합에서는 간부가 자신의 지위를 남용해 부당하게 과다 배급받는 일이 자주 일어났다. 1939년 경성과자공업조합의 경우 조합 간부들이 1938년 실적보다 몇 곱절씩 더 가져가서, 실적이 많은 보통 조합원의 배급량이 절반 이하로 줄어들었다. 총 조합원 103명 가운데 조선인 조합원인 한삼복韓三福, 박성봉朴聖奉 같은 27명이 배급이 불공평하다면서 1939년 12월 경기도에 현 간부를 불신임·탄핵하는 진

---

054 《殖銀調查月報》33, 1941.2.1, 2쪽.

055 《매일신보》1939.12.15. ; 《동아일보》1939.12.16. ; 발신자 京畿道 警察部長, 수신자 京城地方法院 檢事正 등, 〈京城經濟統制協力會 加入申込團體名簿〉, 《經濟情報》(京畿道, 昭和 15年 6月~12月), 발송일 1940.6., 수신일 1940.6.22.

056 《經濟治安週報》54, 1942.5.16. ; 《經濟治安週報》70, 1942.9.5. ; 《經濟治安週報》85, 1942.12.19.

057 《經濟治安週報》70, 1942.9.5.

정서를 제출하는 사건이 일어났다.[058] 1942년에도 여인숙 동업조합인 강릉군 숙박宿屋영업조합 이사가 독단으로 자신의 영업장에 증배增配한 일이 있었다.[059] 경남에서는 만쥬조합장이 자신의 배급비율을 변경해 부정배급한 일이 생겼다.[060] 제과업자간의 경쟁이 격화되는 가운데 돈이 있어도 설탕을 살 수 없는 지경에 이르렀다.[061]

일본에서 1940년 5월 설탕 배급제를 실시하자, 조선에서도 1940년 8월 1일〈설탕배급통제요강〉을 발표하고 배급제를 실시했다.〈설탕배급통제요강〉은 지역 편재를 막고, 제과업자의 가정용 설탕 침식과 매점매석을 방지하여 각 소비자의 최소 필요량을 공급하는 것을 목표로 했다.[062] 설탕 배급제로 공급과 수요 계통을 일원화하여 효율적으로 유통을 통제하겠다는 것이다.

조선총독부는 이를 위해 설탕 생산·유통에서 기존 조선수요회의 유통망을 그대로 이용했다. 조선에서는 1929년 공판제도 시행 이래 일당 조선공장이 주도하는 조선수요회를 중심으로 유통망이 종적으로 잘 정비되어 있었다. 1933년 설탕공판조합이 해소된 뒤에도 일본과 달리 그대로 유지되고 있었다.[063] 조선수요회가 조선 설탕 배급을 모두 총괄하는 조선 설탕배급통제협회가 되고 그 밑에 1929년 이래 '지정상인'이던 41곳이 그대로 특약점으로 지정되었다. 일본과 달리 조선의 특약점은 도매를 겸영할 수 있게 하여 특약점의 수익을 보호

058   《매일신보》1939.12.15. ;《동아일보》1939.12.16.

059   《經濟治安週報》55, 1942.5.23.

060   《經濟治安週報》74, 1942.10.6., 1쪽.

061   《매일신보》1939.11.4. ;《조선일보》1939.11.14., 1940.3.5. ;《동아일보》1939.10.13., 1940.1.31., 1940.2.20.

062   《殖銀調査月報》28, 1940.9.1., 118~120쪽.

063   《매일신보》1939.8.3.

해 주었다. 하지만 판매 실적에 따라 도매 또는 소매로 단일화시키고 도·소매 겸영은 금지했다.[064]

조선총독부는 1939년 9월 〈공업조합령〉으로 제조업자를 과자공업조합으로 정비한 데 이어 1940년 말 상인을 상업조합으로 조직했다. 설탕, 밀가루, 주류, 휘발유처럼 특정 상품별로 난립해 있던 특수배급조합을 지역별로 통합했다. 각 지역 식료품 도매상과 소매상을 모두 정리해서 지역별 상업조합으로 배급체계를 일원화하는 조치였다. 서울의 경우 1940년 12월에 경성식료품소매상조합을 결성했는데, 가입 자격이 '음식료품 소매업을 1년 이상 경영한 자로 영업세를 납부한 자'였다. 각 경찰서 관내마다 조합지부를 설치하고 각 지부는 수 개의 지구로 세분했다. 식료품을 12부류로 나누었는데 설탕은 이중 제3부류에 속했다. 조합은 도·소매상인에게 배급, 가격, 암거래와 매점 방지, 영업방법과 영업시간 제한 같은 조선총독부 방침을 하달했다.[065]

재조 일본인은 경제경찰의 힘을 빌어서라도 간부가 되어 상업조합을 장악했다. 통제요강에는 조합원 자치에 맡긴다고 했으나[066] 실제로는 조합 창립과 간부를 선임하는 과정부터 경제경찰이 관여했다. 이를테면 1941년 12월 진주에서 식료·잡화 소매상업조합을 창립할 때, 조합원 다수를 차지하는 조선인이 조합의 주도권을 갖고자 했다. 조선인 조합원들은 조합 의장을 일본어와 '조선어'를 이해할 수 있는 자로 하고, 간부에 지도관청을 넣지 않고, 출석조합원 가운

---

064   山下久四郎, 앞의 책, 1941, 216~218쪽.

065   발신자 京畿道 警察部長, 수신자 警務局長 등, 〈京城食料品小賣商組合 設立 計劃에 관한 件〉, 《經濟情報》(京畿道, 昭和 15年 6月~12月) 京經情秘 第11769號, 발송일 1940.12.5.

066   山下久四郎, 〈砂糖配給統制要綱〉, 앞의 책, 1941, 215~218쪽.

데 전형銓衡위원 15명을 지명 선임하자고 주장했다. 그러나 회의를 감시하던 경제경찰이 개입하여 조선인의 반대를 무릅쓰고 일본인 창립위원장을 의장으로 내세웠다. 일본인이 의장이 되자 전형위원으로 지도관청을 선정하여 조합을 재조 일본인 위주로 운영했다.[067]

배급제는 〈그림 13〉과 같이 총독부가 지역별, 용도별로 할당량을 지시하는 체계였다. 총독부는 보유한 수량을 관청사업용, 군수용, 산업용, 가정용으로 나누었다. 그리고 관용과 군수용(군인대체식량)에 최우선 배정했다.

이를테면 모리나가제과 조선공장은 일본군과 관청에 건빵을 납품했다. 1940년 3월부터 조업을 개시했는데, 군대에 납품하는 수량이 1940년 6월 한 달치가 6만 킬로그램이었고, 여기에 양우회糧友會가 주문한 관청용 건빵을 더 제조해야 했다.[068] 모리나가제과 조선공장처럼 관용 및 군수용 건빵 제조에 설탕이 최우선적으로 배정되었을 것이다.

관용, 군수용을 제외한 나머지를 산업용과 가정용으로 나누었다. 〈그림 13〉과 같이 각 도별 소비실적, 인구 구성, 신흥 생산지 같은 특수성을 고려해 도별, 용도별, 품종별 할당비율을 결정했다.[069]

067 《經濟治安日報》 8, 1941.12.29.

068 발신자 京畿道 警察部長, 수신자 警務局長 등, 〈森永製菓株式會社 京城工場의 動靜에 관한 件〉, 《經濟情報》(京畿道, 昭和 15年 6月~12月) 京經情秘 第6101號, 발신일 1940.6.4., 1~2쪽.

069 《殖銀調査月報》 28, 1940.9.1., 118~120쪽.

그림 13 조선의 설탕 배급 계통

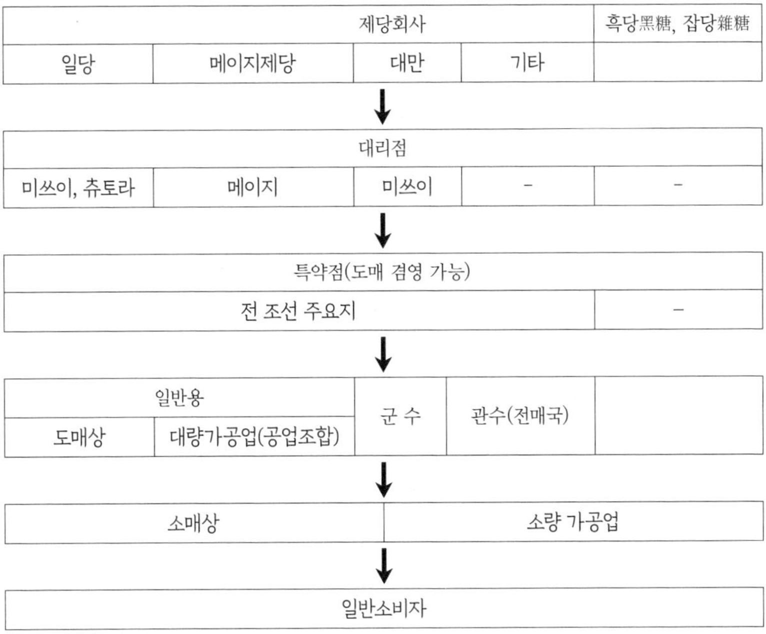

제당회사				흑당黑糖, 잡당雜糖
일당	메이지제당	대만	기타	

↓

대리점				
미쓰이, 츄토라	메이지	미쓰이	–	–

↓

특약점(도매 겸영 가능)	
전 조선 주요지	–

↓

일반용		군 수	관수(전매국)
도매상	대량가공업(공업조합)		

↓

소매상	소량 가공업

↓

일반소비자

출전 山下久四郞, 《砂糖配給統制の現狀》, 日本砂糖協會, 1941, 213쪽.

총독부는 〈그림 14〉와 같이 '총독부→조선 설탕배급통제협회(회원: 조선 관계 설탕생산자와 판매 대리점)→도道 설탕배급통제협의회(회원: 특약점)'로 설탕 할당량 지시를 내렸다. 도 설탕배급통제협의회는 확보한 수량을 판매자별로 할당하면서 구입표를 발행했다. 가공업자는 가정용을 구입할 수 없고 오직 도 설탕배급통제협의회에서 발행한 구입표로만 구입할 수 있었다. 가공업자, 소매업자는 지구별로 조합을 결성해야 했다.

문제는 1940년 5월부터 시행한 조선 설탕 배급제가 일본과 달리 가정용 소비자를 통제하지 않았다는 점이다. 대소비자인 공업조합만 전표제를 실시했고, 가정용 소비자는 설탕을 자유롭게 구매할 수 있

었다. 조선총독부가 관수용, 군수용, 산업용, 가정용으로 수량을 할
당했지만 가정용 소비자는 전표가 없어도 살 수 있었다.

그림 14 조선의 설탕 배급 통제체계

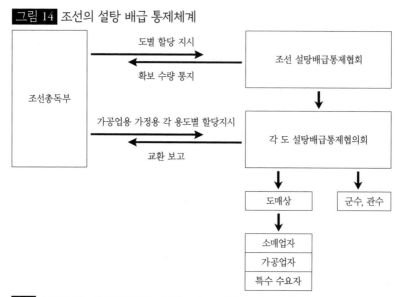

출전 山下久四郎,《砂糖配給統制の現狀》, 日本砂糖協會, 1941, 214쪽.

일반 가정용 소비자까지 전표제를 실시하지 않은 까닭은 식민지라
는 특수 상황 때문이었다.[070] 소비는 소득 격차, 전통 생활양식, 근대
소비문화 수용 정도를 반영한다. 식민지 조선에 사는 지배민족인 재
조 일본인과 피지배민족인 조선인의 소비 수준 격차는 매우 컸다.[071]
일본인과 조선인 설탕 소비량을 비교해 보면, 1938년 1년 동안 일
본인 1인당 소비량이 15.05킬로그램(25.08근)인데 조선인은 1.39킬로

---

070   졸고, 〈1940년대 전반 식민지 조선의 암시장 −생활물자를 중심으로−〉,《동
      방학지》166, 연세대학교 국학연구원, 2014, 260~261쪽.
071   杉山茂一,《生活必需物資の配給に就て》, 1944, 7쪽.

그램(2.31근)으로 11배 차이 났다.[072] 일본인에게 설탕은 생활필수품이 되었다. 1차 세계대전 이래 일본에서는 서민층까지 설탕 소비가 보편화되어 생활필수품으로 자리잡았다. 따라서 일본 정부가 배급제를 실시할 때 사회구성원 사이의 민족별 소득 수준을 고려할 필요가 없었다. 다만 도시와 농촌은 소비량 차이가 커서 지역 사이의 편차를 고려하는 정도였다.[073]

이와 달리 조선에서 설탕은 사치한 조미료였다. 조선 음식에 설탕을 넣은 요리법이 개발되기 시작한 것은 1910년대 후반부터다. 시행착오를 거친 신식 요리법이 본격적으로 전파되기 시작한 것은 1930년대부터였다.[074]

조선에서는 설탕값이 소득에 비해 매우 비쌌다. 일당 조선공장이 조선수요회로 일본과 동일한 협정가격을 유지했기 때문이다. 설탕처럼 비싼 식재료를 살 수 있는 가정은 극소수 조선인 상류층뿐이었다.[075]

조선총독부가 일본처럼 인구나 도시·농촌이라는 지역 구분만으로 배급하자니 조선인과 일본인 사이의 격차가 너무 컸다. 민족별로

---

[072] 山下久四郎, 앞의 책, 1940, 18~23쪽 ; 朝鮮總督府, 《朝鮮總督府統計年報》 1942. 《砂糖業の再編成》에는 조선에 사는 사람들에 재조 일본인을 포함하여 1인당 소비량을 1.79킬로그램(2.98근)이라고 했다. 하지만 순 조선인 1인당 소비량은 1938년 기준 1.38킬로그램(2.31근)으로 계산했다{{조선 총 소비량 66,537,900근－(재조 일본인 633,320명×일본인 1인당 소비량 25.08근)}÷조선인 21,950,616명}.

[073] 石井寬治, 〈國内市場の形成と展開〉, 山口和雄, 石井寬治 編, 《近代日本の商品流通》, 東京大學出版會, 1986.4, 39쪽. 일본에서 설탕 소비는 지역성이 강했다. 도시와 지방 사이의 차이가 크고, 도쿄가 있는 동일본 지역이 서일본보다 평균 소비량이 더 많았다.

[074] 졸고, 〈1930년대 신식 요리강습회로 본 상류층의 "식생활개선"〉, 《역사와 현실》 88, 한국역사연구회, 2013.

[075] 졸고, 앞의 논문, 292~293쪽.

배급하자니 일본식으로 소비하는 소수의 상층 조선인을 배제시켜야 했다. 조선총독부로서는 재조 일본인만이 아니라 친일로 끌어들여야 하는 상층 조선인을 정치적으로 고려해야 했다. 사회구성원 사이의 소비수준 차이를 어떻게 반영할지 강구할 시간이 필요했다.[076] 조선총독부의 니시오카 호지로西岡芳次郎 기획부장은 일본처럼 소비통제를 시행하지 않는 이유로 "연구를 요하는 점이 있어 채용하지 않았다"고 얼버무렸다.[077]

조선에서도 가정용과 산업용 할당 원칙은 일본과 같이 가정용 중심주의를 채택했다. 가정용 할당 기준도 일본처럼 사람 수였다. 산업용보다 가정용에 더 많은 설탕을 배정하니 자연히 산업용 할당량이 급감했다.

그런데 조선의 용도별 설탕 수요를 보면 산업용이 압도적으로 많았다. 1938년 서울에서 소비하는 설탕의 75퍼센트 정도가 산업용이었다. 1938년 조선 총 소비량 66만 5천 피쿨[078] 가운데 1/4인 약 18만 피쿨이 서울로 들어왔다. 이 가운데 과자 원료가 가장 많아 9만 피쿨, 과자 이외의 청량음료·식료품 제조에 3만 피쿨, 일반 가정용 수요가 6만 피쿨이었다.[079] 산업용 수요가 가정용보다 많은데, 산업용 공급은 줄고 가정용 공급은 늘어났다.

일반 소비자 자유판매라는 허점을 틈타 산업용 수요가 한편으로는 가정용으로 할당된 설탕을 넘보고, 다른 한편으로는 공업조합 안에서 최대한 많이 설탕을 배정받으려고 치열하게 경쟁했다.[080]

---

076 《殖銀調査月報》 44, 1942.1., 41쪽.

077 西岡 企劃局長 談, 《殖銀調査月報》 28, 1940.9., 118쪽.

078 山下久四郞, 《砂糖業の再編成》, 日本砂糖協會, 1940, 22~23쪽

079 《殖銀調査月報》 26, 1940.7.1., 116쪽 ; 《朝鮮新聞》 1940.3.7.

080 《經濟治安週報》 58, 1942.6.15., 7쪽 ; 《經濟治安週報》 71, 1942.9.14., 6~7쪽.

가정용 할당을 넘보는 것은 조선 내 산업용 수요만이 아니었다. 일본이나 만주국의 물자 부족 여파가 불완전한 배급제를 시행하는 조선으로 손을 뻗었다.[081] 가정용 설탕에 대한 수요가 많아지면서 경제경찰의 눈을 피해 조선, 일본, 만주국 업자가 관여하는 설탕 암거래가 창궐했다.[082]

제과업자는 경찰의 감시를 피해 가족, 친척, 고용인 같은 사람을 시켜 가정용 설탕을 사들였다.[083] "야미暗브로커" 또는 "두목"[084]이라 불리는 전문 암거래상인이 나서서 설탕을 매집했다. 이들은 도시의 토막민 같은 하층 조선인을 시켜 설탕을 사들였다.[085] 설탕 파는 소매점에 가정용 설탕이 입고되어 판매를 개시하는 날이면 새벽 2~3시부터 점포에 설탕을 사려는 사람들이 장사진을 이루었다.[086] 온 가족이 총동원되어 줄을 서기도 하고, 한 사람이 여러 번 줄을 서서 구매하기도 했다.

하층 조선인이 설탕을 산 것은 자신이 소비하려는 것이 아니었다. 상인을 대신해 설탕을 구매하고 그에게 돈을 받아 부족한 쌀을 샀다.[087] 식량 부족에 시달리는 대다수 조선인에게 설탕은 쌀을 살 수 있는 수익성 높은 상품이었다. 이들이 산 설탕은 브로커에게 넘겨져 공정가격보다 비싸게 산업용으로 넘어가거나, 생활필수품으로 쓰는

081　《經濟治安週報》75, 1942.10.11., 1쪽.

082　졸고, 앞의 논문.

083　《經濟治安週報》58, 1942.6.15., 7쪽 ; 71, 1942.9.14., 6~7쪽.

084　杉本 高等法院檢事 談,《매일신보》1943.11.10.

085　졸고, 앞의 논문, 261~262쪽.

086　《經濟治安週報》71, 1942.9.14., 6~7쪽.

087　《經濟治安週報》68, 1942.8.24., 8쪽 ;《經濟治安週報》75, 1942.10.11., 14쪽 ; 《經濟治安週報》71, 1942.9.14., 6~7쪽.

일본과 만주로 흘러 들어갔다.

가정용 설탕에 대한 매점매석이 심각해지면서 실수요자는 설탕을 구매할 수 없었다. 실수요자인 재조 일본인 부녀자가 상점에서 줄을 서서 여러 시간 기다려도 조선인 숫자에 압도당해 설탕 한 근조차 사기 어렵다며[088] 불만을 터트렸다. 함경북도 청진부 경제경찰도 청진에서 일부 조선인의 매점으로 재조 일본인의 설탕 입수가 아주 곤란하다고 보고했다.[089]

결국 조선총독부는 배급제를 시행한 지 고작 1년도 안 된 1941년 5월, 소비실적 기준으로 가정용 설탕 배급기준을 바꾸었다. 조선총독부는 중앙 설탕배급통제협회와 각 도 배급통제협의회에 인구를 기준으로 하는 추정배급을 폐지하고 소비실적을 기준으로 배급하라고 지시했다.[090] 대전에서는 1941년 8월부터 애국반 단위로 각 가정의 매달 소비실적을 기준으로 배급하기로 했다.[091] 대구에서도 1942년 8월 소매업자를 소집해 단골손님에게 배급량을 증가하고, 상시常時 사용자가 아닌 가정에는 그 필요성, 가족 수 등을 참작해 반 근半斤 판매를 실시했다.[092] 소비실적 기준으로 바꾸었어도 설탕 배급은 여전히 원활하지 못했다.

마침내 1941년 8월, 다시 민족별로 배급기준을 개편했다. 조선인과 일본인 차이를 두고, 이를 다시 소득별·인원별·실적별로 차등했다. 재조 일본인을 위한 차별 배급제였다. 청주에서는 1941년 8월부터 가족 수를 기입한 구입수첩을 발행했다. 일본인은 1개월에 독신

---

088 《經濟治安週報》71, 1942.9.14., 6~7쪽.

089 《經濟治安週報》70, 1942.9.5., 6~7쪽.

090 《매일신보》1941.5.27.

091 《매일신보》1941.8.9.

092 《經濟治安週報》68, 1942.8.24., 8쪽.

자 1근, 2~3인 가족 2근, 3인 이상은 1인씩 더할 때마다 반 근씩 추가했다. 이에 비해 조선인은 극빈자에게는 배급하지 않고 생활 정도에 따라 판매했다. 배급량 기준은 1호戶당 1근 반이었다.[093]

1942년 9월 부산에서는 설탕 소비층을 상용자常用者, 준상용자準常用者, 비상용자非常用者로 구분했다. 일본인은 모두 상용자였고, 조선인은 과거 소비실적을 기준으로 생활 정도, 가정환경, 사회적 지위를 고려해 등급을 나누었다. 상용자 월 1인당 1근, 준상용자 월 1인당 0.5근, 비상용자 월 1인당 0.2근으로 차등했다.[094]

1944년 10월 황해도 해주에서는 각 가정의 납세등급에 따라 6등급으로 구분해서 점수를 매겼다. 일본인은 1등급 10점~6등급 7점인데 조선인은 1등급 5점~6등급 0점으로 차별했다. 같은 등급이어도 조선인 배급량이 일본인의 절반이었다. 조선인 최고 등급인 1등급도 일본인 최저 등급보다 적게 배급받았다.[095]

1942년 무렵 물자를 구하기가 더 어려워지자 조선총독부는 산업용 설탕 분배기준도 바꾸었다. 원래 배급기준인 실적에서 재조 일본인에게 유리한 자본금, 영업세, 병역 따위로 변경했다. 앞장에서 살폈듯이 조선인 제과점 자본금은 일본인보다 더 적고, 시설이나 고용인 숫자도 적었다. 제과업에 종사한 경력 또한 짧았다.

그런데 조합원으로 참가하는 조선인 제과업자의 경우 일본인에 비해 투자자본과 기간 대비 실적이 좋은 경우가 많았던 듯하다. 충청남도 제과공업조합의 경우 설립 초기에는 업자의 실적에 바탕을 두고 출자구수를 정하여 설탕을 배급했다. 하지만 1942년 3월부터

093　《매일신보》 1941.8.3.

094　《經濟治安週報》 71, 1942.9.14., 6~7쪽.

095　《매일신보》 1944.10.11.

조합을 주도하는 재조 일본인 간부들은 실적에 치중하는 것이 타당하지 않다며 이의를 제기했다. 결국 영업세를 위주로 하고, 출정出征 군인 유무, 고용인 수, 영업경력, 설비규모를 참작해 배급하기로 결정했다. 이에 배급비율이 삭감된 논산군 조합원 조선인 류치명柳致明 외 12명이 항의하자 경찰이 개입했다. 경찰은 이들이 내선內鮮 대립을 책동한다면서 시말서를 쓰게 하고 재조 일본인에게 유리한 배급기준으로 변경하게 도왔다.[096] 같은 해 9월 청진에서는 아예 일본인 제과업자 7할, 조선인 제과업자 3할의 비율로 민족별로 차별 배급했다.[097]

일본인이 노골적으로 민족을 차별하여 배급하는 것에 대해 조선인은 크게 반감을 느꼈다. 1942년 북부산경찰서 경제경찰은 물자를 배급할 때 민족 차별하는 것에 대한 가식없는 민심 동향을 살핀다면서 관내管內 초등학교 아동 작문을 조사했다. 조선인 어린이는 "가족이 많은 곳에 설탕 배급이 많은 것이 당연한데 8인 가족이 2인 가족보다 적게 (설탕을) 살 수 있는 것은 무슨 이유일까?", "내지(일본)에서 1인人 4홉合 배급인데 조선인은 무슨 까닭으로 2홉合 5작勺일까", "조선인은 무슨 까닭으로 내지인(일본인)보다 적은 설탕〔砂糖〕을 가질까"[098]라며 배급 차별이 부당하다고 느꼈다. 더 나아가서 "내선일체라고 입으로 말하면서 뒤에서 설탕을 가질 때 반도인(조선인)에게 적게, 내지인(일본인)에게 많이 주는 것은 불가사의하다"[099]고 내선일체의 거짓을 예리하게 지적했다.

---

096 《經濟治安週報》73, 1942.9.26., 8쪽.

097 《經濟治安週報》70, 1942.9.5.

098 《經濟治安週報》75, 1942.10.11., 14쪽.

099 앞의 자료.

설탕 배급으로 일제가 민족을 계급보다 우선한다는 사실이 드러
났다. 배급제를 시행하기 전까지 설탕은 사회문화적으로 계급차, 문
명차를 나타냈으나 이제 정치적·민족적 차별을 상징하게 되었다. 설
탕 배급제는 하층 조선인보다 '문명의 맛'에서 소외당한 상층 조선인
에게 더 불만을 품게 했을 것이다. 지배민족인 일본인은 우월하므로
설탕 먹을 자격이 있고, 식민지민인 조선인은 아무리 최상류층이라
할지라도 최하위 일본인보다 낮다는 사실을 일깨워 주었다.

불공평한 설탕 배급으로 말미암아 조선인들은 민족의식을 깨닫기
도 했지만 설탕 자체를 배척하지는 않았다. 오히려 "조선인도 이제
내지인(일본인)과 차이 없이 설탕(砂糖)을 써야 한다"[100]며 욕망하고
픈 대상이었다. 설탕을 상용하지 않는 조선인도 여건만 허락하면 소
비하겠다는 잠재적 소비층이 되었다.

2. 제과업 통제

1) 과자 규격의 표준화

중일전쟁 이래 일제는 물가 앙등을 막는 데 주력했다. 조선총독부
도 중요 물자의 생산, 배급, 소비, 수출입, 가격을 통제하고 경제통제
에 관한 여러가지 법령을 공포했다. 그리고 1938년 11월 이를 일선
에서 단속·감시할 경제경찰을 창설했다.[101] 경제경찰의 주된 임무는
물가통제, 물자배급, 경제정보 수집이었다. 그 가운데 물가단속이 가

---

100 위의 자료.

101 朝鮮總督府警務局 編, 《朝鮮警察之槪要》, 朝鮮總督府警務局, 1941, 135쪽.

장 중요했다.[102]

그러나 경제경찰이 물가단속을 하려고 해도 단속할 기준이 없었다.[103] 과자의 경우 생과자生菓子, 양과자洋菓子, 마른과자〔乾菓子〕 등 그 종류가 자그마치 1천 5백~1천 6백여 종에 이르렀다. 표준화되지 않았기에 과자마다 원료 함량이 천양지차였다. 따라서 처음에는 기껏해야 통조림, 청량음료수, 맥주 같은 가공품을 협정가격 위반, 폭리취체령으로 단속하거나, 설탕 1포대 중량 위반이나 가격 무표시를 단속하는 정도에 그쳤다.[104] 제과업자들은 설탕이 부족하자 과자에 넣는 설탕량을 줄였다.[105] 때로는 밀가루 대신 모래나 돌가루를 섞었다.[106] 과자 종류가 다양하다는 점을 틈타 마음대로 과자 크기를 줄이고 가격을 매겼다.[107]

경제경찰이 과자 같은 식료품 물가를 단속하려면 먼저 통제 기준이 마련되어야 했다. 각 도 경제경찰은 과자공업조합에게 규격과 가격에 대한 표준화 기준을 마련하도록 지시했다.

그에 따라 첫째, 1940년 6월 6일 빙과류에 대한 규격과 공정가격을 발표했다. 빙과류 가운데 가장 인기가 많고 탈도 많은 아이스케키는 무게와 설탕 함량으로 규격 기준을 정했다. 무게가 12돈 이상

---

102   김상범, 〈일제말기 경제경찰의 설치와 활동〉,《한국민족운동사연구》 17, 한국
      민족운동사학회, 1997, 119쪽.

103   《동아일보》 1940.7.18.

104   발신자 江原道, 〈經濟統制諸法令違反者諭示狀況報告(昭和14年度 7月分)〉,《經濟情
      報》(江原道, 昭和 14年 自 7月 至 12月) 江經 제2463호, 발신일 1939.11.9. ;《經
      濟治安日報》 26, 1942.1.29 ;《經濟治安週報》 52, 1942.5.2.

105   《經濟治安週報》 48, 1942.4.7. ;《經濟治安週報》 61, 1942.7.5., 2쪽 ;《經濟治安
      週報》 65, 1942.8.2., 2쪽 ;《經濟治安週報》 73, 1942.9.26.

106   《조선일보》 1940.4.16.

107   《매일신보》 1940.6.8.

인 것은 개당 2전, 6돈 이상인 것은 1전으로 하고, 당분을 8퍼센트 이상 포함해야 한다고 정했다. 만일 설탕을 8퍼센트 미만으로 넣으면 통제가격 위반으로 처벌했다.[108]

둘째, 과자류에 대해서도 가격과 품질기준을 정했다. 1940년 6월 경제경찰이 과자공업조합을 소집했다. 경제경찰의 감시 아래 경성과자공업조합은 수천 종을 헤아리는 과자 종류를 얼추 백여 종으로 줄였다. 시국에 적응해야 한다면서 각지 명물名物이나 시국을 거스르는 사치품 제조를 금지했다. 백여 종의 과자를 열 부류로 나누어 품질에 따라 상·중·하 세 등급으로 나누었다. 각 부류마다 7~8명 위원을 선발하고 생산원가와 소매인 이익口錢을 고려해서 검토하게 했다.[109] 이를 바탕으로 그해 8월부터 과자 공정가격을 고시하고 경제경찰이 단속했다.

그런데 경성과자공업조합에서 정한 과자 규격과 가격이 제과업자에게 유리하게 매겨진 듯하다. 시행한 지 3개월밖에 안 된 1940년 11월, 경성과자공업조합은 공정가격 재심사에 착수했다. 가격 개정이유는 '심사가 적정適正을 잃었다'는 것이다. 경제경찰은 조합원 가운데 저급품을 고급품이라고 칭하며 부정판매를 하는 폐해가 있다면서 업자에게 자숙하라고 경고했다. 조합원이 업자 편에서 과자 규격과 가격을 정하자 경제경찰이 제동을 걸어 재심사한 것으로 추측된다.

경성과자공업조합이 11월 재심사한 결과 과자 분류가 9부로 줄

---

108 《조선일보》1940.6.6., 1940.6.8. ; 《동아일보》1940.6.6. 과자공업조합이 빙과류 규격과 가격기준을 만들었을 것이다.

109 발신자 京畿道 警察部長, 수신자 警務局長 등, 〈京城菓子工業組合 臨時總會 開催에 관한 件〉, 《經濟情報》(京畿道, 昭和 15年 6月~12月) 京經情秘 第8052號, 발송일 1940.7.18.

어들었다. 각 부마다 심사부장 1명과 심사원 2명을 정했는데 이들은 이사회 간부 가운데에서 위촉되었다. 11월에 선정된 심사부장과 심사원은 〈표 44〉와 같다. 그 가운데 다섯 명의 조선인이 눈에 띈다. 심사부장과 심사원은 품질, 기술, 포장, 원료들의 규격을 조사해서 표준을 만들고 점수를 매겼다.

표 44 경성과자공업조합의 과자 규격 종류와 심사위원

部	종류	조합 심사위원	
		조합 심사부장	조합 심사원
1	일본식 양과자, 나마카시, 양갱류	本吉兵次郎	前川隆藏, 岸本禮郎
2	카스텔라, 찹쌀떡(모찌), 만쥬류	毛利泰人	西田定吉, 千田常次郎
3	제빵류	辛允弘*	경성제빵주식회사, 中村淸八
4	센베이류	大島邦三郎	畑万次, 宋堯濟*
5	마른과자류, 초콜릿, 눈깔사탕, 캔디, 막과자사탕류(引飴, 히키마메)	永岡長右衛門	福原繁太郎, 富永新一
6	아라레, 오코시(밥풀과자)류	朴元容*	長谷川千松, 朴鳳學*
7	구운과자, 마메카시豆菓子류	朝長透	江川乙三郎, 長浦藤藏
8	막과자, 장난감 과자류	原淸太郎	鄭雲祥*, 重本智雄
9	일본식 카케모노과자, 비스킷류	北村勝美	三立제과주식회사, 眞木三郎

출전 발신자 京畿道 警察部長, 수신자 警務局長 등, 〈京城菓子工業組合의 動向에 관한 件〉, 《經濟情報》(京畿道, 昭和 15年 6月～12月) 京經秘 第11867號, 발송일 1940.12.9.
비고 조선인은 *로 표시했다.

지방에서도 과자 규격기준을 마련했다. 제일 먼저 착수한 지역은 강원도였다. 1940년 8월부터 빙과류, 두부, 청주에 대한 규격과 공정가격기준을 마련했다. 부산도 1942년 3월 부산 과자공업조합에서 과자 단속기준을 정했다.[110]

---

110 《經濟治安週報》 45, 1942.3.14., 3쪽.

그 과정이 잘 나타난 대전을 살펴보자. 우선, 대전 경제경찰이 1942년 3월 6일 일제히 과자 230여 종을 수거했다. 다음으로, 수거한 과자를 상공회의소에 가져가서 경제경찰의 입회 아래에 품평회를 열었다. 마지막으로, 심사원 15명이 이를 심사하여 각 과자를 종류별·제조업자별로 채점했다. 점수가 낮은 불량과자는 퇴출되었다.[111]

2) 단속

과자 규격과 공정가격을 정하며 경제경찰의 단속기준이 명확해졌다. 중소 제과점은 말할 것도 없고 대기업인 모리나가판매주식회사가 운영하는 상점에서도 위반행위가 적발되었다. 모나카 과자의 경우 1개에 무게 12돈짜리가 6전이고, 12돈에서 2돈씩 줄어들 때마다 1전씩 싸져야 했다. 1941년 5월 30일 모리나가 캔디스토아에 진열해 놓은 모나카 1개의 무게가 8돈~10돈인데 6전에 판 것이 적발되었다. 모나카 도매상인 카와바타川端상회에서 모리나가 캔디스토아에 납품한 것이었다.[112]

과자 규격이 표준화되고 이를 기준으로 단속하면서 불량과자 제조를 막는 효과가 있었다. 애초 목적은 물가 앙등을 막기 위함이지만 부수적으로 과자품질 저하를 다소 저지할 수 있었다. 대신 부족한 물자로 과자공업조합에서 정한 규격에 맞추려다 보니 획일화되어 다양성이 사라졌다.

조선총독부는 과자 규격 표준화만이 아니라 위생도 통제하기 시작했다. 1930년대 아이스케키와 같은 빙과류와 과자의 판매 증가로

111 《經濟治安週報》 48, 1942.4.7.
112 《매일신보》 1941.5.31.

적리 같은 법정전염병, 식중독 발병률이 급증했다. 하지만 조선총독부는 속수무책이었다.[113]

중일전쟁 뒤 조선총독부는 빙과류 제조와 판매에 대한 시행세칙을 강화했다. 이전에는 누구나 신고만 하면 식품을 만들어 팔 수 있었다. 식품원료, 설비, 위생에 대한 법적 검사는 숫제 없었다. 제조업자가 전염병에 걸렸어도, 비위생적인 시설로 식품을 만들어도, 유해하거나 불결한 원료를 써도, 경찰의 자의적 단속기준에 기댈 뿐 묵인하고 있었다.

1937~1938년부터는 각 도마다 시차가 있지만 〈빙과영업취체규칙氷菓營業取締規則〉을 신고제에서 허가제로 바꾸었다. 가장 먼저 개정한 곳은 경상남도였다. 1937년 7월 9일 도령道令으로 개정한 〈빙과영업취체규칙〉을 공포했다.[114] 그 뒤를 이어 전북(1937.9.), 함남(1938.4.) 황해도(1938.4.), 충북(1938.5.), 충남(1938.6.), 전남(1938.6.), 경기(1938.7.)에서도 개정한 〈빙과영업취체규칙〉을 발표했다.[115]

이제 영업자는 결핵 같은 전염성 질병이 없다는 증명서를 경찰서에 제출해야 했다. 제조장 위치와 청결도, 빙과 제조기구·기계를 검사받고 경찰서장의 검인을 받은 뒤 이를 증빙하는 감찰을 가지고 다녀야 했다.[116] 빙과행상 인원도 규제했다. 경기도에서는 제조업자 1호戶당 행상 5명으로 제한했다.[117] 행상시간도 제한하여 평양에서는 1938년부터 빙과 행상을 밤 11시까지만 팔게 했다. 군산, 전주, 대전에서는 1939년부터 빙과류 판매 시간을 오후 9시, 대구는 오후 11시

---

113 Ⅳ장 2절 참고.

114 《官報》 1937.8.23.

115 《官報》 1937.10.15., 1938.8.9., 1938.8.18., 1938.9.7., 1938.9.14., 1938.10.5.

116 《官報》 1937.8.23.

117 《조선일보》 1938.7.15.

까지로 정했다.[118] 청주에서는 밤 9시가 넘으면 행상을 포함한 판매를 전면 금지했다.[119]

조선총독부가 음식물 규정을 허가제로 바꾼 이유는 조선인을 전쟁에 동원할 인적자원으로 인식하기 시작했기 때문이다. 중일전쟁이 일어나자 미나미 지로南次郎 조선총독은 조선 통치목표로 '내선일체'를 내걸고 전시총동원정책을 추진했다.[120] 조선인을 동원하기 위해 1938년 2월 22일 〈육군특별지원병령〉으로 조선지원병제도, 3월에는 〈교육령〉을 개정하여 황국신민화교육을 실시했다.

전시총동원정책은 조선총독부가 조선인을 종래 미개한 '타자'에서 제국의 '신민', '황민'으로 동원 가능한 인적자원으로 관리하기 시작했다는 뜻이기도 하다. 바야흐로 조선인은 이등 '국민'으로, 일본제국의 울타리로 끌어들여야 하는 통치대상이 되었다.[121] 또한 위생사상이 부족한 '계도 대상'에서 제국에 봉사해야 할 '이등 국민'이 되었다. 식민권력이 제국에 필요한 인적자원을 최소한으로 행정관리하는 차원이었다. 하지만 법적인 음식물 규정의 변화는 없었다. 제과업계는 물자를 구하기가 점점 어려워지는데다가 조선총독부의 불량과자 단속으로 더욱 침체되었다.

---

118 《동아일보》 1939.7.26., 1939.8.4., 1939.8.10., 1939.8.18.

119 《조선일보》 1940.6.22.

120 미야다 세쯔코宮田節子, 이형낭 옮김, 《조선민중과 〈황민화〉정책》, 일조각, 1997, 160~161쪽.

121 전규찬, 〈국민의 동원, '국민'의 형성: 한국사회 '국민' 담론의 계보학〉, 《한국언론정보학보》 31, 한국언론정보학회, 2005.11., 263쪽.

3. 전시 설탕 소비 억제

1930년대까지 식민지 조선에서 영양이란 당분인 칼로리를 뜻했다. 그러다 중일전쟁으로 조선총독부는 태도를 바꾸어 종래와 다른 영양담론을 유포했다. 즉, 사람이 건강하려면 탄수화물보다 단백질, 무기질, 비타민과 같은 영양소가 매우 중요하다는 영양담론이었다. 곡물 소비를 억제하려는 의도였다.

총독부는 또한 백설탕과 흑설탕의 위상을 전복시켰다. 문명화, 산업화의 상징물로 권장하던 백설탕이 흑설탕보다 영양가가 낮고 폐해가 많은 식료품으로 전락했다. 뿐만 아니라 조선인이 관습적으로 먹지 않던 번데기, 오리, 토끼, 정어리 따위를 새로운 영양식으로 만들었다. 풀뿌리, 산나물 같은 구황식품도 전통 영양식이라며 권장했다.

상류층 중심으로 펼쳐지던 조선인 생활개선운동은 녹기연맹 그늘 속으로 들어갔다. 조선인 생활개선론자는 일제의 보호 속에서라도 '근대적 주부'로 인정받기를 원했기에 조선 음식을 일본제국 내 하나의 '향토음식'화하는 것에 만족했다. 식생활의 내선일체였다.

1) 뒤집힌 백설탕과 황설탕의 지위

19세기 이래 서구인은 비서구 지역에 설탕 문명화·영양담론을 유포했다. 자신들이 상용하는 정제당이 기술문명의 상징이고 효율적인 칼로리 공급원이라는 것이다. 그 안에는 칼로리가 많을수록 영양이 높다는 전제가 놓여 있었다.

이 시기에는 영양이 곧 칼로리였다. 1900년대부터 김봉관金鳳觀, 김명준金明濬, 이규영李奎濚, 김수철金壽哲, 지성연池成沇과 같은 일본 유학생 출신들이 일본의 영양학을 국내에 소개했다.[122] 영양담론 중심에 칼로리가 높은 설탕이 있었다. 연령별로 일상생활에 필요한 총열량이 얼마인지가 주요 관심사였다.[123] 성장기 어린이에게 칼로리가 부족하면 발육장애를 일으킨다면서[124] 영양 간식으로 어린이에게 과자를 먹이라고 부추겼고, 설탕 등을 구사하는 신식 요리법을 가르치며 더 많은 칼로리를 공급하고자 노력했다.

그러다 중일전쟁이 시작되자 조선총독부는 갑자기 설탕과 영양을 분리한 영양담론을 강조했다. '영양=당분'이라는 주장이 '영양≠당분'으로 바뀌었다. 영양이란 당분인 칼로리를 공급하는 것이 아닐 뿐더러 당분만 공급하는 것이 몸에 좋지 않다는 것이다.

일본에서 1차 세계대전을 거치며 국민소득이 상승하고 생활수준이 높아지면서 섭생에 관한 관심이 높아졌다.[125] 건강한 생활을 영위하려면 단순히 칼로리 양만 채우는 것이 아니라 그 질을 고려해야 한다는 것이다. 이를테면 식물성 단백질보다 서구인이 많이 섭취하는 동물성 단백질이 질적으로 우수하다는 주장이었다.[126] 이는 일제의

---

122 김봉관, 〈衛生部〉, 《西友》 2, 1907.1. ; 〈衛生部〉, 《西友》 3, 1907.2. ; 김명준, 〈家政學譯述〉, 《西友》 4, 1907.3. ; 이규영, 〈貴要食物의 槪論〉, 《대한유학생회학보》 3, 1907.5. ; 김수철 譯述, 〈家庭敎育法〉, 《太極學報》 18, 1908.2. ; 지성연, 〈小兒養育法〉(續), 《대한흥학보》 9, 1910.1.20.

123 유영준, 〈의학상으로 본 과자와 어린이(1)〉, 《조선일보》 1925.10.20. ; 〈일상생활에 필요한 열량〉, 《新東亞》 3-3, 1933, 3, 22~25쪽.

124 방신영, 〈영양문제에 대하여 일천만 자매에게 드림〉, 《조선일보》 1928.10.1.

125 兒童保護硏究會, 《兒童の性と榮養》, 東京: 兒童保護硏究會 ; 榮養硏究所, 《榮養硏究所彙報》, 東京: 三秀舍, 1924 ; 澤村眞, 《營養講話》, 東京: 成美堂, 1927 ; 川上登喜二, 《最新榮養槪論》, 文光社, 1928.

126 조선농촌사회위생조사회 편, 《조선의 농촌위생: 경상남도 울산읍 달리의 사회위생적 조사》, 국립민속박물관 민속연구과, 2008.9.8., 69~77쪽 ; 澤村眞, 위의 책, 237쪽.

식민지배로 말미암아 날이 갈수록 생존에 필요한 최소한의 칼로리도 섭취하지 못하는 식민지 조선의 현실과 동떨어진 영양담론이었다.

중일전쟁으로 식량 사정이 나빠지자 조선총독부는 이러한 영양담론을 유포했다. 전쟁으로 악화된 식량수요를 줄이고 그 수요를 분산시키기 위해서였다. 일본인 학자만이 아니라 이를 무비판적으로 받아들인 조선인 생활개선론자도 앞장섰다. 한귀동韓龜東[127]은 조선 음식이 과학화되려면 칼로리를 얻는 것만으로 결코 영양에 만전을 기할 수 없다고 주장했다. 단백질이나 무기질, 비타민을 같이 섭취해야 한다는 것이다.[128]

생활개선론자는 새로운 영양 개념을 앞세워 백설탕 대신 흑설탕[129]을 권장했다. "무엇에든지 설탕을 쳐야 직성이 풀리는 그런 조미법調味法을 극력 배척"[130]하자고 주장했다. 꼭 설탕을 쓰려면 백설탕 대신 흑설탕을 넣으라고 했다.

흑설탕보다 우월한 지위에 있던 백설탕이 별안간 추락했다. 순수, 위생, 청결, 기계문명, 서구화를 상징하던 백설탕이 무기질, 비타민을 강조하는 흑설탕에게 밀려났다. 새로운 영양 개념에 따라 흑설탕은 일약 영양의 보고寶庫가 되었다. 백설탕과 흑설탕을 비교할 때 가

---

127 조선약학교朝鮮藥學校 졸업, 서울대학교 약학대학 교수 겸 학장 역임.《대한민국건국십년지》, 국사편찬위원회 한국사데이터베이스 인물 참조.

128 한귀동,〈朝鮮 飮食의 科學化: 맛있고 깨끗하고 營養있는 음식을 먹자!〉,《春秋》 2-3, 朝鮮春秋社, 1941.4.1., 196~198쪽.

129 그때 자료에서는 황설탕과 흑설탕을 혼용하고 있으나 엄밀히 황설탕과 흑설탕은 다르다. 흑설탕은 재래당[含蜜糖, Raw Sugar] 가운데 흑당黑糖(Molasses)을 뜻하는 것이고 황설탕은 분밀당分蜜糖(Centrifugal Sugar) 가운데 중쌍中双(Brown Sugar)을 뜻한다. 그때 흑설탕이라고 한 것이 함밀당인 흑당이 아니라 분밀당 가운데 중쌍을 가리키는 것이라고 보아야 할 것이다. 이 책에서는 그때 가리켰던 '흑설탕' 용어를 그대로 썼다.

130 《매일신보》 1938.11.2.

장 많이 든 예가 백미와 현미에 빗댄 것이다. 흑설탕을 정제하는 과정에서 천연 설탕에 있던 여러 가지 비타민, 광물질, 기타 영양소가 떨어져 나간다고 주장했다.[131]

생활개선론자는 백설탕의 나쁜 점을 두드러지게 강조했다. 백설탕은 혈액을 산독화散毒化하고, 병에 대한 저항력을 감퇴시키며, 골수에 변화를 일으켜 뼈가 가늘어져 부러지기 쉽고, 충치를 생기게 한다며 부정적으로 말했다.[132] 설탕이 흴수록 당분이 많아져서 그만큼 피해가 많다는 것이다.[133] 이와 달리 흑설탕은 좋은 점을 강조했다. 흑설탕 속에 철분, 칼슘, 인, 비타민이 들어 있어서 혈액을 맑게 하여 순환을 잘 하게 하고 치아와 골격을 튼튼하게 한다는 것이다.[134]

흑설탕이 백설탕보다 인체에 이로운지 해로운지를 이해하려면 설탕 생산공정에 대한 이해가 필요하다.

첫째, 흑설탕은 전근대적 방식으로 생산한 흑당, 적당과 같은 재래당을 뜻한다.[135] 재래당은 정제하는 과정이 없다. 사탕수수에서 당밀을 분리하지 않아 사탕수수의 줄기·뿌리·흙과 같은 불순물을 포함하고 있다. 외관상 색깔이 짙고 특유의 맛과 향이 있다. 따라서 근대 설탕 가공 식품이나 음식에는 쓰지 않고 전통 음식에 썼다.

둘째, 황설탕이란 사탕수수에서 당밀을 분리한 분밀당인 조당粗糖(Muscovado Sugar)을 뜻한다. 분밀 순서에 따라 당도가 달라졌다. 보통 첫 번째 추출된 것을 1번 당, 추출된 뒤에 남은 잔여물을 가지고 두 번째로 추출한 것이 2번 당, 다시 추출한 뒤에 남은 잔여물로 추출

131 《매일신보》 1938.9.6.

132 《동아일보》 1936.5.26.

133 《동아일보》 1939.10.3.

134 《매일신보》 1938.11.2.

135 鈴木梅太郞, 《食料工業》, 丸善出版株式會社, 1949, 155쪽.

한 것이 3번 당이다. 그 무렵 보통 3번 당까지 추출했다. 당연히 먼저 추출된 것일수록 당도가 높고 색이 옅었다. 1번 당이 중쌍中双, 2번 당이 원료당, 3번 당이 적쌍赤双이고 남은 찌꺼기가 폐당밀廢糖蜜(Exhausted Molasses)이다.[136] 황설탕에는 당밀을 분리했다고 하지만 여전히 사탕수수나 사탕무에 부착된 줄기, 뿌리, 흙 같은 협잡물이 들어 있었다.

조선총독부에서 말하는 흑설탕이란 재래당이 아니라 대만 분밀당인 황설탕[中双]이었을 것이다. 본래 흑설탕이란 재래당을 뜻한다. 일본제국 안에서 재래당이 생산되는 지역은 전근대부터 사탕수수 재배지였던 오키나와였다. 하지만 1920년대 세계적인 설탕 공급과잉사태로 오키나와 재래당 산업은 파탄났다. 따라서 1930년대 말 오키나와 재래당인 흑설탕이 조선으로 들어올 수는 없었다.[137] 이 무렵 조선에서 흑설탕이라 일컫는 설탕을 실제 재래당이 아닌 대만 분밀당으로 보는 이유다. 조선에서 독점적 지위를 차지하고 있던 일당이 자사가 소유한 대만 분밀당 회사에서 분밀당을 들여와 판매했을 것으로 추측된다. 일당은 1920년대 이래 꾸준히 대만의 분밀당 회사를 합병했다. 1940년대가 되면 일당은 정제당만이 아니라 분밀당 생산력도 일본 제당업계 최고였다.[138]

셋째, 이러한 분밀당을 정제한 백설탕인 정제당Refined Sugar이 있

---

136 久保文克, 〈近代製糖業界の對立構圖と糖業聯合會〉, 久保文克 編著, 糖業協會 監修, 《近代製糖業の發展と糖業聯合會》, 東京: 日本經濟評論社, 2009, 23쪽.

137 向井淸史, 《沖繩近代經濟史－資本主義の發達と邊境地農業》, 日本經濟評論社, 1988, 19~23쪽.

138 久保文克, 〈四大製糖會社競爭·協調行動糖業聯合會〉, 久保文克 編著, 앞의 책, 298~300쪽. 1935년 일당은 니타카제당, 1939년 쇼와제당, 1941년 테이코쿠제당을 합병하면서 정제당만이 아니라 분밀당에서도 대만제당을 제치고 생산능력 1위 제당회사가 되었다.

다. 정제당을 만들고자 분밀당의 불순물을 제거하는 세당洗糖과정을 되풀이했다. 그 뒤 탈색과정을 거쳐 순백의 설탕을 얻었다.[139]

생산공정에서 보듯 재래당인 흑설탕과 백설탕을 현미와 백미로 단순 비교할 수 없다. 흑설탕이 인체에 유용한 영양소인 무기질을 함유한 것은 사실이나, 원료인 사탕수수나 사탕무에 부착된 줄기, 뿌리, 흙 따위 협잡물을 많이 포함하고 있다. 정제과정은 유용한 영양소를 걸러내기도 하지만 이런 협잡물을 제거하는 작업이기도 했다. 영양 면에서 보면 재래당인 흑설탕이 무기질을 더 많이 함유하여 영양가가 있으나, 위생이나 청결 면에서 보면 정제당이 훨씬 깨끗하다. 서구인들이 재래당을 비위생적이고 낙후했다면서 하얀 정제당을 선호한 이유는 기계로 가공하여 불순물을 최대한 제거했기 때문이다.[140]

유의할 점은 조선총독부와 언론이 재래당인 흑설탕과 분밀당인 황설탕을 뭉뚱그려 불렀다는 점이다. 실제 조선에 들어온 것은 분밀당인 황설탕이었기에 재래당인 흑설탕만큼 무기질을 다량 함유하고 있지 않았다.

조선총독부가 흑설탕 영양담론을 가지고 황설탕을 권장한 까닭은 물자 절약과 백설탕 수요분산에 있었다. 흑설탕을 정제하느라 물자와 노력이 들어가고, 원료당을 정제당으로 만드느라 분량이 줄어드니 정제당 대신 분밀당을 쓰라고 말했다. 값비싼 정제당을 쓰는 것은 물자절약을 거스르는 비경제적 행위라고 엄포를 놓았다.[141]

뿐만 아니라 분밀당이 정제당보다 더 음식 맛을 좋게 만드는 것처럼 선전했다. 정제당의 가장 큰 장점은 정제할수록 단맛만 강해지

---

139 《臺灣糖業統計》. 경지백당은 특성상 사탕수수 재배지에서 제조되었다. 그런데 대만에서 수입한 것은 원료당이었고 경지백당은 포함되지 않았다.

140 시드니 민츠 著, 김문호 옮김, 《설탕과 권력》, 지호, 1998, 150~151쪽.

141 《매일신보》 1938.9.6.

고 고유의 향과 색이 없어져서 어떤 음식과도 잘 어울린다는 점이다. 이에 비해 재래당이나 분밀당은 꿀과 엿같이 색과 향이 있어 음식 고유의 맛과 향을 변화시켰다. 자연히 어울리는 음식도 한정되었다. 하지만 언론에서는 흑설탕이 백설탕보다 재료와 잘 어울린다고 선전했다.[142]

일제 전시체제에서 뒤집어진 백설탕과 흑설탕의 지위는 오늘날까지 이어지고 있다. 영양 면이나 가격 면에서 설명할 수 없는 일이 현재진행 중이다. 요즘 설탕을 백설탕Refined Sugar, 황설탕, 흑설탕으로 나누고 있다. 오늘날 한국 제당업체에서 생산한 황설탕은 일제 때 분밀당과 모습이나 맛이 비슷하지만 생산과정은 아주 다르다. 일제 강점기 황설탕은 정제과정을 거치기 전의 분밀당이기에 재래당만큼은 아니어도 무기질, 협잡물을 조금이라도 갖고 있었다. 현재 한국에서 생산된 황설탕은 백설탕(정제당)에 다시 갈색을 덧씌워 가공한 것이므로 백설탕과 영양성분이 같다.[143] 정제당보다 추가 공정을 거쳐야 하므로 가격도 더 비싸다. 영양성분이 같고 가격이 더 비싼데도 여전히 황설탕에 대한 수요가 꾸준하다. 이는 흑설탕(황설탕)이 백설탕보다 영양가가 많다는 일제 전시체제 때 담론이 오늘날까지 한국 사회에 영향을 미친 덕분이다. 아울러 흑설탕과 황설탕을 뒤섞어 불러 뜻을 혼돈시킨 결과다.

엄밀하게 일제하 흑설탕 영양담론에 들어맞는 것은 황설탕이 아니라 재래당인 함밀당이었다.

1940년대가 되면 설탕 섭취량이 많을수록 문명인이라던 논리가 폐기되었다. 생활개선론자는 설탕 섭취가 얼마나 건강에 나쁜지 그

142　위의 자료.

143　현재 설탕 제품 종류와 설탕 규격은 대한제당협회 홈페이지 참조.

폐해를 강조했다. 송금선은 설탕을 과식하면 구미를 잃어 건강에 좋지 못하다고 말했다.[144] 잡지나 신문에서는 단것을 너무 많이 먹으면 학업성적도 나빠지고, 결핵에 걸릴 수도 있으며, 임산부가 설탕을 많이 먹으면 태아 발육이 나빠지고, 해산도 수월치 않다고 협박했다.[145] 김호식金浩植은 "당분을 반드시 설탕에서 구해야 하느냐"[146]면서 설탕을 즐기는 것을 알코올alcohol 중독이나 알칼로이드alkaloid 중독에 빗댔다.[147]

과자를 영양 간식으로 권장하던 분위기도 급변했다. 조선총독부와 생활개선론자는 다음과 같은 이유를 들어 어린이에게 과자를 주지 말자고 주장했다.

첫째, '영양≠당분'이라는 논리를 들어 반대했다. 《매일신보》에서는 당분만 든 과자는 영양 면에서 좋지 않다고 주장했다. 당분 대신 철분, 칼슘, 마그네슘과 같은 무기질 성분이 적당하게 섞인 '영양주의' 과자나 메이지제과·모리나가제과같이 유명회사 제품은 괜찮지만, 그렇지 않은 것은 건강에 나쁘다고 주장했다.[148]

둘째, 시국을 들어 억제하자고 말했다. 거국적으로 식량 부족을 해결하려고 절미節米 운동과 배급통제를 하는 상황이므로, 보리나 쌀 같은 잡곡이 많이 들어가는 과자를 만들지 말자는 것이다.[149] 조

---

144 송금선, 〈經濟非常時 우리집對策〉, 《女性》 3-7, 朝鮮日報社出版部, 1938.7., 87쪽.

145 P.Q.R, 〈甘黨, 酒黨, 미생물〉, 《女性》 4-4, 1939.4., 35쪽 ; 《동아일보》 1939.4.28.

146 김호식金浩植 談, 〈대용식좌담회〉, 《朝光》 8-7, 1942.7, 171쪽. 김호식은 1931년 이화여전 교수, 1939년 숙명여전 교수, 1946년 수원농사시험장장水原農事試驗場長을 거쳐 1954년 연세대 교수, 1955년 문교부 차관을 역임했다. 《대한민국건국십년지》, 국사편찬위원회 한국사데이터베이스 인물 참조.

147 豊山泰次(김호식의 창씨개명), 《朝鮮食物槪論》, 1945, 114쪽.

148 《매일신보》 1940.6.5.

149 《동아일보》 1940.3.15.

선총독부는 이미 과자만이 아니라 떡과 엿 같은 부식물 제조를 강하게 제한하고 있었다.[150] 보리를 원료로 하는 즉석 과자를 만드는 것이 국책 위반행위라면서[151] 비상시국이니만큼 과자를 되도록 금지하라고 역설했다.[152]

셋째, 어린이가 참을성을 기르도록 과자를 주지 말자고 주장했다. 1940년 3월 19일 조선총독부 학무국장은 어려서부터 인고의 힘을 기르는 것이 중요한데 과자 섭취량이 너무도 많아 아동의 육체적 저항력이 감소된다고 말했다. 연설 뒤 각 도지사에게 도민의 과자 섭취를 줄이게 하라고 지시했다.[153]

넷째, 어린이 버릇을 잘 가르치려면 과자를 주면 안 된다고 말했다. 고황경高凰京은 어머니들이 자녀가 조른다고 과자를 주면 자녀가 어른이 되어도 자기 할 본분을 하지 못하고 책임감이 없어지는 '못된 버릇'을 키우는 것이라고 위협했다. 조르는 대로 과자를 사 주다가는 어린이 앞날을 망쳐 평생 남에게 미움을 받는 가엾은 사람이 될 것이라며 저주스러운 예언까지 덧붙였다.[154]

어쩔 수 없이 간식을 주어야 한다면 그전처럼 칼로리가 높은 간식보다 위생과 포만감 위주의 간식을 주라고 권했다. 종래 영양가가 높다던 우유, 계란, 버터, 초콜릿, 육류 같은 서구 식품은 단백질이 많아 쉬 상하므로 몸에 좋지 못하다며 배제했다. 그 대신 과일, 감자, 야채 응이(죽), 갈분죽, 소면, 우동같이 수분이 많은 것을 주어 배부

---

150 《조선일보》 1940.3.2.

151 《朝鮮新聞》 1940.9.21.

152 송금선, 앞의 글.

153 《동아일보》 1940.3.21. ;《조선일보》 1940.3.21.

154 高凰京,〈신가정독본〉,《家庭の友》 32, 1940.6., 12~13쪽(《한국근대여성의 일상 문화》 6, 374~375쪽에서 재인용).

르게 해야 한다는 것이다.[155]

하지만 생활개선론자 자신도 혼란스러워했다. 이를테면《조선일보》에서 1940년 "양이 많아서 조금만 먹어도 많이 먹은 듯하고 영양가가 없어도 소화가 잘 되는 것이 좋다"[156]고 주장했다. 하지만 정작 추천한 과자는 종래와 같이 센베이, 빵, 카스텔라였다. 생활개선론자 사이에서도 조선총독부의 소비 억제책에 대한 이해가 달라서, 배제하고 추천하는 간식의 종류가 제각각이었다.

총독부도 설탕 부족 사태에 부딪치자 딜레마에 빠졌다. 설탕 소비 억제책보다 더 효과적인 방법은 설탕을 인공감미료 사카린saccharin으로 대체하는 것이었다. 사카린은 영양성분 없이 설탕보다 3백~5백 배 달았다.[157]

사카린은 '당분=영양'이라는 근대적 영양담론에 어긋나는 물질이었다. 설탕이 이 담론에 가장 적합했다. 19세기 이래 국책으로 제당업을 지원한 서구 국가에서 사카린은 설탕의 '적敵'이었다.[158]

일본 정부도 19세기 말 이래 국책으로 대만 제당업을 장려했기에 사카린을 유해물질로 분류했다. 조선총독부도 본국의 법에서 일부를 뽑아 만든 1911년〈위생상 유해음식물 및 유해물품 취체규칙〉으로 사카린을 유해물질로 지정했다.[159] 이로 말미암아 조선 위생경찰이 음식물 규정에서 가장 중점적으로 단속한 것이 사카린이었다.[160]

---

155 〈육아지식〉,《家庭の友》18, 1939.2., 54~56쪽(《한국근대여성의 일상문화》6, 290쪽에서 재인용).

156 《조선일보》1940.6.15.

157 澤村眞,《榮養講話》, 東京: 成美堂書店, 1927, 157쪽.

158 《동아일보》1937.12.29.

159 朝鮮總督府,《朝鮮法令輯覽》(昭和15年版) 上卷, 京城: 朝鮮行政學會, 1940, 111~112쪽.

160 朝鮮總督府,《朝鮮衛生要覽》, 1929 , 65쪽.

워낙 엄격하게 단속했기에 대중에게 사카린은 커다란 해독을 끼치는 유해물질로 각인되었다.

전시에 절대적으로 설탕 공급량이 부족해지자 총독부는 사카린에 대해 이중적인 태도를 취했다. 사카린을 산업용으로 쓰는 것은 여전히 엄하게 단속했다.[161] 사카린이 들어간 아이스케키를 판매하는 상인에게 영업정지 처분을 내리거나[162] 아예 영업을 폐지시키기도 했다.[163]

하지만 가정에서 사카린을 쓰는 것에 대해서는 태도가 돌변했다. 사카린에 대한 공포를 해소하려고 애썼다. 사카린의 해가 그렇게 큰 것이 아니라면서[164] 소량 쓰는 것은 아무런 관계가 없다고 말했다. 아예 사카린이 인체에 유해하지 않다고 주장하기도 했다.[165] "사카린이 사람 몸에 해로운 고로 사용을 금지시킨 것이 아닌가 하고 사카린을 유해물로 다루지만 사카린이 영양가가 없을 뿐 결코 인체에 해로운 것이 아니다"[166]라고 옹호했다. 사카린이 설탕에 견주어 영양분과 방부제 기능만 없을 뿐[167] 이라며 은근히 권했다.

생활개선론자는 가정에서 설탕 대신 사카린을 쓰는 용법을 일러주었다. 가정에서 사카린을 쓰는 것은 법적으로 단속 대상이 아니라고 안심시켰다. 그러면서 "설탕 대신 사카린이 어떨까"[168]라는 제목

161 《동아일보》 1940.6.17. ; 《조선일보》 1940.6.2., 19740.6.20.

162 《조선일보》 1939.7.28.

163 《조선일보》 1940.7.21.

164 《조선일보》 1936.11.28.

165 《매일신보》 1936.12.9.

166 앞의 글.

167 《동아일보》 1937.12.29.

168 《매일신보》 1936.12.9.

으로 사카린을 반드시 물에 풀어서 넣으라든지, 너무 뜨거우면 써지므로 끓이거나 삶는 데는 부적당하지만 커피나 홍차같이 데워진 음식에 넣는 것은 좋다든지[169] "술 같은데 조금 타도 좋고 닥광たくあん(단무지) 같은 데 조금 섞어도 좋다"[170]면서 사용을 권유했다.

조선총독부는 단속과 권장 사이에서 사카린에 이중잣대를 적용했다. 사카린이 무해하다면서 왜 산업용으로 쓰는 것을 금지하는지 설명하지 못했다. 조선총독부는 사카린에 대한 불신을 해명하면서도 단속하는 모순된 태도를 보였다.

하지만 조선인에게 이미 각인된 사카린에 대한 부정적 인식은 해방된 뒤에도 이어졌다. 사카린을 극렬한 독체라서 5그램 이상 먹으면 죽는 살인당殺人糖[171]이라고 부를 정도였다. 사카린이 유해물질의 대명사로 한국인의 뇌리에 박힌 것이다.

2) 대용식과 구황음식

조선총독부는 식량 공급만이 아니라 수요도 통제했다. 쌀을 절약하는 절미節米 운동과 함께 부족한 쌀을 대체할 대용식代用食 장려운동을 전개했다.

이를 위해 첫째, 주식으로 곡물 대신, 콩, 수수, 감자, 옥수수, 도토리 가루를 먹으라고 강권했다. 요리법을 개발하고 이를 적극적으로 보급했다. 대표적인 것이 '애국빵'이다. 1941년 경성제빵조합은 콩, 수수, 감자 가루 등을 흑설탕과 섞어 검정 빵을 만들었다. 이 '애국

---

169 《조선일보》 1939.10.7.

170 《조선일보》 1936.11.28.

171 《동아일보》 1947.5.21.

빵'을 1개에 5전씩 팔았다. 경성총력연맹의 후원을 받아 다달이 10일, 20일, 30일 절미일節米日에 애국빵을 판매했다.[172] 옥수수빵 제조법도 개발했다. 곡물 대신 옥수수 가루에 베이킹파우더, 설탕을 넣었다.[173]

도토리로는 과자를 개발했다. 1943년 경기도가 주도하여 도토리를 주원료로 밀가루, 소금이나 설탕, 소다를 넣어 만드는 법을 고안했다.[174] 도토리 과자 요리법을 공장, 공동합숙소, 학교 기숙사에 보급해 강제로 먹게 했다.[175]

둘째, 산나물이나 나무껍질을 먹는 것이 건강을 유지하는 전통 식문화라며 예찬했다. 이근택李根澤은 현대 과학이 만능이라고 하지만 옛날 사람들은 영양학 지식이 없어도 자연에서 음식[食物]을 섭취하여 건강을 유지했다고 주장했다. 산나물이나 나무껍질에 학문을 넘어서는 신비한 효능이 있다고 말했다.[176] 김호식은 대용식 좌담회에서 "조상들이 먹는 것에 눈을 돌리는 것이 좋겠다"[177]면서 산채나 야채를 대용식으로 먹으라고 권했다. 그는 식량 문제를 해결하고자 각 지방에 따라 특수한 조선 음식[朝鮮食物]을 조사한《조선식물개론朝鮮食物概論》을 펴냈다.[178]

조선총독부는 전통을 절미 운동의 선전도구로 이용했다. 조선 학자를 앞세워 조선 전통음식을 계승해야 한다고 치켜세우면서 구황

---

172   《매일신보》 1941.1.8.

173   《매일신보》 1939.11.6.

174   《매일신보》 1943.1.15.

175   위의 글.

176   이근택(목초영양연구회 상무간사),〈草根木葉食に就て〉,《新時代》3-6, 新時代社, 1943.6., 67쪽.

177   김호식(숙명여전 교수) 談,〈대용식좌담회〉,《朝光》8-7, 朝光社, 165쪽.

178   豊山泰次(김호식의 창씨개명),〈緖言〉,《朝鮮食物槪論》, 生活科學社, 1945, 7~8쪽.

음식을 선택했다. 구황음식이 '좋은 전통', '향토식'이라면서 영양담론으로 미화했다.

셋째, 구황식을 찬양하는 것과 함께, 거꾸로 전통을 부정하고 새로운 식재료 개발을 독려했다. 과거 관습적으로 혐오해서 폐기물이나 비료 따위로 쓰던 재료를 음식으로 먹게 만들었다. 그러기 위한 요리법도 새롭게 고안했다. 식생활개선론자는 전통음식을 강하게 부정하며 관습이나 기호를 바꾸어야 한다고 주장했다. 징그럽다는 식의 '신경질적인 반응'을 청산하고 음식을 영양가로 판단하여 새로운 영양자원을 개척해야 한다고 말했다.[179] 한귀동은 동물성 단백질을 섭취하되, 비싼 소고기만 우수한 것이 아니라고 했다. 그는 풍미風味라는 것이 절대로 고정된 것이 아니라면서, 지성과 교양을 가지고 감정과 기호를 억제하라고 역설했다. 새로운 식재료에 대해 조리와 가공을 연구하면 값싼 식품으로 맛있게 만들 수 있음을 강조했다.[180]

대표적인 예가 번데기다. 종래 잠사蠶絲 공장에서 나오는 폐기물인 번데기는 식용이 아니라 비료였다. 따라서 가격도 매우 저렴했다. 1930년대 말 밀가루 같은 제과 원료난에 빠지자 서울의 제과업자 문성봉文聖奉이 1938년 5월 번데기가 싼 것에 착안했다. 그는 번데기로 '맘마'라는 과자를 만들었다. 번데기를 가공하면서 당분으로 설탕 또는 사카린을 첨가했을 것이다. 총독부 경무국에서는 이 과자가 단백질 4.01퍼센트, 당분 23.20퍼센트를 함유한다면서 자양이 풍부하다고 공인했다.[181] 이로써 '번데기=공장폐기물'이라는 부정적 이미지를 씻어냈다. 1944년이 되면 아예 번데기를 동물성 식료품 대용식으로

---

179 《매일신보》 1944.6.21.

180 한귀동, 앞의 글, 107쪽.

181 《동아일보》 1938.5.6.

추천했다. 단백질과 지방 말고도 비타민 B2를 함유한 훌륭한 식재료라고 칭찬하며, 과자로서만이 아니라 쇠고기나 생선 대신 섭취하라고 권장했다.[182]

이와 비슷한 식재료로 메뚜기가 있다. 예로부터 민간에서 메뚜기를 먹었으나 장려하던 식재료는 아니었다. 1938년 일본 미야기宮城현에서 메뚜기로 과자를 개발한 바 있다. 이를 두고 조선총독부의 기관지인 《매일신보》에서는 메뚜기가 인삼·녹용을 능가할 만한 보강재라고 소개했다.[183] 1940년에는 영양학 지식을 들어 메뚜기가 얼마나 유용한 식품인지 선전했다. 곡류 평균 단백질이 21.63퍼센트인데, 말린 메뚜기가 단백질 74.71퍼센트를 함유하고 있어 곡물보다 세 배 이상 많다는 것이다. 뿐만 아니라 비타민 A, 인산·알칼리·철분 같은 무기질이 많아 빈혈인 사람에게 좋다면서 식료품으로 충분한 가치가 있다고 강력히 추천했다. 새로운 메뚜기 요리법도 소개했다. 메뚜기를 조리거나 튀겨도 되고, 술안주로 만드는 방법이었다.[184]

소고기를 토끼고기로 대체하자는 제안도 나왔다. 조선인 취향에 맞춰 새롭게 토끼고기 요리법을 개발했다. 토끼고기 전골 재료에 적당赤糖을 넣는 방법도 선보였다.[185] 고래고기를 먹자는 제안도 있었다. 고래에서 소 백 마리분의 고기가 나오고 영양가치가 소고기보다 낫다면서 여러 가지 요리법을 알려줬다.[186]

식생활개선론자는 닭고기를 대신할 재료로 오리고기를 제시했다. 조선인이 닭고기만 좋아하고 오리고기를 잘 먹지 않는다고 비판했

182   《매일신보》 1944.6.21.

183   《매일신보》 1938.2.4.

184   〈메뚜기의 식용적 가치〉, 《女性》 5-10, 1940.10.

185   《동아일보》 1939.4.13.

186   《조선일보》 1938.10.6.

다. 오리고기 맛이 닭고기만 못지않다면서 오리고기를 치켜세웠다. 식생활개선론자는 중국에서 닭보다 오리를 더 으뜸으로 친다며 오리고기로 백숙하는 법[187], 비리지 않게 오리고기 조림하는 법을 소개했다.[188]

생선 가운데 비료로 썼던 정어리 요리법도 개발했다. 중일전쟁 전까지 정어리의 99퍼센트가 비료로 쓰였다.[189] 1940년 방신영은 《가정지우》에 연재한 〈신영양독본新營養讀本〉에서 "도미나 민어보다도 값싼 멸치, 정어리, 청어가 더 영양가치가 많다"고 주장했다. 그전까지 《조선요리제법》 판본에 없던 정어리국, 정어리 지지는 것(조림) 같은 여러 가지 정어리 요리법을 새로 실었다. 눈여겨볼 점은 정어리 지지는(조림) 재료에 미림(일본 맛술)과 설탕을 넣었다는 점이다.[190]

이밖에도 불에 탄 쌀 등의 폐기물로 과자를 만들기도 했다. 1940년 5월 29일 목포의 정미소에서 불이 났다. 불에 탄 현미 가운데 6할을 소주나 과자 원료로 재활용했다.[191]

이런 대용식은 전통 구황식품을 제외하고 대개 과거에는 먹지 않았던 자원을 새로운 식재료로 개발한 것이다. 대용식을 일반화하고자 새로운 영양담론을 끌어들여 포장하고 요리법을 개발해 보급시켰다. 빵 같은 대용식을 만드는 법은 요리강습회 같은 모임을 통해 전파했다.

요리강습회를 주최하는 기구도 바뀌었다. 〈표 45〉에서 보듯 1938

---

187 《조선일보》 1937.8.4.

188 《매일신보》 1938.10.14.

189 藤本綠, 《매일신보》 1939.11.6.

190 방신영, 〈新營養讀本〉, 《家庭之友》 29, 1940.2.1.

191 《조선일보》 1940.6.6.

년까지 YWCA가 주관했으나, 1939년부터 양우회糧友會, 경성가정의
숙京城家庭女塾[192], 경성자매원京城姊妹園[193], 청화여숙淸和女塾[194]이 요리
강습회를 주도했다. 1939년부터 요리강좌에서 '절미 운동', '빵 제조
법', '쌀 대용식', '신체제 가정요리', '전시가정요리'같이 전시체제에
필요한 요리법을 가르친다고 선전했다.

표 45 1938~1942년 서울의 요리강습회

기간	주최, 후원, 개최장소	강사	인원	비고
1938.6.13.~18., 6.20.~6.22.	YWCA/동아일보/ YWCA회관	金東玉· 조자호	50*	朝·日/사진/정원이상/6일에서 9일로 연장/김동옥ㅡ나라奈良고등사범 졸업
1938.11.28.~12.4.	YWCA/YWCA회관	藤本綠, 홍승원		朝·日/7일
1938.12.12.~17.	YWCA/YWCA회관	정순원		中/6일 1원+재료비, 청년회원 80전
1939.4.17.~21.	YWCA/동아일보 /YWCA회관	조자호		사진/朝·스시·과자/ 6일 1원 20전
1939.5.15.~21.	동아일보/동아일보사	정순원	70	中/7일 1원50전+재료비
1939.9.22.~28.	신보/신보사	정순원		사진/中/폐회식 후 다과/정원초과/7일
1939.10.23.~28.	YWCA/동아일보/ YWCA회관	조자호		사진/朝/조화造花강습회비 포함 3일씩 1원 50전
1939.11.7.~13.	양우회/경성전기 가스 과(京電瓦斯課)			절미운동, 체위 향상/양그릇, 스푼/2원
1939.11.27.~28.	功玉町부인회/학교	이정규		요리상식 보급/무료/ 李貞圭ㅡ경성부 사회과 촉탁
1940.5.22.~30., 6.3.~4.	YWCA/동아일보/ YMCA회관	최순옥· 조자호		사진/간식, 실용적, 빵 제조법/ 쌀 부족 밀가루 사용/ 9일인데 2회 연장
1940.7.8.~9.	경성자매원/동아일보	최순옥		사진/쌀 대용식/빵요리/2일

---

192 《동아일보》 1940.9.8. 1940년 8월 황신덕黃信德이 세웠고 해방 뒤 중앙여자
중학교로 승격되었다.

193 《동아일보》 1937.10.29. 1937년 7월 고황경이 세웠다.

194 정혜경·이승엽, 〈일제하 綠旗聯盟의 활동〉, 《한국근현대사연구》 10, 한국근현
대사학회, 1999, 333쪽. 녹기연맹이 1934년 5월 재조 일본인 여성교육기관으
로 세웠다.

기간	주최, 후원, 개최장소	강사	인원	비고
1940.8.15.~21.	YWCA/조선일보/ YWCA회관	정순원		中/7일 3원
1941.2.5.~10.	경성가정여숙/신보	방인도	20	신체제 가정요리/과자/간편, 영양/황신 덕 개강사/6일
1941.9.10.~ 12.10.	경성가정여숙	조자호· 정순원	30	中·朝·대용식위주/전시체제, 체위, 영 양, 쉽게/주 3회/3개월/입회금 1원+월 5원+실습비
1942.1.31	녹기연맹/청화여숙			전시가정요리, 반찬, 中/노트, 연필, 앞 치마/1일 50전+재료비
1942.5.30	녹기연맹/청화여숙			전시가정요리/노트, 연필, 앞치마/1일 50 전+재료비

출전 《동아일보》 1938.6.7., 11.28., 12.10., 1939.4.10., 1939.5.10., 10.16., 11.7., 11.26.,
1940.5.15., 5.24., 6.27. ;《매일신보》 1939.9.30., 1941.2.5., 8.26., 1942.1.30., 5.30. ;
《조선일보》, 1940.8.10.

서울에서는 서양, 중국 요리가 줄어들거나 사라졌고 대신 빵 만드
는 법 위주로 강습했다. 〈표 46〉처럼 지방에서도 1938년부터 종래
베니야 상회가 주도하던 요리강습회가 사라졌다. 대신 진주여자기예
학원晉州女子技藝學院이 각 지역 신문사 지국과 손잡고 등장하였다.[195]
진주기예학원장 권복해權福海와 강사 천수련千守連이 강사로 활동했
다. 진주기예학원 강습 순회 지역은 주로 경상남도와 전라남도였고,
논산·개성에서도 개최하였다. 서울과 같이 '신체제', '생활개선', '음
식합리화', '개량' 등을 내세웠다. 지방에서의 요리강습회 내용을 정
확히 알 수 없지만 선전문구로 미루어 보아 빵 요리법이었을 것이
다. 전쟁으로 물가가 급격하게 상승하자 요리강습회비도 중일전쟁
전보다 훨씬 올랐다. 재료비에 강습비까지 부담해야 했다. 여전히 강
습회비를 낼 수 있는 상류층 여성이 대상이었음을 뜻한다.

---

195 《조선일보》 1937.5.22 권복해가 1936년 설립했으나 1937년에 정식으로 인가
받았고 과목은 자수, 양재봉洋裁縫, 편물 같은 3~4가지였다.

표 46 1938~1942년 지방의 요리강습회

지역	기간	주최, 후원, 개최장소	강사	인원	비고
산청	1938.4.14.~15.	동아지국	진)권복해	40	朝·洋·日·과자/비/畫食제공/강사 위로연/지국/명/2일 1원 30전
개성	1938.4.4.~6.	동아지국/개성동우회/식산은행 지점장 집	진)권복해		
논산	1938.4.8.~9.	동아지국/노동조합회관	진)권복해·천수련	30	朝·洋·中·茶/사진/경제, 위생, 자양/관광/군 서무주임, 내무주임, 면장, 서기 후원/2일 1원, 신문구독자 80전
진주	1938.5.1.~3.	진주기예학원/동아지국	진)권복해	65	朝·洋·中·과자·음료/2일 1원
전주	1938.6.6.~7.	부인회/동아지국/공회당	민병돈	65 (50*)	음식합리화/비/2일 1원
사천	1938.7.28.	동아지국/양복점			양재봉·요리강습
남지	1938.8.14.~16.	동아사국/변사무소/음식점조합/학교	진)권복해	36	朝·洋·中·과자·음료/신청 사진관, 상점/3일 1원50전
양산	1938.8.17.~19.	동아지국/학교	진)권복해·천수련		朝·洋·中·과자·음료/경제적, 위생적/3일 1원 50전, 신문구독자 1원 20전
하북	1938.8.21.~27.	동아지국/학교, 집	진)권복해·백경정·홍정순·정순애		요리·재봉 강습/생활개선/수료식/지방인사 칭송/2일간
기장	1938.8.29.~31.	동아지국/면/집	진)권복해·천수련		요리·양재봉/3일간
부산	1939.1.22.~24.	조선지국	진)권복해		일상 재료, 경제적, 맛, 개량/3일 1원
진주	1939.10.30.~11.9.	진주기예학원/동아지국	진)권복해		요리·털실뜨개질[毛紗編物]/2일간
진주	1939.7.21.	진주기예학원/동아지국	진)권복해		
목포	1939.9.11.~12.9.			50*, 50*	제2회 중국 요리강습회/초·중급 주 2회
부산 초량	1941.3.24.~25.	불교연구회/지국	진)권복해		양재·자수·편물·요리/2일간
부산진	1941.3.26.~31.	지국/부인회/유치원	진)권복해		양재·자수·요리/신체제/2일간

출전 《동아일보》 1938.4.6., 4.9., 4.13., 4.26., 6.4., 7.29., 8.14., 8.25., 9.2., 1939.7.14., 8.6., 10.25. ;《매일신보》, 1941.3.21., 3.25. ;《조선일보》, 1937.5.22., 1939.1.3.

비고 ① '진)'은 진주기예학원이다.

② 동아지국은 《동아일보》 해당지역 지국, 조선지국은 《조선일보》 해당지역 지국이고, 지국은 《매일신보》 해당지역 지국이다.

③ *는 모집 정원을 뜻하고 *표시가 없는 것은 실제 참가 인원이다.

요리강습회 자료에서 빵 말고도 번데기, 메뚜기, 토끼, 오리, 정어리같이 새로 개발한 식재료 요리법을 강습했는지 여부는 확인할 수 없다. 하지만 워낙 식량부족이 심각한 데다가 조선총독부가 새로운 영양담론으로 포장하여 권장하자, 조선인은 예전부터 내려오던 구황식만이 아니라 전연 먹지 않던 자원까지 식량으로 먹게 되었다. 그에 따라 기존 식생활 관습이 바뀌고 식재료 범위가 넓어졌다.

눈여겨볼 점은 대용식 요리법에 설탕을 넣은 음식이 많다는 점이다. 대용식 요리법을 개발한 주체가 주로 생활개선론자였기 때문이다. 새로운 요리법을 개발하고 보급하는 주체에게 설탕은 이미 요리할 때 빠질 수 없는 필수 조미료였다.

1940년대 전황이 악화되면서 식량사정이 더욱더 긴박해졌다. 더이상 대용식 요리법도 소개되지 않았다. 1943년이 되면 영양담론이아예 하루에 두 끼만 먹어도 된다는 논리로 바뀌었다. 몸의 신진대사폭은 상당히 신축적이기 때문에, 평화로울 때는 하루에 3천 칼로리를섭취해야 하지만 전시에는 그 반인 1천 5백 칼로리로도 가능하다는것이다.[196] 1일 2식주의와 절미 운동을 합리화하는 영양담론이었다.

3) 일본 '향토식'화

1920∼1930년대 조선인이 주도하는 생활개선운동은 조선총독부

---

196 髙野六郞(日本醫療團理事), 〈戰時食生活案內, 《新時代》 5-2, 1945.2., 18쪽 ; 崔臣海(城大病院精神科), 〈이식예찬〉, 《朝光》 9-3, 1943.3., 92∼95쪽 ; 渡邊勝美(普專敎授 法學博士), 〈二食主義〉, 《新時代》 3-6, 1943.6., 62∼64쪽.

가 주도하는 농촌진흥운동의 생활개선과 주체, 대상, 목표, 내용이 달랐다. 조선 생활개선론자는 근대화를 내세우면서 생활개선을 외쳤지만 실제로는 '일본화', '서구화'하는 것을 지향했다. 운동의 핵심 주체는 일본 유학생 출신이거나, 일본이나 서양 선교사에게서 영양학, 가정학 교육을 습득한 사람들이었다. 이들의 식생활 근대화 모델은 바로 서양 음식이나 일본 음식이었다.

중일전쟁이 일어난 뒤 조선총독부는 인적·물적 자원을 전쟁에 동원하기 위해 조선인과 협력해야 했다. 1937년 조선총독부가 '내선일체'를 내세웠으나 슬로건이 추상적이어서 구체적이고 실천적 내용이 빠져 있었다.[197]

이를 보완한 단체가 재조 일본인 단체인 녹기연맹綠旗聯盟이었다. 녹기연맹은 조선총독부의 내선일체론을 실생활로 적용시키는데 이바지했다. 조선총독부의 후원으로 녹기연맹이 생활개선운동을 총괄적으로 진행했다. 녹기연맹은 1933년 설립되었지만 내선일체를 목표로 활동하기 시작한 것은 1939년 5월부터였다.[198] 조선인 생활개선운동의 '근대화'를 극대화시키며 조선 음식문화를 제국 내 '향토식'으로 예속시키고자 했다.

녹기연맹은 조선과 일본의 내선일체를 어렵게 하는 요인이 생활양식 차이라고 주장했다. 녹기연맹의 츠다 세츠코津田節子는 진정한 내선일체가 되려면 조선과 일본 사이의 서로 다른 의, 식, 주, 자녀

---

197 이승엽, 〈내선일체운동과 녹기연맹〉, 《역사비평》 50, 역사문제연구소, 2000, 207쪽.

198 정혜경·이승엽, 앞의 논문, 330, 341쪽. 1939년 5월 녹기연맹이 정한 네 가지 목표는 ① 내선일체 실시, ② 농촌교화 실시, ③ 시국에 대응하는 생활의식 쇄신, ④ 국민보건과 체격향상 공헌이었다. 이는 조선총독부가 추진한 국민정신총동원운동의 방향과 일치하는 것이었다.

교육 같은 일상적 생활양식을 개선해야 한다고 말했다. 생활 개선의 목적이 좋은 것을 취하고 나쁜 것을 버려 새로운 일본인의 생활을 생기게 하자는 것이라며, 일본 국체國體의 길에 꼭 맞는 생활로 나아가 '서로 한가지'로 만들자고 역설했다.[199]

이러한 녹기연맹의 주장은 '동아일체론'과 달랐다. 동아일체론은 일체의 조선적인 것을 버리고 일본에 융합·동화하자는 주장이다.[200] 녹기연맹은 조선적인 것을 버리고 일본적인 것으로 만들자는 것이 아니라고 말했다. 1939년 츠다 세츠코가 말하길 생활개선을 하는 것은 "조선생활을 내지화(일본화)하는 것이 아니라"[201]면서, 조선 본래대로 좋은 점은 일본인 생활에서도 취할 수 있다고 했다. 그러려면 조선인 생활을 조사 연구하여 일본인도 그 가운데 좋은 점을 받아들여야 한다고 말했다.[202]

그렇다고 결코 민족동권民族同權이라는 대등한 관계는 아니었다.[203] 조선인은 항상 고추를 먹어 미각이 퇴화되었고, 조선 된장은 간장 만드는 데 써서 일본 된장보다 단백질과 영양가가 뒤떨어졌다는 식의 주장을 했다. 끊임없이 조선 음식을 일본 음식과 비교해 조선 음식이 일본 음식보다 얼마나 열등하고 발달이 정체되었는지를 강조했다.[204] 조선 식생활을 일본화하는 것이 아니라면서도 조선 음

---

199   손정규·조기홍·츠다 세츠코·임숙재, 녹기연맹 편,《現代朝鮮の生活とその改善》, 綠旗聯盟, 1939, 1~2쪽.

200   이승엽, 위의 논문, 207쪽.

201   손정규·조기홍·츠다 세츠코·임숙재, 앞의 책.

202   위의 책, 49쪽(우치다 준, 현순조 옮김,〈총력전 시기 재조선 일본인의 '내선일체' 정책에 대한 협력〉,《아세아연구》51-1, 고려대학교 아세아문제연구소, 2008, 32쪽에서 재인용).

203   우치다 준, 위의 논문, 42쪽.

204   나리타 후지오成田不二生(경성의학전문학교 교수 의학박사) 談,〈お茶と半島の生活

식은 개량의 대상이고, 일본 음식은 조선 음식이 앞으로 나아가야 할 방향이었다.

녹기연맹의 논리는 조선인 식생활을 선별하여 일본 제국 내 '향토식'화하자는 것이었다. 이는 1930년대 초 이래 종족적 의미의 '민족문화' 운동과 궤를 같이 하고 있다. 위인偉人 선양과 고적古蹟 보존운동에서 보듯, 조선의 개량주의 운동은 일본이라는 '제국' 틀 안에서 조선 민족문화를 유지하려는 '민족문화' 운동을 폈다.[205] 녹기연맹이 조선 식생활을 개선한다면서 이를 일본 한 지역의 '향토식'으로 흡수하는 움직임도 같은 맥락이었다.

녹기연맹의 주장에 동조한 손정규가 1940년 일본어로 《조선요리》를 펴냈다. 집필 동기는 "일본어로 된 조선 요리책이 없어 일본에서 조선 음식을 연구하지 못하니 일본에서도 조선 음식을 연구할 수 있게 책을 쓴 것"이라고 말했다.[206] 곧 조선 음식이 일본의 한 지역 음식이라는 전제 위에 서 있었다. 더욱이 손정규가 《조선요리》에서 소개한 요리법은 고유한 조선 요리법이 아니었다. 설탕과 아지노모도를 매우 많이 넣어 변용된 요리법이었다.

이와 비슷하게 재조 일본인이 만든 조선 음식이 바로 녹기연맹이 세운 청화여숙의 강사 스에 아이코須江愛子가 쓴 〈화식풍조선요리和食風朝鮮料理〉였다. 조선 음식이 일본 음식보다 단백질이 많다면서, 조선 요리를 손님이 왔을 때 내놓을 만한 독특한 '향토식' 요리로 소개했다. 전통적으로 육식이 많은 조선 요리법을 일본식으로 개조한

−座談會〉,《綠旗》 6−12, 1941.12, 109쪽 ; 三木弘(조선총독부 해사과장), 〈朝鮮
生活に寄す (3)−衣食住のあり方〉,《綠旗》 6−9, 1941.9., 109쪽.

205 이지원, 《한국 근대 문화사상사 연구》, 혜안, 2007, 327, 353∼354쪽.

206 伊原圭(손정규의 창씨개명), 《朝鮮料理》, 京城書房, 1940, 2쪽.

요리법이었다.[207]

일본풍 조선 요리법을 가르치는 요리강습회도 열렸다. 용산 20사
단[208] 경리부에서 손정규를 초빙해 1937년 1월 14일~1월 16일까지
조선 요리강습회를 했다. 일본인 여학교인 청주고여교淸州高女校에서
도 1936년 11월 20일 김숙당金淑堂이 조선김치 담그는 법을 가르쳤다.

재조 일본인이 일본 본토인보다 조선 음식을 일본 향토식으로 흡
수하는 것에 더 열심이었다. 조선 음식을 끌어들여 일본 음식의 외
연을 확장함과 동시에, 식민지 조선에서 '식민자'라는 자신들의 우월
한 지위를 다질 수 있었기 때문이다.

손정규를 비롯한 조선인 생활개선론자는 녹기연맹이 주도하는 생
활개선운동에 적극 협력했다.[209] 생활개선론은 태생적으로 자기비하
에서 출발했다.[210] 조선이 서구나 일본에 견주어 약소한 식민지라는
불만이 일상생활을 근대화하자는 움직임으로 표출된 것이다.

중일전쟁으로 생활개선론자들은 자신들이 지향하는 근대화 표준
을 서구화에서 일본화로 조정했다. 이들은 일본 음식을 기준으로 조
선 음식을 평가했다. 조미료에 대해 손정규는 일본 요리는 담백한
것은 담백하게, 기름진 것은 기름지게 만드는데, 조선 음식은 조미
료를 다 써서 어떤 요리라도 같은 맛이 난다며 일본 요리처럼 재료
에 따라 조미료를 다르게 써야 한다고 주장했다. 그릇이나 음식 담

---

207 須江愛子, 〈和食風朝鮮料理: 季節にふさわしい〉, 《綠旗》 5-6, 京城: 綠旗聯盟,
1940, 72~73쪽.

208 《매일신보》 1936.11.26. ; 《조선일보》 1937.1.16.

209 윤정란, 〈일제의 '황국신민화'정책에 대한 한국 기독교 여성들의 대응논리〉,
《한국민족운동사연구》 17, 한국민족운동사학회, 1997, 95~96쪽. 그는 부일
협력했던 인사 가운데 남자들은 적극가담자가 있었으나, 여성들은 대부분
일제의 강요 때문에 황국신민화정책에 협력했다고 변명했다.

210 Ⅳ장 3절 참조.

는 것도 조기홍과 손정규는 조선은 그릇이 똑같고 음식 담는 법도 고정되어 있는데, 일본은 그릇이나 담는 법이 세계에서 가장 아름답다면서 조선의 놋쇠 주발을 헌납하자고 제안했다.[211] 아침식사도 일본인은 된장국에 무 조각 한두 개로 해치운다면서 간편하고 능률 있는 식단을 꼭 배우자고 했다.[212] 일본 음식을 본받아 조선 음식을 개량하자는 것이다.

식사할 때 여자가 나중에 따로 먹는 풍습에 대해서도 츠다 세츠코는, 옛날에는 일본에서도 여자들이 따로 식사를 했지만 오늘날에는 진보와 자각으로 가족이 함께 식사를 하게 되었다면서 자랑스러워했다. 조선 여성도 끊임없이 노력해 자신들처럼 '주부'가 되어 식사를 함께 할 수 있어야 한다고 부추겼다. 일본 여성처럼 평등한 가족 구성원이 되려면 주부가 되어야 한다는 것이다.

녹기연맹은 조선인이 일본 요리를 먹는 것을 환영했다. 대표적으로 조선인이 좋아하는 일본 요리인 일본 된장, 일본 간장, 단무지, 나라즈케奈良漬(울외장아찌), 카레라이스, 생선튀김, 김밥, 스키야키(일본소고기전골) 같은 것을 꼽았다.[213] 이처럼 녹기연맹에서는 일본 음식문화를 조선 생활개선론자가 지향해야 할 식생활의 모범으로 삼게 했다. 조선 식생활개선의 궁극적인 목표가 '일본화'가 된 것이다.

그런데 녹기연맹에서 주장하는 조선 식생활개선은 도시와 농촌 차이가 컸다. 조선을 도시와 농촌으로 구분해서 도시 식생활의 개선점으로 다음과 같이 지적했다. ① 온 가족이 식탁에서 함께 식사할 것, ② 조식을 중요하게 여기는 관습을 바꿀 것, ③ 아침, 점심, 저녁

---

211 손정규, 조기홍, 츠다 세츠코, 임숙재, 앞의 책, 23, 29~31쪽.
212 〈新生活建設-이렇게 합시다(八課)〉, 《女性》 5-1, 朝鮮日報出版部, 1940.1., 29~31쪽(《한국근대여성의 일상문화》 7, 295쪽에서 재인용).
213 츠다 세츠코 談, 손정규, 조기홍, 츠다 세츠코, 임숙재, 앞의 책, 33쪽.

식사 사이의 변화를 줄 것, ④ 식단을 짤 것, ⑤ 같은 재료라도 요리법을 바꿀 것, ⑥ 조미료(양념)를 과하게 넣지 말 것, ⑦ 자극이 강한 것을 줄일 것, ⑧ 토마토 같은 새로운 야채를 먹을 것, ⑨ 그릇과 담는 법을 아름답게 할 것이었다.[214]

이러한 점들은 이미 중일전쟁 전부터 식생활개선운동에서 크게 강조한 점이었다. 새로운 것은 ⑨뿐이었다. 나머지는 모두 1920년대부터 조선 음식의 문제점으로 지적하던 바였다. 계획적(④)이고, 영양, 소화, 위생(②,⑤,⑥,⑦)을 고려하며, 새로운 것(③,⑤,⑧,⑨)을 받아들이자는 것이다. 그전부터 생활개선론자가 주장한 과학적, 합리적, 위생적, 근대적 식생활이었다.

조선 생활개선론자는 녹기연맹과 조선총독부의 위세를 빌어 식생활개선을 줄곧 추진했다. 조선 민족이 일본제국 안의 일개 종족이 될지라도, 근대적 '주부'가 되는 것이 더 중요하다고 믿었다.

하지만 농촌의 식생활개선은 매우 달랐다. 임숙재가 농촌 식생활 문제점으로 꼽은 것을 보면 ① 백미 먹는 것을 금지하고 혼식하기, ② 귀리 장려, 감자 같은 대용식 장려, ③ 여러 종류의 야채 섭취, ④ 민물고기 섭취, ⑤ 요리 종류 변화, ⑥ 영양 고려, ⑦ 주부 식사 개선, ⑧ 하루에 한 번 밥 짓기, ⑨ 술과 담배 금지 같은 것이다. 도시 식생활과 비교할 때 기존 봉건적 식생활 관습을 개선하려는 부분은 기껏해야 요리 재료와 종류의 변화(③,⑤)와 영양(⑥,⑦)이 전부다. 다시 말해 농촌에서 생활개선이란 합리성과 효율을 내세웠지만 실제로는 식량과 물자를 절약하라는 소비 억제에 초점이 맞춰져 있었다. 조선의 생활개선론자는 농촌의 식생활 근대화에는 매우 소극적이었다.[215]

---

214 위의 책, 22~31쪽.
215 김영희, 《일제시대 농촌통제정책 연구》, 경인문화사, 2003, 423, 439~430쪽.

생활개선론자가 내세우는 '소비 절약'의 내용과 질도 농촌과 뚜렷하게 차이 났다. 중일전쟁 뒤 발표한 전시 소비 절약 비상대책을 보면, 송금선은 소고기 먹던 양을 줄여 조금씩 먹고, 아지노모도, 다시마, 가다랑어포[鰹節, 가쓰오부시] 같은 대용식을 한다고 말했다.[216] 돌잔치 대신 아이가 유치원 다닐 때 생일날 아이 친구들을 불러 떡이나 과자를 같이 먹는 것이 전시하 생활개선이었다.[217] 박겸숙朴謙叔은 경제 비상을 맞아 자신의 집에서 하는 대책이라며 기존에 먹던 소고기 양을 반으로 줄이는 대신 멸치를 넣고, 과자 대용으로 현미 볶은 것을 설탕물에 반죽해서 준다고 소개했다.[218] 방신영은 계란이 없으면 두부를 대용하고, 버터가 없을 때에는 참기름과 깨소금으로 대신하면 버터 못지않은 영양을 섭취할 수 있다고 말했다.[219]

비상시국이라고 하면서도 음식물 종류를 바꿀 뿐이지 농촌처럼 절대적인 섭취량을 줄이지는 않았다. 생활개선론자의 전시 비상대책이란 영양지식을 써서 값싸고 영양가 있는 대체품을 찾는 것이었다. 대체품은 대개 일본 식재료로, 일본화 경향이 더 강해지고 있었다.

녹기연맹은 조선 민족 내부의 빈부 차이와 거주지 차이에 따라 생활개선운동을 다르게 펼쳤다. 도시와 농촌 사이의 생활개선 목표가 달랐다. 도시 상류층 여성이 중심이 되어 근대화를 지향하는 식생활 개선은 농촌 여성을 포함한 대다수 한인들과 유리되어 일제의 '향토식' 속으로 들어갔다.

---

216   송금선, 앞의 글.

217   송금선, 〈戰時와 生活改善의 急務〉, 《女性》 5-6, 1940.6., 40~41쪽(《한국근대여성의 일상문화》 7, 324쪽에서 재인용).

218   송금선, 앞의 글, 1939.

219   방신영, 〈신가정독본—부엌의 신체제〉, 《家庭の友》 37, 1940.11., 16~17쪽(《한국근대여성의 일상문화》 7, 367쪽에서 재인용).

VI장

해방 이후
설탕원조와 재건

1. 설탕수요의 제당업 견인

해방으로 일본제국의 설탕 공급체제가 무너졌다. 분단으로 남한은 조선 안에 유일한 제당회사였던 일당 조선공장과 끊어졌다. 그 대신 미국의 설탕 공급체제 속으로 편입되었다.

설탕 공급체제가 무너졌어도 수요까지 줄어든 것은 아니었다. 일제 통제경제체제 아래서 억눌렸던 과자 수요가 되살아나면서 설탕 수요가 급증했다. 하지만 설탕 공급을 미국 원조에 기대야 했기 때문에 공급량과 시기가 들쑥날쑥했다. 게다가 미군정이 한국적 특성을 고려하지 않고 배정하는 바람에 설탕 가격이 폭등하며 물가를 올렸다.

미국 정부는 한국전쟁 휴전협정을 진행하며 한국 정부에게 재건자금을 원조하기로 약속했다. 한국 정부는 재건자금으로 물가 폭등을 일으키는 물자부터 수입대체산업화를 추진했다. 정부의 수입대체화산업 선정 기준은 불요불급 여부보다 물가안정 여부였기에 설탕은 1950년대 국가육성산업이 되었다. 정부의 전폭적인 지원 아래 정제당 회사들이 경쟁적으로 시설을 확충하여 설탕 공급량이 증가했다.

1) 미군정의 설탕정책

해방이 되자 일제 전시체제로 억눌렸던 산업용 수요가 되살아났다. 1930년대 말이 되면 재조 일본 어린이는 말할 것도 없고 도시 소학교에 다니는 조선 어린이도 이틀에 한 번 이상 과자를 먹을 정도로 과자 소비가 확산되고 있었다.[001] 1940년대 전반 조선총독부가 강압적으로 과자 소비를 억제했지만, 단맛에 대한 욕구까지 금지시킬 수는 없었다.

해방 뒤 이를 재빠르게 알아차린 과자상이 전국 각지에서 우후죽순처럼 생겨났다. 과자상이 다른 업종에 견주어 저자본, 저기술로 창업하기 쉽고 수익이 높기 때문이기도 했다. 일제 때 제과점을 경영하거나 판매하는 등 제과업에 종사하던 사람들이었다.

이렇게 생겨난 제과업체가 1947년 3천여 개소 이상이었다. 〈표 47〉과 같이 서울시 535, 경기도 282, 충북 221, 충남 235, 전북 232, 전남 356, 경북 395, 경남 556, 강원 198, 황해 85개소로 전국에 총 3,095 개소였다. 경남과 서울에 가장 많았지만 그 이외 지역에도 골고루 분포되었다. 이들 3천여 개소 말고도 무허가 빙과 행상이 넘쳐났다.[002]

표 47 1947년 중소 제과업체의 생산 실적과 소유 구분

지역	공장수 (개소)	생산능력 (貫)	과거 1년 동안 생산 실적(貫)	공장 소유별	
				비적산非敵産	적산敵産
서울시	535	5,330,000	213,200	481	54
경기도	282	1,665,000	66,600	268	14
충북	221	555,000	22,200	216	5
충남	235	783,000	31,320	235	–
전북	232	777,000	22,080	224	8
전남	356	999,000	29,960	347	9
경북	395	1,110,000	43,890	384	11
경남	556	2,330,000	103,200	522	34

---

001 〈표 32〉 참조. 1939년 도시의 소학교 조선인 어린이가 10일 동안 과자를 먹은 횟수가 6.59회에 이르렀다.
002 《동아일보》 1949.6.21.

지역	공장수 (개소)	생산능력 (貫)	과거 1년 동안 생산 실적(貫)	공장 소유별	
				비적산非敵産	적산敵産
강원	198	450,000	19,300	196	2
황해	85	182,000	7,380	85	–
계	3,095	14,181,000	569,130	2,958	137

출전 《商工行政年報》, 南朝鮮過渡政府, 1947, 215쪽.

　과자상 규모는 대개 영세했다. 군납용 건빵과 캐러멜 제조처럼 기계설비와 종업원이 많이 필요한 대규모 업체 수는 매우 적었다. 1947년 《상공행정연보》에 따르면 1947년 대규모 제과회사가 〈표 48〉과 같이 동양식량東洋食糧(구 모리나가제과), 풍국豊國제과(토요쿠니제과)[003], 해양산업회사(구 메이지제과), 삼립三立제과 정도였다. 1950년대 중반이 되어도 대형 제과회사는 10개소밖에 안 되었다.[004] 제과업체가 많았지만 공장 가동률은 10퍼센트에 지나지 않았다.[005] 원료 부족 때문이었는데, 특히 주원료인 설탕을 구하기가 힘들었기 때문이다.

표 48 1947년 비스킷과 캐러멜 생산 (단위: 관貫)

공장명	연간 생산 능력		1947년 생산 실적	
	비스킷	캐러멜	비스킷	캐러멜
동양식량공업회사(구 모리나가제과)	450,000	187,500	40,000	13,125
풍국제과회사(구 토요쿠니제과)	300,000	112,500	5,100	–
해양산업회사(구 메이지제과)	150,000	112,500	10,000	7,500
삼립제과회사	250,000	–	20,000	캐러멜 설비 無

출전 《상공행정연보》, 1947, 215쪽.

003　토요쿠니제과는 해방 뒤 한자 음을 따 풍국제과로 불렸고, 1956년 동양제과로 개칭했다.

004　대한상의조사부, 〈국내제조업의 현황〉, 《산업경제》 30, 1955.6., 44~45쪽.

005　〈표 47〉과 〈표 48〉 참조.

해방 뒤 한국 설탕시장의 가장 큰 변화는 일제 때 생산체제와 완전히 단절되었다는 점이다. 일제강점기 유일한 정제당 공장인 일당 조선공장은 평양에 있었다. 38선으로 분단된 상황에서 남한에서 설탕을 구할 수 있는 길은 완제품 수입뿐이었다.

설탕은 주로 미국 원조로 유입되었다. 〈표 49〉와 같이 미국 원조로 들어오는 설탕이 민간무역량(밀무역 포함)보다 압도적으로 많았다. GARIOA(Government Aid and Relief in Occupied Areas, 점령지역 구호원조), ECA(Economic Cooperation Administration, 경제협조처) 원조, UNKRA(United Nations Korean Reconstruction Agency, UN한국재건단)가 주관했다. 일제의 설탕 무역체제에 속했던 한국이 해방 뒤 미국의 설탕 무역체제에 편입된 것이다.

표 49 1946~1953년 한국의 설탕 수입량과 가액

연도	수량(톤)			가액(1천 달러)			비고
	정부	민간	밀	정부	민간	밀	
1946	–	38	1	–	393	–	GARIOA 캔디 338,354파운드(153.5톤)/밀무역 1,905근 221,125원
1947	–	144	4	–	1,115	–	밀무역 6,704근 1,245,378원
1948	71	141	20	–	96	–	GARIOA 흑설탕 1억 파운드(45,400톤)/밀무역 33,287근 10,013,260원
1949	–	55	–	–	18	–	ECA 원조 18,808톤
1950	500	900	–	–	6	–	UNKRA 쿠바정제당 20,000톤(한국통계연감) 300톤 120,000원
1951	2,879	1,405	–	–	383	–	(한국통계연감) 1,405톤 37,600,000원
1952	621	3,830	–	–	974	–	(한국통계연감) 3,729톤 233,490,000원
1953	8	19,710	–	–	3,460	–	(한국통계연감) 20,962톤 1,124,440,000원

출전 한국산업은행조사부 편, 《한국산업경제십년사》, 한국산업은행조사부, 1997, 201, 1044쪽 ; 《무역연감》 1950, 169, 226, 327, 544 ; 《무역연감》 1954, X-8쪽 ; 《대한민국통계연감》; 《농민주보》 51, 1946.12.28. ; 《자유신문》 1947.2.24., 1948.1.18., 1.31. ; 《동아일보》 1947.6.13., 1948.2.6., 1951.7.25.

비고 ① 정부 무역과 민간무역은 《한국산업경제십년사》(1955), 밀무역은 《무역연감》을 참고했다. '정부'는 정부무역, '민간'은 민간무역, '밀'은 밀무역의 약칭이다.

② 밀무역 가액이 원 단위여서 비고란에 표시했다.

③ 근과 파운드는 톤으로 환산했다.

④ 《대한민국통계연감》에는 1950년부터 기록되어 있는데, 민간무역과 정부무역인지가 뚜렷하지 않고 가액이 원화로 되어 있다. 아울러 GARIOA 원조, ECA 원조, UNKRA 원조가 포함되었는지 아닌지도 알 수 없다. 뿐만 아니라 1946~1949년까지 참조한 《한국산업경제십년사》와 수치 차이가 많아서 비고란에 별도로 (한국통계연감)으로 표시했다. 한국통계연감의 수치가 민간무역 수치와 비슷한 것으로 볼 때 민간수량만을 언급한 듯하다.

⑤ 《한국산업경제십년사》에는 1946~1950년 정부무역에는 GARIOA 원조, ECA 원조, UNKRA 원조가 포함되지 않았다. 이를 보완하고자 비고로 그때 신문에 발표된 설탕과 과자(캔디) 원조량과 액수를 적었다.

미국의 설탕정책은 쿼터제Quota System였다. 쿼터로 국내 수요와 공급을 조절해 가격을 관리했다. 1894년 이래 종가終價 관세를 부과했으나 1930년대 중반 설탕 쿼터제로 바꾸었다. 이른바 뉴딜정책 가운데 하나였다.[006] 1920년대 중반 생산과잉으로 인한 대폭락사태를 거치며 미국 내 사탕수수, 사탕무 농장이 파산 지경으로 내몰렸다.[007] 1934년 존스-코스티건 설탕법Jones-Costigan Sugar Act이 미국 의회에서 통과되었다.[008] 설탕 가격 안정, 미국 내 생산자 보호, 설탕 가공 산업 확대가 목적이었다. 미국 내 연간 수요를 예측하고 이에 맞춰 국산과 외국산 쿼터를 할당하여 국내외 생산량을 조절했다. 쿼터 할

006 Stephen V. Marks & Keith E. Maskus, *The Economics and Politics of World Sugar Policies*, The University of Michigan Press, 1993. p.50.

007 D. Gale Johnson, *The Sugar Program: Large costs and small benefits*, American Enterprise Institute for Public Policy Research, 1974.7.15., p.22. 쿠바는 1920년대 후반까지 미국 설탕 소비의 47~58퍼센트(평균 53퍼센트)를 공급했고, 필리핀이 8퍼센트, 하와이가 12퍼센트, 푸에르토리코가 9퍼센트를 공급했다.

008 Anne O. Krueger, *The Political Economy of Controls: American Sugar*, National Bureau of Economic Research Working Paper Series No. 2504, 1988.2., p.14.

당은 1934년 이전 3개년 실적으로 정했다.[009]

미국 정부는 외국에 할당하는 쿼터 가운데 쿠바에 우선권을 주었다. 1934년 무렵 미국인이 쿠바 설탕 생산량의 70퍼센트를 소유한 것과 깊게 연관되어 있다.[010] 미국 정부가 쿠바에 투자한 미국 자본가, 미국 내 설탕 재배 농가와 가공업자를 쿼터제로 보호했다. 덕분에 미국 내 설탕 가격은 세계 설탕시세보다 높았다.[011]

2차 세계대전이 일어나자 일시적으로 설탕법이 유보되었다. 전쟁으로 쿠바를 제외한 지역의 공급량이 줄어들었기 때문이다. 미국에서는 전쟁으로 노동력이 부족해졌고, 필리핀은 일본에게 정복당했으며, 푸에르토리코는 비료 부족으로 생산량이 줄었다. 전쟁으로 유럽 지역의 설탕 수요가 높았지만, 쿠바는 꿋꿋이 동맹국으로 미국에 안정적으로 설탕을 공급했다. 그 덕에 미국 내 물가가 안정될 수 있었다.[012]

1948년 다시 설탕 쿼터제가 재개되자 이번에는 미국 정부가 쿠바에 보은報恩했다. 2차 세계대전 동안 적극적으로 친미 정책을 편 쿠바에 쿼터 최우선권을 주었다. 미국 소비량의 55퍼센트를 국내 생산으로 할당하고 나머지를 외국 수입으로 할당했는데, 쿠바가 외국 쿼터의 98.64퍼센트를 할당받았다.[013] 뿐만 아니라 다른 국가가 할당량을 채우지 못할 경우 그 부족분을 쿠바에게 배당했다. 이를테면 필

009   Anne O. Krueger, op. cit., pp.15~16.

010   ibid., pp.13~14.

011   Tyler James Wiltgen, *An Economic History of The United States Sugar Program*, Master of Science in Applied Economics, Montana State University, 2007.8., p.92 Appendix A 〈United States versus world raw sugar prices〉(1929~ 2006) 참조.

012   Vladimir P. Timoshenko & Boris C. Swerling, *The World's Sugar: Progress and Policy*, Stanford: Stanford University Press, 1957, pp. 172~175.

013   Anne O. Krueger, ibid., p.17.

리핀은 일제 지배를 받는 동안 사탕수수 산업이 황폐해지는 바람에 공식 쿼터량을 채우지 못했다. 그러자 쿠바에 그 수량을 더 공급하게 할 정도로 미국은 친쿠바 정책을 폈다.[014] 미국의 친쿠바 정책은 쿠바에 투자한 미국인 자본가를 보호하는 정책이기도 했다. 양국의 밀월 관계는 1959년 1월 쿠바혁명이 일어나기 전까지 변함없었다. 1956년의 경우 미국 설탕 소비시장의 55퍼센트를 미국산, 43.2퍼센트를 쿠바산, 1.8퍼센트를 나머지 외국에서 조달했다.[015]

설탕 쿼터의 생산 조절과 할당을 맡은 기관은 미국 정부의 공공대행사인 CCC' Sugar Division(Commodity Credit Cooperation' Sugar Division, 상품신용공사 설탕分課, 이하 CCC 설탕분과)이었다. CCC 설탕분과는 미국 내 생산자와 계약을 체결하여 최소가격을 보장했다. 대신 작물 파괴를 허용하는 보조금 프로그램을 맡아 공급 과잉을 막았다.

CCC 설탕분과는 미국만이 아니라 세계 각 지역에 쿠바에서 운송한 원료당을 배분하는 것을 관장했다.[016] 2차 세계대전 뒤 미국이 유럽, 일본, 아시아 같은 점령국에 GARIOA의 일부로 설탕을 보내는 일도 맡았다.[017] 한국으로 보낸 설탕도 CCC 설탕분과가 쿼터제에 맞춰 구입한 미국산과 쿠바산 설탕이었다.[018]

---

014 Vladimir P. Timoshenko & Boris C. Swerling, op. cit., pp.187~188.

015 Anne O. Krueger, op. cit., p.18.

016 Vladimir P. Timoshenko & Boris C. Swerling, ibid., pp.85, 169~175 ; Stephen V. Marks & Keith E. Maskus, op. cit., p.51.

017 Vladimir P. Timoshenko & Boris C. Swerling, ibid., p. 188.

018 韓國年鑑編纂委員會, 《韓國年鑑》, 韓國年鑑社, 1957, 251쪽 ; 韓國産業銀行調査部 編, 《韓國産業經濟十年史》, 韓國産業銀行調査部, 1955, 493쪽, 1044쪽 ; 차철욱, 《이승만정권기 무역정책과 對日 민간무역구조》, 부산대학교 박사학위논문, 2002, 132쪽. 원조에 따른 쿠바 수입액 대 총 원료당 수입액을 보면 1955년 105만 6천 달러 대 280만 6천 달러, 1956년 1~6월 41만 6천 달러 대 90만

미국에서 한국으로 보내는 설탕 원조량은 〈표 49〉와 같이 매우 불안정했다. 기금 부족으로 GARIOA에 의한 물품 도입이 원활하지 못해 해마다 수량이 매우 달랐기 때문이다.[019] 1947년 4월 7일 미 군정장관은 기자회견 자리에서 '설탕 배급 문제'에 대해 인터뷰했다. 그는 미국도 설탕이 부족하기에 다량의 설탕을 지원할 수 없다고 답변했다.[020]

1947년까지 설탕이 품귀였다가 이듬해가 되면 GARIOA로 흑설탕 1억 파운드(4만 5,400톤)가 유입되었다.[021] 1949년에는 설탕 대신 양곡을 원하는 대다수 한국인 요구에 따라 쌀, 보리와 같은 곡물 원조로 대체되었다. 이에 따라 설탕 공급량이 다시 전해의 절반에 못 미치는 1만 9천 톤으로 줄었다.[022]

설탕 공급량이 들쑥날쑥한데다가, 미군정은 한국사회 실정을 이해하지 못한 채 설탕을 시중에 공급했다. 발단은 미곡정책에서 시작되었다. 1945년 10월 미군정은 일제가 전시체제로 실시했던 모든 미곡통제를 철폐했다. 그해 유례없는 풍년이었음에도 매점매석으로 쌀 품귀현상이 빚어지며 쌀값이 천정부지로 올랐다. 식량위기가 심각해지자, 미군정은 대응책으로 1946년 1월 미곡 자유시장제를 포기하고 미곡 수집령을 발포했다. 농민들은 미곡 수집령을 일제 때 미곡 강제공출제의 부활로 받아들이고 저항했다.

미 군정청은 미곡 수집에 반발하는 농민에게 미곡 수집을 장려하

9천 달러로 절반가량이 쿠바산이었다.

019 차철욱, 위의 논문, 18쪽.

020 《농민주보》 1947.4.20.

021 《자유신문》 1948.1.18., 1948.1.31. ; 《동아일보》 1948.2.6.

022 《자유신문》 1948.9.7.

는 용도로 1946년 양과자를 수입했다.[023] GARIOA 일부를 캔디, 비스킷 같은 양과자 9백만 파운드, 약 1억 8천만 원어치 들여온 것이다.[024]

농민들은 크게 반발했다. 미국 캔디가 농가 경제에 필요 없다면서 도시에서나 자유배급을 하고 농촌에는 설탕 대신 쌀, 보리, 옥수수 같은 잡곡이나 비료를 배급해 달라고 요구했다.[025] 강화도와 개성에서는 양과자와 호콩(캔디)이 생활필수품이 아닌데 먹을 필요가 어디 있냐며 "우리가 식량을 사 먹기도 힘든 이때 이러한 막대한 돈(캔디 배급대금)을 내고 눈깔사탕을 사 먹을 수는 없다"[026]고 캔디 배급을 거부했다.

한국 정치가도 좌우익을 가리지 않고 양과자 수입을 반대했다. 양과자가 사치품이라는 점에는 모두 공감했기 때문이다. 하지만 반대하는 이유가 달랐고 해법도 정반대였다. 한쪽에서는 설탕이 수입품이므로 배척하되 국산화하자고 했고, 다른 쪽에서는 불요불급不要不急한 상품이므로 아예 먹지 말자는 방안을 내놓았다.

먼저 우익이 캔디 수입 반대 담화문을 발표했다. 독촉국민회 선전부가 1947년 1월 7일 반대의견을 표명했다. 독촉국민회 선전부는 38년 전인 1910년 우리나라가 신개화와 함께 들어온 눈깔사탕을 먹다가 일제 식민지로 망해버린 경험을 상기하라고 일갈했다. "밥도 얻어먹지 못해서 쩔쩔매는 이 판에 양과자가 무슨 일이 있으며 호콩이

---

023 《농민주보》 1946.12.28. ; 《조선일보》 1946.12.18.

024 위의 자료 ; 《자유신문》 1946.9.17., 1947.1.10. ; 《동아일보》 1947.1.10.《농민주보》와 《조선일보》에서 11월 29일부터 12월 6일 사이에 미곡 수집 장려용 과자로 33만 8,354파운드를 수입했다고 보도했다. 1946년 총 수입량과 액수는 《자유신문》과 《동아일보》의 보도에 따라 9백만 파운드, 약 1억 8천만 원으로 보았다.

025 《자유신문》 1946.9.17. ; 《동아일보》 1946.12.27., 1947.1.8.

026 《자유신문》 1946.12.27. ; 《대동신문》 1947.1.8.

무슨 소용이 있냐"[027]고 목소리를 높였다. 나날이 파멸되어 가는 우리 경제를 재건하려면 그 원인을 탐구해야 한다면서 "강렬한 국산장려운동"을 일으키자고 주장했다.

우익에서 판단한 양과자 수입의 가장 큰 문제점은 양과자가 무역수지 악화의 주범이고 정부의 재정 부담이 된다는 점이었다. 캔디 수입 대금인 2억 원 이상을 새로 출범할 정부가 갚아야 한다고 생각했다.[028] 새로 출범하는 정부에 빚을 지게 만드는 양과자를 수입하지 말자는 것이지 과자 자체를 소비하지 말자는 것은 아니었다. 오히려 장차 국산화하자는 것이었다.

좌익에서는 한국인이 단맛에 길들여져 서구의 상품시장으로 전락하는 것을 경계했다. 좌익계 민주주의민족전선이 1947년 1월 11일 캔디 수입 반대 담화문을 발표했다. 미군정이 조선의 독립국가 달성을 원조한다면서 2억 원에 가까운 양과자를 수입한 것은 "맛은 달콤하지마는 우리 번영과 독립에는 모두 쓰다"는 내용이었다.[029] 경제적 자립 없이 정치적 완전 독립이 없는데 "미국이 조선을 상품시장화하여 식민지화하려는 것"으로 이해했다.[030] 수입품인 설탕에 맛 들이면 종국에는 설탕 소비시장으로 전락해 버린다고 말했다. 경제적으로 자립하려면 설탕을 먹지 말자고 주장했다.

좌우익 모두 이구동성으로 과자가 한국인의 식량대용이 될 수 없다며 반발하자 미군정은 이듬해부터 과자 원조를 중지했다.

미군정이 설탕을 배급할 때 할당 기준도 문제였다. 한국인의 식생

027　《동아일보》1947.1.8., 1947.1.10. ;《자유신문》1947.1.8, 1947.1.10.

028　《자유신문》1947.1.11.

029　《동아일보》1947.1.12.

030　《자유신문》1947.1.12.

활에 대한 이해가 전혀 없었기에 자신들처럼 한국 가정에서도 설탕이 생활필수품이라고 생각했다.

1948년 흑설탕 4만 5,400톤이 원조되어서 물량이 많아졌다.[031] 미 군정청은 가정용에 흑설탕을 배급하기 시작했다. 도시와 농촌에 똑같이 배급했다.[032]

하지만 한국에서는 가정용보다 산업용 설탕 수요가 압도적으로 많았다. 중일전쟁 직전 서울의 경우 산업용이 가정용보다 세 배나 많았다.[033] 농촌은 말할 것도 없고, 도시에서도 설탕을 상용하는 가정은 매우 적었다. 설탕을 상용하는 가정에서도 사치한 식재료로 소량 넣을 뿐이었다. 가정에서 설탕을 거의 소비하지 않던 한국인으로서는 미 군정청의 설탕 배급을 이해할 수 없었다. 한국인은 미 군정청이 잡곡 대신 설탕을 배급한다고 짐작했다.[034] 일제하부터 설탕 소비량이 가장 많던 서울에서조차 설탕이 쌀 배급량의 1/2~1/3에 달한다며 시민들이 불만스러워했다.[035] 경상북도에서는 잡곡 대신 설탕을 배급한다는 소문이 돌면서 농민들이 설탕 배급받기를 거부했다. 경상북도 도지사가 나서서 설탕이 잡곡 대신이 아니라 원조로 들어온 것이라고 해명해야 했다.[036] 농민을 비롯한 대다수 한국인 가

---

031   《자유신문》 1948.1.18., 1948.1.31. ; 《동아일보》 1948.2.6.

032   《자유신문》 1948.2.12.

033   《殖銀調査月報》 26, 1940.7.1., 116쪽 ; Ⅳ장 1절 참조.

034   《자유신문》 1948.1.31. ; 《동아일보》 1948.2.14.

035   《서울신문》 1948.8.1., 1948.8.5. 쌀 1합습, 외미籿米 2작슥, 설탕 5작(또는 쌀 1합 2작, 외미 3작, 밀가루 1작, 설탕 4작)으로 배급하는 것에 대해 설탕을 5작이나 먹게 한다고 불만스러워했다.

036   《남선경제신문》 1948.9.22.

정에서는 설탕보다 비료나 양곡을 더 원했다.[037]

이와 달리 정작 설탕이 필요한 제과업체는 적절히 배급받지 못했다. 대부분 영세했던 제과업체는 설탕 기근에 시달렸다. 나가오카제과 후신으로 중견 제과회사였던 해태제과조차 설탕 부족으로 어려움을 겪었다. 설탕을 하루치 내지 2~3일치 구입하거나, 설탕 대신 엿을 녹여야 했다.[038]

하지만 과자 수요는 급증했다. 원료 부족으로 일제 때보다 과자 품질이 나빠졌는데도 판매량이 급증했다.[039] 전시 통제경제로 억눌렸던 수요가 되살아난 것이다. 설탕이 필요한 제과업체는 미 군정청의 행정력이 미치지 않은 틈을 타서 암거래로 설탕을 구했다.

제과업체에서 설탕을 입수하는 암거래 경로는 1940년대 초보다 훨씬 다각화되었다. 일제 때에는 설탕이 배급 경로를 따라 암시장으로 흘러들어 갔다. 일당 조선공장이 공급을 독점했기에 탈루하기 어려웠기 때문이다. 대신 암브로커가 도시 하층민을 시켜 가정용 설탕을 구매대행하고 산업용으로 빼돌렸다.[040]

해방 뒤 설탕 암거래는 공급루트에서 일어났기에 더 대규모로 더 조직적으로 진행되었다. 원조물자를 다루는 관료, 운송업체, 경찰들이 깊게 연루되었다. 이를테면 1948년 12월 대왕大王상회, 동일東一상회, 박주博主상회가 전라남도로 수송할 일반 가정용 배급 설탕 수십만 근을 매점했다. 경찰이 이들에게 압수한 설탕만 해도 120톤(20

037   《부산일보》 1949.7.30.

038   박병규, 해태제과공업 편, 《해태三十年史》, 해태제과공업주식회사, 1976, 85~92쪽(이후 《해태三十年史》).

039   위의 책.

040   졸고, 〈1940년대 전반 식민지 조선의 암시장-생활물자를 중심으로〉, 《동방학지》 166, 연세대학교 국학연구원, 2014, 262쪽.

만 근)이나 되었다.[041] 경무부에서 뇌물을 받고 설탕을 부정배급하기도 했다.[042] 중간 유통업자, 대형상인 같은 대형 암브로커가 유통망에 개입하여 조직적으로 대량 전용하는 일도 일어났다.[043]

대형 제과업체도 학교용이나 군용으로 배급받은 설탕을 자주 암시장으로 빼돌렸다. 법정관리인이 운영하던 조선 삼립三立제과의 경우 1949년 4월 중순 0.2톤, 5월 4일 0.75톤, 5월 16일 1.2톤, 5월 25일 0.3톤, 6월 3일 0.6톤을 서울의 설탕 상인에게 부정 처분했다. 1950년 한 해에만 2회에 걸쳐 3.4톤을 배급받아 그 가운데 1/10도 안 되는 0.3톤만 자신의 회사에서 썼다. 나머지는 모두 부정 처분할 정도로 상황이 심각했다.[044] 풍국[토요쿠니]제과도 1949년 학교 아동용 캔디 원료로 설탕 18톤을 배급받아서 이 가운데 8톤을 시중에 유통시켰다가 적발되었다. 배급가격과 시세가 세 배나 차이 나는 것을 이용해 부정하게 이득을 취한 것이다.[045] 배급을 받은 과자상조합장이나 간부가 폭리를 취하기도 했다.[046] 유령 조합을 만들어 10톤이나 되는 설탕을 배급받아 암시장에 파는 일도 일어났다.[047]

게다가 정부도 설탕 배급가격을 올려 재원을 확보했다. 농림부

---

041 《동아일보》 1948.12.5.

042 《자유신문》 1947.12.10.

043 《동아일보》 1948.12.5., 1949.1.15. ; 《자유신문》 1949.1.21. ; 《조선중앙일보》 1949.4.13.

044 〈성명서(朝鮮三立제과)〉, 《참고서류철(관재관계)》, 국가기록원 관리번호 BA0135045, 43쪽. 자료에는 근으로 표시되어 있는데 이를 톤으로 환산했다.

045 《동아일보》 1949.1.15. ; 《자유신문》 1949.1.16. ; 《豊國제과주식회사》, 국가기록원 관리번호 BA0908184, 150~151쪽. 풍국제과는 1947년부터 김병문金炳文이 관리인을 맡고 있었는데 구속된 것은 그 밑에 있는 정이형鄭利亨이었다.

046 《동아일보》 1948.3.26.

047 《동아일보》 1951.4.3., 4.5., 4.10., 4.18., 5.7.

가 일부러 설탕 배급가격을 잇달아 인상했다. 재정 적자를 보충하기 위함이었다. 생필품인 양곡 대신 사치품인 설탕 배급가격을 인상했다.[048] 중앙정부만이 아니라 지방에서도 공설운동장을 짓는다든지 하는 지방재정으로 운용하고자 설탕 배급가격을 올렸다.[049]

가뜩이나 원조로 들어오는 공급량이 불안한데다 미 군정청이 계통별 수요를 반영하지 않고 가정 위주 배급제를 실시하며 설탕 암거래가 기승을 부렸다. 한국전쟁이 터지자 설탕 매점과 품귀현상이 더욱 심해졌다. 1945년 정백당 1근 0.15원에서 1947년 3.49원, 1949년 4.88원, 1950년 12.97원, 1952년 90.3원, 1953년 105원, 1956년 190원으로 수직 상승했다. 1947년을 설탕소매물가지수 100으로 놓았을 때 1950년 371.6, 1952년 2,537.4, 1953년 3,008.6, 1956년 4,212.0으로 올랐다.[050]

2) 정제당 수입대체산업화

설탕 가격이 폭등하면서 매매차익이 커졌다. 고수익을 노린 무역업자가 설탕을 다량 수입하고 싶어 했지만 마음대로 설탕을 수입할 수 없었다. 해방 뒤 미 군정청은 무역을 국가 관리체제로 운영했다. 1946년 1월과 5월 미 군정청은 법령 39호, 82호로 대외무역규칙을 공포해 자유로운 민간무역을 금지했다. 수출입업자 허가제를 실시하

---

048 《자유신문》 1949.5.31.

049 《동광신문》 1949.8.2. 전라남도 광주에서 광주부윤이 설탕 배급가격을 인상해 인상가격 차액으로 공설운동장 세우는 데 충당하려고 했다. 이 방안을 부내 동회장, 국민회 지부장, 금융계 인사들이 모인 자리에서 제안하자 만장일치로 동의를 얻었다.

050 《대한민국통계연감》, 1954·1957.

여 수출입품을 허가품, 장려품, 금지품으로 나누어 제한했다.

미군정은 수입을 최소화하는 정책을 폈다.[051] 미군정의 목적이 한국사회 안정이었기에 물가를 안정시켜 사회를 불안하게 만들지 않고, 미국의 재정 부담을 줄이는 방향이었다. 최대한 한국 내 자원을 활용하도록 수입품을 식량, 연료, 의약·위생품과 한국 안에서 자체 생산할 수 있는 품목으로 제한했다.[052]

1947년부터 수출입 균형을 유지하기 위한 바터제Barter Trade(求償무역)를 실시하면서, 수입액에 대응하여 수출할 것을 강제했다.[053] 1948년 수립한 대한민국 정부도 미군정의 관리무역정책 기조를 이어받아 수출입품 링크제Link System Trade를 실시했다. 민간 무역업자가 수출해서 획득한 수출불輸出弗로 수입할 권리를 인정하는 제도였다.

공권력에 의한 무역 통제는 수요와 공급 사이의 극심한 불균형을 낳았다. 일제 패망으로 제국의 무역질서가 해체되었으나 한국의 경제는 여전히 종속되어 있었다. 수입 수요는 많지만 수출할 상품은 적었다. 〈표 50〉처럼 1946～1949년 동안 수입이 수출보다 10배 이상 많았다.

표 50 1946～1949년 한국의 수출입 추이 (단위: 1천 달러)

		1946	1947	1948	1949
수출	정부	360	4,579	8,060	1,219
	민간	3,181	22,225	14,200	12,585
	총액	3,541	26,804	22,260	13,804

---

051 "Import−Export Policies and Procedures" History of the National Economic Board, Part Ⅲ(차철욱, 앞의 논문, 15쪽에서 재인용).

052 차철욱, 위의 논문, 15～17쪽.

053 위의 논문, 17～19쪽.

수입	정부	49,496	195,853	188,320	116,399
	민간	11,225	41,762	19,683	16,376
	총액	60,721	232,615	208,003	132,775
수출입 총액		64,262	259,419	230,263	146,579
무역수지		−57,180	−205,811	−185,743	−118,971

출전 財政金融30年史編纂委員會 編, 《財政金融三十年史》, 財政金融30年史編纂委員會, 1978.9., 37쪽.

그런데 민간무역업자들이 수입한 상품은 대개 생필품이 아니었다. 수출입품 링크제로 수입한 가장 인기 있는 품목은 설탕, 신문용지, 털실[毛絲]을 비롯해 모직, 문방구, 약품(양약, 한약재)였다.[054] 모두 불요불급하지만 이익이 높은 고급소비재였다. 구매력이 있는 도시 상류층이 원하는 근대적 상품이었다. 주요 민간 무역업자였던 삼성三星물산 이병철李秉喆, 삼양三洋물산 이양구李洋球, 대한大韓산업 설경동薛卿東, 화신和信무역 박흥식朴興植, 동아東亞상사의 이한원李漢垣이 수입한 중요품목 속에도 설탕이 들어 있었다.[055]

수입 수요가 많고 수출품이 적은 상황에서 무역업자는 공권력이 강제하는 수출 의무를 지키기 어려웠다. 합법적 수출 의무를 피하려는 밀무역도 성행했다. 정국이 불안하고, 관세율이 1~2할밖에 안 되어 단속에 걸리는 것을 두려워하지 않았다.[056]

밀무역을 주도한 것은 중국 무역업자였다. 이른바 '정크선 무역'

---

054 차철욱, 앞의 논문, 30~32쪽.

055 《한국연감》, 255쪽 ; 제일제당공업주식회사 십년지편찬위원회, 《十年誌》, 제일제당공업주식회사 십년지 편찬위원회, 1964, 109~111쪽(이후 《十年誌》) ; 김연규, 이양구, 임문환, 〈이양구〉, 《재계회고: 원로기업인편 Ⅳ》, 한국일보사, 1984, 169~173쪽 ; 위의 논문, 181~194쪽 ; 《자유신문》 1946.12.11.

056 세계무역사정협회, 《무역연감》 1949 上, 서울: 商業日報社, 1948, 64쪽. 미 군정기 무역은 허가제였지만 관세는 10~20퍼센트밖에 안 되었다.

이었다. 중국 무역업자도 차익이 많은 불요불급한 금지품인 고급소비재 위주로 수입했다.[057] '마카오 물건'이라고 일컫는 상품은 각설탕, 핸드백, 양복지, 화장품, 옷감, 치약, 만년필, 스타킹 같은 것이다.[058] 1948년 주요 밀수입품 통계에 따르면 약품(1,411만 6천 원), 문방구(1,333만 원), 설탕(1,001만 3천 원) 순으로 수입가액이 많았다. 설탕 말고도 사카린을 중국에서 수입하거나 밀수로 들여왔다.[059]

밀수품의 유통 경로는 대개 중국이었지만 실제 제조국은 일본이었다.[060] 일본에서 바로 밀수입하기도 했는데, 일본이 해안경비선 폐지로 감시가 소홀한 틈을 타서 들어왔다. 일본에서 밀수입한 주요 품목은 설탕, 담배, 고무 같은 물건이었다.[061]

남북 사이에도 밀교역이 이루어졌다. 설탕은 남북한 사이 가격 차이가 컸기에 교역 물자에 포함되어 있었다. 북한에서는 평양의 일당 조선공장 창고와 팔로군八路軍이 다롄 등지의 일본군 창고에서 가져온 설탕이 1근에 130~150원에 거래되었다. 이와 달리 남한에서는 설탕 1근이 230~1,560원까지 치솟고 있었다. 남북한 사이의 밀거래는 육로와 인천항·주문진항 같은 해로를 거쳐 이루어졌다.[062]

1950년대 초가 되어도 한국에서 중석, 고철, 해산물 같은 수출품 실적은 부진한데, 설탕, 직물, 종이, 문방구 같은 고급소비재가 수입

057 한국무역협회, 《무역연감》 1950, 170쪽 ; 이대근, 《해방후-1950년대의 경제: 공업화의 史的 배경 연구》, 삼성경제연구소, 2002, 1950, 123~124쪽.

058 《조선중앙일보》 1949.9.1.

059 《무역연감》 1953, XII-107쪽 ; 《동아일보》 1949.8.31., 1949.12.20.

060 《무역연감》 1950, 169~170쪽.

061 《수산경제신문》 1948.10.12.

062 《경향신문》 1947.6.15. ; 《서울신문》 1947.6.15. ; 《조선일보》 1947.6.15. ; 《강원일보》 1948.9.2. 수량은 적었을 것으로 추측된다.

품 상위를 차지하고 있었다. 무역수지 악화가 심각해질수록 자립경제가 요원해지는 것을 뜻했다.[063]

설탕 같은 고급소비재 수입을 어떻게 처리할 것인가를 두고 국내 여론은 1946년 미 군정청의 양과자 수입 때와 마찬가지로 두 입장으로 나뉘었다.

먼저 사치품인 설탕 수입을 억제해야 한다는 입장이 있었다. 이를 테면 1952년 이교선李敎善 상공부 장관은 국내 식량사정이 어려우니 식량 도입에 중점을 두어야 한다고 생각했다. 그는 1952년 8월 긴급하지 않은 설탕 수입을 당분간 허가하지 않겠다는 담화를 발표했다. 특혜외환을 제외한 설탕 수입을 금지하고, 대신 외환 배정량을 양곡으로 돌렸다.[064]

《조선중앙일보》,《자유신문》 등의 신문에서는 이교선 장관을 지지했다. 무역상인이 사회구성원 전체가 필요로 하는 물건이 아니라 일부 특수층의 욕구만 채우는 사치품을 수입한다며, 자신의 이익만을 생각하는 "악질 매국도배賣國徒輩"라고 불렀다.[065] 백성 절대다수가 그날그날 살림에 허덕이고 있는데 제과점이 번창하고 가지각색 고급과자가 미처 수요를 충족시킬 수 없을 만치 팔리는 세태를 비판했다. 못 먹어 죽는 바도 아닌데 각설탕을 어떻게 1천 3백 원씩이나 주고 사냐는 것이다.[066]

더욱이 과자가 뇌물로 쓰이는 사태를 못마땅하게 바라보았다. "(해방으로) 경제기구가 혼란스러운 틈을 타서 일확천금을 이룬 모리

---

063 《평화신문》 1952.5.8.

064 〈상공부 고시〉 72(1952.8.1.),《무역연감》 1951·1952, 326~327쪽 ; 임영신, 〈이교선〉,《재계회고: 역대경제부처장관편 I》, 한국일보사, 1984, 95~97쪽.

065 《조선중앙일보》 1949.9.1. ;《자유신문》 1949.11.12.

066 《민주일보》 1948.5.21. ;《조선중앙일보》 1949.9.1.

배의 부식물副食物이나 탐관오리에게 말 잇는 선물(뇌물)"[067]로 쓰인다면서 부정부패의 고리인 과자를 부정적으로 생각했다. 설탕 같은 사치품을 수입 금지하고 밀수품 단속을 더욱 철저하게 하라고 정부에 촉구했다. 이러한 관점으로 보면 설탕·과자는 먹지 못하게 억제해야 하는 상품이었다.

설탕 수입 금지조치가 내려지자 무역업자의 저항이 거셌다. 정계에 하소연하여 일부 정치가들이 이들을 대변해서 반발했다.[068] 그러면서도 고철을 수출한 무역불 가운데 2백만여 불을 설탕, 종이 같은 물자 수입에 쓸 정도로 무역업자는 기를 쓰고 설탕을 수입했다.[069]

이와 달리 소비를 억제할 것이 아니라 오히려 국산화시켜 소비를 장려하자는 입장이 있었다. 설탕·종이·약품·모직·밀가루가 긴급 물자는 아니지만, 설탕은 식생활을 향상시키는 식품이고, 펄프나 레이온은 장차 문화국민文化國民에게 없어서는 안 될 상품이라고 생각했다. 장차 이들 상품에 대한 수요가 점차 증가할 것이라고 예측했다.

수입하느라 막대한 외환을 소요하느니 차라리 이를 국산화시켜 무역 적자 문제를 해결하자는 구상이었다.[070] 1953년 초 재정정책 담당자들인 백두진白斗鎭 총리 겸 경제조정관, 박희현 재무부장관, 안동혁安東赫 상공부장관, 원용석元容奭 기획처장을 비롯한 '재건기획팀'이 바로 이러한 태도를 취했다. 백두진은 한국전쟁 전부터 독자

067　《민주일보》 1948.5.21.

068　〈상공부 고시〉 72(1952.8.1.), 《무역연감》 1951·1952, 326~327쪽 ; 《동아일보》 1952.5.25. ; 《서울신문》 1952.8.1. ; 《조선일보》 1952.8.9., 1955.9.18. ; 임영신, 앞의 책.

069　《조선일보》 1952.8.9.

070　원용석, 〈對韓원조에 대한 冀望〉, 《산업경제》 30, 1955.6., 3쪽 ; 《한국연감》, 1957~255쪽 ; 임영신, 〈유완창〉, 〈김일환〉, 앞의 책, 275, 335쪽.

적으로 경제자립이 불가능하다면서 원조로 경제를 부흥시켜 자립경제를 확립하자고 주장한 바 있다.[071]

1951년부터 한국전쟁에 대한 휴전회담이 진행되었다. 이승만 정권은 휴전협정에 동의하는 대가로 미국에 국방과 재건 지원을 요구했다. 수차례 어려운 협상 끝에 한국과 미국 간 협상이 타결되었다.[072]

1953년 재건자금이 확보되자 한국 정부는 '재건기획팀'에 경제 문제를 일임했다. 재건기획팀은 미군정 이래 유지하던 통제경제 정책 노선을 자유경제정책 방향으로 선회했다.[073] 이 팀은 무상원조를 경제 자립화의 발판으로 삼았다.

국내에서는 기간재 산업을 중심으로 하는 경제 재건을 요구했고, 미국 정부는 소비재 산업을 중심으로 하는 물가 안정을 요구했다.[074] 경제 재건과 물가 안정이라는 두 목표를 달성하고자 한국 정부는 기간산업과 경공업에 원조자금을 할당하되, 수입대체화에 가장 역점을 두었다. 1953년 9월 백두진 국무총리는 국회에서 38퍼센트가 수입대체화 산업에, 32퍼센트가 비료, 시멘트, 판유리, 철강, 화학공업 같은 기간산업에, 21퍼센트가 경제재건, 군사비에, 9퍼센트가 그 밖의 분야에 쓸 계획이라고 말했다.[075]

1950년대 이승만 정권의 수입대체화 목적은 무역수지 개선이었다. 수입대체 업종을 선정하는 기준은 생활필수품인지가 아니라 수

---

071   백두진, 〈원조물자와 한국경제〉, 《國會報》 1, 1949.11., 44~45쪽.

072   정진아, 〈6.25전쟁 후 이승만 정권의 경제재건론〉, 《한국 근현대사 연구》 42, 한국근현대사학회, 2007.6., 220~223쪽.

073   위의 논문, 231~232쪽.

074   이현진, 《미국의 대한 경제원조정책, 1948~1960》, 혜안, 2009, 210~211쪽 ; 위의 논문, 232쪽 ; 최원호 의원 談, 《제2대 국회임시회의속기록》 제16회 제44호, 국회사무처, 1953.9.28., 17쪽.

075   백두진 국무총리 談, 위의 자료, 22쪽.

입액이 얼마나 많은지였다. 국가가 기존 수요를 인정하고 이를 국산으로 공급하겠다는 정책이었다.

수요가 공급을 견인한 것이다.[076] 이승만 정권은 원자재를 수입해 '의식주를 자급자족'하는 경제 체제를 지향하고 있었다.[077] 자연히 수입품 상위권인 설탕, 인조견, 종이, 방직, 모직 같은 도회적·근대적 상품제조업이 수입대체화 업종이 되었다. 백두진은 원자재 값은 낮은데 최종소비재 값이 국제물가 수준보다 높은 이유는 국내에 생산설비가 없기 때문이라고 생각했다. 그는 원조로 산업 기반 시설을 갖추고, 산업부흥용 물자인 원료를 도입해서 산업간 물자를 순환시켜 물가를 안정시켜야 한다고 믿었다. 설탕(원료당), 면사綿絲, 레이온, 펄프는 산업부흥용 원자재이기도 했다.[078] 제당업의 경우 국산화하면 1백만 달러의 외화를 절감할 것이라고 예상했다.[079]

정부가 설탕 국산화를 추진한 밑바탕에는 서구적 근대화를 지향하는 서구중심적 가치관이 있었다. 문명국일수록 1인당 설탕 소비량이 많다는 설탕 문명화담론이 경제정책에 반영된 것이다. 정부는 한국인 1인당 설탕 소비량이 서구에 훨씬 미치지 못하므로 서구인 수준까지 소비가 늘어나는 것이 바람직하다고 생각했다. 한국인의 식생활을 향상시키는 방안에는 설탕을 많이 먹도록 수급 구조를 개선하는 것도 포함되었다.[080]

076　그랜트 매크래켄 著, 이상률 옮김,《문화와 소비》, 문예출판사, 1996, 33쪽.

077　정진아, 〈이승만 정권의 자립경제론, 그 지향과 현실〉,《역사비평》83, 역사문제연구소, 2008.5., 98쪽.

078　백두진, 앞의 글, 47쪽.

079　《동아일보》1953.7.5. ;《조선일보》1954.9.12.

080　〈Strom이 국무장관에게 보낸 전문: 〔한국정부의 설탕공급 계획〕〉,《한국 수출 상품: 설탕 1955》(Korea Commodities Sugar 1955), 1955.11.2., 국가기록원 관리번호 CTA0000867 ; 원용석元容奭,《南朝鮮의 食糧事情》, 朝鮮生活品營團,

한편 무역업자를 비롯한 국내 자본가는 한국 정부와 미국 사이의 경제원조 협상을 주시하고 있었다. 1953년 4월 17일 미국은 대한對韓 원조계획을 구체화하고자 헨리 J. 타스카Henry J. Tasca 사절단을 파견했다.[081] 두 달 뒤 6월 15일에 미국의 대한원조계획 구상이 담긴 〈타스카 보고서Tasca Report〉(Special Representative for Korean Economic Affairs to the President)가 미국의회에 제출되었다. 이미 타스카 사절단이 오기 전에 한국 재건계획을 담은 〈네이산 보고서Nathan Report〉(한국경제재건 5개년계획)가 1953년 3월 발표된 바 있다. 이는 UNKRA의 경제자문단 네이산Nathan 그룹이 작성했다. 〈네이산 보고서〉는 UN(United Nations, 국제연합)이 1952년 로버트 네이산Robert R. Nathan을 고용해서 전쟁으로 파괴된 한국 경제를 전쟁 직전 수준으로 회복하게끔 짠 재건계획이었다. 〈네이산 보고서〉가 〈타스카 보고서〉에 상당 부분 반영되었다.[082]

〈네이산 보고서〉 물자계획에 따르면 비투자물자 수입계획 속에 설탕이 포함되어 있다. 도착 기준으로 1953년 270만 달러, 1954년 275만 달러, 1955년 280만 달러, 1956년 285만 달러, 1957년 290만 달러, 1958년 295만 달러 어치 물량이었다.[083] 〈타스카 보고서〉에도

1948, 202쪽 ; 《한국연감》, 1957, 255쪽 ; 《한국산업은행 십년사》, 한국산업은행, 1964, 201쪽 ; 《十年誌》, 86~87쪽.

081 유희춘, 〈머리말-생각나는 일들〉, 《十年誌》, 1964.

082 로버트 R. 네이산, 네이산 협회, 《네이산報告: 韓國經濟再建計劃》 上, 韓國産業銀行企劃調査部, 1954, 168~169쪽 ; 이현진, 《미국의 대한경제원조정책 1948~1960》, 혜안, 2009, 121~124, 150, 157쪽. 이현진은 〈네이산 報告: 韓國經濟再建計劃〉가 한국 경제의 안정과 자립을 달성하고자 군대 증강을 제한한 것과 달리 〈타스카 보고서〉는 한국군 증강이라는 목표를 달성하고자 재건 계획을 수립했다고 보았다.

083 《네이산 報告: 韓國經濟再建計劃》 上, 257쪽.

사전물동계획에 정제당 공장 설립안이 들어갔다.[084]

〈네이산 보고서〉가 공식 발표되기 전부터 제당업이 산업육성계획에 포함되었다는 정보가 시중에 유포된 듯하다. 이미 1952년부터 김연수金秊洙나 이병철이 제당업의 사업 타당성을 일본에 알아보고 있었다는 사실에서 미루어 짐작할 수 있다. 삼양사三養社 김연수는 아들 김상하金相廈를 시켜 1952년부터 일본에 정제당과 한천寒天 사업에 대해 알아보았다.[085] 삼성물산의 이병철도 1952년에 일본 미쓰이三井물산에 제당업을 비롯한 제지, 제약 사업 타당성 자문을 받았다. 미쓰이물산은 기술, 수익성, 공장 건설기간을 고려할 때 제당업이 가장 빨리 착수할 수 있는 사업이라고 답변했다. 이병철은 어느 것이든 빨리 시작하는 것이 중요하다고 판단해 제당으로 결정했다고 회고했다.[086] 자본가는 정부의 산업 육성계획에 맞춰 제당업에 뛰어들 준비를 하고 있었다.

1953년 초부터 정부의 특별외화자금特別外貨資金 대부불貸付弗이 격증했다. 삼양사와 삼성물산은 정제당업으로 진출하기로 결정하고 비슷한 시기에 정부에 정제당 산업지원금을 신청했다.

삼성물산의 이병철은 1953년 3월 제2특별외화대부불에서 실수요 자분으로 제일제당 설비 도입에 필요한 외환 18만 5천 달러를 배당받았다. 부족한 자금은 상공은행에서 2천만 환 융자를 받아 해결했다.[087] 정부가 제당업을 화학공업으로 분류했기에 이병철은 금융기

---

084 유희춘, 앞의 글 ; 김연수,《재계회고: 원로기업인편 I》, 한국일보사, 1984, 212쪽.

085 삼양50년사 편찬위원회,《三養五十年(1924-1974)》, 1974, 209~210쪽(이후 《三養五十年史》).

086 제일제당40년사 편찬위원회,《제일제당40년사》, 제일제당주식회사, 1994, 123쪽(이후《제일제당40년사》).

087 《한국산업은행십년사》, 201쪽 ; 제일제당주식회사,《제일제당30년사》, 제일

관 융자 순위 가운데 가장 우대받는 갑종 자금을 대출받을 수 있었다.[088] 이병철은 설비 비용을 정부 자금으로 조달하는 한편 1953년 6월 자본금 2천만 환으로 제일제당 창립총회를 열었다. 자금지원이 순조롭게 진행되면서 제일제당은 그해 11월부터 정제당을 생산했다.[089] 한국인이 세운 최초의 정제당 회사였다.

사진 21 초기 제일제당의 설탕 포장지

출전 제일제당공업주식회사 십년지편찬위원회,《十年誌》, 제일제당공업주식회사, 1964, 46쪽.

제당주식회사, 1983, 53쪽(이후《제일제당30년사》).《제일제당30년사》에는 1천만 원을 대부받았다고 했으나《한국산업은행십년사》에는 2천만 원으로 나와 있다.

088 　금융통화위원회, 〈제삼·사반기보고서〉,《한국은행조사월보》, 1954.3., 調
　　　26~27쪽(정진아, 앞의 논문, 2007.6. 236쪽에서 재인용).

089 　《十年誌》, 49~50쪽.

이와 견주어 비슷한 시기에 특별외화대부불을 신청한 삼양사의 김연수는 거절당했다. 김연수는 부통령이던 형 김성수가 이승만의 장기집권에 제동을 거는 야당 거물인사였기에 삼양사가 불이익을 받았다고 믿었다. 김연수는 이듬해인 1954년 4월이 되어서야 공매 달러로 FOA(Foreign Operation Administration, 대외활동본부) 자금을 사들일 수 있었다. 특별외화대부불은 60대 1의 특혜환율을 적용받았는데 FOA 자금은 320대 1의 환율이었고, 설비를 유럽에서 구매해야 하는 제한이 있었다. 그만큼 삼양사가 제일제당보다 불리했다. 삼양사는 1954년 12월이 되어서야 제당회사 허가를 받아 1956년 1월부터 비로소 공장을 가동했다.[090]

삼양사의 제당업 진출이 지체되는 사이, 김연수보다 늦게 제당업에 뛰어든 자본가가 먼저 생산채비를 갖추었다. 삼양三洋물산과 한국정당韓國精糖판매회사로 설탕무역과 국내유통에 종사하던 이양구李洋球가 제당업에 가세했다. 그는 1954년 7월 삼양제당三洋製糖(이후 한국정당으로 개칭)을 세우고 1956년 8월부터 가동했다.[091] 풍국[토요쿠니]제과 법정관리인인 배동환裵東桓도 1954년 8월 동양제당東洋製糖 설립허가를 받고, 1955년 5월부터 생산했다.[092]

제과업자와 무역업자가 잇달아 제당업에 뛰어들었다. 금성金星제

090   김연수, 앞의 책, 212, 224~225쪽 ; 《三養五十年史》, 213쪽.

091   김연규, 이양구, 임문환, 앞의 책, 172쪽 ; 김연수, 앞의 책, 212쪽; 《十年誌》, 98쪽 ; 한국제당산업, 대한제당협회 홈페이지 참조. 《재계회고: 원로기업인 편 IV》에는 한국정당판매회사가 설탕 판매회사이고, 삼양제당이 설탕 생산을 목적으로 1954년 7월에 설립했다고 했다. 하지만 정식 허가를 받은 1954년 12월에는 삼양제당이 아니라 한국정당주식회사로 개칭했다.

092   《동아일보》 1949.1.15. ; 《자유신문》 1949.1.16. ; 東洋시멘트, 《東洋그룹三十年史》, 東洋시멘트, 1987, 94쪽 ; 이한구, 〈귀속기업불하가 재벌형성에 미친 영향〉, 《경영사학》 22-1, 한국경영사학회, 2007.6., 204쪽.

과 김도영金道永이 1956년 2월 금성金星제당을 설립해서 그해 8월부터 생산했다.[093] 해태제과 민후식閔厚植은 1956년 3월 회사에 제당부製糖部를 만들어 1957년 1월부터 생산했다. 무역업자 대한大韓산업의 설경동薛卿東도 1956년 7월 대동大東제당(나중에 대한大韓제당으로 개칭)을 설립해 1957년 7월부터 가동했다.

1954년부터 미국의 원료당 원조가 시작되었다. 이는 미국 상호안전보장법Mutual Security Act 402조에 의한 방위지원 원조 가운데 비계획 원조Non-project Assistance였다.[094] 1953년 원조를 총괄하는 FOA와 1955년 이를 변경한 ICA(International Cooperation Administration, 국제협조처)는 설탕 구매가격 규정 별항別項으로 FAS(The Foreign Agricultural Service, 외국농업서비스)의 쿠바항項 제4호 계약에 의한 가격, 품질, 포장, 운임 기준을 따르게 했다.[095] 한국 제당회사는 원조자금으로 미국과 쿠바산 설탕을 구입하고 미국 거래 규정을 따라야 했다.

그런데 미국 설탕 가격은 국제 시세보다 훨씬 비쌌다. 〈표 51〉과 같이 1951년을 제외하고 미국이 세계 설탕 가격보다 적을 때는 2.2퍼센트, 많을 때는 80.1퍼센트까지 높았다.[096] 미국이 자국 설탕 생산자를 보호하느라 가격을 높게 책정했기 때문이다.

---

093 국사편찬위원회 한국사데이터베이스, "전국주요기업체명감(1956년판)", 〈http://db.history.go.kr〉, (2017.10.15.) ; 《十年誌》, 110쪽.

094 이대근, 앞의 책, 338~339쪽 ; 《한국통계연감》 ; 홍성유, 《한국경제의 자본축적과정》, 고려대학교 아세아문제연구소, 1965, 251쪽. 비계획원조란 산업시설 가동에 필요한 여러가지 원자재와 일반 소비물자 공여가 주 내용이다.

095 《무역연감》, 1954, 附 43쪽, 附 37쪽.

096 D. Gale Johnson, op. cit., p.44 표 참조.

표 51 미국과 세계의 설탕 가격 (단위: 1파운드당 U.S. cent)

연도	미국(A)	세계(B)	가격 차이 (A-B)	가격 차이율 ({A-B}/B)
1948	4.64	4.23	0.41	9.7퍼센트
1949	4.94	4.16	0.78	18.8퍼센트
1950	5.09	4.98	0.11	2.2퍼센트
1951	5.07	5.67	−0.60	−10.6퍼센트
1952	5.35	4.17	1.18	28.3퍼센트
1953	5.43	3.41	2.02	59.2퍼센트
1954	5.21	3.26	1.95	59.8퍼센트
1955	5.00	3.24	1.76	54.3퍼센트
1956	5.10	3.48	1.62	46.6퍼센트
1957	5.30	5.16	0.14	2.7퍼센트
1958	5.41	3.50	1.91	54.6퍼센트
1959	5.35	2.97	2.38	80.1퍼센트

출전 U.S. House of Representatives, Committee on Agriculture, *History and Operations of the U.S. Sugar Program*, 87th Congress, 2d session, Washington: U.S. Government Printing Office, 1962.5.14., p.15(D. Gale Johnson, op. cit., p.44에서 재인용).

ICA의 감독관인 홀리스터Hollister는 "미국 설탕 가격이 세계 설탕 시세보다 상당히 비싸므로 2만 톤에는 FY(Fiscal Year, 미국 회계년도) 1956년 프로그램 펀드로 420만 불이 필요하다. 한국 (원조)프로그램 펀드는 미국과 세계 설탕 가격 차이를 받아들여야 할 것"[097]이라고 말했다. 이듬해인 1956년에도 미국이 세계 설탕 시세보다 비싼 것을 납득하라고 한국에 공문을 보냈다.[098]

---

097 〈Hollister가 주한CINCREP에 보낸 전문: 설탕-한국〉, 《수출 상품: 직물》 (Commodities: Textiles), 1955.11.21., 국가기록원 관리번호 CTA0000867, 22쪽.

098 〈Hollister가 주한CINCREP에 보낸 전문: 원당의 미국과 세계가격 차 해소를 위한 웨이버 조항 이행을 위한 절차(Procedure to be Followed in Implementation of Waiver Provision for Difference between US and World Price Contained is Sugar PAs)〉, 《수출 상품: 직물》(Commodities: Textiles), 1956.7.5.,

미국의 설탕 쿼터제에 의거했기에 쿠바산 원료당이 원조 총액의 절반가량을 차지했다. 1955년의 경우 총 원료당 수입액 280만 6천 달러 가운데 쿠바 원료당이 105만 6천 달러였다. 1956년에는 1~6월 총 수입가액 90만 9천 달러 가운데 쿠바 원료당이 41만 6천 달러였다.[099]

가격만이 아니라 운송, 선적시기 같은 여러 조건도 일반적이지 않았다. 원료당은 미국과 쿠바에서 오느라 운송기간이 오래 걸렸다.[100] 뿐만 아니라 미국 딜러가 납기일이나 납품 수량을 일반적인 설탕 판매 관례에 따르지 않고 자신들에게 유리하게 정했다. 이를테면 1955년 미국 딜러가 납기인 10월에 맞춰 보낸 것은 20퍼센트뿐이고, 30일이 지나서 40퍼센트, 60일이 지나서 나머지 40퍼센트를 보냈다.

이렇게 불공평한 조건에 한국 제당업자는 말할 것도 없고 미국 원조기관 한국 대표인 경제조정관 타일러 우드Tyler C. Wood조차 불만스러워했다. 타일러 우드는 워싱턴 본사에 보내는 편지에서 "받아들일 수 없는 매우 흔치 않은 조건"이라면서, 선적 시기를 신뢰하도록 설탕 판매 관례에 따른 입찰방식으로 변경해 달라고 제안할 정도였다.[101] 제일제당도 U.S. 딜러에게 선적기간을 엄수해 달라는 문서를 보낸 바 있다.[102]

국가기록원 관리번호, CTA0001331, 23쪽.

099 《한국연감》, 1957, 251쪽 ; 《한국산업경제십년사》, 493쪽, 1044쪽 ; 차철욱, 앞의 논문, 132쪽.

100 《제일제당40년사》, 129쪽 ; 〈W. R. C. Morrison이 김현철에게 보낸 서신: 〔해태제과의 즉각적인 원당 수입을 위한 유예기간 단축 요청〕〉, 《수출 상품: 직물》(Commodities: Textiles), 1956.10.16., 국가기록원 관리번호 CTA0001331, 5쪽.

101 〈Wood가 CINCUNC에 보낸 전문: 설탕, PA 6002〉, 《수출 상품: 설탕 1955》(Korea Commodities Sugar 1955), 1955.10.14., 국가기록원 관리번호 CTA0000867, 9쪽.

102 〈Wood가 CINCUNC에 보낸 전문: 1956년도 설탕 예산〉, 《수출 상품: 설

미국 측의 원조 규정이 일방적이었음에도 국내 제당회사는 어마어마하게 고수익을 올렸다. 원래 제당업은 장치산업이다. 초기 설비에 대자본이 들어가지만, 한국 정부가 설비자금을 융자해 주어 회사의 초기 부담이 적었다. 설비를 갖추고 나면 다른 업종에 비해 기술이 단순하고, 공장시설 착공기간이 짧으며, 이윤이 높았다.

제당회사는 정제당 회사 운용에 꼭 필요한 원료당도 시중 환율보다 저렴한 공정환율로 공급받았다. 〈표 52〉와 같이 원료당은 5백 대 1의 공정환율이 적용되었다. 당시 수출불이 950대 1이었으므로 공정환율이 수출불의 1/2로 낮아 그만큼 혜택이었다. 환율 차이만 노려도 수익이 나는 상황이었다. 1957년 5월 국회에서 제당업과 제분업자에 대한 정부의 특혜가 '은폐보조'라며 심각하게 논란이 된 바 있다. 3대 국회의원 김영선金永善에 따르면 제당업에서 환율로 말미암은 '은폐보조'가 1년에 자그마치 1백억 환에 이르렀다.[103]

더욱이 정부는 제당업자만 원료당 수입에 참여하게 했다. 실수요자 구매제를 시행한다면서 원료당이나 당밀이 필요한 제과업자, 주정업자(양조업자), 전분업자를 제외했다. 오로지 제당업자만 실수요자로 정해 배타적으로 수입 자격을 주었다.[104] 1954~1958년까지 미국의 원료당 원조액과 이를 배정받은 제당회사를 보면 〈표 52〉와 같다.

탕 1955》(Korea Commodities Sugar 1955), 1955.10.20., 국가기록원 관리번호 CTA0000867, 10쪽.

103 김영선 의원 談, 《제3대 국회속기록》 제24회 제33차, 국회사무처, 1957.5.2., 2~7쪽 ; 《동아일보》 1957.5.3.

104 〈배응도가 W. E. Warne에게 보낸 서신: Petition to the Abolishment of Raw Sugar Procurement by End-User System, amending Present Procurement Regulation under ICA Fund〉, 《Procurement 1958 Jul. - Dec.》, 1958.6.5., 국가기록원 관리번호 CTA0002518, 189~190쪽 ; 《조선일보》 1956.8.9. ; 1956.9.12. ; 《동아일보》 1957.7.22.

표 52 1954~1958년 미국의 원료당 원조액과 한국의 제당회사 배당액

연도	구매 승인번호	승인액 (천 불)	원료당 배당회사 이름	배정환율 (공정환율)	제일제당 원료당 배당액 (천 불)	제일제당 배당 비율 (퍼센트)
1954.2	4107	574	제일제당	200(180)	574	100.00
1955.2	5006	1,300	제일제당	425(180)	1,299	100.00
1955.11	6002	1,000	제일제당, 동양제당	500(500)	500	50.00
1956.5	6155	3,500	제일, 동양, 삼양, 금성, 한국	500(500)	1,247	35.63
1956.8	6017	500	–	–	–	–
1956.10	6021	1,500	제일, 동양, 삼양, 금성, 한국	500(500)	224	14.95
1957.2	7008	4,000	제일, 동양, 삼양, 금성, 한국, 해태, 대동	500(500)	1,202	30.00
1957.10	7017	2,000	위와 같음	500(500)	570	30.00
1958.5	8006 8009	2,000	위와 같음	500(500)	666	33.30
합계	–	15,874	–	–	6,311	39.75

출전 《十年誌》, 103쪽.

비고 P.A. No.를 구매승인번호, P.A.금액을 승인액으로 표시했다. P.A.는 Procurement Authorization의 약자로 '구매 승인'을 뜻한다.

가장 먼저 설립된 제일제당이 1954~1955년 전량을 배정받았다. 1953년 6월 창립할 때 자본금이 2천만 환이었으나 그 이듬해 자기자본 대비 8배 이익을 냈다.[105] 제일제당은 창립 2년 반 만인 1955년 11월까지 두 차례의 증자로 자본금을 10배로 늘리며 2억 환의 대회사로 급성장했다.[106]

1955년부터 다른 제당회사가 설립되면서 원료당 배정을 둘러싼 경쟁이 치열해졌다. 그해 12월 7일 제당회사끼리 과당 경쟁을 방지할 목적으로 제일제당, 삼양사, 동양제당이 대한제당협회를 설립했다.

---

105   《제일제당30년사》, 61쪽.
106   《十年誌》, 88, 98쪽.

그 뒤에 새로 설립된 제당회사도 협회에 회원사로 가입했다.

1956년 5월부터 대한제당협회가 실수요자로 원조자금을 배정받아 업체별 시설능력에 따라 제당회사에 배정했다.[107] 이러한 배정방식은 업체 사이 설비 경쟁을 초래했다. 제당회사는 정부의 설비자금 지원을 손쉽게 받을 수 있었기에 수요를 고려하지 않고 생산시설을 확장하는 데 주력했다.

제당협회는 가격도 담합했다.[108] 1957년 국회의 '은폐보조' 논란을 계기로 《동아일보》가 제당협회에서 발표한 원가계산서를 분석했다. 이에 의하면 제당회사가 원조가 아니라 민간자금으로 원료당을 구입한 것이 전체 소요 원료당의 44퍼센트에 달한다는 내용이었다. 《동아일보》는 민간자금으로 원료당을 사도 수지가 남을 정도로 제당협회가 설탕 가격을 높게 책정하고 있다고 주장했다.[109]

수출입품 링크제에서 원료당을 구입할 수 있는 민간자금이란 수출불, 군납불을 뜻했다. 제당회사는 수출불, 군납불을 확보하려고 다른 회사를 겸영했다.[110] 제일제당이 1956년 군대에 통조림을 납품하는 동성東星물산(주)의 통조림 공장을 사들였고[111], 삼양사는 1957년

---

107 《제일제당30년사》, 62쪽.

108 〈배응도가 W. E. Warne에게 보낸 서신: Petition to the Abolishment of Raw Sugar Procurement by End-User System, amending Present Procurement Regulation under ICA Fund〉, 《Procurement 1958 Jul. – Dec.》, 1958.6.5., 국가기록원 관리번호 CTA0002518, 189쪽.

109 《동아일보》 1957.5.12.

110 〈배응도가 W. E. Warne에게 보낸 서신: Petition to the Abolishment of Raw Sugar Procurement by End-User System, amending Present Procurement Regulation under ICA Fund〉, 《Procurement 1958 Jul. – Dec.》, 1958.6.5., 국가기록원 관리번호 CTA0002518, 191쪽.

111 《十年誌》, 131쪽. 회사를 사들여서 펭귄표 통조림을 제조하다가 1968년 대한종합식품에 넘겼다.

수출용 한천 사업에 진출했다.[112]

논란이 커지고 경쟁이 치열해지는 가운데 1957년 10월부터 원료당 배정방식이 개별회사가 입찰하는 방식으로 바뀌었다. 7개 제당회사가 모두 실수요자로 입찰에 참여했다. 경쟁·입찰 방식은 설탕 원조가 종료된 1958년까지 이어졌다.[113]

문제는 수요였다. 1953년부터 정부가 제당업 수입대체화 정책을 펴고 설탕 공급량이 안정되자 소비량이 일제강점기 때 최대치보다 늘어났다. 〈그림 15〉는 일제하 설탕 소비량을 톤으로 환산해서 해방 뒤와 비교한 것이다. 1937년 3만 6천 톤, 1938년 3만 9천 톤, 1939년 3만 톤으로 일제하 최대 소비량은 약 4만 톤이었다.

1957년을 제외하고 해방 뒤 소비량은 1954년 2만 9천 톤에서 1959년 6만 톤으로 급증했다. 일제강점기 때 최대 소비량인 4만 톤을 훨씬 넘은 수치다. 1956년 한국 정부가 설탕 원조로 미국에 6만 톤을 요구한 바 있다. 미국의 대한對韓 원조담당자인 스트롬Strom은 이에 대해 1955년 11월 2일 미 국무장관에게 "여태까지 한국은 6만 톤을 소비한 적이 없고, 1955년 한국의 소비량이 4만 톤 이하이므로 한국 정부의 요청은 과다하다"는 의견을 보냈다.[114] 그의 예측과 달리 1956년 한국인 설탕 소비량은 6만 6천 톤으로 급증했다.

설탕 소비가 늘어나자 한국 정부는 세금을 올렸다. 1957년 설탕 물품세를 종래 1근당 10원에서 60원으로 자그마치 6배 인상했다. 원료당 수입 관세율도 20퍼센트에서 40퍼센트로 올렸다. 해방 뒤 사치

---

112 《三養五十年史》, 253~256쪽.

113 《제일제당30년사》, 62쪽.

114 〈Strom이 국무장관에게 보낸 전문: [한국정부의 설탕공급 계획]〉, 《수출 상품: 설탕 1955》(Korea Commodities Sugar 1955), 1955.11.2., 국가기록원 관리번호 CTA0000867, 5쪽.

성, 소비성, 생산성 구분 없이 동일세율을 적용했던 물품세도 개정했다. 설탕은 '사치성' 소비재로 보아 세율을 6배 올렸다.[115] 세율이 오르자 설탕 가격이 급등했다. 1956년 서울의 소매가격 147환이 1957년 230환으로 1.56배 올랐다. 가격이 오르니 〈그림 15〉와 〈표 53〉처럼 설탕 소비량이 절반으로 뚝 떨어졌다.[116]

그림 15 1884~1966년 한국의 총 설탕 소비량 (단위: 톤)

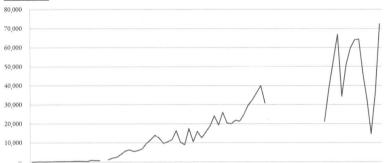

출전 1884~1893년 《朝鮮海關年報》; 1894~1900년 《通商彙纂》(한국편); 1902~1918년 《朝鮮總督府統計年報》; 1919~1939년 《臺灣糖業統計》; 1953~1966년 제일제당주식회사, 《제일제당30년사》, 제일제당주식회사, 1983, 524쪽.

비고 ① 1885~1919년은 순수입량을 소비량으로 보았다.
② 1884~1941년 단위를 피쿨을 톤으로 환산했다.

표 53 1954~1959년 한국의 설탕 소비량과 소매가격

	국산 정제당(톤)	수입 정제당(톤)	설탕 소비량 계(톤)	서울의 정제당 소매 1근 가격(원)
1954	9,635	19,288	28,923	80
1955	26,740	13,955	40,695	149

---

115 民議院 상공위원회 內 稅制조정소위원회, 〈물품세법 중 개정법률안〉, 《산업경제》 36, 1956.4., 50~51쪽.

116 《제일제당30년사》, 64쪽.

	국산 정제당(톤)	수입 정제당(톤)	설탕 소비량 계(톤)	서울의 정제당 소매 1근 가격(원)
1956	61,938	5,000	66,983	147
1957	31,319	2,973	34,292	230
1958	51,052	–	51,052	190
1959	59,605	590	60,195	188

출전 제일제당주식회사, 《제일제당30년사》, 제일제당주식회사, 1983, 63, 524쪽 ; 《한국통계연감》.

1957년 수요가 급락했는데 7개 제당회사는 모두 가동하여 엄청난 공급과잉 사태가 벌어졌다. 1959년 각 제당회사 생산능력을 보면 제일제당 7만 9,500톤, 삼양사 4만 5천 톤, 동양제당 4만 9,500톤, 금성제당 9천 톤, 한국정당 3만 톤, 해태제과 제당부 3천 톤, 대동제당 3만 톤으로 총 24만 6천 톤이었다.[117] 1950년대 후반 최대 수요를 6만 톤이라고 할 때 수요의 네 배 이상 되는 시설과잉이었다. 원료당 배정방식이 설비기준이었기 때문이다.

1958년 1월 동양제당이 조업을 중단한 것을 시작으로 3월 금성제당, 5월 한국정당, 7월 해태제과 제당부가 생산을 멈췄다.[118] 마침내 제일제당, 삼양사, 대동제당 3개 회사만 남았다. 이들 회사도 생산시설의 40퍼센트 미만으로 가동했다.[119]

게다가 1959년부터 원료당 원조가 완전히 중단되었다. 원료당은 1954년부터 1958년까지 5년 기한인 원조였다. 더욱이 1959년 1월 쿠바혁명이 일어나자 미국의 설탕 무역체제가 크게 흔들렸다. 이제 한국 제당업은 새로운 환경에 놓이게 되었다.

---

117 《조선일보》 1959.11.21. ; 《十年誌》, 208쪽.

118 《제일제당30년사》, 64쪽.

119 《제일제당40년사》, 135쪽 ; 《조선일보》 1959.11.21.

심각한 공급과잉과 새로운 상황이 펼쳐졌지만 대규모 덤핑 사태는 일어나지 않았다. 제당회사 사이의 담합이 워낙 견고했기 때문이었다. 조업을 중단한 동양제당이 1958년 1월 배당받은 재고 원당을 제일제당에 위탁할 정도로 제당협회 회원사 사이의 협력체제는 굳건했다.[120]

눈여겨볼 점은 설탕 소비량이 지속적으로 증가했다는 점이다. 세율 인상 쇼크로 1957년 소비량이 갑자기 하락했지만 이듬해인 1958년 190환, 그다음해인 1959년 188환으로 설탕 가격이 약간씩 내려가자 소비량이 도로 5만 톤, 6만 톤으로 증가했다.[121] 1960년대부터 장기적으로 보면 〈그림 16〉과 같이 설탕 생산량이 증가하고 〈그림 17〉과 같이 소비량도 증가했다. 세율 인상이나 쿠바혁명 같은 일이

그림 16 해방 뒤 한국의 정제당 생산량 (단위: 톤)

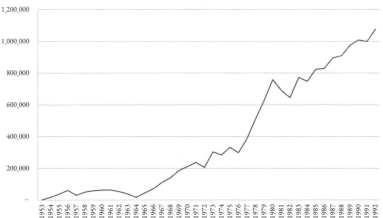

출전 《한국통계연감》.

---

120 《제일제당30년사》, 64~65쪽. 1958년 일시적으로 1근에 36원이 하락했다고 하지만 1959년에는 다시 회복되어 안정세를 취했다고 한다.

121 〈표 53〉 참조.

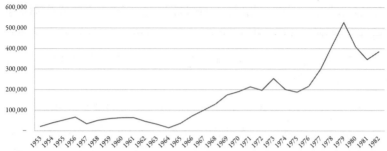

그림 17 해방 뒤 한국의 설탕 소비량 (단위: 톤)

출전 제일제당주식회사, 《제일제당30년사》, 제일제당주식회사, 1983, 524쪽.

일어나면 일시적으로 소비량이 감소할 때가 있었으나 기간은 매우 짧았다. 정부가 식생활 향상의 하나로 설탕 소비를 장려하고 설탕 가공산업을 육성한 결과, 한국인은 단맛에 길들여졌고 설탕을 포기할 수 없게 되었다.

2. 제과업 재흥

일제 때 근대적인 제과·빙과에 대한 한국인의 기호가 형성되었다. 한국인의 미각은 전통과자 가운데 엿이나 유과油果 정도를 제외하고 서구화한 일본 과자에 길들여졌다. 커피 마시는 방법도 일본을 거쳐 설탕과 우유를 넣어 먹는 방식으로 학습되었다. 해방 뒤 한국은 자주독립국가로서 기틀을 마련하면서 제도적으로 일제 잔재를 청산하고자 노력했다. 하지만 일단 길들여진 입맛을 되물리기는 어려웠다.[122]

---

122   정근식, 〈맛의 제국, 광고, 식민지적 유산〉, 공제욱, 정근식 편, 《식민지의 일

1) 양과자와 일본 과자

해방 뒤의 제과업 종사자 상당수가 일제강점기부터 제과업 관련 직종에 종사했다. 앞에서 살폈듯이 일제하 제과점을 소유하고 있는 민족별 구성에서 한국인 제과점은 일본인의 1/5 수준이었다.[123]

정작 1947년 적산敵産 제과점은 겨우 5퍼센트도 안 되었다. 이는 일본인 소유 제과업체가 귀속재산으로 접수되지 않고 탈루되었기 때문인 듯하다. 김대래의 연구에 따르면, 부산·전주 같은 지역의 귀속사업체가 미군정의 접수나 관리 과정에서 상당수 탈루되고 유실되었다.[124] 더욱이 제과업체는 다른 업종에 비해 자본금이나 고용인 수가 적어 미군정이 귀속사업체로 접수하는 과정에서 대량으로 누락되기 쉬웠다. 따라서 〈표 54〉에 있는 비적산非敵産 항목이 일제하부터 한국인들이 소유하던 제과점이라고 볼 수 없다.

상, 지배와 균열》, 문화과학사, 2006, 224~226쪽.

123   Ⅲ장 2절 참조.

124   김대래·배석만, 〈귀속사업체의 탈루 및 유실(1945-1949): 전주 지역의 사례를 중심으로〉, 《산업경제연구》 15-5, 한국산업경제학회, 2002.10., 171쪽 ; 〈귀속사업체의 연속과 단절(1945-1960): 부산지역을 중심으로〉, 《경제사학》 33, 경제사학회, 2002, 73쪽 ; 〈귀속사업체의 탈루 및 유실(1945-1949): 광주와 목포지역의 사례를 중심으로〉, 《경제연구》 11-2, 한국국민경제학회, 2002, 31쪽. 전주의 귀속사업체는 미군정에 75퍼센트만 접수되었고, 1949년 말까지 접수된 귀속사업체의 41퍼센트가 유실되었다. 부산의 귀속사업체는 미군정에 70퍼센트만 접수되었다. 광주는 접수된 귀속사업체 가운데 30퍼센트, 목포에서는 39.1퍼센트가 유실되었다.

표 54 1947년 중소 제과업체의 생산 실적과 소유 구분

지역	공장 수 (개소)	생산능력(貫)	과거 1년 동안 생산 실적(貫)	공장소유별	
				비적산	적산
서울시	535	5,330,000	213,200	481	54
경기도	282	1,665,000	66,600	268	14
충북	221	555,000	22,200	216	5
충남	235	783,000	31,320	235	–
전북	232	777,000	22,080	224	8
전남	356	999,000	29,960	347	9
경북	395	1,110,000	43,890	384	11
경남	556	2,330,000	103,200	522	34
강원	198	450,000	19,300	196	2
황해	85	182,000	7,380	85	–
계	3,095	14,181,000	569,130	2,958	137

출전 《상공행정연보》, 1947, 215쪽.

인적 자원을 보면 제과업자 가운데 상당수가 일제하부터 제과업에 종사하고 있었다. 이들을 경력별로 나누면 우선, 해방 전부터 제과점을 경영한 인물이 있다. 대표적으로 경성과자공업조합의 간부로 활동했던 박봉학, 박원용, 신윤홍, 정운상이 해방이 된 뒤에도 제과업에 종사했다. 이들은 1940년 12월 경성과자공업조합에서 과자 규격을 정할 때 참여했던 인물이다. 〈표 44〉에서 보듯 박원용朴元容은 1940년 아라레와 오코시 심사부장이었다. 그는 1939년 전부터 감로당甘露堂이라는 제과점을 경영하면서 경성과자공업조합 감사, 이사를 역임했고 해방 후 1956년 감로양행甘露洋行을 경영하고 있었다.[125]

---

125 《官報》 1939.8.8., 1939.10.25., 1941.1.14., 1941.10.2., 1942.7.11., 1942.7.24., 1944.8.18., 1944.9.20. ; 발신자 京畿道 警察部長, 수신자 警務局長 등, 〈京城菓子工業組合의 動向에 관한 件〉, 《經濟情報》(京畿道, 昭和 15年 6月~12月) 京經秘第11867號, 발송일 1940.12.9. ; 《전국주요기업체명감》, 1956, 국사편찬위원

박봉학朴鳳學은 아라레와 오코시류 조합심사원으로 참여했다. 그는 1958년 동방제과東邦製菓를 운영하고 있었다.[126] 신윤홍辛允弘은 1940년 제빵류 조합심사부장을 맡고 있었다. 1930년대 초부터 제과점을 운영하고 있었고 1939년부터 경성과자공업조합 이사로 활동했다. 1949년 서울시 과자공업조합 이사장인 것으로 보아 줄곧 제과업에 종사하고 있었다.[127] 정운상鄭雲祥은 1940년 잡과자와 완구玩具 과자류 심사원이었다. 그는 1939년 9월 경성제과(합자)를 경영하고 있었다. 해방 뒤 경성제과(합자)를 경성제과(주)로 이어서 경영하며 전국과자업조합연합회 회장을 역임했다. 1946년 경성상공회의소가 재건되었을 때 상공회의소 의원으로 참여하고 대의원으로 당선되었다.[128]

서울 말고도 각 도시 과자공업조합 간부였던 한국인 제과업자 상당수가 해방이 된 뒤에도 제과업에 종사했을 것이다. 대구의 이성규李成圭, 조세환趙世煥[129], 평양의 김기호金基浩, 김원식金元植, 장윤한張

회 한국사데이터베이스.

126 발신자 京畿道 警察部長, 수신자 警務局長 등, 위의 자료 ; 《전국기업체총람》, 1958., 국사편찬위원회 한국사데이터베이스.

127 《官報》 1939.10.25., 1941.1.14., 1944.9.20. ; 발신자 京畿道 警察部長, 수신자 警務局長 등, 위의 자료 ; 대한민국 인사록, 1949, 84쪽, 국사편찬위원회 한국사데이터베이스. 대한민국인사록에는 신태홍辛台弘이라고 되어 있으나 신윤홍辛允弘과 주소 및 경력이 같은 것으로 보아 동일인물을 잘못 적은 것 같다.

128 《朝鮮銀行會社要錄》 1942년판 ; 발신자 京畿道 警察部長, 수신자 警務局長 등, 위의 자료 ; 《자유신문》 1946.11.3. ; 《동아일보》 1946.11.3. ; 《서울신문》 1948.9.11. ; 《대한민국인사록》, 1949, 150쪽, 국사편찬위원회 한국사데이터베이스. 《조선은행회사요록朝鮮銀行會社要錄》에는 대표가 정운룡鄭雲龍이라고 되어 있다. 그러나 서울상공회의소 당선사례 광고에는 동일한 주소의 경성제과(주) 대표로 되어있다. 제과점을 운영하지 않고 일제 때 과자 규격 심사원으로 참여하거나, 해방 뒤 전국과자업조합연합회 회장을 맡았다고 보기는 어렵다. 동일인으로 추측된다.

129 《官報》 1940.12.4.

允翰, 전단영田端榮[130], 원산의 김경환金景煥[131], 김홍균金洪均[132], 박경호朴景浩[133], 함흥의 정홍선鄭弘善, 주승한朱升翰, 한태운韓泰運[134], 군산의 김홍규金洪圭[135], 부산의 김복술金福述, 김학구金鶴九, 박완서朴玩緖, 박주학朴周鶴, 배삼봉裵三奉, 손영발孫永發, 이팔곤李八坤, 장춘풍張春風, 전백천田百川, 최성한崔成漢, 추본복鄒本福[136], 변학출卞學出[137]을 들 수 있다. 일제하 평양과자공업조합 조합장을 역임한 황용수黃龍洙는 월남해서 1954년 서울에서 만나제과회사를 경영했다.[138] 이들 말고 창씨개명으로 확인할 수 없는 인물도 여럿일 것이다.

다음으로 제과점 고용인이었다가 해방 뒤 제과점을 사들이거나 새로 연 경우다. 대표적으로 해태제과, 삼립식품, 동양제과, 동양식량공업이 있다.

재조 일본인 회사인 나가오카제과의 판매사원이던 민후식이 동료인 기관담당기사 신덕발申德鉢, 경리 박병규朴炳圭, 베이킹 기술자 한달성韓達成과 함께 1945년 10월 나가오카제과를 사들였다. 그 뒤 회사명을 해태제과로 개칭했다.[139]

---

130 《官報》 1940.7.1., 7.6., 1941.7.17., 1944.6.30.
131 《官報》 1943.8.6. 金山景煥으로 되어있는데 김경환金景煥의 창씨개명인 듯하다.
132 《官報》 1942.1.12., 1943.10.19. 金山洪均으로 되어있는데 김홍균金洪均의 창씨개명인 듯하다.
133 《官報》 1941.5.5.
134 위의 자료.
135 《官報》 1943.1.23., 1945.4.2. 1945년에는 김홍규金洪奎로 나와 있으나 동일인물인 듯하다.
136 《官報》 1941.12.4.
137 《官報》 1942.3.10.
138 《대한연감》 4288년(1955), 765쪽, 국사편찬위원회 한국사데이터베이스.
139 《해태三十年史》, 74~80쪽.

허창성許昌成은 1930년대 후반부터 황해도 옹진에서 제과기술을 익히고 종업원으로 일하다가 1945년 10월 옹진에서 상미당賞美堂을 세웠다. 그 뒤 월남하여 1948년 을지로에 상미당이라는 간판을 걸고 과자를 만들었다.[140] 나중에 SPC그룹의 모태인 삼립식품이 되었다.

이양구李洋球는 본래 1930년대 함흥의 설탕지정상인 함흥물산의 판매사원이었다. 해방 뒤 월남해서 설탕무역에 종사하여 번 돈을 밑천으로 1954년 한국정당韓國精糖을 세웠다.[141] 그 뒤 1956년 적산회사인 풍국〔토요쿠니〕제과를 불하받은 뒤 동양제과(지금의 오리온제과)로 회사 이름을 바꾸었다.[142]

모리나가제과 판매회사 평양지점에서 다년간 근무하던 정재선鄭在善은 해방 뒤 서울 영등포 구로동에 자리한 구 모리나가제과회사였던 동양식량공업 관리인 지위를 차지했다.[143]

이렇듯 해방 뒤 제과업자는 일제 시기부터 일본 과자를 제조하거나 판매했던 인물이었다. 이들이 만든 과자도 일본 과자였다. 1950년대까지 국내 제과점에서 만든 과자 종류를 보면, 을지로 방산시장에서 상미당이 빵을 만들고,[144] 서울역 뒤 중림동의 영일당에서 샌드

---

140   SPC 60년사 편찬위원회, 《SPC 60년사: 행복한 세상을 만들어가는 기업》, 2006(이하 《SPC 60년사》) ; 《삼립식품사사》, 2010, 1쪽. 상미당은 1959년 삼립제과로 개칭하였다.

141   함흥물산은 1929년 설탕공판제도를 실시한 뒤 전국 41곳에 정한 설탕 판매 지정상인 가운데 하나였다.

142   위의 자료, 148쪽 ; 《동양그룹삼십년사》, 1993, 4쪽 ; 이한구, 앞의 논문, 204쪽.

143   서울지방국세청, 《동양식량공업주식회사(구)삼영제과주식회사》, 1961, 국가기록원관리번호 DA0739149 ; 《대한민국인사록》, 국사편찬위원회 한국사데이터베이스 한국근현대인물자료. 한국전쟁 중 정재선은 강제파면당하고 함창희가 선임되면서 동립산업으로 상호를 변경했다.

144   《SPC 60년사》, 99쪽.

과자(오늘날 크라운산도)를 제조했다.[145] 이밖에 슈크림, 눈깔사탕, 찹쌀떡(모찌), 딸기 드롭스, 별사탕, 빵, 생과자, 쵸코 캔디, 애플 캔디, 유과 밀크, 모나카 등 일제 때부터 만들던 사탕이나 과자류를 만들었다.[146] 대규모 제과회사도 마찬가지였다. 군납용이나 학교 배급용인 캐러멜이나 건빵 같은 제품 위주로 생산했다. 일제 때에도 재조 일본인 제과회사에서는 소프트 비스킷을 만들지 못했다. 건빵류 같은 하드 비스킷보다 더 고도의 기술이 필요했기 때문이다.[147]

1945년부터 1950년대까지 해태제과의 주력제품은 캐러멜이었다. 캐러멜은 일제하 재조 일본인 제과회사에서 가장 많이 만들던 제품이었다. 다만 일제 때 코코아, 커피, 버터 등의 원료를 조달하지 못해 만들 수 없었던 '쵸코카라멜', '맘보카라멜', '빠다카라멜', '커피카라멜' 같은 제품을 새롭게 선보였다.[148] 동양제과도 '오리온'이라는 브랜드를 써서 '츄잉껌', '밀크카라멜', '뻐터카라멜' 같은 제품을 출시했다.[149] 이밖에도 젤리jelly, 웨하스wafer, 후르스 제리fruit jelly, 데세루dessert, 누

사진 22 동양제과 오리온 밀크캐러멜 광고

출전 《경향신문》 1957.1.6.

---

145 크라운제과, "크라운제과 회사소개〉크라운소개〉연혁", 〈http://www.crown. co.kr/company/road.asp〉, (2017.11.17.)

146 《동아일보》 1955.8.19., 8.21., 1961.9.29., 12.29. ; 《조선일보》 1955.7.26.

147 오리온그룹 편, 《사람을 사랑한 함경도 아바이: 동양·오리온그룹 창업주 이양구》, 오리온그룹, 1997, 112~128쪽(이후 《동양·오리온그룹 창업주 이양구》).

148 《해태三十年史》, 87~104쪽.

149 《경향신문》 1956.10.21., 1957.1.6. ; 《女苑》, 1959.4., 306쪽.

가nougat, 드롭스, 양갱 같은 일본식 서양과자를 만들었다.

한편 해방 뒤 미국 과자가 많이 들어왔다. 1946년 한 해만 하더라도 1월 미군이 기증한 서양과자 1만 갑과 전투용 휴대식량상자 5만 2천 상자가 서울의 빈민 구호품으로 배급되었다.[150] 5월에는 미군정이 인천에 저장되어 있는 군용 식료품을 병원, 고아원, 양로원, 빈민에게 배급했다.[151] 12월에도 미곡 수집 장려용으로 캔디, 비스킷을 비롯한 양과자 338,354파운드를 수입했다.[152] 미국 교회에서도 1946년 크리스마스 선물로 과자, 장난감, 화장품, 의복 같은 4천여 개의 선물을 보내와 고아원에 나누어 주었다.[153]

미국 물자가 서울을 비롯해 미군이 주둔한 대도시를 중심으로 흘러넘쳤다. 미군 PX(Post Exchange, 미국 군대 내 매점) 물자가 대표적이었다. 그 종류가 담배, 커피, 홍차, 주스, 양주, 과자, 화장품, 귀금속, 의류, 양품, 카메라, 시계, 필름 등 이루 헤아릴 수 없을 만큼 다양했다.[154] 한미 사이의 행정협정을 맺지 않은 상태에서 시중에 유통되는 PX 물자는 한국 정부의 '두통거리'였다.[155]

양과자는 한국 제과업체에게 큰 충격이었다.[156] 국내 제과업체는 미국 과자 품질에 놀랐지만 쉽게 따라할 수는 없었다.[157] 기술력과

---

150 《동아일보》 1946.1.27. ; 《조선일보》 1946.8.6. ; 《자유신문》 1946.9.17.

151 《농민주보》 1946.5.18.

152 《농민주보》 1946.12.28.

153 《농민주보》 1947.1.4.

154 《동아일보》 1959.6.21.

155 김영균(재무부 세관국 지도과장) 談, 〈보다 더 잘살자면 생활 합리화를 말한다 2〉, 《새살림》 14, 1960.2.

156 《해태三十年史》, 91쪽.

157 위의 책.

자본 격차가 너무 컸다. 미국에서 제조한 초콜릿, 껌 같은 과자는 대자본과 고도의 제과기술을 요했다.[158] 일제 때에도 일본에 있는 메이지제과나 모리나가제과, 이토상점 같은 대자본회사나 초콜릿, 껌, 소프트 비스킷을 만들었지 재조 일본인 제과회사는 만들지 못했다.

그런데 양과자에 대한 소비자 반응은 농촌과 대도시가 달랐다. 농촌에서는 익숙치 않은 양과자 맛에 거부반응을 보였다. 1946년 미군정이 수입한 양과자를 배급하자 미국식 캔디에 낯선 농촌 사람들은 "무슨 벌레 같다"면서 캔디 배급 받기를 싫어했다. 심하게는 한국 제과업자가 품질 좋은 미국 캔디를 녹여 이보다 품질이 낮은 크리스마스 선물용 비스킷(건빵류)을 만드는 일도 일어났다.[159] 하지만 서울 등 대도시에서는 점차 미국 과자에 적응하고 있었다.[160]

그렇다고 대도시 소비자가 일본 과자를 외면한 것은 아니었다. 일부만이 미국 과자로 "구미가 고급화"[161]되었을 뿐이다. 한국 소비자는 일본 과자 맛을 친숙하게 느꼈지만, 정서상 일본식 과자를 좋아한다고 내세울 수 없었다.

1950년대 새 나라를 세우며 어두운 식민지 잔재를 일소해야 한다는 거족적 공감대가 있었다.[162] 일본식 간판을 없애고, 일본식 용어를 고치고, 일본 작업복인 몸뻬를 벗어던져야 할 것 같은 '왜색' 청산 분위기 속에서 굳이 일본식 과자를 선호한다고 공공연히 드러낼 필요가 없었다. 익숙한 일본 과자를 찾는 수요가 온존했지만 일제에 대

---

158 鈴木梅太郎, 《食料工業》, 丸善出版株式會社, 1949, 179~180, 193~204쪽.

159 《동아일보》 1946.12.27.

160 《부산일보》 1951.2.3. ; 《동아일보》 1959.6.21.

161 《해태三十年史》, 107쪽.

162 《동아일보》 1946.8.20., 1947.1.9., 1948.10.14., 1949.3.10., 1959.8.14. ; 《경향신문》 1947.1.12., 1947.2.6., 1949.10.17.

한 민족적 거부감을 거스르는 것도 부담스러웠다.

제과업체는 서구 과자인 양 행세했다. 1950년대가 되면 제과업체 간판명이 서구식으로 바뀌었다. 1961년 자료이지만 서울시내 빙과업소 293개 가운데 위생단속에 걸린 89개소의 명칭을 보면 〈표 55〉와 같다. 이 업소에는 제과점들이 포함되어 있다.[163]

표 55 1961년 서울시내 빙과업소 명칭

서울시 區	빙과업소 이름
중구	뉴욕, 뉴욕지점, 태극당, 보래옥, 제일제과, 로마제과, 중앙당, 명보당, 풍미당, 서울빙과, 과화당, 미미당, 자미당, 제네바, 동창제과, 제네바(지점으로 추정)
종로구	스텔라, 켁타운, 뉴서울, 진미당, 복천당, 신성당, 빅토리, 라모나, 런던, 비원, 켁타운 분점, 한일당, 뉴고려, 오와시스, 천일당, 신신(풍국), 동화당, 세명당, 맛나당, 로마분점, 미향, 일미당, 대창상회, 아세아, 뉴종로, 신천지, 풍문당, 미미당, 신풍당, 화성당, 장미당, 향미당, 한일당, 카나리아, 북국당
동대문구	대영상회, 신천당, 삼화당, 스타, 경휘당, 금랑당, 용일당, 천일당
성동구	일미당, 대원당, 호수당, 대원당(지점으로 추정), 거북집
성북구	진미당, 영석당, 경화당, 장미당
서대문구	월성당. 만보당, 현일당
마포구	호수, 선미당
용산구	청빈당, 오산, 파리, 자유, 백운당, 신창, 대성, 황금당, 효미당, 연옹, 경미당, 대창, 백영
영등포구	풍미당, 강남당

출전 《동아일보》 1961.9.10.

뉴욕, 로마, 제네바, 파리, 런던처럼 미국이나 유럽의 도시 이름을 쓰거나 스텔라, 켁타운(케이크타운), 오아시스, 카나리아, 스타, 라모나, 빅토리 같은 단어를 썼다. 자유, 뉴new, 신천지같이 새로운 세상을 뜻하거나 서울, 비원, 종로 같은 지명, 한국을 상징하는 태극, 고려 등의 명칭을 붙인 곳도 있다. 여전히 일본식 제과점 명칭인 '～미당味堂',

---

163 그때에는 빙과업과 제과점을 겸영하는 경우가 많았다.

'~당堂,' '~옥屋'을 쓰는 곳이 2/3가량이었지만 상당수의 제과·빙과 업소가 서구식 과자임을 내세웠다. 하지만 실제로는 일본식 과자였다.

1950년대 말부터 새로운 제과기술이 등장했다. 주로 일본과의 기술제휴였다. 동양제과에서는 1958년 일본 소프트 비스킷 자동성형기를 수입해 마미비스킷을 발매함으로써 하드 비스킷인 건빵 일변도에서 탈피했다.[164] 상미당은 빵이 잘 팔리자 1959년부터 비스킷을 대량 생산하기 시작했다. 1964년에는 재일교포 기술자의 도움을 받아 크림빵을 선보이면서 성장의 토대를 마련했다.[165] 1967년에는 일본에서 제과업으로 성공한 신격호가 한국에 롯데제과로 입성했다.

이렇듯 한국에서 양과자는 미국 같은 서구에서 바로 들어온 양과자가 아니라 일본을 경유한 양과자였다. 미국 PX 과자가 시중에 유통되었어도 일본식 과자 맛에 길들여진 한국인은 일본에서 개발한 제과기술을 더 선호했다. 해방 뒤 익숙해진 취향과 반일 정서가 배리되는 가운데 의식적으로 일본 과자임을 지웠다. 어느덧 센베이, 생과자 같은 외래 과자를 '옛날과자'[166]로 바꿔 불렀다. 감성적으로 친근해진 '맛'이 일본 과자를 전통과자로 인식하게 되었다.

그 뒤 도시 가계 식료품비에서 과자와 청량음료 소비는 상승세였다. 〈그림 18〉은 1960년대부터 1990년대 초까지 《한국통계연감》의 도시 가계 식료품비에서 과자와 청량음료 소비가 차지하는 비율이다. 1960년대 중반 도시 가계 식료품비에서 1퍼센트 정도였던 과자와 청량음료가 1990년대 초반 10퍼센트에 육박할 만큼 급증했다. 조사대상인 과자 항목에서도 대표적 일본 과자인 센베이, 생과자를 비

---

164 《동양·오리온 그룹 창업주 이양구》, 112~128쪽.

165 《SPC 60년사》, 100~101쪽. 삼립제과를 샀을 것을 추측된다.

166 《한국일보》 2014.10.7. ; 《동아일보》 2013.8.27.

롯해 일본식 양과자인 카스텔라, 캐러멜, 비스킷, 크래커, 한국 전통 과자인 떡, 한식 과자, 그리고 서구 과자인 초콜릿, 껌이 혼재되었다.

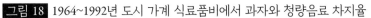 **그림 18** 1964~1992년 도시 가계 식료품비에서 과자와 청량음료 차지율

출전 《한국통계연감》.

2) 설탕과 다방커피

일제하 제과·빙과 주소비자는 어린이였다.[167] 그런데 커피 문화가 확산되면서 어른의 설탕 소비가 본격화되었다.

커피를 먹는 방식은 다양하다. 그럼에도 한국에서는 커피에 설탕과 우유를 넣는 방식이 보편화되며 커피 문화 확산이 설탕 소비량과 비례하게 되었다. 언제부터 커피에 설탕과 우유, 또는 크림을 넣었는지 불확실하다. 커피가 처음 조선에 소개된 것은 미국 선교사인 언더우드와 아펜젤러 부부가 입국한 1885년부터라고 한다. 한말 대불

---

167 Ⅲ장 3절 참조.

호텔이나 손탁 호텔에서도 커피를 팔았다고 전해진다. 하지만 그때 커피 음용 방식을 알 수 있는 자료는 없다.

다방이라는 상업 공간에서 본격적으로 커피를 판매하기 시작한 것은 1920년대 중반부터다. 그 무렵 다방의 커피 타는 방법에 대해서는 요리책으로 추측할 수 있다. 문서에 나온 것이 이용기의《조선무쌍신식요리제법》1924년판이다. 서양 요리 가운데 하나로 냉커피 cold coffee 타는 법을 소개했다. 얼음 넣은 그릇에 커피를 진하게 끓여서 붓고 설탕 세 숟가락을 넣어 휘휘 저으라고 되어 있다.[168] 방신영의《조선요리제법》에서는 1924년(4판)까지 커피나 홍차를 비롯한 서양 차가 나오지 않다가 1931년(5판)부터 1942년(10판)까지 연이어 다루었다.

방신영이 소개한 커피 타는 법에는 커피, 설탕과 함께 크림을 넣었다. 1931년(5판)에 나온 커피 타는 법은 커피 3인분 용으로 커피 6 찻숟가락, 물 3홉 반, 크림 3큰숟가락, 각설탕cube sugar 6개를 넣었다. 홍차와 코코아 차도 설탕과 우유를 넣었다.[169] 1934년 10월《신가정 新家庭》에 나온 커피 타는 법에는 커피 1인분으로 커피 4찻숟가락에 크림과 설탕을 넣고, 홍차도 크림과 설탕을 넣었다.[170]

도리어 일제 시기 미국인이 쓴 요리서에서는 커피를 취향 따라 마시라며 설탕과 우유 분량을 고정하지 않았다. 이화여전 교사인 모리스가 쓴《서양요리제법》(1937)을 보면 초콜릿 차와 코코아 차는 설탕과 우유 분량을 정확하게 적었다. 하지만 티tea와 커피는 크림과

---

168   이용기,《朝鮮無雙新式料理製法》, 영창서관, 1924, 280~281쪽.

169   방신영,《조선요리제법》, 1931, 353~354쪽 ;《조선요리제법》1942, 198~199 쪽. 홍차를 자료에는 포스텀이라고 했다. 포스텀은 영국의 Fortnum & Mason 에서 제조한 홍차 상표인데 이를 홍차의 대명사로 일컬은 것 같다.

170   〈茶漫話〉,《新家庭》2-10, 1934.10.

설탕을 넣어 마시기도 한다면서 분량이 없다.[171] 모리스와 같은 방식이 서양인이 커피를 마시는 일반적 방식이었다.

그러나 조선 지식인은 이용기와 방신영의 요리서에 나온 방법처럼 커피에 설탕과 우유 또는 크림을 넣는 방식을 받아들였다. 커피탈 때 넣는 설탕은 으레 각설탕이어야 했다.[172] 1940년 《여성女性》에도 커피나 홍차에 밀크와 모당(각설탕)을 넣었다.[173]

커피, 홍차는 조선인에게 아주 낯선 음료였다. 그러나 쓴맛에 설탕같이 단맛을 넣어 따뜻하게 마시는 커피 맛은 조선인의 입맛을 매료시켰다. 커피에 설탕과 우유를 넣는 방식에 익숙해지면서 진하게 커피만 들어간 블랙커피 방식은 써서 맛이 없다고 평했다.[174] 일제하 커피, 크림, 설탕을 2대 1대 2 비율로 커피 타는 법은 1961년에도 계승되었다. 1961년 《여원女苑》에도 커피와 설탕의 비율을 3대 3으로 하고 연유나 커피 크리머를 넣으라고 나왔다.[175]

1920년대 중반부터 생긴 다방에서 파는 커피는 《조선요리제법》과 같이 으레 설탕과 크림을 넣었다. 다방은 커피만이 아니라 커피와 같은 양의 설탕을 소비하는 공간이었다.

---

171 J. E. R. Taylor, S. H. Norton, J. D. VanBuskir, E. M. Cable & E. W. Koons 저, 이원모 옮김, 《석영대조 서양요리법》, 경성, 1930(이성우, 《韓國古食文獻集成》 V, 1992에 실림) ; 慕理施(Harriett Palmer Morris), 《서양요리제법》, 1937(이성우, 《韓國古食文獻集成》 V,Ⅵ, 1992에 실림).

172 방신영, 《조선요리제법》, 1931, 353~354쪽 ; 《조선요리제법》 1942, 198~199쪽 ; 《제일제당30년사》 102쪽. 1956년 시험 생산했으나 본격적인 각설탕 생산은 1966년부터 했다.

173 〈축쇄가정란〉, 《女性》 5-10, 1940.10., 48~50쪽(《한국근대여성의 일상문화》 6, 358쪽에서 재인용).

174 《조선중앙일보》 1933.12.22.

175 《女苑》 1961.2., 319~322쪽. 커피 크리머를 카네이션이라고 불렀는데 이는 미국 커피 크리머 회사 Carnation Evaporated Milk Company에서 나온 이름이다.

커피와 설탕

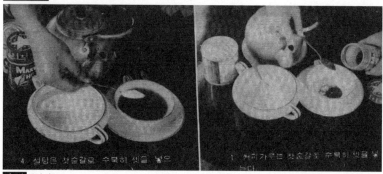

《여원》, 1961.2., 322쪽.

　다방 커피는 일본 커피 문화가 조선에 이식된 결과였다. 일본 요리책에는 "서양인이 홍차, 커피를 마실 때에는 다량多量의 설탕과 우유를 넣는다"[176]고 소개했다. 조선인은 일본을 거쳐 커피를 접했기에 일본인의 커피 마시는 방식을 받아들였다. 서구 문화 수용에서 조선은 일본보다 하위였다.

　재조 일본인과 일본 유학생이 일본식 커피 문화를 조선에 이식했다. 이들이 다방을 세우고 드나들었다. 일제하 다방거리라 불리는 서울 메이지정을 중심으로 일본인이 경영하는 메이지제과, 금강산 같은 다방이 등장했다. 종로와 하세가와정에도 조선인들이 경영하는 다방이 나타났다.[177]

　그러나 일제하 다방 수와 손님은 매우 적어 다방이 조선의 설탕 소비량에 아무런 영향을 미치지 못했다. 지역적으로 다방은 서울 메이지정, 하세가와정, 종로에 국한되어 있었다. 정확한 숫자는 알 수 없지만 10~20여 개에 지나지 않은 듯하다. 조선인 가운데 유치

---

[176]　澤村 眞, 《榮養講話》, 東京: 成美堂書店, 1927, 190쪽.
[177]　《삼천리》 10-5, 1938.5.1.

진柳致眞(문학가), 이상李箱(문학가), 변혜숙卜惠淑(배우), 김용규金龍圭·심영沈影(배우), 이기붕李起鵬·박마리아(이화여전 교수) 같은 유명인이 다방을 차렸다.[178]

다방은 흥망이 매우 잦았다. 얼마 안 가 문을 닫는 경우가 허다했다. 오죽하면 박태원은 친구 이상이 운영하는 제비다방에 대해 〈판들어먹기, 조금 전의 '제비'〉라는 제목의 풍자화를 그렸다.[179] "매덤(마담, 금홍)은 어델 가고, 전화는 떼 가고, 나나오라(축음기)는 팔아먹고, 그래 늘 손님이 없다"라며 적자에 허덕이는 다방 현실을 묘사했다.

사진 24 박태원이 그린 제비다방 풍자화

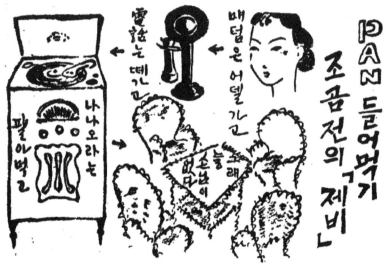

출전 《조선일보》 1939.2.22.

178　《동아일보》1933.9.1. ; 《삼천리》11-7, 1939.6.1. ; 《삼천리》5-1, 1933.1.1. ; 《삼천리》5-4, 1933.4.1. ; 강준만, 《고종 스타벅스에 가다》, 인물과사상사, 2005, 36~49쪽.

179　《조선일보》1939.2.22.

그렇지만 숫자에 비해 다방은 사회적 영향력이 컸다. 소설가, 시인, 화가와 같은 예술가가 드나드는 문화공간이었다. 이들은 다방을 '거리의 항구', '오아시스'라는 온갖 찬사로 예찬하고 다방에서 출판기념회나 전람회를 열며 애용했다.[180] 외견상 다방이 번창한 듯 보여도 다방 문화를 향유하는 사람들은 서울의 극소수 예술가였다. 중일전쟁 뒤 통제경제에서 커피, 설탕 수·이입이 모두 통제되자 다방은 폐업상태가 되었다.[181]

해방 뒤 일제 때 다방 문화를 즐기던 문학가, 예술가가 이를 다시 재현했다. 1946년부터 1950년 한국전쟁 전까지 신문에 실린 출판기념회는 모두 39회였다. 그 가운데 25회가 초원, 푸라워(플라워), 올림픽(前 메이지제과), 마돈나 같은 서울의 중심가 다방에서 열렸다. 1946년부터 1949년 10월까지 열린 출판기념회 26회 가운데 21회가 다방에서 개최되었다.[182] 1949년에는 서울에 다방이 83개로 증가했다.[183] 다방은 문화인이 사랑방처럼 모여드는 문화예술의 중심지가 되었다.

그러나 사회에서 다방을 바라보는 시선은 곱지 못했다. 다방을 '실업자의 안식처', '실업자·모리배의 오아시스'로, 다방에 드나드는

180 《매일신보》 1938.12.4.

181 《동아일보》 1939.9.22.

182 《동아일보》 1946.7.9.*, 8.9.*, 9.24.*, 1947.2.19., 3.12.*, 11.11.*, 1948.7.21., 8.6.*, 10.16.*, 11.16.*, 12.9.*, 1949.1.26.*, 2.17.*, 6.14.*, 7.5.*, 10.11.*, 11.23., 12.10., 12.24., 12.24., 1950.1.7.*, 1.13., 1950.3.22., 4.7. ; 《자유신문》 1946.6.6.*, 6.16., 1947.1.17.*, 1948.4.19.*, 1949.1.4.*, 1.9.*, 6.9.*, 6.14.*, 8.3., 10.23., 11.15., 12.9., 1950.1.18.*, 4.15., 6.24.*
다방에서 출판기념회가 열린 것은 *으로 표시했다. 《동아일보》 1949년 12월 24일은 푸라워 다방에서 《바다의 합창》 출판기념회가 열렸고 같은 날 아서원에서 김광섭金珖燮의 《마음》 출판기념회가 열려서 두 번 표시했다.

183 《독립신문》 1949.2.10.

사람을 실업자나 모리배로 평했다. 남들은 일터에서 바쁜데 다방에 들어가 "진한 커피 향기에 마취되어 혈색이 없이"[184] 담배연기나 내뿜는 실업자로 취급했다.

엄청나게 비싼 커피값을 고려하면 문화인을 자처하는 사람들이 가난뱅이가 아니라 돈 있는 유한계급이라는 비판도 있었다.[185] 실제 한국전쟁 전까지 다방에서 파는 커피 한 잔이 쌀 한 가마 값이었다. 1948년 서울에서 쌀 20리터(1말≒18리터) 소매값이 18.40원으로 한 가마(10말)는 약 166원이었는데,[186] 1949년 커피 한 잔이 150~2백 원이었다.[187] 출판회 참석비도 고액이었다. 1946~1950년 다방이나 음식점에서 연 출판기념회 참석비가 1946년 30~50원, 1947년 1백~2백 원, 1948~1950년 3백~5백 원이었다.[188] 다방 문화를 주도하던 예술가는 비싼 커피값과 참석회비를 부담할 수 있을 정도로 경제적 여유가 있거나 빚에 쪼들려야 했다.[189] 다방 커피 문화는 상류층의 고급문화를 상징했다.

1950년대가 되면 다방 수가 급속도로 증가했다. 〈표 56〉과 같이 1949년 83개소에서 10년 만에 1959년 전국 2천여 개, 1961년 서울 1

---

184 《동아일보》 1947.11.23.

185 《독립신문》 1949.2.10.

186 《한국통계연감》, 1954, 188~189쪽. 자료에는 1946년과 1947년까지 쌀 18리터 기준이고 1948년부터 20리터가 기준이 되었다. 1946년에는 쌀 18리터 6.95원, 1947년에는 쌀 18리터 12.03원이었다. 한 말의 부피는 약 18리터이므로 한 가마를 180리터로 보면 쌀 한 가마의 소매가격은 165.6원이 된다.

187 《국도신문》 1949.11.27.

188 Ⅵ장 각주 182 참조.

189 삐에르 부르디외, 최종철 옮김, 《구별짓기: 문화와 취향의 사회학》上, 새물결, 1995, 13쪽. 부르디외의 계급별 사회직업 범주에 따르면 예술가는 상층계급이나 지배계급에 속한다.

천 2백여 개로 늘어났다. 1950년대 말 서울 거리에서 빌딩이 하나 세워졌다 싶으면 으레 아래층은 다방이고, 좀 큰 길목에는 화려한 진열장까지 마련된 양과자집이라고 할 정도였다.[190]

불과 10년 사이에 다방이 급증하게 된 것은 첫째, 미국 문화가 서구 문화의 기준이 되었기 때문이다. 일제강점기 때 예술가가 추구하던 '문명', '모던', '이국적'인 다방 이미지가 해방 뒤 미국 문화 추종과 결합했다. 일제 때 다방에서는 커피만이 아니라 홍차도 판매했다. 하지만 1950년대 다방에서는 미국인이 선호하는 커피 위주로 판매했다.[191] 미국의 정치·경제적 영향 속에서 미국 문화가 서구 문화를 대표하게 되었다.

표 56 1949~1961년 다방업소 수 (단위: 개소)

연도	서울	기타 지역
1949	83	–
1950	–	부산 59
1951	6	부산 78
1952	–	부산 99
1953	214(무허가 12)	부산 123
1954	288	–
1959	681	전국 2,041
1960	921	–
1961	1,200	–

출전 《독립신문》 1949.2.10. ;《동아일보》 1053.7.24. ;《조선일보》 1953.12.26., 1954.6.22., 1960.4.3., 1961.5.13., 1961.6.19.

비고 ①《민주신보》 1952.3.3.에는 1952년 1월 부산에 다방이 69개라고 했다.
② 1953년 서울의 214개는 무허가를 포함하지 않았다.

190 《조선일보》 1959.9.11, 1960.4.3., 1961.5.13.
191 《조선일보》 1961.6.19.

제일제당의 각설탕 광고

《경향신문》 1956.9.10.

하지만 커피를 타는 방식은 식민지 시기 익숙해진 커피에 설탕과 크림(우유)를 넣는 방식이었다. 한국에서 다방 증가와 커피 소비량 증가는 설탕 소비량과 비례했다.[192]

둘째, PX에서 커피가 다량 공급된 덕분이다. 1950년대 국내에서 소비되는 커피의 90퍼센트가 PX에서 흘러나왔다. 공식 수입량은 1958년 7월부터 1959년 5월까지 10개월 동안 약 10만 파운드였는데, 이는 국내 1년 소비량의 20일어치밖에 안 되었다. 나머지는 PX 물자였다. 커피 정식 수입가격이 1파운드에 1천 7백 환인데 시장가격이 이보다 낮은 1천 4백 환이었다. 수지가 맞지 않으니 무역업자는 정식으로 커피를 수입하려 들지 않았다.[193]

시중에 유통되었던 커피 수량을 정확히 알 수 없지만 물가 대비 커피값으로 추측할 수 있다. 1956년 12월 서울의 쌀 20리터(1말)가

---

192   《국도신문》 1950.4.13.
193   《동아일보》 1959.6.21.

3,597환이었다.[194] 1957년 10월 정부가 관허官許 커피값을 70환으로 정하고 1백 환을 넘게 받는 다방을 영업정지 처분했다.[195] 한국전쟁 전에는 쌀 한 가마(10말)에 달하던 커피 한 잔 값이 1957년이 되면 약 1/300로 싸진 것이다. 시중에 유통되는 커피량이 얼마나 늘었는지 짐작할 수 있다.

다방이 증가하며 다방 문화가 바뀌었다. 한국전쟁이 일어나기 전까지 다방은 문학가, 예술가의 폐쇄적인 사교·전시공간이었다. 상류층이 사색이나 음악 감상을 하는 문화공간이었다.

전쟁 뒤 커피값이 크게 낮아지자 도시 중산층도 다방을 출입하였다. "커피를 못 마시면 문화인 행세를 못 한다고들 해서 다방 출입객이 늘어나고 전국 방방곡곡 시골산촌까지 다방 간판이 나붙게"[196] 되었다고 할 정도였다. 이 기사에 나오듯 1961년 무렵 농촌까지 다방이 확산되었다고 보기 어렵다. 이 말은 오히려 기존 다방 문화 향유자가 다방 문화가 확산되는 것을 못마땅해하는 표현으로 해석할 수 있다.

다방이 늘어난 1950년대 중반부터 서울의 상류층과 예술가는 더 이상 다방을 자신들만의 문화공간으로 사용하지 않았다. 그 예로 다방에서 여는 출판기념회 횟수가 급속하게 줄었다. 1951~1962년 사이에 《동아일보》, 《자유신문》, 《조선일보》에 공고한 출판기념회가 63회였다. 이 가운데 다방에서 열린 것이 5회였고, 그나마 4회는 모두 1956년 이전이었다. 1961년 출판기념회가 열린 다방은 서울이 아

---

194 《한국통계연감》 1957, 244쪽. 쌀 1등等 20립立이라고 되어있는데 립은 리터를 뜻한다. 한 말의 부피는 약 18리터이므로 한 가마를 180리터로 보았다. 쌀 20리터가 3,597환이므로 쌀 1가마의 소매가격은 32,373원이 된다.

195 《동아일보》 1956.12.14. ; 《조선일보》 1957.2.23., 1957.10.2.

196 《조선일보》 1961.6.19.

니라 청주였다.[197]

　예술가가 다방 대신 문화전시 공간으로 찾은 곳은 '문예살롱', '치대齒大 그릴', '문총文總회관', '국회의사당 레스토랑', '동화음악실' 같은 곳이었다. 대중과 구별된 공간이었다. 그렇다고 이들이 커피를 마시지 않았다든지 다방에 드나들지 않았다는 것은 아니다. 커피를 타는 방식을 달리하여 설탕과 크림을 넣지 않고 블랙커피로 먹기 시작했고[198] 다방을 대중과 구별 짓는 문화공간으로 활용하지 않았다는 의미다.[199]

　이제 다방은 예술가의 문화공간으로서가 아니라 사무공간으로 기능이 바뀌었다. 가정에 전화가 거의 보급되지 않았던 상황에서 다방 전화를 업무용으로 썼다. 손님을 집의 사랑방으로 부르지 않고도 쉽게 만날 수 있고,[200] 공무원에게 청탁하거나 정치적으로 로비하기 좋은 장소였다.[201] 다방을 드나드는 사람도 도시의 공무원, 샐러리맨, 정치가, 무역상인, 사업가로 범위가 넓어졌다. 하지만 다방에서 커피

197　《동아일보》 1951.6.5., 1955.1.20., 10.22., 10.26., 11.27., 11.30.*, 12.2., 12.6., 12.7., 12.13., 12.15., 12.16.*, 12.18., 1956.1.15., 1.20., 1.21.*, 1.24., 1.26., 1.27., 1.28., 1.29., 2.5., 2.19., 2.23., 2.29., 4.21., 5.26., 7.6., 7.12., 7.17, 7.25., 9.15., 10.4., 10.28., 11.2., 11.9., 11.16., 12.6., 12.22., 1957.1.17., 1.19., 3.5., 3.21., 5.2., 6.22., 7.7., 7.11., 7.12., 7.25., 9.8., 10.13., 10.24., 10.27., 1958.1.8., 1.17., 1959.1.31., 4.18., 5.17., 1961.3.28., 4.13., 1962.12.18. ; 《자유신문》 1951.11.15.* ; 《조선일보》 1961.5.5.*
　다방에서 출판기념회가 열린 것은 *으로 표시했다.

198　조숙임, 〈크리쓰마스 요리〉, 《새가정》 1958.12., 63쪽.

199　최항섭, 〈상류 사회의 연결망과 문화적 자본-런던 소사이어티, 파리 16구, 한국 호텔 레스토랑에 대한 사회 문화적 해석〉, 《사회와 역사》 66, 한국사회사학회, 2004, 139~140쪽.

200　《동아일보》 1953.7.24.

201　《조선일보》 1956.4.29., 1958.7.23., 9.1., 9.4., 1959.7.7. ; 《동아일보》 1957.9.20.

타는 방식은 여전히 설탕과 크림을 넣는 방식이었다.

다방만이 아니라 대도시 상류층 가정의 커피 수요도 늘어났다. 여성지인 《여원》이나 《새가정》에서는 커피 끓이는 법을 사진으로 설명했다. 크림과 설탕을 넣는 비율을 비롯해 커피와 어울리는 과자들을 자세하게 소개했다.[202]

커피 수요가 증가하면서 PX 커피 밀수로 인한 무역수지 악화 문제가 불거졌다. 1950년대 말이 되면 다방 증가로 인한 무역수지 악화를 우려하는 목소리가 나왔다. 다방에서 국산차를 팔면 다방 품격이 떨어진다면서 꺼리므로 정부가 강력하게 커피 대신 국산차를 팔게 하자는 제안도 나왔다.[203] 1961년 5월 1일 장면 정부에서 사치품 밀수를 단속하는 〈특정외래품 판매금지법〉이 통과되었다. 이 법안은 2주일 후에 5.16 쿠데타로 집권한 박정희 정권에게 계승되었다. 수입금지 품목에 커피가 포함되었다.[204] 그러나 일단 만들어진 커피 수요는 쉽게 사라지지 않았다.

커피 소비량의 증가는 설탕 소비량의 증가로 이어졌다. 〈그림 19〉는 1963년 제일제당의 용도별 설탕 소비율이다. 국내 시장에서 제일제당의 점유율이 가장 높았던 것을 고려하면 그때 용도별 비중을 알수 있다. 다방용이 자그마치 3.6퍼센트나 차지하고 있어 청량음료에 버금갈 정도로 많았다.

---

202 조숙임, 앞의 글 ; 박호경朴湖景, 〈커피의 지식과 실제 끓이는 법〉, 《女苑》, 女苑社, 1961.2., 319~333쪽 ; 서명옥, 〈커피 끓이는 법〉, 《女苑》, 女苑社, 1961.2., 334~339쪽 ; 장정옥張晶玉(수도여사대 가정과장), 〈시원한 음료수〉, 《女苑》, 女苑社, 1962.9., 314쪽.

203 정준(민의원) 談, 새살림편집부, 〈좌담회: 보다 더 잘 살자면-생활합리화를 말한다〉, 《새살림》 10, 1958. 한국여성사 지식정보시스템 참조.

204 《조선일보》 1961.5.29., 1961.6.21., 1961.7.15., 1961.9.28., 1961.11.30. ; 《경향신문》 1961.5.5., 1961.6.18., 1961.7.23. ; 《동아일보》 1961.7.23.

그림 19 1963년 제일제당의 용도별 설탕 소비율

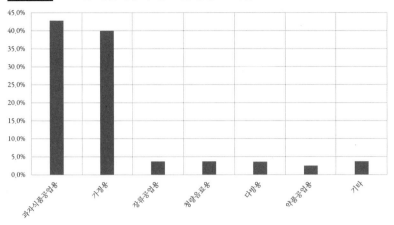

출처 제일제당공업주식회사, 《十年誌》, 1963, 241쪽.

외래품 수입 금지 7년 만인 1968년 박정희 정권은 커피를 수입대체화하는 정책으로 돌아섰다. 수입을 금지했지만 음성적으로 이어진 커피 수요를 국산화한다는 명분이었다. 박정희 대통령과 대구사범학교 동창인 서정귀가 1968년 5월 동서식품을 설립했다.[205] 유일한 커피 회사인 동서식품은 이미 만들어진 커피 수요를 토대로 성장했다. 커피가 안정적으로 공급되며 커피 문화도 대중화되었다.

3. 설탕 소비문화의 안착

새로운 나라에서 여성교육을 주도한 것은 일제 때 생활개선론자였다. 이들은 바람직한 여성상이 현모양처이자 주부라고 생각했고,

---

205 동서식품, "동서식품 연혁", 〈https://www.dongsuh.co.kr/〉, (2018.2.1.)

공교육을 통해 이를 확산시켰다. 그 가운데 하나로 교과서에서 영양지식과 설탕 같은 식품이 들어간 개량 요리법을 가르쳤다. 학생들은 생활개선론과 개량 요리법이 자신이 처한 현실과 괴리되었어도 앞으로 실천해야 할 덕목으로 받아들였다.

전통적인 식사예법에서 자유로워지면서 가정요리는 크게 두 갈래로 발전했다. 하나는 생활개선론자가 개발한 요리법으로 매운 전통음식을 줄이는 방향이었다. 다른 하나는 생활개선론자가 아닌 일반인이 개발한 요리법으로 설탕을 이용해 매운 전통음식을 더 많이 먹는 방향이었다. 두 요리법 모두 설탕을 많이 사용하면서, 한국 사회에 설탕 소비 문화가 안착되었다.

1) 교과서의 개량 요리법 보급

근대 국가에서 의무교육은 국가가 지향하는 체제 이데올로기를 재생산하는 곳이다. 의무교육을 통해 '국민'으로서 정체성을 부여하고 국가 지배이념을 가르친다. 해방 뒤 국가는 '성별 역할 분업'에 바탕을 두고 현모양처를 지향하는 여성교육을 시행했다.[206]

성별에 따라 초등교육 교과 과목과 시간 수가 달랐다. 1946년 9월 군정청 학무국이 채택한 안에 따르면 5학년 남녀 모두 수업시간 수가 같았다. 하지만 남학생이 사회생활과 미술교과를 배우는 동안 여학생은 가사과목을 배웠다.[207]

---

206 김은경, 〈1950년대 가족론과 여성〉, 숙명여자대학교 박사학위논문, 2007.8., 95쪽.

207 문교부, 《문교80년사》, 1980(김재인·양애경·허현란·유현옥, 《한국 여성교육의 변천 과정 연구: 현대 여성교육의 수립과 남녀평등교육》, 한국여성정책연구원(구 한국여성 개발원), 2000에서 재인용).

가사교육의 목적은 과학화, 이상화, 민주화를 꾀하여 진보된 가정을 이루고 여성이 참다운 가정주부가 되도록 가르치는 것이었다.[208] 이를 위해 영양과 가정학 지식보급에 중점을 두었다. 첫째, 과학적인 영양 지식을 가르쳤다. 단백질, 지방, 탄수화물, 염류, 비타민의 기능과 각 영양소가 많이 든 식품을 알려주었다.[209] 둘째, 요리할 때 계량기 보는 것을 익히고 분량을 재도록 했다. 셋째, 위생적으로 머릿수건과 앞치마를 하는 등 청결을 강조했다.[210] 넷째, 다양성을 추구했다. 도시락에 날마다 똑같은 반찬이나 한 가지 반찬만 넣는 것은 단조롭고 영양에 좋지 않으니 변화를 주라고 가르쳤다.[211] 다섯째, 환자 병구완이나 노인 섬길 때 적합한 음식이나 방법을 일러 주었다.[212] 이는 모두 일제 때 생활개선론자가 주장하던 근대적 식품영양론이다.

교과서에서는 '식탁에서 평등'을 강조했다. "우리 집에서는 식구가 한데 모여 다 같은 음식으로 다 같은 시간에 식사를 한다"[213]라며 온 가족이 한자리에서 같이 먹는 식사풍습을 이상적이라고 가르쳤다. 장유유서와 남녀유별로 차별하던 전통적인 식사풍습을 폐지한 것이다. 할아버지, 할머니, 아버지, 어머니를 비롯해 온 가족이 '한자리'에 앉아서 '같은 음식'을 먹을 수 있어야 '즐거운 가정'이었다. '성별 역할 분업론'에 바탕을 두고 성별·연령별 구분 없이 같은 시간에 같은 음식을 먹는 가족 안의 평등을 지향했다. 이 또한 일제 때부터

---

208 표경조·주월영, 〈머리말〉, 《이상적인 가정생활(고 Ⅲ)》, 장왕사, 1956(김은경, 앞의 논문, 95쪽에서 재인용).

209 문교부, 《초등가사 6》, 조선교학도서, 1948, 3~5쪽.

210 문교부, 《초등가사 5》, 조선교학도서, 1950, 12쪽.

211 문교부, 《초등가사 6》, 조선교학도서, 1948, 16쪽.

212 위의 책, 17~19쪽.

213 위의 책, 49쪽.

생활개선론자가 주장한 바였다.

장차 '즐거운 가정'을 만드는 주부로 키우기 위해 교과서에서 가르친 요리법을 살펴보자. 우선 《초등가사 6학년》(1948)에 나온 요리법이 네 가지였다. 떡국과 깍두기, 도넛, 복숭아 화채인데, 이 가운데 두 종류에 설탕이 들어갔다. 첫째, '또오낱(도넛)'을 "만드는 법이 극히 간단하고 연무(힘)도 별로 들지 않으므로 아이들 사이끼(간식)로 적당한 과자"[214]라고 소개했다. 도넛은 일제 때부터 알려진 과자 가운데 가장 미국적인 과자이자 일제 때 상류층이나 먹는 과자였다. 재료인 설탕, 우유, 소다, 기름이 모두 고가인데다 쉽사리 구할 수 없는 재료였다. 가장 보편적인 지식을 가르쳐야 할 초등학교 교과서에서 일반인은 구경조차 못 하는 과자 만드는 법을 가르쳤다.

둘째, 복숭아 화채였다. 우리 조상이 남겨준 훌륭하고 합리적인 우리나라 음식이라고 소개했다. 복숭아 화채 만드는 재료에 단맛을 내는 감미료로 설탕을 넣었다.[215] 그러나 앞에서 살핀 바와 같이 1920년대까지 화채 같은 전통 음청류에 넣는 감미료는 설탕이 아니라 꿀, 엿이었다.[216] 1930년대에 개량한 요리법을 가르친 것이다. 그 뒤 1954년 《초등가사 6》에서는 도넛이나 복숭아 화채를 제외했다.

다음으로 1950년 4월에 발간한 《초등가사 5》에 나온 요리법은 밥, 토장국, 나박김치, 수제비, 고구마 과자, 경단, 미나리강회 일곱 가지

---

214 앞의 책, 39~41쪽.

215 위의 책, 41~43쪽.

216 방신영, 《조선요리제법》, 1918(2판), 1934(6판) ; 이용기, 《조선무쌍신식요리제법》, 영창서관, 1924. 방신영(1918)은 원소병과 수정과에 설탕을 넣기 시작했으나 방신영(1934)부터 복숭아 화채, 앵도 화채, 배 화채, 식혜, 향설고, 배숙 같은 것에도 꿀·엿과 같은 전통감미료 대신 설탕을 넣었다. 1930년대 신문, 조자호, 손정규에서 대부분의 음청류에 설탕을 넣었으나, 1920년대 이용기(1924), 방신영(1924)에서는 대개 꿀·엿을 넣었다. 〈표 2〉와 〈표 40〉 참조.

였다. 이 가운데 세 종류에 설탕이 들어갔다. 첫째, 고구마 과자다. 고구마가 값이 싸고 영양도 많아 그대로 찌거나 구워 주어도 좋으나, 좀 더 맛있게 만드는 법이라면서 찐 고구마를 체에 걸러서 설탕과 소금을 섞은 뒤 염낭같이 생긴 주머니에 넣어 맵시 있게 만드는 것을 가르쳤다.[217] 일본 과자를 변형한 요리법이었다. 일본식 고구마 과자는 군고구마를 체에 걸러서 설탕, 소금, 버터, 우유, 계란 노른자를 섞어 만들었다.[218]

둘째, 경단이다. 찹쌀가루, 콩가루, 소금과 설탕을 넣었다. 떡과 경단 종류가 70여 개에 달할 정도로 다양하다고 설명한 뒤 예로부터 어린아이 생일에 경단 만드는 것이 어린아이를 존중하여 축하하는 풍습이라고 소개했다.[219] 이미 1920년대 전반 방정환 같은 소년운동가가 경단으로 하는 '어린이' 애호운동을 전통과 연결시킨 바 있다.[220] 그러나 정작 교과서에서 소개한 경단의 요리법은 고유한 방법이 아니라 1930년대 개량된 것이었다. 경단에 전통감미료인 꿀, 엿 대신에 설탕을 넣기 시작한 것은 1930년대 후반부터다.[221]

셋째, 미나리강회를 찍어 먹는 초고추장에 설탕을 넣었다.[222] 초고

217 문교부,《초등가사 5》, 조선교학도서, 1950, 30~31쪽.

218 《동아일보》1935.1.18.

219 문교부, 위의 책, 39~40쪽.

220 이기훈,〈1920년대 '어린이'의 형성과 동화〉,《역사문제연구》8, 역사문제연구소, 2002, 11쪽.

221 조자호,《조선요리법》, 1939·1943 ; 伊原圭(손정규의 창씨개명),《조선요리》, 京城書房, 1940. 병과류에 설탕이 들어가기 시작한 것은 19세기 말 석탄병·적복령편부터였고(《시의전서》, 1869) 1920년대부터 다식, 산자에 들어갔으며, 1930년대가 되면 대부분의 병과류에 전통감미료를 설탕으로 대체하거나 함께 넣었다. 경단은 조자호(1943)가 꿀을 넣었고 손정규(1940)는 꿀·엿과 설탕을 함께 넣어 만들었다.〈표 2〉와〈표 39〉참조.

222 문교부,《초등가사 5》, 조선교학도서, 1950, 21~22쪽.

추장에 설탕을 넣기 시작한 것은 이용기의 《조선무쌍신식요리제법》 (1924)부터다. 그전까지 꿀을 넣었다. 교과서의 초고추장 만드는 법은 1920년대 중반부터 개량한 요리법이었다.[223]

이렇듯 1920~30년대 개량한 조선 요리법을 과학적·영양적·위생적이라고 교과서에서 가르쳤다. 뿐만 아니라 중일전쟁 때부터 일제가 식량소비를 억제하느라 폐기했던 '영양=당분'이라는 영양담론을 다시 구사했다. 이를테면 영양 간식으로 과자 소비를 장려했다. 《초등가사 6》(1948)에서 과자가 설탕과 밀가루로 만드는 것이기에 당분이 풍부하여 영양에 좋다고 추천했다. 다만 지나치게 먹으면 '벌레이(충치)' 원인이 될 염려가 있으므로 시간을 정해 놓고 조금씩 간식으로 먹으라고 가르쳤다.[224]

하지만 빙과류는 경계했다. 《초등가사 5》(1950)에서 아이스케키나 빙수가 영양가치가 적고 위생에 좋지 않으니 먹지 말라고 했다. 그 대신 교과서에 나온 설탕 넣은 과자를 만들어 먹으라고 가르쳤다.[225]

1953년부터 남녀 의무교육 제도가 실시되면서 한국인에게 더 익숙한 재료로 요리를 가르쳤다. 도넛처럼 재료부터 구하기 어려운 음식이 아니라 재료를 구하기는 쉽되 요리법을 바꾼 음식이었다. 1954년 《초등가사 6》에 나온 요리법은 달걀반숙, 맑은 장국, 깍두기, 떡국, 경단이었다. 도넛과 복숭아 화채 대신 1950년에 5학년 때 가르치던 경단을 6학년 교과 내용에 포함시켰다. 서술 내용과 요리법은 1950년과 같았다.[226]

---

223 이용기, 앞의 책, 270쪽.

224 문교부, 《초등가사 6》, 조선교학도서, 1948, 39쪽.

225 문교부, 《초등가사 5》, 조선교학도서, 1950, 39~40쪽.

226 문교부, 《초등가사 6》, 대한문교서적, 1954, 48~49쪽.

1955년 《초등가사 5》에 나온 요리법은 시금치나물, 밥, 토장국, 고구마 과자, 나박김치, 수제비였다. 이 가운데 고구마 과자와 시금치나물에 설탕이 들어갔다. 고구마 과자는 1950년 내용 그대로였다. 시금치나물의 경우 끓는 물에 데치는 전형적인 요리법이 아니라 비타민 C가 파괴되지 않도록 그냥 씻어서 간장, 설탕, 파, 마늘, 기름, 고춧가루를 넣어 무치는 개량 요리법이었다. 시금치에 비타민 C가 많은데 비타민 C가 열에 약하므로 주의해야 된다는 것이다.[227] 설탕을 감미료가 아니라 조미료로 쓰는 방법이었다.

1955년 8월 1일부터 각 급 학교 교과과정이 바뀌었다. 1차 초등교육과정에서 여학생에게만 부과하던 가사교과 내용을 4학년부터 남·여학생 모두에게 가르치는 '실과' 속에 포함시켰다. 산업을 발전시키려고 실업교육을 강화한 것이다.[228] 여학생만 따로 가사과목을 배우다가 남·여학생이 함께 실과과목을 배우게 되었다.

이와 함께 종래 '즐거운 가정' 단원이 대가족에서 소가족으로 수정되었다. 1948년 이래 '즐거운 가정' 단원에서는 "온 가족이 함께 식탁에 둘러앉아 밥을 먹어야 한다"고 가르쳤다.

1950년대 후반이 되면 온 가족이 함께 밥을 먹되 가족 구성이 달라졌다. 1954년 《초등가사 6》까지는 〈사진 26〉의 위쪽 그림처럼 조부모가 줄곧 등장했다. 가족 수도 조부모, 부모, 자녀 여섯 명으로 모두 열 명이었다.[229] 그러다가 1957년부터 가족 구성에서 조부모가 사라졌다. 〈사진 26〉의 아래 그림에서 보듯 1957년 《실과 4》 교과서의 '즐거운 가정'에는 부부와 세 명의 자녀만 나와 모두 다섯 명으

227　문교부, 《초등가사 5》, 대한문교서적, 1955, 28~29쪽.

228　김재인·양애경·허현란·유현옥, 앞의 자료.

229　문교부, 《초등가사 6》, 대한문교서적, 1954, 60쪽.

사진 26 1954년과 1957년 초등학교 교과서의 '즐거운 가정' 변화

1954년

1957년

출전 ① 위_ 문교부,《초등가사 6》, 대한문교서적, 1954, 60쪽.
② 아래_ 문교부,《실과 4》, 대한문교서적, 1957, 76쪽.

로 줄었다.[230] 어머니 옆에 밥통으로 보이는 그릇이 놓여 있다. 바야 흐로 초등교육에서 지향하는 가족제가 부부 중심의 소가족으로 바뀐 것이다. 소가족제에서 여성은 며느리보다 아내와 어머니로서 더 강조되었다. 그림 속 가족 구성원 사이의 '식탁에서 평등'이 더 견고해졌다.

1950년대 후반 이승만 정권은 미곡 절약과 동물성 단백질 섭취를 권장했다. 이때 실과 교과서에 나온 요리법은 한편으로 정부시책을 따르면서도, 다른 한편으로 교과서 집필자들이 추구하는 식생활개선 내용이 섞여 있었다.

초등학교 5학년 《실과》 교과서부터 요리법이 나왔다. 1957년 《실과 5》에 나온 요리법은 밥, 식빵, 토장국, 나박김치, 무채 장아찌, 달걀 삶기, 수란 뜨기, 달걀찌개, 달걀 붙여말기, 산나물(꽃다지, 광대나물, 깨죽나뭇잎, 두릅, 고사리) 총 열네 가지였다. 이 가운데 달걀요리가 네 가지, 산나물이 다섯 가지였고 설탕을 넣는 것은 식빵, '달걀 붙여말기' 두 가지였다.[231]

식빵 만드는 법은 밥 대용으로 분식을 권장하는 정부의 절미정책이 반영된 것이다. 보건사회부 부녀국은 절미정책의 하나로 '대용식빵'을 장려했다. 이를 위해 일반인 상대로 빵 강습회를 열었다.[232] 문교부에서도 정부 시책에 따라 실과 교과서에 식빵 만드는 법을 실었다.

달걀요리가 네 종류나 된 것은 단백질 보충이 목적이었다. 〈네이

230   문교부, 《실과 4》, 대한문교서적, 1957, 76쪽.

231   문교부, 《실과 5》, 대한문교서적, 1957, 97~111쪽.

232   김순화金順華(보건사회부 부녀국장), 〈새살림으로 새해를 맞자 - 4290년의 우리의 과제〉, 《새살림》, 5호, 1957 ; 박인순(보건사회부 부녀국장) 談, 〈생활개선 - 생활합리화를 말한다(上)-생활개선 좌담회 속기록〉, 《새살림》 10, 1958, 한국여성사지식정보시스템.

산 보고서〉가 지적했듯 한국인은 단백질이 매우 부족했다.[233] 이흥수李興壽는 "한국인 식단이 밥 위주로 되어 있다 보니 칼로리를 많이 공급받지만 단백질이나 비타민 같은 영양소가 결핍되었다"고 주장했다.[234] 조기홍趙圻烘은 한국인이 서구인보다 체격이 작은 이유가 동물성 단백질이 부족한 탓이라면서 값싼 멸치라도 먹으라고 권했다.[235] 달걀로 부족한 단백질을 보충하게 만들려는 교육당국 의도가 반영된 것이다. 이 가운데 '달걀 붙여말기'란 달걀을 부쳐서 돌돌 말아놓은 일본식 요리로, 소금, 설탕으로 간을 맞추도록 가르쳤다.[236]

산나물도 다섯 종류나 되었다. 그림으로 산나물 생김새를 보여 주고 채취하는 철과 여러 가지 요리법을 알려주었다.[237] 산나물 요리법 강조는 농촌에 절량絶糧 농가가 늘어난 현실을 반영한 것이다. 미국이 〈농업교역발전 및 원조법〉(Public Law 480, 1954, 이하 PL480호)에 따라 각종 잉여농산물을 원조한 결과 국내 쌀값이 생산비에 미치지 못하는 수준으로 떨어져 농촌이 피폐해졌기 때문이다.[238]

암울한 농촌 현실 앞에서 전문가들은 1940년대 일제가 구황식을 권장했던 영양담론을 재현했다. 조숙임 같은 가정학 전문가는 농민들이 야채만 먹어도 생활하는 데 아무런 어려움이 없다고 말했다.

---

233 〈네이산 報告: 韓國經濟再建計劃〉上, 173~174쪽.

234 이흥수(이화여대 가정학과장), 〈생활개선을 위한 식생활방법〉, 《國會報》 18, 1958.3., 99쪽.

235 조기홍(창덕여고 교장), 〈보다 나은 생활에의 개선을 위하여-한국인의 식생활의 재검토〉, 《여성계》 7-2, 121~123쪽(《한국현대여성의 일상문화》 7, 국학자료원, 2005, 349~350쪽에서 재인용, 이후 《한국현대여성의 일상문화》).

236 문교부, 《실과 5》, 1957, 108~109쪽.

237 위의 책, 109~111쪽.

238 최응상崔應祥, 〈농촌생활과 도시생활의 비교〉, 《농업경제》 19, 농림부, 1967.12., 30쪽.

야채에 어떤 영양소든지 다 있으므로 소독을 잘 하고 골고루 먹을 수 있는 상식을 갖추면 괜찮다는 것이다.[239] 김호직은 국민 보건상 고기, 생산을 먹기 힘든 농촌에서 단백질 식품으로 콩, 푸성귀[綠葉]를 이것저것 섞어 먹으면 영양소를 이상적으로 섭취할 수 있다고 주장했다.[240] 1950년대 실과 교과서에서도 이러한 논리를 따라 산나물로 식량 부족을 대체하는 방법을 실었다.

대중적인 초등교육만이 아니라 1950년대 고급인력을 양성하는 중등학교 가사교육에서는 훨씬 더 광범하게 개량 요리법을 가르쳤다. 조선 음식 개선론자인 손정규를 비롯해 조기홍, 표경조表景祚, 주월영朱月榮이 1949년 《중등가사교본: 요리실습편》을 공동 집필했다.[241] 과자를 비롯해 조선 요리, 일본·중국·서양 요리에 설탕을 자유자재로 썼다. 〈표 57〉은 중등 가사교본에 나온 요리법 가운데 설탕이 들어간 과자, 조선 요리, 서양·일본·중국 요리다.

표 57 1949년 《중등학교 가사교본》에 실린 설탕 넣은 음식

학년	과자	한국 요리	서양, 일본, 중국 요리
2	단팥죽(汁粉, 시루꼬), 경단	장산적과 장아찌, 북어 무침, 구이(고기·북어)	
3	도넛, 앵두화채, 젤리, 화전	초장, 비빔밥	고기돈부리(일본식 고기덮밥), 샌드위치, 토마토 샐러드
4	배화채, 전과煎果, 약식, 수전과 (수정과)	떡볶이(간장양념), 생선 조림, 냉면,	잡채, 탕수유糖醋魚(생선튀김에 초즙 끼얹은 것)
5	약과, 토마토 쥬스, 플레인 케이크 plain cake, 설탕과자, 커스타드, 푸딩, 아이스크림, 홍차, 코코아	장김치	스키야키鋤燒き(일본식전골), 오이샐러드, 마요네즈 소스

---

239 조숙임(이화여대 교수), 〈야채식사와 영양〉, 《농민생활》 17-6, 1954.6., 68쪽.

240 김호직金浩稙(문교부 기술교육국장), 〈식생활과 국민보건~식재료의 선택과 영양가를 고찰하여〉, 《國會報》 18, 1958.3.28., 101쪽.

241 손정규·조기홍·표경조·주월영, 《중등가사교본: 요리실습편》, 章旺社, 1949.

학년	과자	한국 요리	서양, 일본, 중국 요리
6	지단가우鷄蛋糕(달걀과 찹쌀가루로 찐 카스텔라), 진스빠이수金絲白薯(고구마엿과자), 잡과병, 비스킷, 카스텔라, 케익(rolled Sponge cake), 스노우 젤리snow jelly, 묽은 양갱	밤죽, 흰무리죽	차오판炒飯(볶은 밥), 판채쎄러우蕃茄蟹肉(게살과 달걀구이에 토마토 소스 끼얹은 것), 추류사런醋溜蝦仁(새우에 초즙 끼얹은 것), 빤하이치오拌海蜇(해파리 초무침), 탕슈유魶醋肉(고기튀김에 초즙 끼얹은 것), 차오러스炒肉絲(채친 제육 달게 한 찌개), 샌드위치

출전 손정규·조기홍·표경조·주월영, 《중등가사교본: 요리실습편》, 章旺社, 1949.

〈표 57〉에 나온 한국 요리는 전통적인 요리법이 아니라 1920~30년대부터 개량한 요리법이었다. 고학년으로 갈수록 서양·일본·중국과 같은 외래 요리법을 많이 가르쳤다. 특히 중국 요리 비중이 많다. 일제 때 중국 요리가 고급 음식의 상징이 된 것이 해방 뒤까지 이어졌기 때문이다.[242] 해방 뒤 서울에 사는 중국인 2천 5백 명 가운데 절반이 넘는 사람이 요리업에 종사할 정도로 중국 음식점이 성황이었다.[243] 서울 상류층 가정에서도 손님 접대용으로 중국 요리가 최고 인기였기에 상류층 예비주부인 중등학교 여학생에게 가르쳤다. 과자류도 〈표 57〉과 같이 대부분 일본 과자나 중국 과자 위주로 가르쳤다. 조선 전통과자는 시루떡, 경단, 화채, 화전, 수정과, 잡과병 정도가 포함되었을 뿐이다.

이처럼 일제하 생활개선론이 해방 뒤 공교육으로 재생산되었다. 교육 대상도 일제 때처럼 상류층에 국한되는 것이 아니라 한국 여학생 전체로 확대되었다. 해방 직전인 1942년 보통학교 여학생 입학률

---

242 김영미, 〈외식문화의 자화상〉, 《우리는 지난 100년 동안 어떻게 살았을까》 1, 역사비평사, 1998, 176쪽 ; 이 책 Ⅱ장 2절 참조.

243 《자유신문》 1946.10.19.

은 34퍼센트였고 입학생 수가 112,372명(추정)이었다. 그 가운데 중도에 퇴학하는 비율이 66퍼센트에 달해 아주 소수의 여성만 보통학교 교육을 받았다.[244]

하지만 해방 뒤 여성교육이 확대되면서 생활개선론의 영향이 커졌다. 1948년 초등학교 총 여학생 수가 814,459명이고 중등학교 총 여학생 수가 43,891명으로, 전체 학령기 여성의 미취학률이 2/3 이상이었을 것으로 추측된다.[245] 1953년 의무교육 제도를 실시하면서 여학생이 급격하게 증가했다. 1959년 1,579,319명[246]이 되었다.

1950년대 중반부터 여성 의무교육을 본격화하며 학령기 여학생 다수가 생활개선론에 바탕을 둔 교과서로 공부하게 되었다. 여학생은 공적 권위가 있는 교과서 내용을 자신이 지향해야 할 표준으로 삼게 되었다. 그들은 교과서에서 생활개선론에 바탕을 둔 생활을 해야 주부가 될 수 있다고 배웠다. 가족의 건강을 돌보는 데 필요한 영양지식과 함께 설탕을 다양하게 이용하는 방법을 익혔다.

여학생은 교육 내용이 자신이 처한 현실과 다르지만 앞으로 지향해야 할 방향이라고 생각했다. 농촌 여학생은 교과서 내용이 실현되는 도시공간을 동경하게 되었다. 교과서 속 '즐거운 가정'에 나타난 부부 중심의 생활을 이상적 가정생활로 여겼고, 설탕을 넣은 요리법을 장차 실천해야 할 요리법으로 받아들였다.

1950년대 후반 학교를 다니던 여학생이 한 가정의 주부가 되면서

---

244 김부자 著, 조경희·김우자 역, 《학교 밖의 조선여성들》, 일조각, 2009, 148쪽 부표 1.

245 조선은행조사부, 《경제연감》, 1949, 통계청 1993.8.(김재인·양애경·허현란·유현옥, 앞의 책, 표 Ⅳ-7, Ⅳ-9 재인용).

246 중앙대학교부설 한국교육문제연구소, 《文教史》, 685쪽 ; 《한국교육연감》, 1959, 313쪽 ; 《한국통계연감》(김재인·양애경·허현란·유현옥, 위의 책, 표 Ⅳ-27 재인용).

실제 설탕 수요로 나타나게 되었다. 〈그림 17〉과 같이 1950년대 의무교육을 받은 여성이 결혼을 해 주부가 되기 시작한 1960년대부터 설탕 소비가 급격하게 올라갔다.

2) 설탕과 매운맛의 결합

한국인은 일제 때만이 아니라 해방이 되어도 미국으로부터 쌀 소비를 줄이라는 압력을 받았다. 미국은 일본을 중심으로 하는 동아시아 반공체제를 구상했다. 따라서 한국이 심각한 식량 위기에 시달리는 일본으로 쌀을 수출해야 한다고 생각했다. 일본은 식량 위기를 해소할 수 있고 한국은 무역적자를 개선할 수 있다고 판단했다.[247] 그러면서도 미국은 한국 사회가 식량 부족으로 불안해져 공산주의가 발호하는 것을 원하지 않았다.[248]

이러한 구상에 따라 미국은 한국의 쌀 생산량을 증가시키고자 비료를 원조했다.[249] 아울러 한국인의 쌀 수요를 감소시키는 정책을 병행했다. 미곡 소비를 줄이고 다른 잡곡이나 부식으로 보완하라고 갖가지 영양담론을 동원했다.

전후 한국의 재건계획을 담은 〈네이산 보고서〉는 한국 정부가 미곡 위주로 편중된 한국인 식생활을 개선해야 한다고 주장했다. 쌀 대신 저렴한 보리, 감자, 콩과 같은 잡곡류 소비를 늘리고, 과일과 야채 소비를 약간 높이라고 제안했다. 심각한 단백질 결핍을 보충하려

---

247 허은, 〈제1共和國 初期 對日 米穀輸出의 歷史的 배경과 성격〉, 《한국사학보》 8, 고려사학회, 2000.3., 205~213쪽 ; 《한국통계연감》 1961, 268쪽.

248 김성보, 〈이승만 정권기(1948.8~1960.4) 양곡유통정책의 추이와 농가경제 변화〉, 《한국사연구》 108, 한국사학회, 2000, 147쪽.

249 허은, 앞의 논문, 204~205쪽.

면 콩, 어류를 많이 섭취하라고 권했다.[250]

정부에서 미곡 소비를 줄이기 위한 생활개선운동을 담당한 기구는 부녀국婦女國이었다. 부녀국은 1945년 9월 14일 보건후생부에 설치된 여성 담당 조직이었다. 그 뒤 보건후생부가 사회부나 보건사회부로 개칭되었어도 부녀국은 여전히 여성 관련 행정업무를 맡았다.[251] 김활란, 고황경 등 일제하부터 민간 주도로 생활개선운동을 이끌었던 인물이 부녀국에서 일했다.

대한부인회가 부녀국과 함께 생활개선운동을 주도했다.[252] 대한부인회는 1949년 2월 15일 결성한 민간단체다. 하지만 실제로는 이승만 대통령의 부인 프란체스카가 총재이고 정부의 모든 부녀사업을 대행하는 관변단체였다. 대한부인회에도 유각경, 박마리아 같은 일제하 생활개선론자가 참여했다.

정부는 전시 중이던 1951년 11월 18일 〈전시생활개선법〉을 공포했다. 이어 〈전시국민생활실천요강〉을 만들었고, 1954년 부녀국은 '국민생활합리화 3대 목표' 설정 등 전후재건과 함께 생활개선운동을 추진했다.[253]

정부의 생활개선운동은 쌀 소비를 줄이는 데 초점이 맞춰졌다. 쌀 소비 절약이라는 목표와 강령이 일제 때 조선총독부의 절미節米 운

---

250 《네이산 報告: 韓國經濟再建計劃》上, 民議院 商工委員會, 1954, 28~29, 171~174쪽.

251 황정미, 〈해방 후 초기 국가기구의 형성과 여성(1945~1960): 부녀국婦女國을 중심으로〉, 《한국학보》 28-4, 한국학보, 2002, 165~166쪽.

252 정현주, 《대한민국 제1공화국의 여성정책》, 한국학술정보, 2009, 84~85, 123~129쪽. 부녀국의 김활란과 고황경, 유각경, 박마리아는 생활개선론자였다. Ⅳ장 3절과 Ⅴ장 3절 참조.

253 《자유신문》 1951.10.25. ; 《동아일보》 1952.5.25. ; 《조선일보》 1952.5.25. ; 《동아일보》 1954.10.24. ; 김은경, 앞의 논문, 180~190쪽.

동과 비슷했다. 국민들이 쌀 소비를 줄여야 하는 논거로 근대과학을 동원하고, 애국심에 호소했다. 가장 강조한 것이 간소와 절약이었다.

전국 캠페인으로 진행한 내용을 보면 첫째, 관혼상제와 같은 풍속, 일상 생활양식을 고치자고 했다.[254] 둘째, 내핍생활을 강조했다. 극단적인 소비 절약을 강요해 '일탕일찬一湯一粲으로 간편한 식사를 위주로 할 것', '먹을 것 이상을 조리하여 부패 또는 불필요한 소비를 하지 않도록 함', '식사 시간을 일정하게 할 것'이 실천사항이었다.[255] 셋째, 백미白米 제일주의를 개선하고 잡곡밥을 먹자는 것이다.[256] 넷째, 분식을 먹자고 했다.[257] 밀을 주식으로 하는 사람들은 쌀을 주식으로 하는 사람보다 더 활기차고 정력이 왕성하다면서 재래의 조선 습관을 버리고 분식을 하면 조선 사람이 건강해질 것이라고 주장했다.[258] 다섯째, 영양과 위생을 강조했다. 식생활 합리화의 목표는 똑같은 재료를 가지고도 더 영양가 있고 위생적이며 간소하여 항상 우리 가족을 건강하게 하는 것이라고 했다.[259] 여섯째, 생활의 간소화를 주장했다. 식사를 따로따로 여러 번 하는 일이나 관혼상제의 복잡한 절차를 줄이자고 역설했다.[260] 일곱째, 계획성 있게 차림표를

---

254 〈조선농회란-생활개선 1〉,《농민주보》 1946.3.16. ; 〈조선농회란-생활개선 2〉,《농민주보》 1646.3.23.

255 〈전시국민생활실천요강〉,《동아일보》 1952.5.25. ;《조선일보》 1952.5.25.

256 〈건강과 곡물〉,《농민주보》 1946.11.2. ; 〈식생활개선=백미제일주의 타파〉, 《농민주보》 1946.11.23. ; 위의 자료.

257 〈國民生活改善의 目標〉,《새살림》 5, 1957, 한국여성사 지식정보시스템.

258 〈식생활개선=백미제일주의 타파〉,《농민주보》 1946.11.23.

259 〈國民生活改善의 目標〉,《새살림》 5, 1957, 한국여성사 지식정보시스템.

260 정충량(연합신문 논설위원), 〈새해 새살림은 이렇게-농촌 생활 간소화에의 제의〉,《새살림》 8, 1958, 한국여성사 지식정보시스템.

꾸며 재료, 시간, 노력을 아껴야 한다고 했다.[261]

이러한 정부의 식생활개선운동을 가장 잘 보여 주는 것이 추천식단이다. 〈표 58〉은 보건사회부에서 발간한 《새살림》에 나온 식단이다. 주식이 모두 잡곡밥과 밀가루 음식이다.[262] 밀가루 음식은 수제비나 국수, 밀전병 위주였다. 빵 종류는 찐빵과 핫케익 2종류로 1주일에 1.5회 정도 먹을 것을 제시했다. 그 밖에 쌀 대용식으로 찐 고구마가 포함되어 있다. 반찬은 김치, 장아찌, 찌개, 젓갈이고, 육류는 아예 없으며 생선류가 1주일에 1회 가량 들어 있다. 최대한 쌀 소비를 줄이는 데 초점을 둔 식단이었다. 하지만 〈표 58〉과 같은 식단도 농촌에서는 현실적으로 어려웠다. 농촌이 너무 피폐해져 정부도 더 이상 내핍적인 생활개선을 강요할 수 없을 정도였다.[263]

표 58 1958년 1월 《새살림》의 추천식단

	아침	점심	저녁
월요일	보리밥, 미역국, 김치	찬밥, 더운물, 김치	수제비, 김치, 장아찌
화요일	잡곡밥, 콩비지, 장아찌	찬밥, 더운물, 된장찌개, 김치	밀국수, 김치
수요일	양배추국, 잡곡밥, 부추깍두기	찐빵, 채소전골, 부추깍두기	잡곡밥, 고춧잎장아찌, 부추깍두기
목요일	열무지짐이, 잡곡밥, 김치	고구마 찐 것, 채소국, 김치	콩나물밥, 김치, 된장찌개
금요일	보리밥, 채소국, 콩비지	수제비, 김치, 장아찌	잡곡밥, 생선조림, 김치
토요일	잡곡밥, 고추장찌개, 겉절이 장아찌	밀국수, 김치, 장아찌	잡곡밥, 파장아찌, 김치
일요일	백반, 무국, 김치깍두기	찐 고구마, 김치, 밀전병	잡곡밥, 콩나물, 김치깍두기
월요일	조밥, 감자국, 짠지, 콩자반	찐빵, 콩나물, 김치, 보리차	콩밥, 된장찌개, 고비나물, 김치

---

261 〈國民生活改善의 目標〉, 《새살림》 5, 1957, 한국여성사 지식정보시스템.

262 김은경, 앞의 논문, 200~201쪽.

263 홍성유, 《한국경제와 미국원조》, 박영사, 1962, 160쪽 ; 최응상, 앞의 논문.

	아침	점심	저녁
화요일	백반, 콩나물국, 갈치구이, 김치깍두기	밀수제비, 김치, 채소볶음	콩나물국, 무지짐이, 감자조림, 김치
수요일	배추국, 고구마밥, 건대구조림, 김치깍두기	밀국수, 김치, 배추소대무침	김치밥, 된장찌개, 어리굴젓, 김치
목요일	백반, 시금치국, 김치깍두기, 계란반숙	비빔밥, 짠지, 보리차	팥밥, 콩비지찌개, 김치, 생선조림
금요일	푸른콩밥, 무왁저지, 김치깍두기, 무숙장아찌	밀풀떼기, 채소볶음, 보리차	보리밥, 볶은 고추장, 애호박나물, 김치
토요일	백반, 호박국, 김치깍두기, 무숙장아찌	밀전병, 김치, 깍두기, 보리차	보리밥, 무국, 창란젓, 김치
일요일	찰밥, 김치깍두기, 무생채	핫케익, 맑은장국, 실과	감자밥, 무장아찌, 고추장아찌, 김치

출전 새살림편집부, 〈주부상식〉, 《새살림》 8, 1958.1., 148쪽.

이와 대비되는 것이 도시의 생활개선운동이다. 1950년대 중반 도시에서도 정부에 호응하는 움직임이 일어났다. 신문사, 여성지, 잡지 같은 언론이 주도했다. 전통적 생활양식에 대한 부정에서 출발하여 서구적 근대화를 지향했다는 점에서 정부의 생활개선운동과 공감대를 형성했다.

하지만 내용이나 지향점이 정부와 아주 달랐다. 도시 생활개선운동은 1920년대 이래 민간의 생활개선운동과 맥을 같이 하고 있었다. 중일전쟁 전까지 도시 젊은 상류층 여성이 중심이 되어 생활개선을 내세워 설탕 소비문화를 누렸고, 전시 통제경제체제에서도 일본화가 곧 근대화라는 논리에 빠져 일제의 그늘에서 생활개선을 외쳤다. 이러한 흐름은 1950년대 서구화, 미국화를 흉내 내는 것으로 이어졌다.

1950년대 중반 도시의 생활개선운동은 분식을 강조했다. 하지만 정부에서 제안한 수제비나 칼국수가 든 식단이 아니었다. 빵, 비스킷, 샌드위치 같은 외래 밀가루 음식 위주였다. 요리 전문가들이 밀가루 음식으로 제안한 것은 식빵, 곱베빵, 알빵[264], 비빔국수, 냉국수[265], 애기(아기) 간식용 부침[266], 샌드위치[267], 비스킷[268] 등이었다. 이밖에도 중국 냉면, 카레국수, 짜장면, 라이스 크로켓rice croquette, 생선 크로켓[269], 토마토국수(스파게티), 볶음국수(햄, 베이컨)가 있다.

〈표 59〉는 1962년 《여원》에서 추천한 식단이다. 전부 잡곡밥과 밀가루 음식으로 되어 있지만 내용이 〈표 58〉의 식단과 판이하다. 밀가루 음식은 빵(토스트) 위주로 되어 있고 만두와 국수가 그 다음이었다. 국수도 중국식 국수고 만두도 일본식 물만두다. 빵에 바르는 버터나 잼이 있고 육류 2회, 생선류 5회, 계란 3회, 치즈, 크림, 과일즙(주스) 같이 다양한 식재료와 요리법을 구사한 식단이었다. 〈표 58〉과 같은 수제비나 밀전병은 아예 보이지 않고 칼국수는 1회에 그쳤다. 다른 추천 식단에도 아침은 후라이 에그fried egg 하나, 토스트 2개, 우유나 미숫가루 1컵, 점심이나 저녁은 우동, 국수, 수제비로 대용식, 차는 커피나 홍차가 좋지만 없으면 미숫가루나 과일즙[270]이었다.

표 59 1962년 5월 《여원》의 추천식단

	아침	점심	저녁
월요일	보리밥, 감자·둥근파(양파) 된장국, 굴비자반, 김치	빵이나 밥, 비프스튜, 비웃자반, 김치	칼국수, 시금치나물, 김치

---

264 黃慧性, 〈식생활개선의 첫걸음〉, 《女苑》, 女苑社, 1961.11., 306~309쪽.

265 〈밀가루를 먹는다는 일〉, 《女苑》, 女苑社, 1961.7., 318~323쪽.

266 李順愛(서울영양연구소장), 〈백미편식보다 밀가루를 많이 먹자〉, 《女苑》, 女苑社, 1958.9., 255~256쪽.

267 朴賢緖(서울신문 기자), 〈한국음식은 이점이 나쁘다〉, 《女苑》, 女苑社, 1959.3., 300쪽.

268 金潤愛, 〈비스켙〉, 《女苑》, 女苑社, 1958.9., 264쪽.

269 黃慧性, 〈식생활개선의 첫걸음〉, 《女苑》, 女苑社, 1961.11., 306~309쪽.

270 〈밀가루를 먹는다는 일〉, 《女苑》, 女苑社, 1961.7., 318쪽.

	아침	점심	저녁
화요일	토스트, 버터나 잼, 달걀반숙, 콩우유나 우유	보리밥, 낙지회, 초고추장, 쑥갓나물 김치	보리밥, 청포채, 조기조림
수요일	만두, 버터나 잼, 김치	팥밥, 조기생선, 두부튀김, 김치	팥밥, 된장조치, 깍두기
목요일	토스트, 버터나 잼, 스크램블드 에그, 과일즙	보리밥, 미역찬국, 야채튀김, 김치	콩밥, 두부전골, 김치
금요일	보리밥, 감자조치, 콩장, 김치	보리밥, 달걀과 두부볶음, 오이생채, 깍두기	카레볶음면, 무장아찌
토요일	완두콩죽, 우엉장아찌, 김치	보리밥, 홍어구이, 빗케콩 볶음, 김치	밥, 돼지갈비구이, 숙주냉채, 김치
일요일	치즈, 토스트, 크림딸기	물만두(水餃子, 편수), 김치	완두콩밥, 미역국, 김치

출전 김병설金秉卨(숙대 교수), 〈五月의 식단〉, 《女苑》 1962.5., 301~303쪽.

　이러한 도시 생활개선론자의 분식 장려는 정부 의도와 달리 소비를 조장했다. 빵을 비롯한 서구적 식생활은 그 사람의 사회경제적 지위를 반영했다. 서구 식생활을 할수록 상류계급이고 고급문화라고 생각했다. 포만감을 느끼는 쌀밥 위주의 식사는 '허풍선이식 식생활'이고 서구식 빵이 간편하고 경제적이며 영양가 있는 식단이라고 믿었다. 쌀밥 대신 영양의 근원인 반찬을 더 먹고, 밥 대신 아침을 간단하게 토스트, 밀크, 샌드위치, 스프로 먹자고 주장했다.[271]

　도시 생활개선운동은 서구 식생활 모방과 함께 개량 요리법 보급에 주력했다. 1920~1930년대 개발한 요리법만이 아니라 새로운 요리법을 더 많이 개발했다. 음식 범위가 훨씬 넓어졌고, 같은 재료도 다양하게 썼다. 이를테면 감자 요리 19가지[272], 사과 요리 9가지[273],

---

271　朴賢緒, 앞의 글.
272　박남길, 〈감자요리 몇 가지〉, 《새가정》 1958.7, 73~76쪽 ; 柳桂完(요리연구가), 〈색다른 감자요리〉, 1959.7, 210~217쪽.
273　柳桂完(李東沂소아과 병원장 부인), 〈사과로 만든 아홉 가지 음식〉, 《女苑》, 女苑社, 1959.2., 264~267쪽.

462　Ⅵ장　해방 이후 설탕원조와 재건

계란 요리 32가지[274], 딸기 요리 9가지[275], 명태 요리 10가지[276], 오이 요리 7가지[277], 토마토 요리 9가지[278], 가지 요리 19가지[279], 애호박 요리 7가지[280], 양파 요리 9가지[281], 쥬스 7가지[282], 무 요리 20가지[283], 마늘 요리 7가지[284] 등이다.

또 제철에 나는 재료를 써서 계절에 맞게 요리할 것을 제안했다. 제철 음식 요리법으로 정초 음식[285], 봄철 음식,[286] 여름철 음식[287], 가

274 〈서른 두 가지의 계란요리〉, 《女苑》, 女苑社, 1959.5., 212~218쪽.

275 김인식, 〈딸기 저장법과 단오요리〉, 《새가정》 1960.5., 70~74쪽.

276 朴敬淑, 〈明太料理十種〉, 《女苑》, 女苑社, 1961.2., 352~356쪽.

277 廉楚愛, 〈오이요리〉, 《女苑》, 女苑社, 1961.7., 326~330쪽.

278 柳桂完, 〈토마토 요리〉, 《女苑》, 女苑社, 1961.7., 331~335쪽.

279 黃慧性(서울 문리사범대학), 〈진미별미의 각국 가지요리〉, 《女苑》, 女苑社, 1961.8., 322~327쪽.

280 郭基南, 〈애호박 요리〉, 《女苑》, 女苑社, 1961.8., 328~331쪽.

281 〈둥근파 요리의 여러 가지〉, 《女苑》, 女苑社, 1961.9., 324~329쪽.

282 金濟玉(김제옥요리연구소장), 〈영양 쥬우스〉, 《女苑》, 女苑社, 1961.9., 321~323쪽.

283 金薰壽, 〈무요리 이십여종〉, 《女苑》, 女苑社, 1961.10., 320~327쪽.

284 柳桂完, 〈칼슘과 지아민의 마늘〉, 《女苑》, 女苑社, 1962.6., 306~307쪽.

285 방신영, 〈정초음식〉, 《새가정》 1958.1., 67~71쪽 ; 현기순, 〈정월의 요리〉, 《새가정》, 1959.1., 76~80쪽 ; 김인식, 〈정월 음식〉, 《새가정》 1960.1., 79~85쪽 ; 尹瑞石(서울 문리사대 교수), 〈韓式 설 상 차리기〉, 《女苑》, 女苑社, 1960.1., 272~278쪽.

286 조숙임, 〈이른 봄 요리 몇 가지〉, 《새가정》 1959.3., 90~95쪽 ; 柳梅子, 〈구미 돋구는 봄 나물〉, 《女苑》, 女苑社, 1959.4., 274~276쪽 ; 김인식, 〈봄 요리 몇 가지〉, 《새가정》 1960.3., 62~66쪽 ; 〈딸기 저장법과 단오요리, 《새가정》 1960.5., 74~77쪽 ; 金濟玉, 〈봄나물 산나물〉, 《女苑》, 女苑社, 1961.4., 344~348쪽 ; 金秉高(숙대 교수), 〈五月의 식단〉, 《女苑》, 女苑社, 1962.5., 300~307쪽.

287 김영자, 〈여름철의 음식〉, 《새가정》 1957.7·8合, 50~51쪽 ; 김정순, 〈여름철 가정요리〉, 《새가정》 1958.7., 70~72쪽 ; 박남길, 〈손님대접용 삼복중 요리〉, 《새가정》 1958.8·9合, 42~45쪽 ; 김인식, 〈여름철 요리〉, 《새가정》 1959.7., 86~89쪽 ; 〈구미를 돋구는 하절요리〉, 《새가정》 1960.7., 72~77쪽 ;

을철 음식[288], 겨울철 음식[289], 간장·된장·고추장 담그는 법[290], 김장 담그는 법[291], 크리스마스 요리[292]를 알려 주었다. 이밖에 도시락 반찬 만들기[293], 중국 요리 만드는 법[294]을 다뤘다. 한국 음식, 일본 음식, 중국 음식, 서양 음식이 다양하게 소개되었다.

〈한여름의 보신요리〉, 《새가정》, 8·9合, 80～86쪽 ; 張晶玉(수도여사대), 〈여름철의 음식〉, 《女苑》, 女苑社, 1960.7., 394～398쪽 ; 金濟玉, 〈여름의 야채 과실 요리〉, 《女苑》, 女苑社, 1960.9., 353～357쪽 ; 金秉高(숙대 교수), 〈六月의 식단〉, 《女苑》, 女苑社, 1962.6., 308～315쪽.

288 방신영, 〈가을철 음식〉, 《새가정》 1957.9., 44～45쪽 ; 장순옥, 〈가을철 요리〉, 《새가정》 1958.10., 68～71쪽 ; 박남길, 〈가을철 요리〉, 《새가정》, 1959.11., 72～74쪽 ; 柳桂完, 〈초가을의 별미요리〉, 《女苑》 1961.10., 328～331쪽 ; 玄己順(서울대 사대 가정과장), 〈十月의 식단〉, 《女苑》, 女苑社, 1962.10., 312～317쪽.

289 閔英基, 〈겨울철의 식생활〉, 《女苑》, 女苑社, 1960.12., 394～406쪽 ; 文秀才(이대 가정과 조교수), 〈十一月의 식단〉, 《女苑》, 女苑社, 1962.11., 334～341쪽 ; 文秀才(이대 가정과 조교수), 〈十二月의 식단〉, 《女苑》, 女苑社, 1962.12., 372～377쪽.

290 韓點南·柳桂完·李順愛, 〈재래식 개량식 강화식 간장·된장·고추장〉, 《女苑》, 女苑社, 1959.3., 258～265쪽 ; 金貞善, 〈개량식 메주 띄우기와 장 담그기〉, 《女苑》, 女苑社, 1961.10., 332～335쪽.

291 김영신, 〈서울김장 담그는 법〉, 《새가정》 1957.11., 42～43쪽 ; 朴秉股(국제요리전문학원 원장), 〈가을의 김장준비〉, 《女苑》, 女苑社, 1960.11., 336～341쪽.

292 조숙임, 〈크리쓰마스 요리〉, 《새가정》 1958.12., 58～63쪽 ; 김인식, 〈크리쓰마스 요리〉, 《새가정》, 1959.12., 72～77쪽 ; 朴敬淑(대학 강사), 〈가정에서 만들 수 있는 크리스마스 케이크〉, 《女苑》, 女苑社, 1960.12., 337～343쪽.

293 방신영, 〈찬합 음식만들기〉, 《새가정》 1957.10., 48～49, 52쪽 ; 趙京玉, 〈변화 있는 도시락〉, 《女苑》, 女苑社, 1959.6., 206～210쪽 ; 金濟玉, 〈도시락밥의 여러 가지〉, 《女苑》, 女苑社, 1960.11., 388～393쪽 ; 朴晶花, 〈도시락 반찬의 여러 가지〉, 《女苑》, 女苑社, 1960.11., 394～399쪽 ; 朱月榮, 〈도시락 식단과 만드는 법〉, 《女苑》, 女苑社, 1960.11., 404～410쪽; 朴秉股(국제요리학원장), 〈들놀이를 위한 도시락〉, 《女苑》, 女苑社, 1961.6., 320～324쪽 ; 〈들놀이와 도시락〉, 《女苑》, 女苑社, 1962.5., 269～273쪽 화보 ; 金濟玉, 〈도시락 초밥과 쌘드위치〉, 《女苑》, 女苑社, 1962.5., 275～279쪽.

294 정순원, 〈중국 요리 만드는 법〉, 《새가정》 1957.11., 44～45쪽 ; 金秉高, 〈중국 남비요리〉, 《女苑》, 女苑社, 1961.3., 340～344쪽.

요리법이 다양해지는 가운데 식재료에 설탕이 많이 들어갔다. 예를 들어 감자요리 가운데 찐 감자, 감자 튤립, 감자 샐러드[295], 명태 요리에 동태구이, 북어구이[296], 딸기요리에 딸기 잼, 딸기즙, 딸기 시럽, 딸기 젤리, 딸기 아이스크림, 스트로베리 레모네이드strawberry lemonade, 딸기 펀치punch, 과일 샐러드[297]에 모두 설탕이 들어갔다.

개량한 요리법 가운데는 정체성을 알 수 없는 음식이 많았다. 도시 생활개선론자는 한국 전통음식을 일본식, 서구식으로 모방하는 것이 개량이라고 믿었다. 때때로 일제하 녹기연맹의 논리가 재현되기도 했다. 이를테면 한국 된장이 일본 된장[味噲]보다 영양으로나 맛으로 뒤떨어졌다고 했다. 한국 된장이 일본 된장보다 오랜 역사를 가졌지만 간장을 빼내어 영양가가 빠졌기 때문이라는 것이다. 그러니 일본 된장처럼 간장을 빼지 않은 개량 된장을 만들자고 주장했다.[298] 일본 된장(미소)이 단백질이 풍부하고 소화하기 쉬울 뿐 아니라 영양분이 많다고 하면서 아예 일본 된장 만드는 법을 가르쳤다.[299] 이밖에도 장아찌를 담글 때는 설탕, '미원' 같은 인공감미료를 첨가하라든지[300], 흑설탕이나 사카린을 넣어 일본 짠지(단무지) 담그는 법[301]을 소개했다.

---

295 박남길, 〈감자요리 몇 가지〉, 《새가정》 1958.7., 73~76쪽.

296 朴敬淑, 〈明太料理十種〉, 《女苑》, 女苑社, 1961.2., 354~356쪽.

297 김인식, 〈딸기 저장법과 단오요리〉, 《새가정》 1960.5., 70~74쪽.

298 李順愛(서울영양연구소장), 〈된장과 미소의 영양비교—맛있고 영양있는 메주·된장·된장찌개〉, 《女苑》, 女苑社, 1958.9., 280~282쪽.

299 朱月榮(문교부 편수관), 〈미소 만드는 법과 미소요리—맛있고 영양있는 메주·된장·된장찌개〉, 《女苑》, 女苑社, 1958.9., 275~277쪽 ; 金貞善(가정주부), 〈개량식 메주 띄우기와 장 담그기〉, 《女苑》, 女苑社, 1961.10., 335쪽.

300 李順愛(서울영양연구소장), 위의 글.

301 진순복, 〈일본짠지(다꾸앙) 담그는 법〉, 《새가정》 1960.10., 69~71쪽.

눈여겨볼 점은 생활개선론자에게 고추와 마늘은 될 수 있는 한 적게 넣어야 하는 양념이었다는 점이다. 일찍이 일본인은 매운 음식을 먹지 못하는 자신들을 문명의 기준으로 삼아 매운 한국 음식을 야만적인 식문화로 업신여겼다.[302] 그 영향을 받아 일제하 생활개선론자도 고추나 마늘을 기피해야 하는 양념이라고 생각했다.[303] 생활개선론자가 개발한 1920~1930년대 전통 요리법에는 고추, 마늘 같은 매운 양념을 덜 넣었다.

해방이 되었어도 생활개선론자는 여전히 매운 음식 개발을 피했다. 1946년 미군정 보건후생부 보건교육과에서 펴낸 〈식생활개선 1〉에서는 고추나 마늘처럼 자극성이 많은 양념이 들어간 음식을 원시적 식생활이라고 말했다. 진보되지 않은 증거이므로 양념을 피하고 줄이라고 권했다.[304] 도시 생활개선론자에게 고추나 마늘 같은 전통적 양념은 고쳐야 할 대상이었다. 세계 보편적 기준에 맞추려면 한국 음식에 자극적인 양념을 적게 넣어야 하고, 사교적인 면에서도 입에서 마늘, 파 냄새가 나는 것은 서구인에 대한 예의에 어긋난다고 믿었다.[305] 이들은 서구인과 일본인의 입장에 서서 한국 전통 식생활을 부끄러워했다.

개량 요리법의 대표적인 예가 국빈 식사접대였다. 1960년 유계완柳桂完이 미국의 아이젠하워 대통령 부부가 방한했을 때 음식을 준비했다. 그는 우리식 조미품調味品이 거의 못쓸 정도라고 업신여기며

302　《독립신문》 1919.9.30.

303　IV장 3절 참조.

304　보건후생부 보건교육과, 〈식생활개선 1〉, 《농민주보》 1946.9.14.

305　조기홍(창덕여고 교장), 〈보다 나은 생활에의 개선을 위하여–한국인의 식생활의 재검토〉, 《여성계》 7-2, 121~123쪽(《한국현대여성의 일상문화》 7, 351~352쪽에서 재인용).

점심에 올린 한국 음식 요리법을 소개했다. 인공감미료(맛나니)와 설탕을 넣은 음식이 매우 많았다. 전유어, 김치, 너비아니 찜, 튀각, 오이선, 호박선, 밀쌈에 설탕이 들어갔다. 뿐만 아니라 모든 음식에 고춧가루를 넣지 않았다. 김치라고 하지만 무나 배추와 같은 전통적 재료를 쓰지 않고 요리법도 숫제 달랐다. 배, 오이, 당근을 설탕, 식초, 일본식 양조간장과 생강을 넣어 만들었다. 일본의 절임음식인 츠게모노つけもの(漬物)에 가까운 음식이었다.[306]

생활개선론자가 개발한 개량 요리법을 비판적으로 바라보는 시선도 많았다. 《조선일보》 논설위원인 천관우千寬宇는 "서양 사람이 한국 요리상을 보고서 어느 것이 한국 음식이냐고 묻더라"[307]며 개량요리법의 문제점을 지적했다. 그는 사회가 전반적으로 바뀌며 의식주도 차차 합리적으로 달라져야 한다는 당위성에 동의하지만 '소화되지 않는 서양화'를 현대화라고 보는 것은 문제 있다고 말했다. 박원식朴元植은 "우리 생활문화가 모르는 사이에 소멸되어 가고 남의 것만 숭상하다가 우리나라의 고유한 전통을 어디 가서 찾느냐"[308]면서 특색이 없어진 우리 생활문화가 더 부끄럽다고 목소리를 내었다.

대중도 개량 요리법을 매우 낯설어했다. 〈사진 27〉에 등장하는 《여원》 연재 풍자만화의 주인공 '왈순 아지매'의 직업은 '식모'다. 만화 주인공인 '왈순 아지매'와 농촌에서 올라온 그녀의 언니는 대학 가사과까지 나온 '안주인'이 나흘이나 걸려 담근 김장을 두고 "희한하

---

306 유계완(숙명여고 강사), 〈아이크 午餐의 메뉴와 조리〉, 《女苑》, 女苑社, 1960.8., 147~153쪽.

307 천관우(조선일보 논설위원), 〈의식주생활의 재검토, 우리 의식주의 모순〉, 《女苑》 2-9, 女苑社, 1956.10., 35~56쪽(《한국현대여성의 일상문화》 7, 238쪽에서 재인용).

308 박원식(金聯參與), 〈전통없는 생활문화〉, 《여성계》 4-12, 1955.12., 198~199쪽(《한국현대여성의 일상문화》 7, 224~225쪽에서 재인용).

다"고 표현했다. 대중들이 개량 요리법을 얼마만큼 생소하게 느끼는
지 알 수 있다.[309] 잡지에 실린 요리법에 대해서도 "우리 실정과 동떨
어진 허황된 사치스러운 내용"이라면서 "그만한 재료와 많은 양념을
넣으면 남자가 해도 맛있을 것"[310]이라고 독자 투고란에서 비꼬았다.

사진 27 대중의 눈에 비친 '개량 요리'

출전 정운경, 〈왈순 아지매〉, 《女苑》, 女苑社, 1960.1., 262쪽.

이러한 비판이 있었지만 생활개선론자의 개량 요리법은 지면紙面
만이 아니라 요리강습회로 보급되었다. 1958년부터 잡지사 《여원》
에서 다달이 9일이면 서울영양연구소 이순애李順愛를 초빙해서 일반

309　정운경, 〈왈순 아지매〉, 《女苑》, 女苑社, 1960.1., 262쪽.
310　〈독자에게 보내는 편지〉, 《女苑》, 女苑社, 1959.4., 356쪽.

인을 대상으로 무료 영양식강습회를 개최하였다.[311] 영양강습회에 참가한 권숙경權淑敬은 이순애 강사가 가르친 대로 개량식 된장을 담갔더니 맛이 훌륭하다는 소감을《여원》에 실었다.[312]

개량 요리법은 비싼 식재료를 살 수 있는 경제적 여유가 있고, 필요한 식재료를 파는 식료품점에 가기 쉬운 서울에 살며, 사회에 영향력 있는 지도층을 중심으로 확산되었다.《여원》에 독자가 자신의 요리법을 자랑하는 난이 있었다. 이 가운데 설탕을 넣은 음식은 다음과 같다. 서울 종로구 명륜동 이복순李福順의 튀김조림·멸치볶음, 서대문구 북아현동 이정숙의 볶음밥 도시락,[313] 중구 쌍림동 안정화安貞華의 탈지분유와 빵[314], 성동구 행당동 권숙경權淑敬의 핫케익·도넛·찐빵,[315] 성북구 돈암동 고혜란高慧蘭의 사이다 우유·코코아 우유·찐빵과 잼[316], 이재규李在珪 박사의 부인 양순담梁順淡의 오이찜, 디자이너 노라노의 장떡,[317] 디자이너 서수연徐壽延의 미역냉국, 평론가 조연현趙演鉉의 부인 최상남崔祥南의 빵, 화가 변종하卞鐘夏의 부인 남정숙南正淑의 연배추 겉절이[318]다.

이와 달리 1950년대가 되면 도시에 사는 일반인도 점차 요리법을

311 〈화보-배우는 주부들〉,《女苑》, 女苑社, 1958.10.

312 權淑敬,〈우리집의 개선식생활-개량 된장과 고추장〉,《女苑》, 女苑社, 1959.7., 226쪽.

313 〈우리집의 찌개와 도시락〉,《女苑》, 女苑社, 1957.7., 272~275쪽.

314 安貞華,〈우리집의 개선식생활-칼슘분말과 분식〉,《女苑》, 女苑社, 1959.7., 227쪽.

315 權淑敬,〈우리집의 개선식생활-개량 된장과 고추장〉,《女苑》, 女苑社, 1959.7., 226쪽.

316 高慧蘭,〈우리집의 개선식생활-아이들의 편식을 고쳤다〉,《女苑》, 女苑社, 1959.7., 229쪽.

317 〈우리집의 初夏요리〉,《女苑》, 女苑社, 1961.6., 314쪽.

318 〈우리집의 여름반찬〉,《女苑》, 女苑社, 1961.8., 320~321쪽.

개발했다. 종래 개량 요리법 개발 주체였던 요리 전문가와 생활개선론자만이 아니라 일반인도 창의성과 실험성을 발휘해 새로운 요리법을 만들어 냈다. 이는 전통 방식은 아니지만 서구 또는 일본 방식을 따라하지 않는 요리법이었다. 전통을 새롭게 해석해서 전통음식과 잘 어울리게 하는 요리법이었다. 이를테면 용산구 서계동 이병순이 김치찌개에 치즈를 넣는다든지[319], 평론가 조연현의 부인 최상남이 빵 사이에 불고기 양념을 한 고기를 넣는다든지, 빵을 수프soup 대신에 열무국과 함께 먹는다든지[320] 하는 식으로 다양해지기 시작했다.

눈여겨봐야 할 점은 일반인이 매운맛을 바라보는 시선과 태도가 생활개선론자와 달랐다는 점이다. 일반인은 자신이 좋아하는 매운맛을 더 많이 먹을 수 있는 방향으로 요리법을 개량했다. 일반인이 창안한 요리법은 고춧가루, 마늘, 파 같이 매운맛을 내는 양념과 설탕이 어우러진 음식이었다.

대표적으로 설탕을 고추장이나 고춧가루와 섞은 매콤달콤한 떡볶이를 들 수 있다. 1950년대 이전까지 떡볶이란 가래떡에 야채와 고기를 넣어 간장으로 양념한 음식을 뜻했다. 한국전쟁 직후 서울에 사는 마복림이 고추장에 설탕을 섞어 만든 양념에 가래떡을 넣은 떡볶이 요리법을 개발했다.[321] 고추장 양념의 떡볶이는 그 뒤 크게 사랑받으며 떡볶이를 대표하는 용어가 되었다. 간장으로 양념한 떡볶이는 오히려 '궁중 떡복이'라는 한정된 의미로 밀려났다. 떡볶이만이 아니라 1950~60년대부터 무교동 낙지볶음이나 제육볶음같이 수많은 매콤달콤한 요리들이 일반인 손에서 개발되었다.

319 〈우리집의 찌개와 도시락〉, 《女苑》, 女苑社, 1957.7., 272~275쪽.
320 〈우리집의 여름반찬〉, 《女苑》, 女苑社, 1964.8., 320~321쪽.
321 신당동 마복림 할머니집 홈페이지, "떡볶이의 유래".

사진 28 매운 떡볶이와 궁중 떡볶이

출전 전형준(한국관광공사), 2009.11., "떡볶이", 한국관광공사 사진갤러리, 〈http://korean. visitkorea.or.kr/kor/nphotogallery/photo.kto?func_name=photo_view&newphotoDTO.photo_ code=2620001200911070k###〉, (2018.2.5.) ; 박은경, 2012.2.26., "[여행가방]우리말, 우리 그릇, 우리 먹거리", 한국관광공사, 〈http://kto.visitkorea.or.kr/kor/notice/cheongsacho rong/SpecialTheme/choBoard/view.kto?instanceId=35&id=368762&rnum=5〉, (2018.1.4.)

일반인이 요리법 개량에 참여하며 설탕의 쓰임새가 더 넓어졌다. 바야흐로 설탕은 고추장 양념 음식에 꼭 넣어야 할 양념으로 자리 잡았다. 생활개선론자가 서구화를 모방한 개량요리법을 추구했으나,

일반인이 개량 요리법의 개발주체로 참여하면서 한국인 정서에 맞는 요리법이 등장했다.

설탕은 매운맛과 어울리게 되며 한국 음식 속으로 안착했다. 상류층이나 생활개선론자만이 아니라 서울을 비롯한 대도시에 사는 가정에서 설탕을 상용하게 되었다. 설탕이 간장, 깨소금, 후추 같은 상용 조미료가 되면서 신문에 싸게 잘 구매하는 요령 등이 실렸다.[322]

일반인이 새로운 요리법 개발에 자발적으로 참여하는 과정은 격식을 중시하는 전통적인 예법이 타파되고 있음을 뜻한다. 요리 주체인 여성은 과거 정해진 음식 종류와 상차림에서 자유로워지면서 창의성과 자율성을 발휘하게 되었다. 여성이 근대적인 개인으로 정체성이 생기는 과정이었다.

요리법에서만 봉건적 격식이 사라지는 것이 아니라 식생활 풍습에서도 점차 봉건적 '악습'이 사라졌다. 생활개선론자가 대표적인 식생활의 악습으로 꼽던 남녀노소 따로따로 상을 차리던 풍습이 점차 도시에서 폐지되기 시작했다. 생활개선론자는 온가족이 저녁식탁에 모여 민주적으로 함께 식사하는 두레상 문화를 좋은 가풍이라고 치켜세웠다.[323] 구세대가 없으면 온 가족이 함께 먹었다. 대신 농촌에서 부모님이 올라오면 전통 방식대로 따로 상을 차렸다.[324]

농촌의 생활개선은 도시와 달랐다. 농촌에서는 정부가 생활개선을 앞세워 끊임없는 절약과 내핍을 강조했다. 이와 달리 도시에서 생활개선은 서구화를 모방한 소비풍조를 부추겼다. 농촌이 피폐해질

---

322 주월영, 〈식생활의 합리화〉,《女苑》, 女苑社, 1961.8, 202~203쪽.

323 표경조(대한가정학회장), 〈우선 고쳐야할 몇 가지〉,《女苑》 2-9, 女苑社, 1956.10., 35~51쪽(《한국현대여성의 일상문화》 7, 248쪽에서 재인용) ; 이인희李仁喜(동덕여대 교수), 〈개선이 시급한 의식주〉,《女苑》, 女苑社, 1960.6., 103쪽.

324 鄭珠和 談, 〈좌담회-가정생활의 합리화와 미화〉,《女苑》, 女苑社, 1960.11, 203쪽.

수록 도시와 문화 차이는 커졌다. 농촌 여성은 남성과 함께 생산노동에 종사하면서 가사노동, 육아를 맡아 "일에서 태어나 일 속에 파묻혀 사는"[325] 이중 삼중의 노동에 시달렸다. 경제적 여유도 없어 부식의 선택이나 영양가를 생각할 수조차 없었다.[326] 육아법, 요리강습회는 도시에서 개최했기에 문화적으로 소외되었다.[327]

농촌 여성들은 도회 여성을 부러워했다. 스스로 "전제적 가부장을 중심으로 한 낡은 가족제도에서 (농촌) 여자의 지위란 도회의 '식모'보다 더 불행하다"[328]고 느꼈다. 농촌의 젊은 여성은 "어른들로부터 어떤 꾸지람과 욕설을 들을 망정 다음 세대를 위해 생활의 간소화, 관혼상제 허례의 폐지를 힘 자라는 데까지 인식"[329]시켜야 한다고 결심하기도 했고, 아예 도회지로 나가 '식모'로 취직하기를 원하는 경우도 있었다.[330]

1950년대부터 일반 도시민이 요리 개발 주체로 나서며 요리법이 다양해졌다. 아울러 서울을 중심으로 설탕 소비가 급격하게 증가했다.

1970년대가 되면 설탕은 더 이상 사치품이 아니라 주요 생활필수

---

325 박예자(전남 광양남초등학교), 〈지방여성의 발언-일에서 태어나 일 속에 파묻혀〉, 《女苑》, 女苑社, 1962.8., 155쪽.

326 정충량(연합신문 논설위원), 〈새해 새살림은 이렇게-농촌 생활 간소화에의 제의〉, 《새살림》 8, 1958.

327 박예자, 위의 글 ; 권숙자(충남 예산군 신양초등학교), 〈지방여성의 발언-늘푸른 나무가 되련다〉, 《女苑》, 女苑社, 1962.8., 156쪽.

328 朴賢淑(경남 함안군 함안면 봉성리), 〈지방여성의 발언-도회여인들이 부럽다〉, 《女苑》, 女苑社, 1962.8., 148쪽.

329 鄭榮子(경북 고령군 쌍림면 귀원동), 〈지방여성의 발언-식생활 해결을 먼저〉, 《女苑》, 女苑社, 1962.8., 159쪽.

330 田惠麟(서울대 법대 강사), 〈식모와 주부의 노동〉, 《女苑》, 女苑社, 1961.9., 140쪽 ; 최응상, 앞의 논문, 31쪽.

품이 되었다.[331] 1980년대 중반부터는 설탕, 화학조미료, 소금 따위가 건강에 안 좋다는 삼백유해설三白有害說이 유포되며 〈그림 20〉과 같이 가정용 소비가 하락했다.[332]

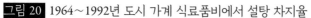 1964~1992년 도시 가계 식료품비에서 설탕 차지율

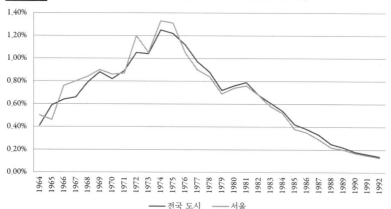

출전 《대한민국통계연감》

　그렇다고 설탕 소비량이 줄어든 것은 아니다. 〈그림 21〉처럼 한국인 1인당 설탕 소비량은 줄곧 늘어났다.[333] 과자와 청량음료 소비가 증가했기 때문이다. 식료품비 가운데 과자와 청량음료 비중이 1964년 1퍼센트이던 것이 1992년 10퍼센트로 증가했다. 결국 가정용 설탕 소비량이 줄었지만 설탕 가공식품으로 섭취하는 양은 오늘날까지 지속적으로 증가하고 있다. 산업용 설탕 소비가 증가하는 추세는

331　《한국연감》, 1984, 339쪽.

332　《한국통계연감》 1964~1992. 1984년을 정점으로 식료품비에서 설탕 지출이 줄어들었다.

333　1981~1982년에는 세계적으로 설탕 가격이 폭등하면서 국내 설탕 가격도 인상되어 소비량이 줄었다.

한국만이 아니라 전 세계적으로 진행 중인 사회현상이다.[334].

그림 21 1953~1982년 한국인 1인당 설탕 소비량 (단위: 킬로그램)

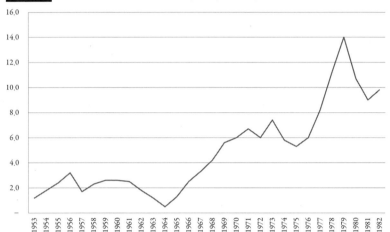

출전 제일제당주식회사, 《제일제당30년사》, 제일제당, 1983, 524쪽.

334 시드니 민츠 著, 김문호 옮김, 《설탕과 권력》, 지호, 1998, 353~361쪽.

한국, 한국인과 설탕

　오늘날 한국인의 식생활에서 설탕을 주식인 쌀의 1/3이나 먹고 있는 현상은 개항 이후 진행된 근대화의 결과였다. 이 책은 한국이 개항 이후 전통적인 식생활 및 생산체제가 세계 자본주의 체제와 결합하면서 변화되는 역사적 과정을 규명하는 데 목적이 있다. 근대 한국의 생활양식이 근대화, 산업화 과정을 겪으면서 어떻게 변모하였는지를 식생활을 중심으로 살펴보았다. 세계적 무역상품인 설탕을 중심으로 식생활과 식품산업의 변화 과정을 고찰해 본 것이다. 설탕은 식품산업화 및 가정용으로 사용되면서 일상 식생활과 근대 제조업 발전에 막대한 영향을 미쳤다.

　이 책에서는 첫째, 세계적인 설탕 무역구조 속에서 한국의 설탕 가격이 어떻게 형성되었는지를 알아보았다. 특히 식민지라는 역사적 경험을 거치면서 일본 제국주의 자본의 설탕정책 및 가격구조가 식민지 조선에 어떻게 영향을 미쳤는지 살펴보았다. 둘째, 한국처럼 전근대에 설탕 소비문화가 발달하지 못한 국가에서 개항 이후 외래 설탕 가공식품이 유입되고, 근대 식품산업이 성장하고, 외래음식 맛에 친숙해지는 과정을 고찰하였다. 셋째, 식민지 조선에서 설탕 소비의 사회적 의미를 분석하였다. 계층 차이, 민족적 정체성, 도시화와 관련하여 설탕 소비가 상징하는 바를 사회구조 속에서 파악하였다. 이

연구로 다음과 같은 몇 가지 결론을 확인할 수 있었다.

(가) 설탕은 근대화 과정에서 가장 중요한 상품 가운데 하나로 인식되어 일제하와 해방 이후 줄곧 정부의 적극적 보호와 지원을 받는 산업진흥정책의 핵심 분야였다. 열대작물인 설탕은 전근대 한국에서는 극히 소량만 수입했고 귀하게 여겼던 희소품이었다. 조선은 러일전쟁 이후 식민지 기간 내내 일본 정제당의 상품시장이 되었다. 조선총독부의 후원 아래 일본 제당회사 가운데 대일본제당이 조선 시장을 독점했다. 일본 정부는 관세와 사탕소비세로 외국산 정제당을 수입하지 못하게 하는 정책을 펼치며 일본 제당자본을 보호했다. 국제 설탕 가격이 폭락하자 일본의 당업연합회는 카르텔로 전환하였다. 공동판매 제도를 실시하면서 유통을 통제하여 협정가격을 관철시켰다. 대일본제당은 조선에서 공동판매 제도를 실시한 이후 유통망을 일원적으로 통제하면서 독점적 지위를 더욱 강화하였다.

해방이 되면서 일제 때 제당업 생산체제와 완전히 단절되었으나, 이미 형성된 설탕 가공산업 수요가 되살아나면서 무역수지가 악화되었다. 이승만 정권은 증가하는 설탕수요에 대응해 수입대체화 업종에 제당업을 포함시켰다. 정제당 설비자금을 지원하고 미국에서 원조 받은 원료당 배정 특혜를 주면서 제당업을 적극적으로 육성했다. 제당회사들은 원료당을 더 많이 배정받으려고 서로 설비 경쟁을 벌이면서도 제당협회를 통해 가격을 담합했다. 결국 공권력의 후원 속에서 설탕은 고가의 상품이 되었다.

(나) 개항 이후 한인들은 외래 설탕 가공식품으로 새로운 미각을 경험하였다. 이러한 경험이 수요 증가로 이어지면서 설탕 가공산업이 성장하게 되었다. 전근대 한국에서 설탕은 귀한 약재로 음식과

무관했다. 대신 꿀과 엿으로 음식의 단맛을 냈다. 개항 이후 중국 및 일본 이민자들이 자신들의 전통적 설탕 소비문화를 서구 소비문화와 접목하여 한국에서 상품화했다. 한말 제과업은 소자본, 저기술로 고수익을 낼 수 있는 투기적 업종이었다. 한말 제과업이 성장하는 가운데 1차 세계대전을 거치며 일본 안의 제과점과 서양식 제과회사들이 조선으로 진출하자, 재조 일본인 제과업자들이 이에 대응하여 서양식 제과회사를 설립했다. 한인들도 점차 소자본으로 제과·빙과업에 진출하거나 판매상인 및 고용인으로 종사했다. 특히 1930년대 저렴한 '아이스케키'가 등장하면서 설탕 수요가 급증했다.

해방 뒤 중일전쟁으로 억눌렸던 과자의 수요가 되살아나 전국적으로 영세제과업자가 난립했다. 커피 문화 확산도 설탕 소비 증대에 크게 기여하였다. 일제 때 설탕을 넣는 방식으로 정형화된 커피 소비문화는 1950년대 다방이 급증하면서 빠른 속도로 확산되었다. 일본식 과자에 대한 기호가 온존하는 가운데 해방 뒤 미국 과자가 유입되며 미국식과 일본식 과자가 혼재되었다. 과자, 빙과, 커피 확산은 식품산업화를 이끌며 설탕 소비량 증가로 이어졌다.

(다) 설탕은 문명화와 경제적인 능력을 과시하는 상징물이었다. 서구인이 만들어 낸 설탕 문명화론이 문명개화론자 및 일본 유학생 출신을 중심으로 전파되었다. 고가로 판매되던 설탕은 문명화, 상류층, 도시, 신세대, 고학력을 나타내는 매력적인 상징물이었다. 근대화를 지향하는 생활개선론자들은 서구나 일본 문화에 견주어 조선음식이 뒤쳐졌다고 생각했다. 이들은 조선 음식에 설탕, 아지노모도(조미료), 양조간장(왜간장) 같은 외래 상품을 넣어 전통적인 음식을 개량하는 요리법을 개발하고 이를 상류층 여성에게 전파시켰다. 서울을 비롯해 각 지역 상류층 여성이 동참했다. 설탕 등을 잘 구사하

는 것이 상류층 '주부'의 문화로 자리 잡아 갔다.

한국전쟁 뒤 정제당 국산화로 공급량이 증가하며 도시 일반인도 요리법 개발에 참여했다. 이들은 전통음식에 대한 해석이 달랐다. 종래 생활개선론자의 요리법이 매운맛을 줄여 나갔던 것과 달리 일반인의 요리법은 매운맛을 늘려 나갔다. 설탕과 고추의 결합은 설탕이 현지화되는 데 크게 기여하였다. 설탕 소비가 도시를 중심으로 확대되면서 설탕은 농촌과의 문화격차를 의미하게 되었다.

이 책은 1960년 한국 정부가 정제당 국산화정책을 추진하던 시점까지 다루었다. 이후 한국 경제가 본격적으로 공업화를 추구하며 세계 자본주의 체제와 더욱 밀착될수록 가공식품과 개량요리법 또한 전국적으로 확산되었다. 근대 주부로서 여성의 지위가 공고해질수록 요리법은 더욱 다양해졌고, 설탕은 더욱 다양하게 활용되었다. 설탕이 한국인 음식문화의 일부가 되는 일련의 과정이었다.

그 속에서 한국인의 입맛, 취향, 신체가 변했다. 과자, 빙과, 음료, 커피를 비롯한 각종 가공식품에 설탕이 안 들어간 것이 없을 정도로 많아졌다. 설탕으로 말미암아 한국 전통음식 맛이 바뀌었다. 생활개선론자는 전통음식에서 매운맛을 제거하려고 시도했지만 1950년대 이후 매콤달콤한 맛이 확대되었다.

20세기 중반부터 서구에서 열량 과다 섭취가 사회 문제로 대두되면서 바야흐로 설탕은 비만의 주범이 되었다. 설탕에 대한 인식이 전격적으로 바뀌면서 각국 정부가 설탕 줄이기 캠페인에 나섰다. 20세기 말 이래 한국에서도 마찬가지다. 식품산업이 발달하고 요리법이 개발될수록 많은 한국인이 열량 과다 섭취로 말미암은 각종 합병증을 앓고 있다. 정부가 선포한 '설탕과의 전쟁' 구호가 정치적 언설이 아니라 실천으로 이어지려면 오늘날 한국인이 먹는 음식에 대한 역사적 성찰이 필요하다.

앞으로 1960년대 이후 설탕산업과 소비문화가 세계 자본주의 체제와 어떻게 유착되면서 변화하는지 탐구하려고 한다. 이를 통해 세계사 속에서 한국의 소비 문화를 새롭게 규정하고 역사적 연원을 밝혀 전통문화를 복원하는 데 일조하겠다.

참고문헌

1. 자료

1) 전근대 관찬자료

《各司謄錄》·《承政院日記》·《日省錄》·《朝鮮王朝實錄》

2) 문집/ 연행기 / 일본기행기/ 요리서

《艮齋集》(崔演)·《湛軒書》(洪大容)·《拙翁集》(洪聖民)·《薊山記程》·《戊午燕行錄》(徐有聞)·《赴燕日記》·《燕轅直指》·《熱河日記》(朴趾源)·《東槎錄》(柳相弼)·《東槎錄》(洪禹載)·《東槎上日錄》(吳允謙)·《東槎日記》(任守幹)·《奉使日本時聞見錄》(曺命采)·《扶桑錄》(李景稷)·《海槎錄》(金世濂)·《海槎錄》(申濡)·《海遊錄》(申維翰)·《海槎日記》(趙曮)·〈豊山金氏令監宅物目單子〉

3) 한말 · 일제하 공문서

《甲午年各準來貨置本單》(규장각27581-1, 27581-2).

《統監府文書》.

《朝鮮總督府官報》, 《朝鮮法令輯覽》, 《朝鮮法令輯覽追錄》

江原道, 〈經濟統制諸法令違反者諭示狀況報告昭和14年度7月分〉, 《江經》 제 1043호, 1939.7.

京畿道 警察部長, 수신자 京城地方法院 檢事正 등, 〈京城經濟統制協力會 加入 申込團體名簿〉, 《經濟情報》(京畿道, 昭和 15年 6月~12月), 발송일 1940.6., 수신일 1940.6.22.

_____, 수신자 警務局長 등, 〈京城菓子工業組合 臨時總會 開催에 관 한 件〉, 《經濟情報》(京畿道, 昭和 15年 6月~12月) 京經情秘 第8052號, 발송 일 1940.7.18.

_____, 수신자 警務局長 등, 〈京城食料品小賣商組合 設立 計劃에 관

한 件〉, 《經濟情報》(京畿道, 昭和 15年 6月~12月) 京經情秘 第11769號, 발송일 1940.12.5.

_____, 수신자 警務局長 등, 〈京城菓子工業組合의 動向에 관한 件〉, 《經濟情報》(京畿道, 昭和 15年 6月~12月) 京經秘 第11867號, 발송일 1940.12.9.

京城 鍾路警察署長, 〈檀君神殿奉贊會創立總會 集會取締 狀況報告〉 通報 문서 번호 京鍾警高秘 제14018호, 1931.11.12, 1931.11.16.

國務院 統計處 編, 《滿洲國年報》, 滿洲文化協會, 1933.

內閣拓植局, 《甛菜糖業卜朝鮮》, 1910.

南滿洲鐵道株式會社 庶務部 調査課 編, 《滿洲における砂糖事情》, 1924.

南滿洲鐵道株式會社 庶務部 調査課, 《改正支那關稅定率表》, 1929.

_____, 《支那關稅制度綱要》, 1929.

_____, 《最近に於ける支那關稅問題》, 1929.

南滿洲鐵道株式會社 地方部 商工課 編, 《滿洲商工事情》, 1933.

아세아문제연구소, 《舊韓國外交文書》, 13권(英案1)·14권(英案2), 고려대학교 출판부, 1968.

財務省, 〈殖民地における糖業一班〉, 《昭和財政史資料》2-76, 1916.8.

臺北總督官房調査課 編, 《海外調査》第12号(印度支那及英領印度の糖業), 臺北: 臺北總督官房調査課, 1922.

大藏省 編, 《明治大正財政史》, 財政經濟學會, 1925.

大阪滿洲國總領事館 編, 《滿洲國貿易要覽》, 關西堂, 1942.

大阪市産業部調査課 編, 《支那關稅の引上と我国の対支貿易》, 1925.

大阪市立衛生試驗所 編 《栄養料理と飲食物の新知識》, 石塚松雲堂, 1925.

滿洲國史編纂刊行會 編, 《滿洲國史》(各論), 1970.

滿洲書院 編, 《滿洲國稅關輸入稅稅則》, 滿洲書院, 1932.

滿洲國財政部 編, 《滿洲國稅關進口稅稅則: 滿洲國稅關輸入稅表》, 1934.

滿鐵計畫部業務課 編,, 《滿洲主要會社定款集》, 滿洲經濟研究會, 1934.

釜山府 編, 《釜山府勢要覽》, 1931.

新義州稅關, 《昭和五年 貿易要覽》, 1930.

外務省調査部, 《本邦糖業概説》, 1934.

財務省, 〈殖民地における糖業一班〉, 《昭和財政史資料》2-76, 1916.8.

鎭南浦稅關長, 〈製糖會社ノ狀況ニ關スル件報告〉, 《間接國稅에 關한 件》, 1922, 국가기록원 관리번호 CJA0003964.

朝鮮農會 編,《朝鮮農務提要》, 朝鮮農會, 1929.

朝鮮銀行 調查科,《滿洲國の關稅改正と朝鮮の對滿貿易に就て》, 1938.

朝鮮總督府 編,《朝鮮關係帝國議會議事經過摘錄》, 1915.

_____,《朝鮮の農業》1921.

朝鮮總督府,《朝鮮衛生要覽》, 1929.

朝鮮總督府 編,《朝鮮貿易要覽》, 1930.

朝鮮總督府,〈道警察部長會議 意見希望事項〉(인쇄본),《道警察部長會議書類》, 1935, 국가기록원 관리번호 CJA0002451.

朝鮮總督府 警務局 編,《朝鮮警察之概要》, 1941.

朝鮮總督府 農林局 編,,《道農事試驗場事業要覽》, 1935.

朝鮮總督府 農事試驗場 編,《朝鮮總督府農事試驗場成績要覽》, 朝鮮總督府農事試驗場, 1932.

朝鮮總督府 商工獎勵館 編,《朝鮮商品取引便覽》, 行政學會印刷所, 1935.

朝鮮總督府 殖產局 編,《朝鮮農務提要》, 1921.

_____,《朝鮮工場名簿》, 1932.

鐵道省運輸局,《鹽砂糖醬油味噌ニ關スル調查》, 京城, 1926.

度支部理財局 編,《第1次 韓國金融事項參考書》, 1908.

平壤府 編,《平壤府事情要覽》, 1923.

黃海道,《黃海道要覽》, 1922.

4) 해방 이후 공문서

《국회속기록》1대~3대, 1948~1957.

남조선과도정부 상공부,《상공행정연보》, 1947.

《네이산 報告: 韓國經濟再建計劃》上·下, 民議院 商工委員會, 1954.

《東洋食糧工業株式會社 疏開운영에관한건》, 국가기록원 관리번호 BA0135100.

〈성명서(조선삼립제과)〉,《참고서류철(관재관계)》, 국가기록원 관리번호 BA0135045.

〈조선삼립제과주식회사-개황서〉,《朝鮮企業現狀槪要調書》28-4, 食糧品工業, 국가기록원 관리번호 CTA0001403.

《豊國제과주식회사》, 국가기록원 관리번호 BA0908184

한국산업은행 조사부,《한국산업경제십년사》, 봉성인쇄사, 1955.

한국은행 조사부,《경제연감》, 1949.

〈배응도가 W. E. Warne에게 보낸 서신: Petition to the Abolishment of Raw Sugar

Procurement by End—User System, amending Present Procurement Regulation under ICA Fund〉,《Procurement 1958 Jul. – Dec.》, 1958.6.5., 국가기록원 관리번호 CTA0002518.

〈Hollister가 주한CINCREP에 보낸 전문〉,《Korea Commodities Sugar》, 1955.11.21, 국가기록원 관리번호 CTA0000867.

〈Hollister가 주한CINCREP에 보낸 전문: 원당의 미국과 세계가격차 해소를 위한 웨이버 조항 이행을 위한 절차(Procedure to be Followed in Implementation of Waiver Provision for Difference between US and World Price Contained is Sugar PAs)〉,《수출 상품: 직물》(Commodities: Textiles), 1956.7.5, 국가기록원 관리번호 CTA0001331.

〈Hollister가 주한CINCREP에 보낸 전문: 설탕-한국〉,《수출 상품: 직물》(Commodities: Textiles), 1955.11.21., 국가기록원 관리번호 CTA0000867.

〈Wood가 CINCUNC에 보낸 전문: 설탕, PA 6002〉,《수출 상품: 설탕 1955》(Korea Commodities Sugar 1955), 1955.10.14., 국가기록원 관리번호 CTA0000867.

〈Wood가 CINCUNC에 보낸 전문: 1956년도 설탕 예산〉,《수출 상품: 설탕 1955》(Korea Commodities Sugar 1955), 1955.10.20., 국가기록원 관리번호 CTA0000867.

〈W. R. C. Morrison이 김현철에게 보낸 서신: 해태제과의 즉각적인 원당 수입을 위한 유예기간 단축 요청〉,《수출 상품: 직물》(Commodities: Textiles), 1956.10.16, 국가기록원 관리번호 CTA0001331.

〈Strom이 국무장관에게 보낸 전문: 한국정부의 설탕공급 계획〉,《Korea Commodities Sugar 1955》, 1955.11.2, 국가기록원 관리번호 CTA0000867.

5) 연감 / 통계 / 연간기록물

대한민국 내무부 통계국,《대한민국 통계연감》.
한국무역협회,《무역연감》.
한국연감편찬위원회,《한국연감》.
金敬泰 編,《通商彙纂》(한국편), 여강출판사, 1987.
南滿洲鐵道 編,《滿洲貿易詳細統計》, 1926~1932.
《ダイヤモンド経済統計年鑑》, 東京: ダイヤモンド社, 1940.
大連稅關統計科 財政部 編,《滿洲國外國貿易統計年報》, 1934~1940.
臺灣日治時期統計資料考,《歷年來臺灣糖業概況表》.
臺灣總督府 殖産局特産課,《臺灣糖業統計》, 臺北.
大日本製糖株式會社,《大日本製糖株式會社 營業報告書》.

東京統計協會 編,《日本帝國統計全書》, 東京, 1928.

滿洲國經濟部商務司調查科 編,《卸賣批發物價統計年報》, 1939～1942.

滿鐵調查課 編,《滿洲參考物價統計》, 大連: 南滿洲鐵道, 1931.

日本外務省通商局 編纂,《通商彙纂》, 東京: 不二出版, 1881～1913(1988 復刻版).

日本銀行調查局 編,《本邦經濟統計》, 東京.

中國舊海關史料 編輯委員會 編,《中國舊海關史料》1859-1948, 北京: 京華出版 社, 2001.

中央研究院 近代史研究所 編,《清季中日韓 關係史料》, 北京: 中央研究院 近代 史研究所, 1972.

中村資良 編,《朝鮮銀行會社要錄》, 東亞經濟時報社.

朝鮮總督府 編,《朝鮮總督府統計年報》.

韓國學文獻研究所 編,《朝鮮海關年報: 1885-1893》, 亞細亞文化社, 1989(《中國 海關年報》부록).

FAO Statistical Databases 2009.

International Sugar Organization(ISO), *Korea Sugar Production, Import, Export, Consumption and Stocks*,《Sugar Year Book》, 2011.

6) 신문 / 잡지

《京城日報》·《국민보》·《国民新聞》·《大滿蒙》·《台湾日日新報》·《大阪時事新報》·《大阪朝日新聞》·《대한매일신보》·《독립신문》·《東京朝日新聞》·《동광신문》·《동아일보》·《滿鮮日報》·《萬歲報》·《滿洲日報》·《滿洲日日新聞》·《매일신보》·《목포신보》·《福岡日日新聞》·《釜山日報》·《北海タイムス》·《수산경제신문》·《時事新報》·《新京日日新聞》·《朝鮮民報》·《조선일보》·《조선중앙일보》·《中外商業新報》·《중외일보》·《평양매일신문》·《평화신문》·《皇城新聞》·《家庭之友》·《經濟治安日報》·《經濟治安週報》·《國會報》·《勸業模範場報告》·《南支那と南洋調查》·《농민주보》·《綠旗》·《大韓協會會報》·《同民》·《滿洲調查月報》·《滿洲評論》·《別乾坤》·《婦人》·《산업경제》·《産業試驗場彙報》·《삼천리》·《商工月報》·《새가정》·《새살림》·《西鮮日報》·《西友》·《新家庭》·《신동아》·《新時代》·《新女性》·《실생활》·《殖銀調查月報》·《女性》·《여성계》·《女苑》·《우리가정》·《우리집》·《朝鮮之光》·《朝光》·《朝鮮之實業》(단국대학교부설 동양학연구소 편,《개화기 재한일본인 잡지자료집: 朝鮮之實業》1～4, 2003 실림)·《朝鮮經濟雜誌》·《朝鮮及滿洲》·《朝鮮農會報》·《朝鮮總督府勸業模範場彙報》·《中央》·《春秋》·《카톨릭청년》·《太極學報》·《平壤商工會議所報》·《平

壤商工會議所調査彙報》·《海洋硏究所報》

7) 사사社史

김상홍, 《三養五十年史》, 1974.

동양시멘트주식회사, 《동양그룹삼십년사》, 동양시멘트주식회사, 1987.

박병규, 《해태삼십년사》, 해태제과공업주식회사, 1976.

오리온그룹 편, 《사람을 사랑한 함경도 아바이: 동양·오리온그룹 창업주 이
양구》, 오리온그룹, 1997.

제일제당공업주식회사十年誌편찬위원회, 《十年誌》, 제일제당공업주식회사,
1964.

제일제당주식회사, 《제일제당삼십년사》, 제일제당주식회사, 1983.

_____, 《제일제당40년사》, 금명문화주식회사, 1993.

SPC60년사편찬위원회, 《SPC60년사》, 2006.

明治製菓株式會社, 《明治製菓 20年史》, 1936.

_____, 《明治製糖株式會社 30年史》, 1936.

西原雄次郎 編, 《日糖最近二十五年史》, 千倉豊, 1934.

8) 요리서와 가사 교과서

《閨壺要覽》(延世大, 1896)

《閨閤叢書》刊本, 규장각 가람문고본(1869).

《듀식방》

《夫人必知》(1915)

《술 만드는 법》

《술 빚는 법》(《閨壺要覽 外》, 농촌진흥청, 2010 실림)

《是議全書》

《飮食譜》

《음식디미방》

《음식방문》(동국대소장본, 《閨壺要覽 外》, 농촌진흥청, 2010 실림)

《酒方》

《酒方文》(《閨壺要覽 外》, 농촌진흥청, 2010 실림).

문교부, 《초등가사 6》, 조선교학도서, 1948.

_____, 《초등가사 5》, 조선교학도서, 1950.

문교부,《초등가사 6》, 대한문교서적, 1954.

_____,《초등가사 5》, 대한문교서적, 1955.

_____,《실과 4》, 대한문교서적, 1957.

_____,《실과 5》, 대한문교서적, 1957.

방신영,《朝鮮料理製法》, 1918(2판)·1924(4판)·1934(6판)·1942(10판).

_____,《東西洋 菓子 製造法》, 鳳文館, 1925.

_____,《우리나라 음식 만드는 법》, 청구문화사, 1954.

孫貞圭·趙圻烘·表景祚·朱月榮,《중등가사교본: 요리실습편》, 章旺社, 1949.

鈴木商店,《四季의 朝鮮料理》, 味の素本鋪鈴木商店內外料理出版部, 1935(이성우,《韓國古食文獻集成》Ⅴ,Ⅵ, 1992 실림).

이석만,《簡便朝鮮料理製法》, 三文社, 1934(이성우,《韓國古食文獻集成》Ⅴ, 1992 실림).

_____,《日日活用新榮養料理法》, 新舊書林, 1935(이성우,《韓國古食文獻集成》Ⅵ, 1992 실림).

이성우,《韓國古食文獻集成》, Ⅰ～Ⅶ, 수학사, 1992.

이용기,《朝鮮無雙新式料理製法》, 영창서관, 1924·1930.

이효지 외,《是議全書: 우리음식 지킴이가 재현한 조선시대 조상의 손맛》, 신광출판사, 2004.

조자호,《朝鮮料理法》, 1939·1943.

Harriett Palmer Morris(慕便施),《서양요리제법》, 1937(이성우,《韓國古食文獻集成》Ⅴ,Ⅵ, 1992 실림).

J. E. R. Taylor, S. H. Norton, J. D. VanBuskir, E. M. Cable, E. W. Koons 저, 이원모 역,《석영대조 서양요리법》, 경성, 1930(이성우,《韓國古食文獻集成》Ⅴ, 1992 실림).

蓬萊堂主人,《家庭て出來るお菓子の作り方》, 文開堂, 1927.

孫貞圭伊原圭: 創氏改名,《朝鮮料理》, 京城書房, 1940.

櫻井省三,《榮養本位の簡易西洋料理》, 婦女界社, 1927.

主婦之友編輯局,《お菓子の作り方百三十種》, 1928.

9) 한말 이후 단행본 자료

단국대학교 동양학연구소 편,《개화기에서 일제강점기까지 한국문화자료총서》, 2010, 민속원.

白寬洙 著,《京城便覽》, 弘文社, 1929.

신의주시민회,《新義州市誌》, 1969.

어효선,《내가 자란 서울》, 대원사, 2000.

원용석,《남조선의 식량사정》, 조선생활품영단, 1948.

_____,《한국재건론》, 삼협문화사, 1956.

윤건중·인태식·송인상 외,《재계회고》, 한국일보사 출판부, 1984.

윤소영·홍선영·김희정·박미경 역,《일본잡지 모던일본과 조선 1939-완역 모던일본 조선판 1939년》, 어문학사, 2007(《モダン日本-朝鮮版》, 1939).

李寅燮,《元韓國一進會歷史》, 文明社, 1911.

이화가정학50년사편찬위원회,《이화가정학50년사》, 이화여자대학교 출판부, 1979.

이화형 외 編,《한국근대여성의 일상문화》6권~8권, 국학자료원, 2004.

_____,《한국현대여성의 일상문화》7권, 국학자료원, 2005.

재정금융삼십년사 편찬위원회,《財政金融三十年史》, 삼화인쇄주식회사, 1978.

조선농촌사회위생조사회 편,《조선의 농촌위생: 경상남도 울산읍 달리의 사회위생적 조사》, 국립민속박물관, 2008.

H. N. 알렌, 신복룡 역,《조선견문기》, 집문당, 1999.

I. B. 비숍, 신복룡 역,《조선과 그 이웃나라들》, 집문당, 2000.

J. S. 게일, 신복룡 역,《전환기의 조선》, 집문당, 1999.

L. H. 언더우드, 신복룡 역,《상투의 나라》, 집문당, 1999.

加瀬和三郎,《仁川開港25年史》, 1908(인천광역시 역사자료관 역사문화연구실,《역주 인천개항25년사》, 인천시, 2004).

岡崎唯雄,《朝鮮內地調査報告書》, 19쪽, 1895.10(단국대학교부설 동양학연구소 편,《개화기 일본민간인의 朝鮮調査報告 자료집》2, 2001).

京都商業會議所,《淸韓視察報告書》1905(단국대학교부설 동양학연구소 편,《개화기 일본민간인의 조선조사보고자료집 4》, 2002).

京城居留民團役所 編《京城發達史》1912.

京城商業會議所,《京城工場表》, 1923.

京城商業會議所 編,《京城商工名錄》, 1923.

_____,《京城商工名錄》, 1935.

_____,《京城商工名錄》, 1939.

高井俊夫,《朝鮮住民の食に關する營養學的觀察》, 糧友會朝鮮本部, 1940.

宮本勝行,《朝鮮食料品同業發達誌》, 鮮滿實業調査會, 1922.

金浩植(豊山泰次),《朝鮮食物槪論》, 1945(이성우,《韓國古食文獻集成》Ⅶ, 1992 실림).

大連商工會議所 編,《滿洲銀行會社年監》, 1936.

大田商工會議所 編,《大田商工人名錄》, 1936.

大阪商工會議所,《多端なる支那》2, 1932,

堂本貞一,《朝鮮の稅關》, 1931.

柳川勉 編,《朝鮮之事情》, 朝鮮事情社, 1926.

木村增太郎,《支那の砂糖貿易》, 糖業研究會, 1914.

_____,《開発スベキ支那資源》, 山口高等商業学校東亜経済研究會, 1917.

釜山商工會議所 編,《釜山要覽》, 1912.

浜田恒一,《蘭印の資本と民族経済》, ダイヤモンド社, 1941.

山下久四郎,《砂糖業の再編成》, 日本砂糖協會, 1940.

_____,《砂糖配給統制の現狀》, 日本砂糖協會, 1941.

三澤麗·池田貫道,《朝鮮の甛菜糖業》, 1911.

三好右京,《菓子通》, 三省堂, 1930.

上田耕一郎 編,《釜山商工人名錄》, 釜山商工會議所, 1936.

上田耕一郎,《安東商工案內》, 安東商工會議所, 1929.

相澤仁助,《韓國二大港實勢》, 1905.

西浦半助,《新義州案內》, 國境文化協會, 1930.

小島昌太郎,《我國主要産業に於けるカルテル的統制》, 雄風館書房, 1932.

小林得二 編,《大羅津》, 1935.

小平圭馬,《新義州商工案內》, 新義州商工會議所, 1938.

孫貞圭·趙圻烘·津田節子·任淑宰,《現代朝鮮の生活とその改善》, 綠旗聯盟,
    1939.

神谷宗八誠,《北鮮甛菜製糖事業》, 1935.

新義州商工會議所,《新義州商工要覽》, 1942.

阿部光次 編,,《工業地として安東》, 安東商工會議所, 1936.

安東商工會議所,《安東産業經濟概觀》, 1942.

_____,《安東經濟事情》, 1936.

鈴木梅太郎,《食料工業》, 丸善出版株式會社, 1949.

元山要覽編輯會 編,《元山要覽》, 1937.

仁川商工會議所 編,《仁川港》1931.

齊藤定雋,《朝鮮甛菜製糖業に關する調査》, 1915년(추정).

朝鮮貿易協會,《朝鮮貿易史》, 朝鮮貿易協會, 1943.

朝鮮實業新聞社,《在朝鮮實業家辭典》, 1913.

朝日新聞社経済部編,《朝日経済年史》,朝日新聞社, 1939.

鎭南浦商工會議所 編,《鎭南浦商工名錄》, 1935.

淺見登郎,《日本植民地統治論》, 巖松堂書店, 1928.

川端源太郎 編《京城と內地人》, 日韓書房, 1910.

淺香末起,《南洋經濟研究》, 千倉書房, 1942.

萩森茂,《京城と仁川》, 大陸情報社, 1929.

平尾一史 編,《京都府衛生法規》, 1907.

平壤民團役所 編,《平壤發展史》, 1914.

平壤商業會議所,《平壤全誌》, 1927.

平壤商工會議所 編,《西鮮三道商工人名錄》, 1932.

_____,《平安南道輸移入物資統計》, 1935.

澤村 眞,《榮養講話》, 東京: 成美堂書店, 1927.

河野信治,《日本糖業發達史》, 日本糖業發達史編纂事業所, 1930.

2. 연구논저

1) 단행본

강인희,《한국 식생활사》, 삼영사, 1978.

강준만,《고종 스타벅스에 가다》, 인물과사상사, 2005.

강진아,《1930년대 중국의 중앙·지방·상인》, 서울대학교출판부, 2005.

공제욱, 정근식 편,《식민지의 일상지배와 균열》, 문학과학사, 2006.

구대열,《한국국제관계사 연구》1, 역사와 비평사, 1995.

김도형,《대한제국기의 정치사상연구》, 지식산업사, 1994.

김상보,《조선왕조궁중의궤음식문화》, 수학사, 1995.

_____,《한국의 음식생활문화사》, 광문각, 1997.

_____,《조선시대의 음식문화》, 가람기획, 2006.

김수진,《신여성, 근대의 과잉》, 소명출판, 2009.

김영신,《대만의 역사》, 화영사, 2001.

김영희,《일제시대 농촌통제정책연구》, 경인문화사.

김용섭,《한국근현대농업사연구》, 지식산업사, 2000.

김인호,《태평양전쟁기 조선공업연구》, 신서원, 1998.

김재인·양애경·허현란·유현옥, 《한국여성교육의 변천과정 연구: 현대 여성교육의 수립과 남녀평등교육》, 한국여성정책연구원(구 한국여성개발원), 2000.

김진송, 《서울에 딴스홀을 許하라》, 현실문화연구, 1999.

김행선, 《6.25전쟁과 한국 사회문화변동》, 선인, 2009.

김혜경, 《식민지하 근대가족의 형성과 젠더》, 창비, 2006.

나애자, 《한국근대해운업사연구》, 국학자료원, 1998

문정인·김세중 편, 《1950년대 한국사의 재조명》, 선인, 2004.

박선미, 《근대여성, 제국을 거쳐 조선으로 회유하다》, 창비, 2007.

박은경, 《한국화교의 종족성》, 한국연구원, 1986.

박찬승, 《한국 근대 정치사상사 연구》, 역사비평사, 1992.

고 박현채 10주기 추모집·전집 발간위원회 저, 《박현채전집》, 해밀, 2006.

서정익, 《일본근대경제사》, 혜안, 2003.

_____, 《전시일본경제사》, 혜안, 2008.

신명직, 《모던뽀이, 경성을 거닐다》, 현실문화연구, 2003.

연세대학교 국학연구원 편, 《일제의 식민지배와 일상생활》, 혜안, 2004.

오성철, 《식민지 초등교육의 형성》, 교육과학사, 2000.

왕현종, 《한국 근대국가의 형성과 갑오개혁》, 역사비평사, 2003.

우영란, 《中韓邊界貿易研究》, 신성출판사, 2004.

유승주·이철성, 《조선후기 중국과의 무역사》, 경인문화사, 2002.

윤서석, 《한국음식》, 수학사, 1980.

_____, 《전통적 생활양식의 연구》 한국정신문화연구원, 1982.

_____, 《한국의 음식용어》, 민음사, 1991.

이대근, 《해방후·1950년대의 경제-공업화의 史的 배경 연구》, 삼성경제연구소, 2002.

이성우, 《한국식경대전》, 1981.

_____, 《조선시대 조리서의 분석적 연구》, 한국정신문화연구소, 1982.

이송순, 《일제하 전시 농업정책과 농촌경제》, 선인, 2008

이지원, 《한국 근대 문화사상사 연구》, 혜안, 2007.

이현진, 《미국의 대한 경제원조정책, 1948~1960》, 혜안, 2009.

전동현, 《두 중국의 기원》, 서해문집, 2005.

정재정, 《일제침략과 한국철도》, 서울대학교 출판부, 1999.

정현주, 《대한민국 제1공화국의 여성정책》, 한국학술정보, 2009.

천화숙, 《한국사인식의 두 관점-여성의 역사, 문화의 역사》, 혜안, 2009.

최민지·김민수,《일제하 민족언론사론》, 일월서각, 1978.

친일인명사전편찬위원회,《일제협력단체사전》, 민족문제연구소, 2004.

한국역사연구회,《우리는 지난 100년 동안 어떻게 살았을까》 1·2, 역사비평
사, 1998.

한복려,《궁중음식과 서울음식》, 1995.

홍성유,《韓國經濟와 美國援助》, 박영사, 1962.

_____,《한국경제의 자본축적과정》, 아세아문제연구소, 1965.

홍성찬·허수열·김성보 외 공저,《해방후 사회경제의 변동과 일상생활》, 혜안,
2009.

홍성찬,《일제하 경제정책과 일상생활》, 혜안, 2008.

황혜성,《서울 600년사》 1~5, 1977~1983.

황혜성,《한국요리대백과사전》, 1981.

황혜성·한복려·한복진·서혜경,《한국음식대관 6권—궁중의 식생활·사찰의 식
생활—》, 한국문화재보호재단, 1997.

황혜성, 한희순, 이혜경,《이조궁중요리통고》, 1957.

고바야시 히데오 著, 임성모 역,《만철》, 산처럼, 2004.

宮田節子 著, 이형랑 譯,《조선민중과 황민화정책》, 일조각, 1997.

그랜트 매크래켄 著, 이상률 옮김,《문화와 소비》, 문예출판사, 1996.

金富子 著, 조경희·김우자 역,《학교 밖의 조선여성들》, 일조각, 2009.

로이드 E 이스트만 著, 이승휘 역,《중국사회의 지속과 변화》, 돌베개, 1999.

밀턴 프리드먼 著, 김병주 옮김,《화폐경제학》, 2009, 한국경제신문.

삐에르 부르디외 著, 최종철 옮김,《구별짓기: 문화와 취향의 사회학》, 새물
결, 1995.

스기하라 가오루 著, 박기주 · 안병직 옮김,《아시아 간 무역의 형성과 구조》,
전통과 현대, 2002.

시드니 민츠 著, 김문호 옮김,《설탕과 권력》, 지호, 1998.

시드니 민츠 著, 조병준 옮김,《음식의 맛 자유의 맛》, 지호, 1998.

야나기타 구니오 著, 김정례·김용의 옮김,《일본의 명치 대정시대의 생활문화
사》, 소명출판, 2006.

오고시 아이코大越愛子 著, 전성곤 옮김,《근대 일본의 젠더 이데올로기》, 소
명, 2009.

와타나베 미노루 著, 윤서석 외 8명 譯,《일본 식생활사》, 1998.

유모토 고이치 著, 정선태 외 譯,《일본 근대의 풍경》, 그린비, 2004.

이매뉴얼 월러스틴 著, 이광근 옮김,《월러스틴의 세계체제 분석》, 당대, 2005.

찰스 페인스틴·피터 테민·지아니 토니올로 著, 양동휴·박복영·김영완 옮김
《대공황전후 유럽경제, 동서문화사, 2008.

케네스 포메란츠·스티븐 토픽 著, 박광식 옮김,《설탕, 커피 그리고 폭력》, 심
산, 2003.

커즈밍 著, 문명기 옮김,《식민지 시대 대만은 발전했는가 - 쌀과 설탕의 상
극, 1895~1945》, 일조각, 2008.

호리 가즈오·나카무라 사토루 編著, 박섭·박지용 옮김,《일본 자본주의와 한
국·대만: 제국주의 하의 경제변동》, 전통과 현대, 2007.

楊昭全·孫玉梅,《朝鮮華僑史》, 北京: 中國華僑出版公司, 1991.

古田和子,《上海ネットワークと近代東アジア》, 東京: 東京大學出版會, 2000.

久保文克 編著, 糖業協會 監修,《近代製糖業の發展と糖業聯合會》, 東京: 日本
經濟評論社, 2009.

宮田道昭,《中國の開港と沿岸市場》, 東京: 東方書店, 2006.

籠谷直人,《アジア國際通商秩序と近代日本》, 名古屋: 名古屋大學出版會, 2000.

糖業協會 編,《近代日本糖業史》上卷, 東京: 勁草書房, 1962.

木村健二,《在朝日本人の社會史》, 東京: 未來社, 1989.

北岡伸一,《日本陸軍と大陸政策》, 東京: 東京大學出版會, 1978.

浜下武志,《近代中國の國際的契機–朝貢貿易システムと近代アジア》, 東京: 東
京大學出版會, 1990.

_____,《香港: アジアのネッワトーク都市》, 東京: 三松堂印刷, 1996.

山本有造,《‘滿洲國’經濟史研究》, 名古屋大學出版會, 2003.

森永卓郎 監修, 甲賀忠一 編《物價の文化史事典》, 東京: 展望社, 2008

鈴木邦夫 編,《滿洲企業史研究》, 東京: 日本經濟評論社, 2007.

向井淸史,《沖繩近代經濟史–資本主義の發達と邊境地農業》, 東京: 日本經濟評
論社, 1988.

Vladimir P. Timoshenko & Boris C. Swerling, 山口哲夫 譯,《世界の甛菜糖問題》, 東
京: 日本甛菜糖業協會, 1958.

Bill Albert & Adrian Graves, *Crisis and Change in the International Sugar Economy 1860–
1914*, Norwich and Edinburgh, UK: ISC Press, 1984.

Brian Burke—Gaffney, *Nagasaki—the British Experience, 1854—1945*, North Yorkshire, UK: Global Oriental, 2009.

Chih—Ming Ka, *Japanese Colonialism in Taiwan: Land Tenure, development, and dependency 1895~1945*, Boulder, Colo.: Westview Press, 1995.

D. Gale Johnson, *The Sugar Program—Large costs and small benefits*, Washington, D.C: American Enterprise Institute for Public Policy Research, 1974.

Frank R. Rutter, *International Sugar Situation: Origin of the Sugar Problem and its Present Aspects under the Brussels Convention*, LaVergne, Tenn. US: Nabu Press, 2011.

Harold S. Williams, *The Story of Holme Ringer & Co., LTD. in Western Japan*, Tokyo: Charles E. Tuttle Company, 1968.

Kenneth Pomeranz, *The Great Divergence—China, Europe, and the Making of Modern World Economy*, Princeton, N.J.: Princeton University Press, 2000.

Vladimir P. Timoshenko & Boris C. Swerling, *The World's Sugar: Progress and Policy*, Stanford: Stanford University Press, 1957.

Stephen V. Marks and Keith E. Maskus, *The Economics and Politics of World Sugar Policies*, Ann Arbor: The University of Michigan Press, 1993.

Sucheta Mazumdar, *Sugar and Society in China—Peasants, Technology, and the World Market*, Cambridge, MA: Harvard University Press, 1998.

Tyler James Wiltgen, *An Economic History of The United States Sugar Program*, Master of Science in Applied Economics, Montana State University, 2007.

2) 논문

가와모토 아야, 〈일본: 양처현모 사상과 '부인개방론'〉, 《역사비평》 52, 2000.

강진아, 〈1930년대 경제건설에서 나타난 省과 중앙―'廣東糖'의 상해진출과 남경정부〉, 서울대학교 동양사학연구실 편, 《중국근현대사의 재조명》 I, 지식산업사, 1999.

_____, 〈근대 동아시아의 초국적 자본의 성장과 한계―재한화교기업 同順泰 (1874?-1937)의 사례―〉, 《경북사학》 27, 2004.

_____, 〈"19세기 분기론"과 "중국 중심론"〉, 《이화사학연구》 31, 2004.

_____, 〈20세기 초 동아시아 시장과 중국제당업〉, 서중석·김경호 편, 《새로운 질서를 향한 제국질서의 해체》, 청어람미디어, 2004.

_____, 〈이주와 유통으로 본 근현대 동아시아 경제사〉, 《역사비평》 79, 2007.

강진아, 〈근대전환기 한국화상의 대중국무역의 운영방식〉, 《동양사학연구》 105, 2008.

_____, 〈한말 채표업과 화상 동순태호〉, 《중국근현대사연구》 40, 2008.

_____, 〈근대전환기 동아시아 砂糖의 유통 구조와 변동〉, 《중국근현대사연구》 52, 2011.

공제욱, 〈한국전쟁과 재벌의 형성〉, 《경제와 사회》 여름호, 2000.

_____, 〈국가동원체제 시기 '혼분식 장려운동과 식생활의 변화〉, 《경제와 사회》 77, 2008.

권숙인, 〈渡韓의 권유〉, 《사회와 역사》 69, 2006.

김대래·배석만, 〈귀속사업체의 탈루 및 유실〉, 《산업경제연구》 15-5, 2002.10.

_____, 〈귀속사업체의 연속과 단절(1945~1960)-부산지역을 중심으로〉, 《경제사학》 33, 2002.

_____, 〈귀속사업체의 탈루 및 유실(1945~1949)-광주와 목포지역의 사례를 중심으로〉, 《경제학논집》 11-2, 2002.

김대환, 〈1950년대 한국경제의 연구〉 《1950년대의 인식》, 한길사, 1981.

김도형, 〈권업모범장의 식민지 농업지배〉, 《한국근현대사연구》 3, 1995.

_____, 〈대한제국 초기 문명개화론의 발전〉, 연세대학교 국학연구원 편, 《서구문화의 수용과 근대개혁》, 태학사, 2004.

김백영, 〈일제하 서울의 도시위생문제와 공간정치-상하수도와 우물의 관계를 중심으로〉, 《사총》 68, 2009

김상범, 〈일제말기 경제경찰의 설치와 활동〉, 《한국민족운동사연구》 17, 1997.

김상보, 〈朝鮮朝의 혼례음식〉, 《정신문화연구》 25권 1호(통권 86호), 2002.

김성보, 〈이승만 정권기(1948.8~1960.4) 양곡유통정책의 추이와 농가경제 변화〉, 《한국사연구》 108, 2000.

_____, 〈남북국가 수립기 인민과 국민의 개념의 분화〉, 《한국사연구》 144, 2009.

김양화, 〈1950년대 제조업대자본의 자본축적에 대한 일고찰〉, 《경제와 사회》 봄호, 1991.

김영미, 〈일제시기 도시의 상수도 문제와 공공성〉, 《사회와 역사》 73, 2007.

김은경, 〈1950년대 가족론과 여성〉, 숙명여자대학교 박사학위논문, 2007.

김점숙, 〈대한민국정부의 ECA 대한원조물자 수급정책〉, 《이화사학연구》 33, 2006.

김종덕, 〈미국의 대한 농산물 원조와 그 정치적 결과에 관한 연구〉, 《한국근현대의 민족문제》, 문학과 지성사, 1990.

다나카 류이치, 〈일본 역사학의 방법론적 전환과 '東아시아'의 '근대'〉, 《역사문제연구》 12, 2004.

박채린, 〈일제하 식품위생령 법제화에 의한 육류 소비관행의 근대적 변모〉, 《정신문화연구》 36-3, 2013.

박태균, 〈미국의 대한경제부흥정책의 성격(1948~1950)〉, 《역사와 현실》 27, 1998.

방기중, 〈1930년대 조선 농공병진정책과 경제통제〉, 방기중 편, 《일제 파시즘 지배정책과 민중생활》, 혜안, 2004.

_____, 〈조선 지식인의 경제통제론과 '신체제' 인식〉, 《일제하 지식인의 파시즘체제 인식과 대응》, 혜안, 2005.

이시카와 료타石川亮太, 〈조선 개항 후 중국인 상인의 무역활동과 네트워크〉, 《역사문제연구》 20, 2008.

_____, 〈국경을 뛰어넘는 지역의 다중적 구조-개항기 조선과 아시아교역권론〉, 《한국학연구》 19, 2008.

송규진, 〈일제하의 조선의 무역정책과 식민지 무역구조〉, 고려대학교 박사학위논문, 1998.

_____, 〈근대 조선과 중국의 무역〉, 《근대중국 대외무역을 통해 본 동아시아》, 동북아재단, 2008.

송인주, 〈1960~70년대 국민식생활에 대한 국가개입의 양상과 특징〉, 서울대학교 석사학위논문, 1998.

신민자, 이영순, 최수근, 〈음식디미방에 수록된 전통음식의 향약성에 관한 고찰〉, 《민속학술자료 총서》, 우리마당터, 2003.

왕현종, 〈대한제국기 입헌논의와 근대국가론〉 《한국문화》 29, 2002.

우치다 준, 〈총력전 시기 재조선일본인의 '내선일체' 정책에 대한 협력〉, 《아세아연구》 131, 2008.

윤정란, 〈일제의 황국신민화정책에 대한 한국기독교 여성들의 대응논리〉, 《한국민족운동사연구》 17, 1997.

이기훈, 〈1920년대 '어린이'의 형성과 동화〉, 《역사문제연구》 8, 2002.

이노우에 가스에井上和枝, 〈1920~1930년대 일본과 식민지 조선의 생활개선운동〉, 나카무라 사토루·박섭 편저, 《근대 동아시아 경제의 역사적 구조》, 일조각, 2007.

이상의, 〈《조선의 농촌위생》을 통해 본 일제하 조선의 농민생활과 농촌위생〉, 《역사교육》 129, 2014

이상철, 〈수입대체공업화정책의 전개, 1953~1961〉, 《한국경제성장사》, 2001.

이승렬, 〈1930년대 전반기 일본군부의 대륙침략관과 '조선공업화'정책〉, 《國史館論叢》 67, 1996.

이승엽·정혜경, 〈일제하 녹기연맹의 활동〉, 《한국근현대사연구》 10, 1999.

이승엽, 〈내선일체운동과 녹기연맹〉, 《역사비평》 50, 2000.

이은희, 〈일제하 조선·만주의 제당업 정책과 설탕유통〉, 《동방학지》 153, 2011.

_____, 〈근대 한국의 설탕 소비문화 형성〉, 《한국사연구》 157, 2012. 6.

_____, 〈개항기 한국 무역사 연구성과와 과제〉, 《학림》 34, 2013.

_____, 〈1930년대 신식요리강습회로 본 상류층의 식생활개선〉, 《역사와 현실》 88, 2013.

_____, 〈19세기 말~20세기 초 조선과 동아시아 설탕무역〉, 《한국민족운동사연구》 75, 2013.

_____, 〈1940년대 전반 식민지 조선의 암시장-생활물자를 중심으로〉, 《동방학지》 166, 2014.

_____, 〈1960년대 식품위생의 제도화〉, 《의사학》 25-2, 2016.

이태훈, 〈일제하 친일정치운동 연구: 자치·참정권 청원운동을 중심으로〉, 연세대학교 박사학위논문, 2010.

이태희, 〈1930년대 조선총독부 중앙시험소의 위상변화〉, 《한국과학사학회》 31-1, 2009.

이한구, 〈귀속기업불하가 재벌형성에 미친 영향〉, 《경영사학》 22-1, 2007. 6.

전규찬, 《국민의 동원, '국민'의 형성》, 《한국언론정보학보》 31, 2005.11.

전우용, 〈19세기 말~20세기 초 한인회사 연구〉, 서울대학교 박사학위논문, 1997.

정병준, 〈大韓經濟輔國會의 결성과 활동〉, 《역사와 현실》 33, 1999.

정진아, 〈제1공화국기(1948~1960) 이승만정권의 경제정책론 연구: 국가 주도의 산업화정책과 경제개발계획을 중심으로〉, 연세대학교 박사학위논문, 2007.

_____, 〈6.25전쟁 후 이승만 정권의 경제재건론〉, 《한국근현대사연구》 42, 2007.

_____, 〈이승만 정권의 자립경제론, 그 지향과 현실〉, 《역사비평》 83, 2008.5.

정혜경, 〈한국의 사회경제적 변동에 따른 식생활 변천〉, 이화여자대학교 박사
　　학위논문, 1988.

정혜경·이정혜, 〈음식문화 연구의 다양한 이론적 시각과 연구주제들〉, 《민속
　　학술 자료총서》 5차, 우리마당터, 2003.

차철욱, 〈이승만정권기 무역정책과 對日 민간무역구조〉, 부산대학교 박사학위
　　논문, 2002.

최응상, 〈농촌생활과 도시생활의 비교〉, 《농업경제》 19, 1967. 12, 농림부.

최항섭, 〈상류사회의 연결망과 문화적 자본-런던 소사이어티, 파리 16구, 한
　　국 호텔 레스토랑에 대한 사회 문화적 해석〉, 《사회와 역사》 66, 2004.

최희진, 〈한국인의 식생활에 영향을 미치는 요인분석에 관한 연구-1960년대
　　경제개발 이후부터 1980년대까지-〉, 이화여자대학교 석사학위논문, 1993

한규무, 〈1907년 경성박람회의 개최와 성격〉, 《역사학연구》 38, 2010.

하지연, 〈한말·일제 강점기 일본인 회사지주의 농업경영 연구 - 澁澤榮一자
　　본의 조선흥업회사를 중심으로〉, 이화여자대학교 박사학위논문, 2006.

허영란, 〈전시체제기 생활필수품 배급통제연구〉, 《국사관논총》 88, 2000

＿＿＿, 〈근대적 소비생활과 식민지적 소외〉, 《전통과 서구의 충돌》, 역사비
　　평사, 2001.

＿＿＿, 〈여자여 외출하라〉, 국사편찬위원회 편, 《20세기 여성, 전통과 근대
　　의 교차로에 서다》, 두산동아, 2007.

허 은, 〈제1공화국 초기 대일 미곡수출의 역사적 배경과 성격〉, 《한국사학
　　보》 8, 2000. 3.

황정미, 〈해방후 초기 국가기구의 형성과 여성(1945~1960)-부녀국을 중심으
　　로〉, 《한국학보》 28-4, 2002.

황사오형, 〈근대 일본 제당업의 성립과 대만경제의 변모〉, 《일본자본주의와
　　한국·대만》, 전통과 근대, 2007.

加納啓良, 〈ジャワ糖業史研究序論〉, 《アジア經濟》 22- 5, 1981.

＿＿＿＿, 〈オランダ植民支配下の〈ジャワ糖業〉〉, 《社會經濟史學》 51-6, 1986.

＿＿＿＿, 〈國際貿易から見た二十世紀の東南アジア植民地經濟〉, 《歷史評論》
　　539, 1995.

＿＿＿＿, 〈インドネシアの砂糖, 米, コーヒー〉, 《東洋文化》 88, 2008.

＿＿＿＿, 〈20世紀アジアにおける砂糖, 米, コーヒー, 茶〉, 《東洋文化》 88,
　　2008.

岡部牧夫, 〈帝國主義論と植民地研究〉, 《日本 植民地研究の現狀と課題》, アテネ社, 2008.

驅込 武, 〈帝國史研究の射程〉, 《日本史研究》 452, 2000.

宮本謙介, 〈オランダ植民地支配とジャワ農村の労働力編成：强制栽培期の砂糖生産地帯を中心に〉, 《經濟學研究》 39-1, 1989.6.

_____, 〈諸外国におけるインドネシア経済史研究：植民地社會の成立と構造〉, 《經濟學研究》

　42-2, 1992.9.

宮本正明, 〈植民地期朝鮮における「生活改善」問題の位相－一九二〇年代末～一九三〇年代前半を中心に－〉, 《史觀》 139, 1998.

光武 幸, 〈我國における着色料取締りの歷史〉, 《北海道大學大學院環境科學研究科 邦文紀要》 1, 1985.

内藤能房, 〈一九二〇－三〇年代のインドネシアの国際収支：植民地的流出とその政治経済的背景〉, 《一橋論叢》, 98-6, 1987.12.

大澤 篤, 〈日本における精製糖生産の展開と日本帝國〉, 《東アジア資本主義史論Ⅱ. 構造と性質》, ミネルヴァ書房, 2008.

石井寬治, 〈國內市場の形成と展開〉, 山口和雄, 石井寬治 編, 《近代日本の商品流通》, 東京大學出版會, 1985.

石川亮太, 〈19世紀末東アジアにおける國際流通構造と朝鮮〉, 《史學雜誌》 109-2, 2000.

杉山伸也, 〈十九世紀後半期における東アジア精糖市場の構造－香港精糖業の發展と日本市場〉, 速水融・齊藤修・杉山伸也 編, 《德川社會からの展望－發展・構造・國際關係》, 同文館, 1989.

_____, 〈スワイア商會の販賣ネットワーク〉, 《近代アジアの流通ネットワーク》, 創文社, 1999.

松野周治, 〈關稅および關稅制度から見た'滿洲國'－關稅改正の經過と論点〉, 《滿洲國の研究》, 京都大學人文科學研究所, 1993.

松永 達, 〈東洋拓植株式會社の設立とその背景〉, 《國策會社・東拓の研究》, 不二出版, 2000.

植村泰夫, 〈糖業プランテーションとジャワ農村社會〉, 《史林》 61-3, 1978.

浜下武志, 〈十九世紀後半の朝鮮をめぐる華僑の金融ネットワーク〉, 《近代アジアの流通ネットワーク》, 創文社, 1999.

山室信一, 〈國民帝國論の射程〉, 山本有造 編, 《帝國の研究 － 原理・類型・關係》,

名古屋大學出版會, 2003.

井上和枝, 〈植民地朝鮮における生活改善運動-'新家庭'の家庭改善から生活改新運動へ〉, 中村 哲 編, 《1930年代の東アジア經濟》, 日本評論社, 2006.

竹野 學, 〈戰時期樺太における製糖業の展開 - 日本製糖業の〈地域的発展〉と農業移民の関連について〉, 《歴史と経済》189, 2005.

平井健介, 〈1900～1920年代東アジアにおける砂糖貿易と臺灣糖〉, 《社會經濟史學》73-1, 2007.

戶邊秀明, 〈ポストコロニアリズムと帝國史研究〉, 《日本 植民地研究の現狀と課題》, アテネ社, 2008.

クリスチャン·ダニエルス, 〈中國砂糖の國際的地位〉, 《社會經濟史學》50-4, 1985.

K. N. チャウドゥリ, 〈アジア貿易圈における前近代貿易から植民地貿易への轉換, 1700-1850年一つの解釋〉, 《社會經濟史學》51-1, 1985.

Krueger, Anne O, *The Political Economy of Controls: American Sugar*, National Bureau of Economic Research Working Paper Series No. 2504, 1991.

찾아보기

502